21世纪人力资源管理系列教材

# 管理沟通

## （第二版）

## Management Communication

李锡元　编著

WUHAN UNIVERSITY PRESS
武汉大学出版社

图书在版编目（CIP）数据

管理沟通/李锡元编著.—2 版.—武汉：武汉大学出版社,2013.7（2023.8
重印）
21 世纪人力资源管理系列教材
ISBN 978-7-307-10359-7

Ⅰ.管…　Ⅱ.李…　Ⅲ.管理学—高等学校—教材　Ⅳ.C93

中国版本图书馆 CIP 数据核字（2012）第 304597 号

责任编辑:范绪泉　　　责任校对:刘　欣　　　版式设计:马　佳

出版发行：**武汉大学出版社**　（430072　武昌　珞珈山）
（电子邮箱:cbs22@ whu.edu.cn　网址：www.wdp.com.cn）
印刷:湖北金海印务有限公司
开本:787×1092　1/16　印张:20　字数:470 千字　插页:1
版次:2006 年 1 月第 1 版　　2013 年 7 月第 2 版
　　2023 年 8 月第 2 版第 8 次印刷
ISBN 978-7-307-10359-7/C·339　　　定价:45.00 元

# 总　序

十几年前，人们称呼从事人力资源管理工作的人是"福利秘书"、"就业员"、"公司警察等"。也有人说"人事经理是虚情假意的欢迎者或热情过分的人，他们通过管理好公司的外出野餐、处理好救济金的使用流向、确保休养项目良好地进行，来使公司保持一种振奋的精神状态"。那时，他们的责任确实非常有限，通常仅仅处理诸如工人的工资、少数医疗、休养和住房问题，"人事"作为一种职业一般不被尊重，在组织机构中也是处在底层。当然，今天，在大多数组织中这种现象可能已经成为历史，"人力资源管理经理的职务不再是给那些在组织中无法胜任任何岗位的经理养老的职务"，人们愈来愈认识到人力资源部门会对组织的整体效率和获利能力产生重要的影响。有关研究资料显示，在美国，在拥有10 000多名员工的企业中，人力资源总经理的年薪（包括福利和奖励）为19.6万元；在拥有1 300~3 500名员工的企业中，人力资源经理的平均年薪为11.3万美元；在拥有不足2 500名员工的企业中，人力资源经理的平均年薪为10.9万美元，跟高级律师、会计师的平均年薪差不多。

那么，为什么人力资源部门的工作在公司中的地位愈来愈重要了呢？这是因为知识经济和网络时代的到来，人们的生活方式、工作方式、心理能量的发挥、管理的对象、组织的结构模式、生产的资源、经济增长模式等发生了根本的变化。为了应对和适应这些变化，为了使企业在全球经济中变得更加灵活和更具有生产力，用比尔·盖茨的话来说就是"关键是增强每个工作者的力量"。

为了提高人力资源管理的有效性，先让我们看看我们的管理对象、工作条件和环境等都发生了什么样的变化。

1. 计算机软件的应用，尽管很难达到对复杂事件形成意识和判断的水平，也不可能全部应对工作中的难题和挑战，但是IT行业的发展，新软件将会学习人的工作方式，了解人的需要，快捷方便地获得所需要的信息，可以帮助人提高工作效率。计算机在工作生活中的应用广泛性，使得人们将会像拿笔写字一样自然地去使用它。

2. 在信息时代，"无纸办公"、"流动办公"、"虚拟办公室"等全新的办公自动化概念，可以使人们更迅速、更全面地获得解决问题所需的各种信息，更高效更准确地做出决策，提高办事效率。传统意义上的工作场所、办公地点也发生了根本的变化，只要有台电脑，在任何地方、任何地点，都可以谈生意、发指令或聊天，在家办公也成为现实。据估计，美国约有1 000多家公司职员通过与公司连接的电脑从事各种远程的业务工作。电子农场的"农民"已经从传统意义上的体力劳动中解放出来，他们可以在家或办公室获取各种庄稼成长的信息。因为传感设备将土壤信息、肥料信息、水量信息、作物生长信息、成熟程度信息以及杂草、虫害信息传送给电脑，然后根据对上述信息的分析处理结果自动实施浇水、施肥、除草、收割等操作。当然，在家上班还要取决于电话的普及和家庭电脑的拥有量，尽管对我国来讲，还相差甚远，但是，我国潜在的在家上班的人数也非常可观，而且增长速度很快。

3. 知识经济、信息时代的到来，知识员工也逐渐成为主要的管理对象。知识员工与体力员工相比，具有明显的特点，比如，知识员工有较强的自主性、成就动机、创新愿望、不迷信重真理、流动意愿，他们的劳动过程和劳动成果难以控制。这就对我们的人力资源管理提出了新的挑战。

4. 互联网的发展使得管理过程愈来愈信息化，传统意义上的金字塔式的组织形式将转向扁平化和虚拟性。一个企业，可以依托于 INTERNET/INTRANET 的交往平台，对遍布 100 多个国家的几百个部门均可以进行有效的联系和管理。区域时空对沟通、贸易的限制作用微乎其微，员工之间、员工与管理者之间、管理者之间、商家与客户之间、商家之间等不受时间、空间的限制可以随时沟通或做生意。组织中的中间管理的作用将愈来愈小。人们通过互联网可以做任何自己想做的事情，人们参加网上虚拟团队的活动将愈来愈多。

5. 网络时代，不仅对我们的工作方式带来很大的影响，它也与人类的生存方式和生活方式休戚相关。在家里，就可以通过电脑、可视电话等进行工作，不用为交通问题而烦恼；只要按一下键盘，各类新闻、股票信息、天气预报尽收眼底，想参与讨论，发个电子邮件就可表达你的想法；科学家、学者不出家门、国门就可以与世界同行进行学术交流；如果想办银行业务，只需一张银行卡，轻按键盘，便可完成传统银行所执行的一切交易；如果想做一件合适的衣服，全息摄像会给你的体形量好尺寸，再把你的设计告诉电脑，所要的款式马上就会显示出来；如果你病了，通过你手腕上的一块表，医生就知道你有情况；网络远程教育，使得学习场所和学习方式都发生了变化。

总之，在这个知识经济、信息时代，科技与生产力的快速发展，与市场经济的公正、自由和竞争的社会原则相结合，使人的个性更加张扬，施展的空间更大。这种知识经济与市场经济互相影响、互相推动而形成的新的经济形态，它既不是知识经济，也不是市场经济，本人把它叫做新商业经济。这是因为，市场经济在西方发展几百年，为什么在知识经济、信息时代到来之前没有出现人才流动、辞职、跳槽如此频繁的现象呢？而现在跳槽的原因愈来愈复杂，对特殊人才来讲，工资报酬的多少再不是选择单位的主要原因了。这种现象，用单纯的市场经济或知识经济都无法解释。新商业经济是指遵照市场经济的运行规律、具有现代理念和最新专业知识的人，能够接受知识，运用知识，创造知识，并将知识转化为社会效益和经济效益，从而推动社会发展的经济。一句话，就是市场经济与知识经济的融合而形成的经济就叫新商业经济，它是科学技术发展和经济市场化相结合的结果，特别是经济市场化将规模庞大的劳动力队伍解放出来了。在这种新商业经济条件下，人们的价值观念、思维模式、生活习惯、工作方式和人际关系等都将发生重大的变化。作为上层建筑的管理科学，在管理理念和管理方式上都要与之相适应，人力资源管理更是如此。本人认为，在这样的情况下，未来人力资源管理将呈现出如下的趋势：

1. 创新管理

创新是未来人力资源管理的主旋律。研究证明，提升生产率的真正动力，不是信息技术，而是人力资源的竞争和管理创新；信息技术的作用是必要的，但不是充分的；比如 ERP 在企业的应用，很多企业应用时并没有对自己已有的经营方式进行调整，而是要求修改软件，让软件适应原有的经营方式，而不是利用软件提供的先进技术进行管理的创新；竞争迫使企业变革与创新，创新又帮助企业提高竞争能力。随着技术水平的不断提高，员工在企业中的地位越来越重要，满足员工工作、生活质量的要求将成为 21 世纪人力资源开发与管理的核心内容之一。员工不仅要得到公平合理的充足报酬，不仅要得到发展自我的机会和条件，而且还要得到职业安全保障。企业终将意识到员工需要的不是工作，而是职业。要改变传统的企业人力资源管理工作中作业性的内容，如考勤、绩效考评、薪资福利等行政性和总务性的工作。更加重视战略性项目包括人力资源政策的制定、完善，员工的教育、培训，组织发展规划和为业务发展开发提供人才支持等。企业应该营造一个宽松自由的创新环境，树立崇尚创新、鼓励创新的风尚，让企业的每一个成员都成为创新的源泉。

2. 目标管理

伴随着 INTERNET 在企业管理中的应用，目标的确定、实施和评价将成为企业与员工之间建立战略伙伴的关键。正如通用电器前 CEO 杰克·韦尔奇所言："没有高度信任，你不可能发掘最大的头脑潜力。"因为在当代，财富的创造不是靠手，而是靠头脑。你的成功将不是依靠你管理生产的能力，而是在于你能在多大程度上激发员工运用他们的创意、判断和努力。管理过程和管理成果难以控制，目标是明确的，具有强制性的，但管理确是柔性的和弹性的。员工要了解企业的目标，企业也要了解员工的目标。企业明确的战略目标即是对员工的吸引，也是企业成功的行为导向。企业是一个利益共同体，员工首先要对自己在企业的利益认同，进而才有对企业目标的认同。企业不仅要确立目标，还要进行目标教育。一个员工不知道自己企业目标的企业，是不可能形成企业精神和企业凝聚力的。

3. 差异管理

合资经营是未来企业不可抗拒的一种重要的经营方式。构成合资经营的组织因素是多元性的，而企业经营是需要一元化的或需要各种因素的融合。从市场需求来看，顾客对消费品的需求是多种多样的；从经营管理来看，员工对工作的态度、激励方式、处世原则等是不完全一致的；从经营环境来看，企业各个股东对资本、技术和产品的选择偏好是不一样的；从员工的性格、能力、职业趋向等特征来看，是千差万别的。所以，人力资源管理必须明确：工作岗位的最佳人选并不都是智力最高的，而是最适合工作要求的人。差异是客观存在的，承认和尊重差异是搞好企业管理的前提。承认和尊重企业差异，充分发挥企业优势；承认和尊重个体差异能做到量才使用，各尽所能；承认和尊重个体差异有利于培养创造型人才，不断保持企业的创新能力。差异是财富。

4. 选拔管理

人力资源的计划、招聘和选择是人力资源管理的重要内容和有效性的前提。在网络时代，E 人力资源管理愈来愈重要，所以，开发全球人力资源信息系统非常重要。不管是计划、招聘还是选拔，人力资源信息系统可以为它们随时提供有效的信息。在劳动力市场上，人力资源管理者正面临着需要更高能力的新工作与实际接受这些工作的人之间不匹配的问题；还有招聘选拔中的偏见问题，也会使有能力的人不能得到重用，比如，认为"女性不想成为国际经营管理者"而不选派她们，实际上，在不多的女性国际管理者中，有97%的人工作得非常成功。所以，在招聘选拔中，性别歧视中的法律问题将成为人力资源经理关注的重点。

5. 员工关系管理

和谐的员工关系也是生产力。和谐的员工关系有利于增强员工士气，提高员工工作的积极性和主动性，最终提升企业服务质量；和谐的员工关系有利于鼓励员工参与，充分发挥企业人力资源的潜力，提高企业科学决策及民主管理水平；和谐的员工关系有利于避免劳动纠纷，避免企业的声誉、形象在社会、客户和员工面前受到损害。遗憾的是，近几年员工与企业之间的各类劳动纠纷越来越多，因为劳动纠纷而劳资双方对簿公堂甚至大打出手的事件不时见诸报端。那么，究竟如何将员工纠纷消除在萌芽状态？如何在纠纷发展到无可挽回而劳资双方不得不对簿公堂之前将纠纷化解在企业内部？如何处理无法回避的员工纠纷与诉讼？人力资源经理必须拥有劳动法规知识和成为处理人际矛盾的高手；必须明确影响员工满意度的因素。尽管安全和健康问题是属于保健因素，但它毕竟是引起员工不满意的直接因素，所以，善于识别和解决这类问题，将矛盾消灭在萌芽状态，也是人力资源管理者的重要技能。

6. 人本管理

《纽约时报》曾经有一篇文章说道："在过去的50年里，经济已经由以生产为基础转变为以消费者为基础。它已经由理性的范畴升华到理想的国度，从客观变迁为主观，到达心理的王国。"这就意味着在当今世界上，了解"人"，满足"人"，发展"人"，以人为本，确实是成功的关键所在。可能有人会说：在目前我们国家这种"后发展"的环境下，连资本原始积累过程还没有走完，连泰勒制下面的"承包责任制"、"计件工资制"这样的原始科学管理模式还没能逾越，连无以数计的农民工还在为讨工资而疲于奔命、甚至哭诉无门的情况下，谈什么"企业人性化"发展，是否有点太"左"，太时髦，太不合国情呢？我不想争论。我只想问：当那些制造假冒伪劣产品的企业令你深受其害的时候；当你的朋友或者是你的朋友的朋友外出打工被老板坑害拿不到工资的时候；当你虽然天天工作着，却感到压抑苦闷没什么发展前途的时候；你会不会觉得我们今天的社会，在人们困惑、不满的背后，在一批又一批的企业产生和一批又一批的企业垮掉的背后，缺少些什么呢？一个企业，盈利自然会带来繁荣。但是，花簇锦绣般繁荣的企业，却未必能够持续发展。在我们国家，生命力旺盛而不长久的企业到处都是，这到底是为什么？要知道，企业里很多东西都不是永恒的，惟有人性是长久的。要知道，全世界不同的国家、不同的地区、不同的企业，很多东西都是不一样的，惟有追求人性的满足和人的发展与完美是一样的。那么，为什么还有很多企业仍然将"人本管理"只挂在嘴上、放在文档里呢？本人认为，有四个原因：一是企业经营者没有明白企业存在的价值到底是什么。是的，企业是经济组织，追求利益最大化天经地义，但是并不意味着就可以不关心人，不把企业当做员工价值实现的地方。世界知名的长青企业的案例是最有说服力的佐证。二是企业经营者没有认识到劳动者具有对自己劳动力的所有权。人不是商品，但劳动力是商品；只有劳动者个人才有对自己劳动力的所有权和使用权。劳动力是人的体力和脑力的综合；人才不是用人单位所有；用人单位只有合同所规定的对劳动力的使用权，而没有所有权。劳动者具有自由选择工作地点、工作类型、工作单位的权利。《共产党宣言》指出："每个人的自由发展是一切人的自由发展的条件。"未来社会是"自由人的联合体"。人对自由的需要是不可抗拒的。员工流动、人才跳槽，这是很自然的现象。三是一些企业经营者将"趋利避害"等同于人人都是自私的，既然是自私的，当然要严加管制。趋利避害是人的本性，但并不意味着人人都是自私的。四是一些企业经营者将人力资源管理仅仅当做人力资源管理部门的事，如果是这样，怎么可能在全公司实现人本管理呢？过去对人的管理好像管理一座大坝，而今天则更像是疏导一条河流，其目标不是阻止水的流动，而是控制水流的方向和速度。知识经济不是以知识为本，而是以人为本。教育首先使人成为人，其次才是成为材。尊重知识，尊重人才不等于尊重人。仅仅尊重人才，不利于人的聪明才智的发挥，只有将人当做自由的、自立的个人加以尊重，人才才能发挥出自己的聪明才智。最适合人性的管理才最有利于激发人的创造力。

### 7. 组织人管理

企业的长久发展，需要的不是一个个人，企业需要的是组织人。所谓组织人，按照人力资源管理的观点，首先是人才与企业要有一个正式合同，然后需要与企业有个心理契约，最后对所在企业的文化有高度的认同感。只有这样，企业招来的人才能真正成为企业的核心竞争力。在现实中，很多企业认为只要和人才签订一纸合同，这人就是自己的了，而把招聘时的承诺丢到脑后。一个管理大师曾说过，企业主可以买到一个人的时间，可以雇到一个人到固定的工作岗位，可以买到按时或按日计算的技术操作，但你无法买到热情，买不到创造性，买不到全身心的投入。组织人在哪里？在用人单位的诚信和人才的心里。一个人只有把自己当成组织人，才能成为企业有用的人才。所以，最佳企业的成功之处在于他们不只是让员工快乐，而且让员工更加敬业；不只采取最花哨的做法，而是把人力资源的系统建设得很完善，把人力资源的根本理念贯彻得很彻底。因此，培养"组织人"将是未来人力资源管理者的重要任务。

### 8. 团队管理

在复杂多变的社会环境中，团队比传统的部门结构或其它形式的稳定性群体更灵活，反应更快。团队的优点是：可以快速地组合、重组、解散；团队适合担任需要多种技能、经验、创新性强、紧迫的工作任务；团队是真正的独立自主，它不仅注意问题的解决，而且执行解决问题的方案。显然，团队很适应网络时代的组织结构的要求。随着信息技术与全球网络化的发展，一种新的组织形式——虚拟团队应运而生。虚拟团队（也叫虚拟社区）是指基于互联网的人类共同体，并不共同拥有一个确定的物质空间或地理区域，但具有共同特质和归属感，并维持着一定社会联系和社会互动的群体。那么维系团队成员的纽带是参与者感到这个环境是讨论个人观点的适宜场所，有些人对所在的网络团队乐意奉献，他们之间的纽带远比现实中的团队成员的联系更为密切。想进就进，想退出就退出，谁也不知道谁是谁，之间没有直接的利害冲突，网络上流传很广的一句话是："谁也不知道你对面坐着的是否为一条狗"。虚拟团队的维持、两极分化、冲突与合作、激励等问题都是需要认真研究的问题。

### 9. 权变管理

管理者所面对的人是千差万别的，所处的环境是千变万化的，管理的风格也要变化，这就是权变管理之意。对人，管理者究竟要用哪种管理方法，要考虑两方面的因素：一是当事人的个性特点；二是环境因素。工作任务模糊不清，员工无所适从时，工作型管理方式更有效；如果是日常性工作，目标和达到目标的途径都很明确，关系型管理可能更合适。如果目标和达到目标的方法已很清楚，管理者就不要唠唠叨叨，命令部下这样做那样做，而是要给予更多的关心和体贴，创造良好的心理环境。所以，管理是一种情景艺术，管理者不要试图改变员工的个性特征，但可以帮助他提高素质。最强有力的经理就是那些能适应特定环境和特定情况的经理。灵活性和适应性是管理的灵魂，是网络时代最需要的管理模式。

### 10. 学习管理

人力资源管理的重要任务之一是将组织塑造成学习型组织。学习型组织是一种不同凡响的、更适合人性的组织模式，有崇高而正确的核心价值、信念与使命，具有强韧的生命力和实现梦想的共同力量，不断创新，持续变革。在其中，人们心手相连，相互反省求真，脚踏实地，用于挑战极限及过去的成功模式，不为眼前的近利所诱惑，有对共同愿景的认同感，以及与整体动态搭配的政策与行动，充分发挥生命的潜能，创造超乎寻常的成果，从而从真正的学习中体悟工作的意义，追求心灵的成长与自我实现，并与企业以外的世界产生一体感。人的素质的提高依赖于不间断的学习，同样组织素质的提高关键在于组织能否不间断的学习，在于组织的学习能力。

### 11. 薪酬管理

薪酬是人力资源管理中既复杂又非常重要的内容。公平是薪酬管理有效性的关键。特别在未来网络经济条件下，因为工作方式的变化，人的需求的变化，工作绩效评估和有效激励越来越难。直接经济报酬、间接经济报酬和非经济报酬的类别在现实中可以说是五花八门、八仙过海、各显神通。报酬方式的变化，固然重要，那么，价值创造、价值评价和价值分配体系的公平则是最重要的。心理契约在薪酬管理中的作用也应该引起学者们的关注。

### 12. 开发管理

人力资源开发是指资方为了提高员工的敬业精神、工作热情、业务能力和组织绩效而在政策、使用和培养方面进行的一种有计划的、连续性的工作。它是组织发展的要求，也是组织发展的基础和动力。但是，在现实中，人们对人力资源开发的理解有个误区，认为人力资源开发就是培训。培训与开发是很重要，培训可以使员工获得目前工作所需的知识和能力，开发可以使员工获得未来所需的知识和能力。可是，政策性开发和使用性开发也是开发的重要内容。可以想象，一个好的政策能让没有积极性的人成为有积极性的，没有能力的成为有能力的；如果政策不好，人才也会成为废品。一个很有组织才能的人，从来不给他施展组织管理才能的机会，这对他个人或企业来说不都是浪费吗？所以，培养性开发、政策性开发和使用性开发，对员工的职业生涯都非常重要。

### 13. 人力资源外包管理

由于市场竞争的加剧，许多公司都专注于核心业务而没有时间和资源来更好地管理人力资源业务，外包成为降低公司人力资源管理成本的另外一种选择。加上网络技术的帮助，人力资源外包服务提供商更是发展迅速。人力资源外包服务通常分为四个种类：PEO、BPO、ASP 和网上服务。PEO（Professional Employer Organization）是指专业的服务提供商承担公司所有的人力资源管理职责。通过承担公司员工所有的法律责任（包括在聘用、解聘以及员工工资上都有最终决定权），专业的服务提供商成为公司员工的一个合作雇主。PEO 在本质上与公司是合作伙伴，PEO 管理所有人力资源方面的工作，而公司则专注于处理其它方面的业务问题。BPO（Business Process Outsourcing）指公司流程外包，是一个很宽泛的术语，指不仅在人力资源而且在所有领域进行外包。BPO 与众不同的是通过引进新技术或提供现存技术以一种新的方式来改进公司流程。特别是在人力资源方面，BPO 可以确保一个公司的人力资源体系是由最新技术支撑的。ASP（Application Service Providers）指应用服务提供商，是开发软件并租给用户的人力资源服务提供商。这些软件功能包括招聘管理、工资与福利管理等。网上服务是指那些以网络为基础的人力资源服务。一般情况下 BPO 和 ASP 都被人们认为是网上服务。

要记住，人力资源外包服务提供商是公司企业文化的延伸，因此要尽可能寻找一个符合公司形象的人力资源外包服务提供商。不要期望一个保守而主要靠财务制度和法律事务生存的人力资源外包服务提供商可以成为飞速发展中的企业的最佳搭档。这类公司可能不能吸引那些适合自己公司的人才，因为它不可能很好地理解公司的需要而与未来的求职者沟通。另外，外包类型的选择也要从实际出发。选择 PEO 还是混合外包公司取决于你需要外包的业务。如果更愿意将精力集中于公司的核心业务，或者公司缺乏人力资源核心能力，PEO 或许很适合公司。PEO 可以代表公司的利益招聘或解聘员工。对公司的员工来说，他是 PEO 的雇员，实际上是公司从 PEO 再雇佣员工，员工在为你工作，而 PEO 代公司管理那些员工及相关人力资源业务，包括从员工的档案关系到薪酬福利的管理。如果认为不适合把所有的人力资源业务都外包给 PEO，或者公司不需要一整套的服务，可以考虑外包一部分耗时的人力资源管理事务性工作，如档案管理、员工保险等。例如，许多公司利用招聘代理商寻找合适的求职者，但保留调配人员的控制权诸如聘用和解聘。许多公司外包的另外一个关键职能是工资，这在国内不少企业看来是不可思议的。事实上，不少在华的外资企业将公司的薪酬管理交给专业的人力资源服务提供商。此外，公司还可以将人力资源服务以项目的形式外包。人力资源专业服务商提供各种各样的服务，诸如开发员工手册、建立公司的薪酬体系或者建立用以评估员工业绩的绩效管理体系等，这些工作可交由那些专业的人力资源机构管理，他们可能比公司人力资源部更专业，也更具有权威性。要说明的是，无论采取综合的解决方法，还是外包人力资源中特定的一些业务，与专业的人力资源机构建立一种稳固的关系是很重要的，公司需要与这些机构建立一个良好的合作过程，而且相信他们能完成公司的任务和达到要求。

总之，面对未来的发展，企业将部分作业流程外包出去的趋势不会消失，也因此，人力派遣公司的市场发展，仍具相当的成长空间；趋势专家与人力资源学者也预测，人力外包与派遣服务将是 21 世纪人力资源策略管理上最重要的人力运用形态。然而，企业在寻求人力派遣公司的服务时，还是应该重视内部的人力资源培训，避免陷入技术无法提升的难题。

14. 自我管理

在新商业经济时代，以个体为主的行为将会愈来愈突出。市场经济为人的自由发展营造了空间，INTERNET 为人际自由交往提供了便利。每一个网站就是一个领导者，每一个人就是一个领导者，每个人要靠他的智慧、知识、能力，通过他的网络施展他的影响力。网络时代为个人的发展提供了广阔的前景，比如，一个人有音乐或其他方面的天赋，他就可以将他的曲子或其他作品通过网络传遍全世界。另外虚拟团队中的每个人，完全要靠自己来管理。在家上班，领导、同事看不见你，办公室的制度管不了你，全靠自我管理。所以，自我管理又是人力资源管理的热点和难点。自我管理虽然只管一个人，但它却适用所有的人。自我管理与其他管理相比有什么特点、自我管理应包括哪些内容、有什么方法、不同的人自我管理有什么差别，等等，都需要我们去探讨。管理发展的趋势将是人对自身的管理。

教材是学科发展成熟的结果。编写这套人力资源管理教材，并不表明我们在这个领域的研究造诣有多深，只是将我们在人力资源管理的教学中的体会写出来，便于学生学习，也便于与同行交流。在这套系列教材中，我们力求在人力资源管理的不同侧面既介绍基本理论，又反映学术前沿；更希望在准确把握人力资源发展趋势上有所贡献。

在编写过程中，吸收了国内外同行的研究成果，得到了武汉大学出版社的大力支持和帮助，在此，我们深表谢意。

关培兰

# 第二版前言

在武汉大学教务部的鼎力支持和帮助下我们在 2006 年出版了《管理沟通》。至今这本教材先后 7 次印刷，被许多高校所采用，得到了较好的反响。由于管理沟通属于新兴学科，理论发展很快，学者们取得了丰富的研究成果，有些成果已经形成共识，可以纳入教材；同时，我们在使用中也发现了一些问题，如文字的疏漏，内容还过于简单，一些新的内容还需要增添和更新。为此，我们重新修订了这本教材。

在修订过程中，保持了原书的风格和基本构架，对部分章节作了适当调整与改写，并更新了部分案例。编写和修订的主要思路如下：（1）简化管理沟通的理论知识。管理沟通涉及很多学科，为了便于读者系统、快速地了解管理沟通的理论知识，本书着重阐述了人力资源理论对人际关系理论的作用。（2）丰富管理沟通的内容。就沟通的主体来说，从自我沟通开始到组织沟通甚至跨文化沟通，依次实现沟通主体的不断升级。2006 年的版本少了团队沟通这个重要环节，所以本书加入了有关此方面的内容。（3）增加管理沟通的技巧。管理沟通是一门实践性很强的课程，为了突出课程内容的可操作性，本书设计了情景模拟、角色扮演等练习，还增加了大量有针对性的案例，以帮助读者加深对理论的理解，有效掌握沟通技巧。

本书的具体内容包括：第一章沟通概论。介绍了沟通的含义、类型，描述了沟通的过程，探讨了管理沟通的发展历程等内容。掌握该章内容有助于了解全书所涉及的核心概念，把握全书的内容架构。第二章自我沟通、第三章人际关系沟通、第四章团队沟通、第五章组织沟通和第十一章跨文化沟通，这五章则是按照沟通主体的不同，分别从沟通的对象、沟通的方式、沟通的技巧等方面进行探讨，深刻分析了影响不同层次沟通效果的主要因素。第六章管理沟通中的信息发送策略、第七章管理沟通中的信息接受策略和第八章非语言沟通，这三章则从沟通发生的过程进行探讨，重点突出了收发过程中的听说读写策略，以及非语言沟通在信息收发送过程中的作用、表现形式等内容。第九章管理过程沟通，按照管理计划、组织、领导、控制和决策等职能编写，并选择了影响组织发展的几个重要因素，重点探讨组织中的社会化、决策、激励和变革等过程中所使用的策略。第十章沟通技术，该章探讨信息化背景下，信息技术带来的管理沟通环境的变化，以及面对变化带来的挑战企业和组织应该掌握的信息沟通技术。

本书是武汉大学人力资源管理专业系列教材之一，由李锡元教授主编，参加编写的有：李锡元、倪艳、王艳艳、周新军、李海云、黄琦、余毅、任劲、胡志林、梁果、陈思、周璨、付珍、王艳姣，最后由李锡元教授定稿。

　　在编写过程中，编者参考了大量的文献，并在书中加以注明，当然也难免有疏漏，在此，我们对前辈和国内外的同行表示深深的谢意，也恳请同行批评和指正。武汉大学出版社的范绪泉博士为此书花了大量的心血，在此一并感谢！

作　者

2013 年 6 月于珞珈山

# 第一版前言

　　管理的实质是对人的管理，管理沟通也就是组织环境中人与人之间的沟通。沟通是管理中极为重要的部分，可以说管理者与被管理者之间有效沟通是任何管理艺术的精髓。美国管理学大师彼得·德鲁克曾明确地把沟通作为管理的一项基本职能。美国著名未来学家约翰·奈斯比特曾说："未来竞争将是管理的竞争，竞争的焦点在于每个社会组织内部成员之间及其与外部组织的有效沟通之上。"对企业内部而言，要建立学习型的企业，企业注重团队合作精神的培养，有效的企业内部沟通交流是成功的关键。对企业外部而言，加强企业之间的强强联合和优势互补，需要掌握谈判与合作等沟通技巧。同时，为了更好地在现有政策条件允许下，实现企业的发展并服务社会，企业也需要处理好企业与政府、企业与公众、企业与媒体等各方面的关系。这些都离不开熟练掌握和应用管理沟通的原理和技巧。对个人而言，建立良好的管理沟通意识，逐渐养成在任何沟通场合下都能够有意识地运用管理沟通的理论和技巧进行有效沟通的习惯，正确的表达自己，对事业的成功更是十分重要。

　　作为一门经典的管理课程，管理沟通在全世界广为流传。二十多年来，全球有几十万人学习了这门课程，其中包括许多大公司的主管、经理。随着管理沟通理论在实践基础上不断完善，管理沟通愈加受到国际管理界的重视，成为许多大学 MBA 的必修课。其实，管理沟通并没有深奥的理论，编写本书的目的，就在于把颗颗珍珠串连起来，帮助学生系统掌握管理沟通的原理与方法，提高对沟通的认识和理解；同时也可以帮助管理者系统了解和运用沟通技巧，提高管理效率；希望本书能对中国的管理科学、管理者及渴望事业成功人士有所裨益！

　　本书是武汉大学人力资源管理专业系列教材之一，由李锡元主编，参加编写的有：李锡元、王艳艳、倪艳、周新军、李海云、黄琦、余毅、任劲、胡志林等，王艳艳作了大量文字统稿工作。本书最后由李锡元定稿。

　　在编写过程中，编者参考了大量的文献，并在书中加以注明。武汉大学出版社为此书的出版给予了大力支持，在此一并感谢！

作　者

2006 年元月于珞珈山

# 目　　录

# 第一章
# 沟通概论

**本章学习掌握要点：**

● 理解沟通的含义、类型
● 理解沟通对管理的重要意义
● 理解沟通的模式、沟通中可能出现的障碍以及如何克服沟通障碍
● 了解管理沟通研究的现状和趋势

## 第一节　沟通的含义

### 一、沟通的定义

打电话约定顾客，与某政府部门代表会谈，查阅报表，撰写年度工作报告；浏览地区经理提交的备忘录，为召开会议做心理准备，征求部下的意见，发表自己的看法；翻阅报纸，看政治、经济形势的发展状况……上述的每一种情况都是在进行"沟通"。通过这些日常情景，我们基本上可以了解："沟通"一词主要指的是人类传递或交流信息、观点、感情以及与此有关的交往活动。那么沟通到底是什么？

管理沟通中使用的"沟通"与传播学中使用的"传播"是英语"communication"的对译词。据考证，这个词起源于拉丁语的"communication"和"communis"，14世纪在英语中写做"comynycacion"，15世纪以后逐渐演变成现代词形，其含义包括"通信"、"会话"、"交流"、"交往"、"交通"、"参与"等。19世纪末，这个词成为日常用语。

20世纪初，一些学者已经自觉地将"传播"（或"沟通"）作为学术考察的对象，例如美国社会学家库利在1909年出版的《社会组织》一书中设了"传播"一章专门加以论述，认为沟通"指的是人与人之间的关系赖以成立和发展的机制——包括一切精神象征及其在空间中得到传递、在时间上得到保存的手段。它包括表情、态度和动作、声调、语言、文章、印刷品、铁路、电报、电话以及人类征服空间和时间的其他任何最新成果。"

几乎与他同时，另一位美国学者皮尔士也在1911年出版的《思想的法则》一书中设了一个题为"传播"的短章，其中有这样一段论述："直接传播某种观念的惟一手段是像（Icon）。即使传播最简单的观念也必须使用像。因此，一切观点都必须包含像或像的集合，或者说是由表明意义的符号构成的。"

库利和皮尔士对传播的描述开创了界定传播概念的两个传统，一个是社会学的传统，一个是符号学或语义学的传统。后来，这两个传统逐渐发生了融合，例如有的学者将传播定义为"通过符号或象征手段而进行的社会互动"，有的学者则认为传播即"通过社会互动而共享意义"。

这些概念，使我们对传播的实质有了进一步的理解：所谓传播，实质上是一种社会互动行为，人们通过传播保持着相互影响、相互作用关系。然而，这种社会互动，究竟是由意义引起的，还是由符号引起的？这个问题，直到信息科学的出现才得到解决。

信息科学告诉我们，人与人之间的社会互动行为的介质既不单单是意义，也不单单是符号，而是作为意义和符号、精神内容和物质载体的统一体的信息，因为意义离开符号便不能得到表达，而符号离开意义只不过是些莫名其妙的物质，两者都不能单独引起社会互动行为，有了信息的概念，传播概念的阐述就更为简洁和确切了。

从20世纪40年代信息科学诞生以后，许多传播学家在界定传播概念之时都突出强调传播的信息属性。例如著名传播学家施拉姆在《传播是怎样运行的》一文中写道：当我们从事传播的时候，也就是在试图与其他人共享信息——某个观点或某个态度……另一位传播学者阿耶尔则更明确地指出：传播在广义上指的是信息的传递，它不仅包括接触新闻，而且包括表达感情、期待、命令、愿望或其他任何什么。

《大英百科全书》认为，沟通就是"用任何方法，彼此交换信息。即指一个人与另一个人之间用视觉、符号、电话、电报、收音机、电视或其他工具为媒介，所从事的交换消息的方法。"

拉斯韦尔（Harold Lasswell）认为，沟通就是"什么人说什么，由什么路线传至什么人，达到什么结果"。

西蒙（H. A. Simon）则认为，沟通"可视为任何一种程序，借此程序，组织中的一个成员，将其所决定的意见或前提，传送给其他有关成员"。

我国学者苏勇、罗殿军主编的《管理沟通》一书，从管理的角度，特别是从领导工作职能特性的要求出发，把沟通定义为：沟通是信息凭借一定符号载体，在个人或群体间从发送者到接收者进行传递，并获取理解的过程。

综上所述，本书认为沟通就是发送者凭借一定的媒介将信息发送给既定的对象即接收者，并寻求反馈以达到相互理解的过程。

### 二、沟通与信息

从信息科学的立场出发，传播无非是信息的传递或信息系统的运行。传播本质上是信息的流动。那么什么是信息？信息的实质又是什么？

在信息论等信息科学没有形成以前，人们较少使用"信息"这个概念，即使使用，一般也当做消息、情报的同义词，指人们对某种事物的认识。如《牛津字典》解释："信息就是谈论的事情、新闻和知识。"《韦氏字典》解释："信息就是在观察或研究的过程中获得的数据、新闻和知识。"日语《广辞苑》解释："信息就是所观察事物的知识。"

作为一个科学概念，信息最早出现于通信领域。20世纪20年代，哈特莱在探讨信息传输问题时，提出了信息与消息在概念上的差异，指出：信息是包含在消息中的抽象量，消息是具体的，其中载荷着信息。20世纪40年代，香农和维纳从通信和控制论的角度提出了信息的概念，产生了巨大的影响，信息概念广泛渗透到包括沟通和传播学在内的许多科学研究领域。

香农的信息概念："在人们需要决策之际，影响他们可能的行为选择的概率的物质—能量的形式。"即我们对事物的反应或决策都是基于对事物的认识进行的，任何事物都具有自己的内在属性和规律，这些内在属性和规律通过一定的物质或能量的形式（pattern）表现出来。这些表现形式，如重量、形状、颜色、温度、质感、声音等，便是反映事物内部属性的信息。我们在获得这些信息之前，对象事物具有不确定性，而我们的行为决策也是盲目的；只有获得了这些信息，我们才能做出正确的行为决策。因此，信息具有帮助我们消除对事物的不确定性的功能，并影响我们选择或不选择某种行为的概率。

香农的信息理论的一个直接的冲击是使传播学者感到了传播的普遍性：所谓传播，无非是信息的传递和交流；信息是普遍的，传播必然也是普遍的。信息的传递和交流无论是通过物理系统、生物系统还是社会系统来进行，都属于传播的范畴，而作为社会科学的传播学的任务，就是在考虑到人类的社会传播与其他形态传播的共性和共同规律的同时，研究和揭示它的个性和特殊规律。香农的信息理论还解决了信息的量度问题。

维纳是控制论的创始人。他认为，任何系统（包括物理、生物和社会系统）都是按照一定的秩序运行的，但由于系统内部以及环境中存在许多偶然的和随机的偏离因素，因此任何系统都具有从有序向无序、从确定状态向不确定状态的变化倾向。为了保持系统的正常运行和系统目标的实现，就需要对系统进行控制。为了实现这种控制，一个重要的方法就是信息反馈。即系统输出物反映了系统的秩序状态和功能执行的结果，把输出物的全部或一部分作为反馈信息送回到系统里，并对系统的运行进行再调整，就可以起到修正偏差的作用。

维纳的信息概念和香农的信息概念有着重要的区别。香农主要考察的是离散信息（yes/no信息），而维纳考察的则是连续信息，即信息的不停流动。"我研究信息理论，最早是从考察电流的不间断流动开始的。"这样一个视点，决定了反馈机制是作为一个前提包含在维纳的信息概念之中的。

我国学者乌家培认为信息有三种不同的含义，包括：自在信息，是发送方输出的客观存在的信息，并不以它是否被接收为转移；积存信息，接收方已有的先验信息，对自在信息的"解释系统"，即辨别选择自在信息的能力；自为信息，接收方依据特定目的和实际能力所得到的信息，它能排除对发送方了解的不确定性，可增进接收方的组织程度，即有序性。

信息科学认为，信息是物质的普遍属性，是一种客观存在的物质运动形式。信息既不是物质，也不是能量，它在物质运动过程中所起的作用是表述它所属的物质系统，在同其他任何物质系统全面相互作用（或联系）的过程中，以质、能波动的形式所呈现的结构、状态和历史。这是最广义的信息概念，在这个概念下，一切表述（或反映）事物的内部或外部互动状态或关系的东西都是信息。

自然界的刮风下雨、电闪雷鸣，生物界的扬花授粉、鸡鸣蛙叫，人类社会的语言交流、书信往来，都属于信息传播的范畴。根据信息系统和作用机制的不同，有的学者把信息分为两大类：非人类信息和人类信息；也有的学者将其分为三类，即物理信息、生物信息和社会信息。这里的社会信息，指的是除了人的生物和生理信息以外的、与人类的社会活动有关的一切信息。社会信息是管理沟通的主要沟通内容。

作为信息的一种类型，社会信息也是以质、能波动的形式表现出来的，也具有物质属性。精神内容的载体，无论是语言、文字、图片、影像，还是声调、表情、动作（广义上的符号）等，都表现为一定的物质信号，这些信号以可视、可听、可感的形式作用于人的感觉系统，经神经系统传递到大脑得到处理并引起反馈。

然而，社会信息及其传播又有其他信息所不具备的特殊性质，这就是它伴随着人的精神活动。自然信息的传播通常表现为一定的物理或生物条件的作用和反作用，而社会信息则不同。第一，它并不单纯地表现为人的生理层次上的作用和反作用，而且伴随着人复杂的精神和心理活动，伴随着人的态度、感情、价值和意识形态；第二，即使是作为社会信息的物质载体——符号系统本身，也是与物质劳动密切相关的精神劳动的产物。在这个意义上，我们把社会信息看做是物质载体和精神内容的统一，主体和客体的统一，符号和意义的统一。社会信息的传播，具有与其他自然信息不同的特殊规律。

德国哲学家克劳斯指出："纯粹从物理学角度而言，信息就是按一定方式排列的信号序列，但仅此一项尚不足以构成一个定义。毋宁说，信息必须有一定的意义……由此可见，信息是由物理载体和物理意义构成的统一整体。"这段话可以说概括了社会信息的本质。

### 三、沟通中的符号和意义

在人的沟通活动中，信息是符号和意义的统一体。符号是信息的外在形式，而意义则是信息的精神内容。在沟通中，任何信息都携带着一定的意义，而任何信息也都必须通过符号才能得到传递和表达。考察符号和意义的性质和作用，对把握沟通的内涵有重要作用。

（一）沟通中的符号

符号是信息的外在形式或物质载体，是信息表达和传播中不可缺少的一种基本要素。

符号具有极为广泛的含义。日本学者永井成男认为，只要在事物 X 和事物 Y 之间存在着某种指代或表述关系，"X 能够指代或表述 Y"，那么事物 X 便是事物 Y 的符号，Y 便是 X 指代的事物或表述的意义。根据这个定义，我们在日常生活中能够感觉到的声音、动作、形状、颜色、气味甚至物体，只要它们能够携带信息或表述特定的意义，都属于符号的范畴。人类是通过符号或符号体系来传递信息的，但符号却不是人类社会的独有现象。从广义上来说，自然界和社会的符号现象是普遍的。以动物界来说，蜜蜂的"8"字飞行，就是一种动作图形符号；兽类动物利用粪便、尿液及其他分泌物来做记号、"划地盘"等现象，也是一种符号行为。不过，动物的符号行为是基于先天的、本能的机制进行的。动物界的符号连同其意义以及对符号的反应，都还不能超出条件反射原理的范畴。这种符号行为，与人类的能动的符号行为是不能相提并论的。

在人类信息传播活动的发展过程中，声音语言是人类掌握的第一套完整的听觉符号体系，有了声音语言，人类的信息交流才彻底摆脱了动物状态；文字是人类创造的第一套完整的视觉符号体系，有了文字，人类的信息活动实现了体外化的记录、保存和传播。文字是声音语言的再现和延伸，声音语言和文字并称为语言符号体系。语言是人类传播的基本符号体系，但并不是惟一的体系。动作、表情、体态、声音、图形、图片、影像等，同样是信息的重要载体，都可以起到符号的作用。

### 1. 符号的种类

为了将符号加以整理，学者们提出了许多分类方法。美国符号学的创始人皮尔士曾把符号分为 10 大类 66 种，对不同种类的符号的性质、结构和功能进行了详细的分析。一种比较简要的分类法是把符号（Sign）分为信号（Signal）和象征符（Symbol）两大类。

信号具有以下特点：（1）信号与其表示的对象事物之间具有自然的因果性，从这个意义来说，一切自然符号都是信号。例如冒烟是着火的信号，乌云压顶是大雨来临的信号，发烧是得了某种疾病的信号，青年人长出胡须是发育成熟的信号等。这种对应关系是客观的、具有因果性的联系。（2）信号与其表示的事物之间通常具有一对一的固定对应关系。在自然符号中这种对应关系是明显的，例如萤火虫的发光是一种求偶行为等。在人工符号中也有许多一一对应关系的符号，例如狼烟、交通信号、旗语、电报信号等。严格来说，计算机语言如 Basic 语言、C 语言等，在将它们翻译成一般人能理解的语言、文字或图像之前，也是根据一定语法规则相互对应的电子信号体系。

与信号相比，象征符则具有不同的性质：（1）象征符必须是人工符号，是人类社会的创造物；（2）象征符不仅能够表示具体的事物，而且能够表达观念、思想等抽象的事物；（3）象征符不是遗传的，而是通过传统、通过学习来继承的；（4）象征符是可以自由创造的，这就是说象征符在与其指代的对象事物之间不需要有必然的联系，它们的关系具有随意性。语言就是一种典型的象征符体系。

象征符具有自由性和随意性，还体现在一种对象事物可以用多种象征符表示，而一种象征符也可以表达多种事物。例如，"和平"这个概念既可以用声音符号也可以用文字符号甚至用白鸽来表述和象征。此外，象征符是一种社会文化现象，同一个象征符在不同社会里会有不同的解释；即使在同一个社会里，随着时代的变迁，象征符也会发生意义的变化。比如绿军装和红卫兵袖标在"文化大革命"中曾是"革命小将"的象征，而在"文化大革命"受到彻底否定的今天，它们成了幼稚、狂热、"打、砸、抢"的年轻人的象征，其价值也由肯定变成了否定。

根据符号在信息传播中的功能和作用机制的不同，象征符又可以分为"示现型象征符"、"论述型象征符"、"认知型象征符"和"价值型象征符"等。象征符是人类特有的符号，惟有人类才能创造和使用象征符。

### 2. 语言符号与非语言符号

人类拥有最完整的符号体系。人类的符号体系既包括信号，也包括象征符。由于语言（包括再现语言的文字）是人类最基本的符号体系，因此，传播学一般也将人类使用的符号分为语言符号和非语言符号两大类。

语言作为人类沟通的最基本的手段，是从劳动中产生并和劳动一起发展的。语言的产生，标志着从动物沟通到人类沟通的重大飞跃。人类的语言与动物的声音信号相比有着本质的不同，这表现在：

能动性和创造性是人类语言区别于动物界信号系统的最根本的特征。生物学和动物学的研究成果表明，从新生代以来，动物界的信号几乎没有增加发生类型，它们只能靠有限的声音和特定的物理或化学信号进行沟通，而人类在使用语言的过程中表现出无穷的创造力。人类不断创造出新词语、新概念、新含义和新的表达方法，并且能够将声音语言转换成文字或其他符号体系加以记录和保存；人类不仅创造出了自己的生活语言，而且创造出了科学语言、艺术语言以及以手语和计算机语言为代表的各种人工语言。

人类的符号体系还包括非语言符号。非语言符号大致可以分为以下几种类型：

第一类是语言符号的伴生符，如声音的高低、大小，速度的快慢，文字的字体、大小、粗细、工整或潦草等，都是声音语言或文字的伴生物，也称为副语言。副语言不仅对语言起着辅助作用，它们本身也具有自己的意义。一般来说，一个人说话无论声音大小、速度快慢等，写成文字都是一样的，体现不出区别。但是，声调的高低大小、语气的和蔼生硬等，都具有特定的意义，起着加强语言符号的作用或传递着语言符号以外的信息，甚至文字的笔迹也可以反映出传播者的许多背景材料，例如书写人的个性、教育程度、修养以及写字时的心情等。

第二类非语言符号是体态符号，例如动作、手势、表情、视线、姿势等。由于它们也能像语言那样传递信息，有人也称之为"体态语言"，一般来说，体态符号既可以独立使用，也可以与语言并用，它们在形成语境（传播情境）方面起着重要的作用。

第三类非语言符号是物化、活动化、程式化的符号。如果说上述两类符号大多还是语言符号的辅助物，那么第三类符号更具有独立性和能动性。日本传播学者林进有这样一段论述："在人的中枢神经系统中，处于比感觉、运动更高的层次并代表高度表象活动（即象征性活动）的，无疑是语言。但是，语言并不是惟一的继承性的观念体系。各种非语言的象征符体系，如仪式和习惯、徽章和旗帜、服装和饮食、音乐和舞蹈、美术和建筑、手艺和技能、住宅和庭园、城市和消费方式等，都包括在其中。这些象征符体系在人类生活的各个领域都可以找到。"

3. 符号的基本功能

符号是人类传播的介质，人类只有通过符号才能相互沟通信息。概括来说，符号的基本功能有三个方面：一是表述和理解功能，二是传达功能，三是思考功能。

符号的第一个基本功能是表述和理解功能。人与人之间传播的目的是交流意义，换句话说就是交流精神内容。但是，精神内容本身是无形的，传播者只有借助于某种可感知的物质形式，借助于符号才能表现出来，而传播对象也只有凭借这些符号才能理解其意义，因此，人与人之间的传播活动首先表现为符号化（Encoding）和符号解读（Decoding）的过程。所谓符号化，即传播者将自己要传递的信息或意义转换为语言、声音、文字或其他符号的活动；符号解读则是传播对象对接收到的符号加以阐释和理解，读取其意义的活动。不仅如此，传播对象对传来的信息做出反应—反馈的过程也伴随着在符号解读基础上的再次符号化活动。

符号的第二个基本功能是传达功能。这就是说，作为精神内容的意义如果不转换为具有一定物质形式的符号，是不可能在时间和空间上得到传播和保存的。孔子是一个伟大的思想家，但如果没有《论语》这部记录他的言行的文字著作，我们可能无从接触他的精神世界。

符号的第三个基本功能是思考，即引发思维活动。思考是人脑中与外部信息相联系的内在意识活动，是内在的信息处理过程。人在思考之际，首先要有思考的对象和关于对象事物的知识，而这些都是以形象、表象或概念等符号形式存在于人脑之中的，因此，思考本身也就是一个操作符号以及在各种符号之间建立联系的过程。例如，我们在对现代交通工具——飞机进行思考之际，脑子里必然会有飞机的形象以及有关飞机的功能和用途的各种概念，没有这种形象和概念，我们就不能就飞机进行思考。概念是反映事物的内涵和外延的思维方式，它并不能独立存在，而是作为符号与语言共存。思维离不开语言，也就离不开符号。

（二）人类传播中的意义交流

在人类传播中，任何符号都与一定的意义相联系，换句话说，人类传播在现象上表现为符号的交流，而实质上是精神内容的交流，即意义（Meaning）的交流。

意义是一个非常抽象的概念，在不同的学科领域有不同的定义，在日常生活中也有多种多样的理解。从沟通的角度来看，所谓意义，就是人对自然事物或社会事物的认识，是人给对象事物赋予的含义，是人类以符号形式传递和交流的精神内容。人类在传播活动中交流的一切精神内容，包括意向、意思、意图、认识、知识、价值、观念等，都包括在意义的范畴之中。

意义活动属于人的精神活动的范畴，但它与人的社会存在和社会实践密切相关。在与自然和社会打交道的过程中，人不断地认识和把握对象事物的性质和规律，并从中抽象出意义。例如，太阳的升起和落下是一种自然现象，人类在生活中不但认识了太阳的东升西落这一自然规律，而且将对这一规律的认识应用到对人生意义的思索，于是便有了"朝阳一般的年轻人"的比喻，也有了"夕阳无限好，只是近黄昏"的感叹。意义在人类的社会生活中起着重要的作用，人与人之间的社会传播，实质上也就是意义的交流。意义活动是人类最基本的活动之一。

意义本身是抽象的和无形的，但可以通过语言以及其他符号得到表达和传递。符号是意义的载体和表现形态。

1. 符号意义的分类

符号是意义的携带者，任何一种符号都有其特定的意义，称为符号的意义。符号的意义可以区分为若干类型，包括：

明示性意义与暗示性意义。这是诗学和语义学中的一种分类，前者是符号的字面意义，属于意义的核心部分；后者是符号的引申意义，属于意义的外围部分。例如，"北极熊"一词原指生活在北极地带的一种凶猛的大型食肉动物，但在20世纪冷战时期，它成了当时某个推行霸权主义的北方大国的代名词；前者是明示性意义，后者是暗示性意义。一般来说，明示性意义具有相对稳定性，暗示性意义较容易发生变化。明示性意义是某种文化环境中多数社会成员共同使用和有着共同理解的意义，暗示性意义中既有多数成员共同使用的，也有特定个人或少数人基于自己的联想而在小范围内使用的，因此，也未必多数成员对它的理解都一致。

外延意义（Denotation）与内涵意义（Connotation）。这是逻辑学中的分类。在逻辑学中，符号一般称为概念符号，而概念的意义可以区分为外延和内涵。外延是概念符号所指示的事物的集合，例如"人"这个概念的外延可以列举出男人、女人、中国人、外国人、青年人、老年人等，它的范围包括了古今中外的一切人。与此相比，内涵则是对所指示事物的特征和本质属性的概括，如"人"的内涵是指"能够制造和使用工具，具有抽象思维能力"，这是对人的本质属性的界定。确定外延和内涵，是为事物的概念下定义的两种基本方法。

指示性意义（Referential Meaning）和区别性意义（Deferential Meaning）。这是符号学中的分类方法之一。指示性意义是将符号与现实世界的事物联系起来进行思考之时的意义。比如，我们在说到"植物"这个词时，它的意义是通过现实中的各种植物来表现的，换言之，即"植物"这个语言符号的意义就是我们关于自然界中的植物的表象或印象。另一方面，区别性意义是表示两个符号的含义的异同的意义。例如汉语中的"植物"和"动物"，这两个词中各有一个"物"字，表示指示的对象属于生物；而"植"和"动"二字则分别表示前者是草本或木本的生物群，后者是鸟兽类有运动和感觉能力的生物群。区别性意义是通过分析符号间的关系来显示的，与意义区分无关的因素一般不包括在内。所以，在这种分类法中，暗示性意义、比喻、引申等并不包含在其中。

2. 符号的暧昧性

符号是人们交流意义的基本手段，但是，符号所传达的意义并不总是很清晰的，有时甚至很模糊。就拿最常用的语言符号的意义来说，在很多场合是很难做出明确判断的。语言符号的暧昧性主要体现在以下两个方面：

语言符号本身含义的模糊。例如"水果"一词，从典型的水果到不太典型的水果，其包括范围很大，例如，西红柿、西瓜等是属于"水果"还是属于"蔬菜"，一般人是不容易分清楚的。一些新词和流行语的意义也具有这种暧昧性，例如现在传媒上大量流行的"潇洒"一词，人们对它的理解就不同，有的人将"潇洒"解释为现代人健康的、洒脱的生活态度和行为方式，有的人则用不负责任的放荡不羁或一掷千金的挥霍享乐来注解"潇洒"。"潇洒"一词，具有社会规范和价值意义上的暧昧性，以至于我们很难确定对"潇洒"应该持褒扬还是抨击的态度。

语言符号的多义性。多义性指一种符号具有两种以上的意义，有时我们判断不准应该属于哪一种。语言符号的多义性是常见的，一个单词或词组、一个句子都可能具有多种意义。例如"老张的画很珍贵"这句话就有两种意义：一是老张收藏的画很珍贵；二是老张是个画家，他画的画很珍贵。仅从上面的语言符号中，我们无法判断这句话的意义属于哪一种。除此之外，同音异义词的存在，也是造成语言符号的多义性的一个重要原因。

语言符号具有暧昧性，这种暧昧有时会成为人们之间沟通意义的障碍，但这种障碍不是难以克服的，人们可以借助传播过程中的其他条件或情境来消除语言符号的暧昧性和多义性。不仅如此，人类还能积极地利用这种暧昧性和多义性来创造和表达新的意义。例如民间常说的"罗锅上山——前（钱）紧"、"老虎驾辕——谁赶（敢）"等谐音歇后语，就是巧妙地运用同音异义词进行的生动活泼的意义交流。

总之，意义是从社会生活中产生的。正如社会生活纷繁复杂、千姿百态一样，符号的意义也是丰富多彩、不可穷尽的。上面所谈的，只不过是人类传播中复杂的意义活动的若干侧面。

### 3. 传播过程中的意义

上面我们探讨了符号（主要是语言符号）本身的意义。然而，在具体的社会传播活动中，参与或介入进来的并不仅仅是符号本身的意义，还有传播者的意义、受传者的意义以及传播情境所形成的意义等。

传播者的意义。在传播行为中，传播者通过符号来传达他所要表达的意义，然而，传播者的意义并不总是能够得到正确传达。我们常常会为自己不能准确完整地表达自己的想法而感到苦恼，或者为自己说出的话而后悔，这说明我们发出的符号有时并没有正确传达我们的意图或本意。在这里，符号本体的意义与传播者的意义未必是一回事，这是很明显的。

受传者的意义。对同一个或同一组符号构成的信息，不同时代的人有不同的理解，同一时代的不同个人也会有不同的理解或解释，这说明符号本身的意义与受传者接收到的意义同样也未必是一回事。产生这种差异的原因，一是符号本身的意义会随着时代的发展而产生变化；二是由于每个受传者都是根据自己的经验、经历等社会背景来理解和解释符号的意义的，这些因素不同，每个人从同一符号或信息中得到的意义也就会存在差异。

中国有句老话，告诉人们读书要从"字里行间"去理解。在这里，"字里"就是字面的意义，即文字符号本身的意义；"行间"即字面符号以外的意义或含义，读取"行间"的意义是需要读书者进行联想和推测的，在这个过程中，读书者完全有可能接收到作者意图以外的意义。这种情况也说明，受传者的意义既不等于传播者的意义，也不等于符号本身的意义。

传播情境意义。所谓语境，在传播学中叫做传播情境。传播情境指的是对特定的传播行为直接或间接产生影响的外部事物、条件或因素的总称，它包括具体的传播活动（如二人对话）进行的场景，如什么时间、什么地点、有无他人在场等；在广义上，传播情境也包括传播行为的参与人所处的群体、组织、制度、规范、语言、文化等环境。在很多情况下，传播情境会形成符号本身所不具有的新意义，并对符号本身的意义产生制约。

总之，符号本身是具有意义的，但意义并不仅仅存在于符号本身，而存在于人类传播的全部过程和环节当中。

### 四、沟通的内涵

#### （一）沟通首先是意义上的传递与理解

如果信息和想法没有被传递到接收者，则意味着沟通没有发生。也就是说，说话者没有听众或写作者没有读者都不能构成沟通。因此，哲学问题"树林中的一棵树倒了，却无人听到，它是否发出了声响？"在沟通背景下，其答案是否定的。但是，要使沟通成功，意义不仅需要被传递，还需要被理解。沟通是意义上的传递与理解。完美的沟通如果存在的话，应是经过传递后被接收者感知到的信息与发送者发出的信息完全一致。

这种一致并不意味着对方一定要接受自己的观点。你可以非常明白对方的意思却不同意对方的看法。事实上，沟通双方能否达成一致协议，别人是否接受自己的观点，往往并不是沟通良好与否这一个因素决定的，它还涉及双方根本利益是否一致，价值观念是否类同等其他关键因素。例如在谈判过程中，如果双方存在根本利益的冲突，即使沟通过程中不存在任何噪声干扰，谈判双方沟通技巧十分娴熟，往往也不能达成一致协议，但沟通双方每个人都已充分理解了对方的观点和意见。

**（二）意义的传递是借助于符号进行的**

信息并不能像有形物品一样由发送者传送给接收者。信息的沟通要经过符号的中介，这意味着沟通也是一个符号化和符号解读的过程。由于每个人的"信息—符号系统"各不相同，对同一符号（例如语言词汇）常存在不同的理解。因此沟通的前提条件是，沟通双方拥有共通的意义空间，即传收双方必须对符号意义拥有共同的理解，否则沟通过程本身就不能成立，或传而不通，或导致误解。在广义上，共通的意义空间还包括人们大体一致或接近的生活经验和文化背景。

忽视了沟通双方的"信息—符号系统"的差异，自认为自己的词汇、动作等符号能被对方还原成自己欲表达的信息，是导致不少沟通问题的原因。

**（三）沟通是在一定社会关系中进行的，又是一定社会关系的体现**

沟通产生于一定的社会关系中，这种关系可能是纵向的，也可能是横向的。它又是社会关系的体现，传收双方表述的内容和采用的姿态、措辞等，无不反映着各自的社会角色和地位。社会关系是人类沟通的一个本质属性，通过沟通，人们保持既有的社会关系并建立新的社会关系。从沟通的社会关系性来说，它又是一种双向的社会互动行为。信息的传递总是在沟通者和沟通对象之间进行的。在沟通过程中，沟通行为的发起人——沟通者通常处于主动地位，但沟通对象也不是单纯的被动角色，他可以通过信息反馈来影响沟通者。双向性有强弱之分，但任何一种沟通——无论其参与者是个人、群体还是组织——都必然是一种通过信息的传收和反馈而展开的社会互动行为。

**（四）沟通是一种行为，是一种过程，也是一种系统**

行为、过程、系统是人们解释沟通时的三个常用概念，它们从不同角度概括了沟通的一些重要属性。当我们将沟通理解为"行为"的时候，我们把社会沟通看做是以人为主体的活动，在此基础上考察人的沟通行为与其他社会行为的关系；当我们把沟通解释为"过程"的时候，着眼于沟通的动态和运动机制，考察从信源到信宿的一系列环节和因素的相互作用和相互影响关系；当我们把沟通视为"系统"的时候，我们是在更加综合的层面上考虑问题，这就是把沟通看做是一个复杂的"过程的集合体"，不但考察某种具体的沟通过程，而且考察各种沟通过程的相互作用及其所引起的总体发展变化。

**（五）沟通的内容是包罗万象的**

在沟通中，我们不仅传递消息，而且还表达赞赏、不快之情，或提出自己的意见、观点。这样沟通信息就可分为：①事实；②情感；③价值观；④意见、观点。如果信息接收者对信息类型的理解与发送者不一致，有可能导致沟通障碍和信息失真。在许多误解的问题中，其核心都在于接收人对信息到底是意见观点的叙述还是事实的叙述混淆不清。比如，"小王把脚放在桌子上"和"小王在偷懒"是两个人对同一现象做出的描述，并没有迹象表明第二句是一个判断，但是一个良好的沟通者会谨慎区别基于推论的信息和基于事实的信息。也许小王真的是在偷懒，也有可能这只是他思考问题的一种习惯。另外，沟通者也要完整理解传递来的信息，即既获取事实，又分析传递者的价值观、个人态度，这样才能达到有效的沟通。

# 第二节　沟通的类型

依据不同的分类标准可以把沟通分为不同的类型：

## 一、工具式沟通和感情式沟通

按照功能划分，信息沟通可分为工具式沟通和感情式沟通。一般来说，工具式沟通指发送者将信息传达给接收者，其目的是影响和改变接收者的行为，最终达到企业的目标。感情式沟通可以沟通双方的感情，获得对方精神上的同情和谅解，最终改善相互之间的关系。

## 二、正式沟通与非正式沟通

在正式组织中，成员间所进行的沟通，因其途径的不同可分为正式沟通与非正式沟通两类。正式沟通指在组织中依据规章制度明文规定的原则进行的沟通，例如组织间的公函来往、组织内部的文件传达、召开会议、上下级之间的定期情报交换等。按照信息流向的不同，正式沟通又可细分为下向沟通、上向沟通、横向沟通、斜向沟通、外向沟通等几种形式。

非正式沟通和正式沟通不同，它的沟通对象、时间及内容等各方面，都是未经计划和难以辨别的。非正式沟通是由于组织成员的感情和动机上的需要而形成的。其沟通途径是通过组织内各种社会关系，这种社会关系超越了部门、单位以及层次。

## 三、语言沟通和非语言沟通

根据信息载体的不同，沟通可分为语言沟通和非语言沟通。

（一）语言沟通

语言沟通建立在语言文字的基础上，又可细分为口头沟通、书面沟通及电子数据语言沟通三种形式。

1. 口头沟通

人们之间最常见的交流方式是交谈，也就是口头沟通。按照它发生的不同方式，口头沟通又可细分为演说、倾听、正式交谈、私人交谈、讨论、征询、访谈、闲聊、小组会议、小组讨论、传话即捎口信、大型会议、传闻等多种具体形式。

口头信息沟通是所有沟通形式中最直接的方式。它的优点是快速传递和即时反馈。在这种方式下，信息可以在最短的时间内被传送，并在最短的时间内得到对方的回复。如果接收者对信息有疑问，迅速的反馈可使发送者及时检查其中不够明确的地方并进行改正。此外，上级同下属会晤可使下属感到被尊重、受重视。显而易见，口头沟通可以极大地有助于对问题的了解。

但是，口头信息沟通也有缺陷。信息从发送者开始的一段段接力式的传送过程中，存在着巨大的失真的可能性。每个人都以自己的偏好增删信息，以自己的方式诠释信息，当信息经长途跋涉到达终点时，其内容往往与最初的含义存在重大偏差。如果组织中的重要决策通过口头方式，沿着权力等级链上下传递，则信息失真的可能性相当大。

而且，这种沟通方式并不是总能省时，正如那些参加了毫无结果、甚至也不需要结果的会议的主管所了解的那样，就时间与费用来说，这些会议的代价很大。

2. 书面沟通

书面沟通又可细分为正式文件、备忘录、信件、公告、留言便条、内部期刊、规章制度、任命书等多种具体形式。

书面记录具有有形展示、长期保存、有法律保护依据等优点。一般情况下，发送者与接收者双方都拥有沟通记录，使沟通的信息可以长期保存。如果对信息的内容有疑问，过后的查询是完全可能的。对于复杂或长期的沟通来说，这尤为重要。一个新产品的市场推广计划可能需要好几个月的大量工作，如果以书面的方式记录下来，这可以使计划的构思者在整个计划的实施过程中有一个依据。把东西写出来，可以促使人们对自己要表达的东西更加认真地思考。因此，书面沟通显得更加周密、逻辑性强、条理清楚。书面语言在正式发表之前能够反复修改，直至作者满意。作者所要表达的信息能被充分、完整地表达出来，减少了情绪、他人观点等因素对信息传达的影响。书面沟通的内容易于被复制、沟通，这对于大规模沟通来说，是一个十分重要的条件。

当然，书面沟通也有自己的缺陷。相对于口头沟通而言，书面沟通耗费时间较长。同等时间的交流，口头沟通比书面沟通所传达的信息要多得多。事实上，花费一个小时写出的东西只需十五分钟左右就能说完。书面沟通的另一个主要缺点是不能及时提供信息反馈。口头沟通能使接收者对其所听到的东西及时提出自己的看法，而书面沟通缺乏这种内在的反馈机制。其结果是无法确保所发出的信息能被接收到，即使接收到，也无法确保接收者对信息的解释正好是发送者的本意。发送者往往要花费很长的时间来了解信息是否已被接收并被准确地理解。

3. 电子数据语言沟通

在现代社会，随着有线技术、无线电技术与信息技术的发展，电子数据语言沟通成为了企业管理沟通的重要语言沟通形式。

所谓电子数据语言沟通是指将包括图表、图像、声音、文字等在内的书面语言性质的管理信息通过电子信息技术转化为电子数据进行信息传递的一种沟通方式或形式。电子数据语言沟通只存在于工业革命之后，即电子、信息技术得到人类的认识、应用之后。按照电子数据采用的具体设施和工具、媒介的不同，电子数据语言沟通又可细分为电话沟通、电报沟通、电视沟通、电影沟通、电子数据沟通、网络沟通、多媒体沟通 7 种主要形式。电话沟通又可细分为有线电话和无线电话沟通形式，或电话交谈、电话会议、电话指令等多种形式。

（二）非语言沟通

非语言沟通指通过某些媒介而不是讲话或文字来传递信息。非语言沟通内涵十分丰富，包括身体语言沟通、副语言、物体的操纵等多种形式。身体语言沟通是指通过动态的目光、表情、手势等身体运动和姿势、空间距离、衣着打扮等人体形式来传递信息的沟通形式。副语言沟通是指通过非词语的声音，如重音、声调、哭、笑、停顿、语速等来传递信息的沟通形式。物体操纵即道具沟通，则是指人们通过对物体的运用、环境布置等方式来传递信息的沟通形式。

　　一位作风专断的主管一面拍桌子，一面宣称从现在开始实施参与式管理，听众都会觉得此番言辞并非这位主管的本意。我们应如何说明这些不顾所听到的语言而接收到的信息？在语言只是一种烟幕的时候，非语言的信息往往能够非常有力地传达"真正的本质"。扬扬眉毛、有力地耸耸肩、突然离去，能够传达许多具有价值的信息。激动人心的会议的备忘录（甚至一字不漏的正式文件）却使人读起来十分枯燥，是因为他们抽去了非语言的线索。据有关资料显示，在面对面的沟通过程中，那些来自语言文字的社交意义不会超过35%，换言之，有65%是以非语言信息传达的。人们非常希望用非语言沟通的方式诸如面部表情、语音语调等，来强化语言沟通的效果，但也并不是总能做到这一点。显然，非语言沟通既能强化语言沟通的效果，也能起到相反的作用，关键在于沟通人员对它的掌握和运用。

　　1. 身体语言沟通

　　身体语言沟通是通过动态无声的目光、表情、手势语言等身体运动或者是静态无声的身体姿势、空间距离及衣着打扮等形式来实现沟通。

　　人们首先可以借助面部表情、手部动作等身体姿态来传达诸如攻击、恐惧、腼腆、傲慢、愉快、愤怒等情绪或意图。例如，在一个你最忙碌的时刻里，有位职员来造访，讨论一个问题。你和他把问题解决之后，这位职员却站着不走，并把话题转向社会时事。在你的内心里，很希望立即终止这个讨论而继续工作，可是在表面上，你却很礼貌、专注地听着，然后，你把椅子往前挪了一下，并坐直了身子整理你桌上的公文。不管这举动是无意的还是故意的，它们都刻画出你的感觉并暗示这位职员"该是离开的时候了"，除非这位职员没有感觉或太专注于自己的话题，否则谈话很可能因彼此间的默契而结束。

　　固然任何身体上的行动都会把一些信息传达给接收人，但是，我们必须根据我们过去接触各种不同类型的人物的经验，而不是根据眼前的情况来对人下定论，以免造成错误。即使是人与人之间的空间位置关系，也会直接影响人与人之间的沟通过程。这一点不仅为大量生活中的事实所证明，而且严格的社会心理学实验也证明了这一点，国外有关研究证实，学生对于课堂讨论的参与情况直接受到学生座位的影响。在倾向上，以教师讲台为中心，座位越居中心位置，学生参与课堂讨论的比例也越大。

　　沟通中空间位置的不同，还直接导致沟通者具有不同的沟通影响力，有些位置对沟通的影响力较大，有些位置影响力较小。我们都有体会，同样内容的发言，站到讲台上讲与在台下自由发言所起到的效果是不同的，高高的讲台本身就具有某种权威性。

　　沟通者的服饰往往也扮演着信息发送源的角色。有学者在经过广泛的调查研究后指出，在企业环境中，组织成员所穿的服装传送出关于他们的能力、严谨性和进取性的清楚的信号。换句话说，接收者无意识地给各种服装归结了某些定型的含义，然后按这些认识对待穿戴者。例如，该学者坚持认为，黑色雨衣会给有抱负的男管理者带来不利影响。他声称，黑色雨衣标志着"较低的中等阶层"，而米色雨衣在公司内外会得到"管理者"的待遇。出于同样理由，他强烈反对女管理者穿厚运动衫。当对该项研究的正确性难以评价时，有一点很清楚，人们首先从他人穿戴的服装上看到某种信息。

## 2. 副语言沟通

副语言沟通是通过非语词的声音，如重音、声调的变化、哭、笑、停顿来实现的。心理学家称非语词的声音信号为副语言。最新的心理学研究成果揭示，副语言在沟通过程中起着十分重要的作用。一句话的含义往往不仅决定于其字面的意义，而且决定于它的弦外之音。语音表达方式的变化，尤其是语调的变化，可以使字面意思相同的一句话具有完全不同的含义。比如一句简单的口头语"真棒"，当音调较低、语气肯定时，"真棒"表示由衷的赞赏；而当音调升高、语气否定时，则完全变成了刻薄的讥讽和幸灾乐祸。

## 3. 物体的操纵

除了运用身体语言外，人们也能通过对物体的运用、环境布置等手段进行非语言的沟通。下面是一个很自然地利用手头之物表明一个非语言的观点的例子：一位车间主任，他在和工长讲话的时候，心不在焉地拾起一小块碎砖。他刚一离开，工长就命令全体员工加班半小时，清理车间卫生。实际上车间主任对清理卫生一字未提。在日常生活中，我们不难发现，秘书们常常给办公场所增添了个人格调。专业人员和管理人员的办公室一般是严肃的，但是秘书们的办公桌被鲜艳的颜色、特殊的陈列品、挂在墙上的明信片、宣传画等纸张所包围。透过这些装饰，我们对秘书的性格、特征会产生一个初步的认识。

### 四、自我沟通、人际沟通、群体沟通、组织沟通、跨文化沟通

按照沟通主体的不同，沟通又可以分为自我沟通、人际沟通、群体沟通、组织沟通、跨文化沟通等多种形式。

自我沟通便是个体系统内的沟通，是发生在一个人体内的一种信息交流活动。任何一种其他类型的沟通，都必然伴随着自我沟通的环节，自我沟通的性质和结果也必然会对其他类型的沟通产生重要的影响。人际沟通是人和人之间的情感和信息的传递、交流过程。它是群体沟通、企业沟通、跨文化沟通的基础。群体沟通也可以叫做小组或者团队沟通。它是指在为数不多的有限人群内部进行的沟通，它是企业管理沟通内部的重要组成部分。组织沟通是指发生在整个组织内部和相关外部的沟通，可分为组织内部沟通和组织对外沟通两大部分。跨文化沟通，则是处于两种不同社会文化背景下的企业内部或外部人员间进行的信息沟通。

后面的沟通形式既包含了前面的沟通形式，又同时具有自身的特点。本书后面的章节分别对这些不同层次的沟通的规律进行了讨论。

# 第三节　沟通的意义

沟通交换了有意义、有价值的各种信息，交换了知识、思想、意见、想法和科技，通过保持社会内部的联系与协调，收集、整理和传达系统内部和外部环境变化的信息，来保证社会的正常运行和发展。它是把有组织的活动统一起来的手段。没有信息沟通就不可能进行群体活动，因为在这种情况下，既不可能进行协调，也不可能实现变革。无论是学校、企业、家庭和个人之间的信息传递都是绝对必要的。

在企业管理中，无论是计划的制定、工作的组织、人事的管理、部门间的协调、与外

界的交流，都离不开沟通。对生产工人的研究表明，他们每小时进行 16~46 分钟的沟通活动，甚至 16 分钟的最低数字也是每 4 分钟进行一次沟通。组织等级越高，花费在沟通上的时间也就越多。对于完成生产任务的基层主管来说，各种研究表明，工长工作时间的 20%~50% 用于语言沟通。当通过文字工作增加沟通时，这些数字增加到 29%~64%。至于中层和高层管理人员，我们发现，经理时间的 66%~87% 用于语言（面对面和电话）沟通。这些数字还没有包括其他沟通形式（例如阅读和书写文件、便函和报告）。

当今受到企业家信赖的走动管理、目标管理、全面质量管理、企业组织结构扁平化、供应链管理、客户关系管理、职业生涯规划、人力资源开发规划、知识员工管理等管理创新，不是以提高企业管理沟通效率与绩效为目的，就是以加强和加速企业管理沟通为途径。可以说，管理创新的根本目的是提高管理的效能和效率，而管理沟通的效能和效率，也就是企业管理的效能和效率。正如美国著名未来学家奈斯比特指出的那样，"未来竞争是管理的竞争，竞争的焦点在于每个社会组织内部成员之间及其与外部组织的有效沟通上"。

沟通对企业的重要性具体表现在以下三个方面：

### 一、实现整体优化的需要

首先，沟通是协调组织中的个人、各要素之间的关系，使组织成为一个整体的凝聚剂。

组织是由许多不同的部门、成员所构成的一个整体，这一整体有其特定的目的和任务。为了要实现组织的目标，各部门、各成员之间必须有密切的配合与协调。只有各部门、各成员之间存在良好的沟通意识、机制和行为，各部门、各成员间才能彼此了解、互相协作，进而促进团体意识的形成，增强组织目标的导向性和凝聚力，使整个组织体系合作无间、同心同德，完成组织的使命及实现组织目标。

其次，沟通也是企业与外部环境之间建立联系的桥梁。企业是一个开放的系统，必然要和顾客、供应商、股东、政府、社会团体等发生联系，这些都要求企业必须与外部环境进行有效的沟通，通过沟通来实现与外部环境的良性互动。在环境日趋复杂、瞬息万变的情况下，与外界保持良好的沟通状态，及时捕捉商机，避免危机，是关系到企业兴衰的重要工作。

### 二、激励的需要

信息沟通是领导者激励下属，实现领导职能和提高员工满意度的基本途径。

领导者要引导追随者为实现组织目标而共同努力，追随者要在领导者的带领下，在完成组织目标的同时实现自己的愿望，而这些都离不开相互之间良好的沟通，尤其是畅通无阻的上向、下向沟通。

良好的沟通能通过满足员工的参与感和创造良好的人际关系，提高员工的满意度。组织成员并非仅仅为了物质的需求而工作，他们还有精神层面的需要，这些精神上的需要包括成就感、归属感、荣誉感及参与感等。随着社会的不断发展进步，这些精神需要所占比重会越来越大。要使职工真正感觉到属于自己的企业，并不是仅仅依靠薪水、奖金所能达到的。而更在于那个组织对他的意见的重视，这种参与感的满足对于员工的工作积极性有很大的影响，而组织沟通，尤其是上向沟通正可以满足员工的这种欲望。良好的沟通能减少团队内的冲突与摩擦，促进工作人员间、员工与管理层之间的和谐和信任，减少工作的重复和脱节，从而避免人力、物力、财力以及时间上的浪费。

### 三、获取决策所需信息，整合企业智力资源的需要

随着电子信息技术的发展，人类经济开始进入信息经济时代，以信息与科学技术为代表的知识资本，正越来越明显地成为促进人类经济发展和社会综合发展的第一生产力要素，信息（作为知识、科技与经验的载体）的及时交流沟通，日益成为许多企业获取经营管理成功的关键和决定因素。

在现代信息经济时代，企业内外部环境的变化日益复杂和加快，企业因此必须在更大的市场背景、更快速的环境变化和更加激烈繁杂的竞争态势下生存发展。组织成员尤其是管理人员不可能只凭借自身力量和信息渠道获得决策所需的信息。管理人员要想适应瞬息万变的市场环境和纷繁复杂的大千世界，就必须凭借沟通，进行智力资源的整合。有效的沟通机制使企业各阶层能分享他的想法，并考虑付诸实施的可能性。这是企业创新的重要来源之一。

良好的沟通不仅能交换信息，还能够相互交融、相互促进，从而产生创新的效果。正如英国作家萧伯纳曾经打过的一个比方：假如你有一个苹果，我有一个苹果，彼此交换后，我们都还是只有一个苹果。但是，如果你有一种思想，我有一种思想，那么彼此交换后，我们每个人都有两种思想。如果两种思想发生碰撞，还可以产生两种思想之外的东西。

西蒙提出管理的主要工作是决策，而决策的过程就是信息交流和处理的过程，而信息交流和处理就是沟通。从更细致的角度来考虑，如果把信息经济时代背景下的企业管理细分为决策和执行两大部分，对决策的执行的实质是企业成员对自己的行为进行自我管理，而自我管理必然是自我沟通的行为过程。那么，决策是沟通，执行也是沟通，因此，管理的行为过程，也就是沟通的行为过程，管理的主要和核心工作就是沟通。

随着全球市场一体化、企业管理数字化、商业竞争国际化、顾客消费个性化的发展，新经济正在向人类社会走来。建立在知识和信息的生产、分配和使用之上的新经济，是以知识和信息为主导的经济形态。而知识的传递正是通过有效的沟通进行的。因此，有人认为，新经济的到来将引起管理方式的变革，而管理变革的基本趋势，就是管理向沟通管理的方向发展。即企业必须致力于借助现代网络和网络技术，在广泛传播知识和信息的基础上，在企业内外创造一种平等沟通、交流和学习的文化氛围，促进企业与其员工、企业与供应商等社会公众的充分理解和认同，激发员工和社会公众对企业的忠诚和持久的支持行为，通过建立一个有机的沟通体制，让知识、信息和情感这些企业竞争的优势资源充分有效地发挥作用，为企业腾飞奠定坚实的基础。

然而，企业的信息系统是一个存在着众多可变因素的系统，参与系统活动的个体或群体是有着丰富的精神和心理活动的主体，具有很大的不确定性，很容易产生沟通障碍和沟通隔阂。沟通障碍包括结构与功能障碍，如沟通制度是否合理、沟通渠道是否畅通、信息

系统的各部分的功能是否正常等；沟通隔阂则包括个人之间的隔阂，个人与群体之间的隔阂，成员与组织之间的隔阂，群体与群体、组织与组织、文化与文化之间的隔阂等。

　　沟通障碍和沟通隔阂的存在会造成组织成员的认知、判断、决策和行动的混乱，这些问题如果不及时妥善地解决，必然会影响企业的正常发展。然而，沟通障碍和沟通隔阂的存在是企业信息系统的一个必然现象。问题的关键在于，应该如何科学地认识和把握这些矛盾，不断找到解决矛盾的有效方法。管理沟通把企业信息系统及其运行规律作为自己的研究对象，通过对该系统及其各部分的结构、功能、过程以及互动关系的考察，寻求克服沟通障碍和沟通隔阂的科学方法，由此来推动企业的发展。

　　作为应用科学，管理沟通学的价值就在于它引导人们从信息系统的角度考虑问题，例如：当人际关系中出现沟通隔阂之际，沟通学可以帮助我们分析这种隔阂产生的根源在于自己还是在于对方，是沟通内容本身有问题还是沟通渠道不畅或沟通方法不妥？当企业经营出现困难之际，沟通学则把我们的视线引向企业信息系统：内部管理的各个环节是否健全？市场把握是否存在误区？是对消费者需求了解不够，还是公关和广告投入不足、定位不准确？如此等等。

# 第四节　沟通的基本过程

　　沟通的基本过程，指的是具备沟通活动得以成立的基本要素的过程，是发送者将信息通过选定的渠道传递给接收者的过程。

## 一、沟通模式

　　在传播学研究史上，不少学者采用建构模式的方法，对传播过程的结构和性质做了各种各样的说明。所谓模式，是科学研究中以图形或程式的方式阐释对象事物的一种方法。模式既与现实具有对应关系，但又不是对现实事物的单纯描述，而具有某种程度的抽象化和定理化性质；它与一定的理论相对应，又不等于理论本身，而是对理论的一种解释或描述，一种理论可以与多种模式相对应。模式是人们理解事物、探讨理论的一种有效方法。正因为如此，在沟通学的研究中，模式的使用非常普遍。

　　第一位提出沟通过程模式的是美国学者 H·拉斯韦尔。1948 年，他在题为《传播在社会中的结构与功能》的一篇论文中，首次提出构成传播过程的五种基本要素，并按照一定的结构顺序将它们排列，形成人们称之为"五 W 模式"或"拉斯韦尔程式"的过程模式。这五个"W"分别是英语中五个疑问代词的第一个字母，即 Who；Say What；in Which Channel；to Whom；with What Effect。

　　拉斯韦尔程式第一次将人们天天从事却又阐释不清的沟通活动明确表述为由五个环节和要素构成的过程，为人们理解传播过程的结构和特性提供了具体的出发点。此后，经过沟通学者们不断地开发和修正，提出了比较完整的沟通模式，如图 1-1 所示。

　　图 1-1 描述了一个简单的沟通过程。这一模式包括 8 个要素：①思想 1；②编码；③通道；④译码；⑤思想 2；⑥噪声；⑦反馈；⑧背景。其中形成思想 1、编码由发送者完成，而译码、形成思想 2 则是接收者的任务。

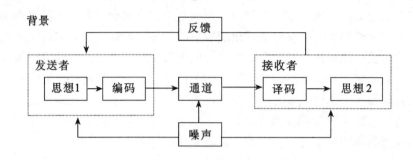

图 1-1　沟通过程模式图

## 二、沟通要素

### (一) 编码与译码

编码是发送者将其意义符号化，编成一定的文字等语言符号及其他形式的符号。译码则恰恰与之相反，是接收者在接收信息后，将符号化的信息还原为思想，并理解其意义。完美的沟通，应该是传送者的思想经过编码与译码两个过程后，形成的思想 2 与思想 1 完全吻合，也就是说，编码与译码完全"对称"。"对称"的前提条件是双方拥有共通的意义空间，如果双方对信息符号及信息内容缺乏共同经验，也就是缺乏共同语言，编码、译码过程不可避免地会出现偏差。

因此，甲方在编码过程中必须充分考虑到乙方的经验背景，注重内容、符号对乙方的可读性；乙方在译码过程中也必须在考虑甲方经验的背景下进行，这样才能更准确地把握甲方要表达的真正意图，而不至于曲解、误解其本意。

### (二) 通道

通道是由发送者选择的、用来传递信息的媒介物。

不同的信息内容要求使用不同的通道。政府工作报告就不宜通过口头形式而应采用正式文件作为通道。邀请朋友吃饭如果采用备忘录的形式就显得不伦不类。

有时人们可以使用两种或两种以上的传递渠道，例如，双方可先口头达成一个协议，然后再予以书面认可。由于各种渠道都各有利弊，因此，选用恰当的通道对有效的沟通十分重要。但是，在各种方式的沟通中，影响力最大的，仍然是面对面的原始的沟通方式。面对面沟通时，除了语词本身的信息外，还有沟通者整体心理状态的信息。这些信息使得发送者和接收者可以产生情绪上的相互感染。因而，即使是在通信技术高度发达的美国，总统大选时，候选人也总是不辞辛劳地四处奔波去演讲。

### (三) 背景

沟通总是在一定背景下发生的，任何形式的沟通，都要受到各种环境因素的影响。比如，据研究发现，配偶在场与否，对人们的沟通影响很大。丈夫在妻子在场时，与异性保持的距离更大，表情也更冷淡，整个沟通过程变得短暂而仓促。而对沟通者而言，他们并没有意识到这种明显的改变。在企业中也是一样，在总经理办公室与在自己的工作场所，采用的沟通方式是存在重大区别的。从某种意义上说，与其认为沟通是由沟通者本人把握的，不如说是由背景环境控制的。

一般认为，对沟通过程发生影响的背景因素包括以下几个方面。

心理背景。心理背景指沟通双方的情绪和态度。它包含两个方面的内涵。其一是沟通者的心情、情绪，处于兴奋、激动状态与处于悲伤、焦虑状态下，沟通者的沟通意愿、沟通行为是截然不同的，后者往往沟通意愿不强烈，思维也处于抑制或混乱状态，编码、译码过程受到干扰。其二是沟通者对对方的态度。如果沟通双方彼此敌视或关系淡漠，沟通过程则常由于偏见而出现偏差，双方都较难准确理解对方的思想。

物理背景。物理背景指沟通发生的场所。特定的物理背景往往造成特定的沟通气氛。在一个千人礼堂演讲与在自己办公室慷慨陈词，其气氛和沟通过程是大相径庭的。

社会背景。社会背景一方面指沟通双方的社会角色关系。对应于不同的社会角色关系，有着不同的沟通模式。上级可以拍拍你的肩头，告诉你要以厂为家，但你绝不能拍拍他的肩头，告诫他要公而忘私。因为对应于每一种社会角色关系，无论是上下级关系，还是朋友关系，人们都有一种特定的沟通方式预期，只有有关沟通在方式上符合这种预期，才能得到人们的接纳。但是，这种社会角色关系也往往成为沟通的障碍，如下级往往对上级投其所好，报喜不报忧等，这就要求上级能主动改变、消除这种角色预期带来的负面影响。另一方面，社会背景还包括沟通情境中对沟通发生影响但不直接参加沟通的其他人。我们前面提到过，自己配偶在场与否，人们与异性沟通的方式是不一样的。我们也都有这种体会，上司在场与否，或竞争对手在场与否，自己的措辞、言谈举止是大不相同的。

文化背景。文化背景指沟通者长期的文化积淀。也是沟通者较稳定的价值取向、思维模式、心理结构的总和。由于它们已转变为我们精神的核心部分而为我们自动保持，是思考、行动的内在依据，因此，通常人们体会不到文化对沟通的影响。实际上，文化影响着每一个人的沟通过程，影响着沟通的每一个环节。当不同文化发生碰撞、交融时，人们往往能发现这种影响，三资企业的管理人员，可能对此深有体会。例如，在美国等西方国家，重视和强调个人，沟通风格也是个体取向的，并且直言不讳，对于组织内部的协商，美国管理者习惯于使用备忘录、布告等正式沟通渠道来表明自己的看法和观点。而在日本等东方国家，人际间的相互接触相当频繁，而且更多是非正式的。一般来说，日本管理者针对一件事先进行大量的口头磋商，然后才以文件的形式总结已做出的决议。这些文化差异使得不同文化背景下的管理人员在协商、谈判过程中遇到不少困难。

（四）反馈

沟通过程的最后一环是反馈回路，反馈是指接收者把信息返回给发送者，并对信息是否被理解进行核实。为检验信息沟通的效果如何，接收者是否正确接受并理解了每一信息的状态，反馈是必不可少的。在没有得到反馈之前，我们无法确认信息是否已经得到有效的编码、传递和译码。如果反馈显示接收者接收并理解了信息的内容，这种反馈称为正反馈；反之，则称为负反馈。

反馈不一定来自对方，往往可以从自己发送信息的过程或已发出的信息中获得反馈，当我们发觉所说的话含混不清时，自己就可以做出调整，这就是所谓的自我反馈。与沟通一样，反馈可以是有意的，也可以是无意的。对方不自觉地流露出的震惊、兴奋等表情，能够给发送者很多启示。但作为一个管理者，应能尽量控制自己的行为，使反馈能处于自己意识的控制状态下。

### 三、噪声

噪声是指妨碍信息沟通的任何因素，它存在于沟通过程的各个环节，并有可能造成信息失真。比如：模棱两可的语言、难以辨认的字迹、不同的文化背景等都是噪声。典型的噪声包括以下几个方面的因素。

影响信息发送的因素。这方面容易出现的噪声主要有：①表达能力不佳、辞不达意，或者逻辑混乱、艰深晦涩，从而使人无法准确对其进行译码。②"信息—符号系统"差异。信息沟通使用的主要符号是语言也只是一种符号，而不是客观事物本身，它只有通过人们的"符号—信息"联系才能转变为对信息的理解。由于不同的人往往有着不同的"信息—符号系统"，因而接收者的理解有可能与发送者的意图存在偏差。③知识经验的局限。你无法向一个小学生解释清楚相对论，因为他只能在自己的社会经历及知识经验范围内译码，当信息超出这一范围时，他是无法理解的。企业内不同部门的交流也会因各自使用的专业知识、术语不同而困难重重。④形象因素。如果接收者认为发送者不守信用，则即使其所发出的信息是真实的，接收者也极有可能用怀疑的眼光去看待它。

影响信息传递的因素。这些因素包括：①信息遗失。②外界干扰。比如，在马达轰鸣的环境下交谈将是一件十分吃力的事情。③物质条件限制。没有电话，你自然无法与千里之外的总部进行口头沟通。④媒介的不合理选择。用口头的方式布置一个意义重大、内容庞杂的促销计划将使实际效果大打折扣。

影响信息接收和理解的因素。这些因素主要包括：

(1) 选择性知觉。由于每个人的心理结构及需求、意向系统各不相同，这些差异性直接影响到他们接收信息时知觉的选择性，即往往习惯于对某一部分信息敏感，而对另一部分信息"麻木不仁"、"充耳不闻"。不难理解，我们对能印证自己推断、论点的信息常表现出高度的兴趣，而对相反的信息却漠然视之，正如有学者指出，我们不是看到事实，而是对我们所看到的东西进行解释并称之为事实。

(2) 信息"过滤"。接收者在接收信息时，往往根据自己的理解和需要对信息加以"过滤"。当信息传送下来，每经过一个层次，都要产生新的差异，最后则突破了允许极限范围，过滤的程度与组织结构的层次和组织文化密切相关。

(3) 接收者的译码和理解偏差。如前文多次论述，由于个人所处的社会环境不同，在团队中的角色、地位、阅历也各异，从而对同一信息符号的译码、理解都各异。即使同一个人，由于接收信息时的心情、氛围不同，也会对同一信息有不同解释。

(4) 信息过量。管理人员在做出决策前需要足够的信息，但如果信息量过于巨大，则过犹不及，使管理者无法分清主次，或是浪费大量时间。

(5) 特别需要强调和说明的是，社会地位的差距对沟通产生着十分重大的影响。

企业内各部门由于分目标各异而造成的冲突和互不信任，也往往会干扰它们之间的有效沟通。技术人员与营销人员不会有共同感情，前者往往责怪后者提出一些不切合实际的要求，或是不支持高层次的理论研究，而后者则认为前者不能顺应消费趋势、潮流的变化。

### 四、沟通的障碍克服

沟通的每个环节、每个阶段都存在干扰有效沟通的噪声，我们该如何越过这些沟通中的障碍因素呢？

（一）树立基本沟通观念

沟通（Communication）一词，与共同、共有、共享等字很相近，你与他人有多少的"共同（Common）"、"共有（Community）"及"共享（Communion）"，将决定你与他人沟通的程度。

共同、共有、共享意味着目标、价值、态度和兴趣的共识。如果缺乏共识的感受，而只是一味地去尝试沟通是徒劳无益的。一位经理若只站在自己的立场上，而不去考虑职工的利益、兴趣，势必加大与职工间的隔阂，从而给沟通制造了无法逾越的障碍。

首先，管理者必须避免以自己的职务、地位、身份为基础去进行沟通。而应试着去适应他人的思维架构，并体会他人的看法。换言之，不只是"替他着想"，更要能够想象他的思路，体会他的世界，感他的感觉。设身处地替他着想是很有益的，但若能和别人一起思考、一同感受则会有更大的收获。在这个过程中，你很可能会遇到"不同意所看到的和听到的"情况。可是，跳出自我立场而进入他人的心境，目的是要了解他人，并不是要同意他人。一旦你体会了他人如何去看待事实、如何去看待自己，以及他如何衡量他和你之间的关系，才能避免掉入"和自己说话"的陷阱。

其次，作为一位管理者，还应该明确有效的沟通不是斗勇斗智，也不是辩论比赛。对接收者而言，沟通中的发送者所扮演的角色是仆人而不是主人。如果说话人发觉听话人心不在焉或不以为然时，他就必需改变他的沟通方式。接收者握有"要不要听"和"要不要谈"的决定权。你或许可以强制对方的沟通行为，但是却没有办法指挥对方的反应和态度。

（二）全面发展沟通技巧

沟通技巧有着广阔的领域。首先知识是沟通的基础。沟通是信息的发送和理解，如果缺乏理解信息所必需的知识，沟通是无法进行的。其次，沟通的核心是系统思考，沟通者必须全面考虑沟通内容的特点、沟通双方的实际情况、沟通背景、沟通渠道等各种因素，寻求最佳的沟通策略和形式以实现自己的目的。任何一个因素考虑不当都有可能对沟通效果产生不利的影响。在系统思考的基础上，培养"发送技巧"和"接收技巧"。其中发送技巧包括说和写，接收技巧包括听和读。对于管理者来说，熟悉组织的沟通特点，成功地利用或建立适合自己的信息系统，确保组织内信息流动在各个方向上的畅通也是必要的。

（三）充分利用反馈

由于种种沟通障碍的存在，发送者和接收者对相同信息的理解总会存在一定的偏差。这就要求沟通双方积极使用反馈这一手段，减少理解误差的产生。

（四）利用现代计算机技术和通信技术来克服信息沟通障碍

现代计算机技术和通信技术飞速发展，给人们的信息沟通创造了更多的便利条件。开发和建立计算机管理信息系统、决策支持系统和专家系统等，利用计算机技术处理大量数据，并把有用的信息提供给大多数决策者使用，管理者可以经济地、及时地得到必要的信息用以决策。计算机还可以通过表格、图形等直观的形象显示公司的重要信息，对管理者提供决策帮助。另外，利用现代通信技术可以大大地解决距离上的障碍，身处各地的决策者可以通过远程通信会议，"面对面"地进行直接沟通，及时做出决策。

# 第五节　管理沟通的研究

应该说管理沟通研究一直伴随着企业理论研究的历史。但是由于时代、经济背景不同，在以往的管理理论和实践中，管理沟通一直没有得到独立的和显著的研究与关注。管理沟通作为一门独立的学科分支确立是在二十世纪六七十年代。20 世纪 70 年代，欧美发达国家的一些管理学者开始从组织行为学研究和社会心理学研究中，引申出组织沟通研究，进而创造和发展出基本的管理沟通概念，并逐步细化研究，形成了沟通的一些初步理论。从 20 世纪 90 年代开始，信息学的出现和发展，已经极大地改变了沟通学的理论框架。因此，真正的企业管理沟通学作为一门完全独立的管理学科出现在现代管理理论丛林中，至今仍只是刚刚开始。

关于管理沟通的研究主要分为功能学派和社会文化学派。功能学派认为管理沟通属于组织管理的一部分。研究目的在于了解和控制组织，提高组织的功能和效率，以此来达到组织的目的。研究重点是沟通与组织效率的因果关系，研究方法偏重于管理学理论。社会文化学派的管理沟通理论认为组织沟通研究属于社会文化的范畴。组织不过是社会文化的一个细胞，社会由无数的细胞组成，沟通就像神经网络一样把这些细胞有机地组合成完整的社会文化体系。因而研究重点应放在组织沟通对社会文化的促进作用上，主要运用文化、社会学的一些理论。

## 一、管理沟通研究的历史和现状

管理沟通一直存在于人们的各种管理实践中，管理沟通理论也一直以其他的名词或方式或明或暗地存在于以往的各种管理思想、理论中，大量渗透和潜伏在管理的其他结构、功能元素中，如在管理的控制、领导、激励、员工关系、客户关系管理、企业文化之中。对于管理沟通理论的研究，在美国，最早的管理沟通论述出现在 20 世纪 80 年代中后期。比较有代表性的著作有：由 Gerad M. Phillips 所著，于 1982 年出版的《组织沟通》；由 Richard C. Huseman 等人所著的《商务沟通，战略和技能》。在国内，以管理沟通为研究中心的专著出现时间更晚，而且一直以译著和编著为主。管理沟通专著也有一些，但仍然比较少见。

迄今为止，管理学界在管理沟通研究上已经取得了一些积极成果，包括：初步探讨和定义了沟通的原理、定义、类型及模式；初步阐述了沟通在企业或组织管理中的意义；区分了人际沟通与组织沟通，将两者区分开来分别进行了一些研究；对沟通的一些基本的和具体的途径、方式进行了详尽细致的深入研究，如近年来对于倾听的研究，以往已经取得丰硕成果的对于阅读、演讲、谈判、会见、面试、访谈、会议、写作、身体语言、服饰、电话等多种主要沟通方式的研究，这也是取得成就最大的领域；由于 20 世纪 90 年代信息技术和电子技术的空前发展，信息、科技时代的概念深入人心，管理沟通也已经对电子沟通与网络沟通给予了一定的关注；由于近年来团队研究的深化，有不少管理沟通研究者已经出版过团队沟通的专著，从任何管理机构均可以理解为大小不同的团队的意义上来讲，团队沟通研究也是在管理沟通研究中的一个有意义有价值的进步。

　　管理沟通研究存在的较大的理论空白和不足表现在：①有关管理沟通的模型的研究刚刚起步，如何将管理沟通的模式与总体管理模式匹配融合，即企业总体战略性的管理沟通模式的研究仍有待深入。②对于管理沟通的内容与方式研究还不够深入，管理沟通的内容和方法存在着不同的层次性，对各种方法在整体上应如何配合也研究不足。③对于管理与沟通的联系与区别的论述也还很初步。④对于管理沟通缺乏适当有效的定义，只是简单地把管理和沟通捏在一起，因而使管理沟通要么是内涵狭窄，要么是内涵太过宽泛，概念的定义粗糙模糊。最为关键的缺陷是，迄今为止，所有管理沟通研究都只是在把沟通当做一个管理的手段这一战术层次上来加以研究。沟通固然是管理中的一部分，但从更宏观的角度来讲，沟通已经成为当今信息经济时代企业管理的核心和灵魂，在某种意义上来讲，管理就是沟通，因此，有必要在原有战术基础上，把管理沟通提高到企业管理的战略高度上，结合企业管理的其他方面，整体地来进行管理沟通战略的研究。在这一方面，管理沟通研究仍是一片巨大的空白。⑤对信息经济时代下的企业管理缺乏深入理解，对于通信、电子技术和网络带来的企业管理革命缺乏敏感和战略意识。

## 二、20 世纪 80 年代以来国外管理沟通研究

　　管理沟通是近年来备受欧美国家商学院重视的课程之一。"沟通"已经逐渐发展成为管理学门类下的一门新兴学科和重要研究领域，其研究成果引起企业界的高度重视并在实际应用中取得了意想不到的成功。

　　从整体上来看，国外对组织沟通的研究比较深入、细化。我国在这方面的研究还处于起步阶段，国外对组织沟通的研究成果对我国的管理沟通实践和研究都有借鉴意义。国外20 世纪 80 年代对管理沟通的研究主要集中于以下几个方面：

　　（一）组织对沟通信息的控制

　　组织对沟通信息的控制是组织沟通的一个重要研究方面。随着涌入组织的信息量的增加，从众多信息中捕捉所需信息的重要性和难度都在增加，组织在机构设置上必须考虑如何才能最方便、快捷、准确地捕捉和控制信息。有学者提出在组织中控制信息流的主要有"守卫者"和"促进者"（Zeuschner，1992）。守卫者（Gatekeeper）指控制信息从某地到达另一地的人，其目的是通过过滤、分流等方式来控制信息的流量。促进者（Faciliator）指推进信息前进的速度的人，其重要职能就是保证信息反馈能够到达它应该到达的人。

　　还有学者提出边界管理者（Boundery Spanner）在组织沟通方面发挥着控制信息的重要功能（Conard，1994）。这是把系统论，尤其是系统边界（System Boundariers）理论的观点运用到了组织沟通和管理上。边界管理者的职能主要是信息的收集、分发和印象整饰（Impression Management）等。

　　（二）组织沟通与工作满意感

　　工作满意感是半个世纪以来学者们研究的热点。研究表明，组织沟通因素不是惟一

的、可能也不是最重要的决定工作满意感的因素。但对很多组织来说，沟通关系是预测员工满意感颇有意义的变量。20 世纪 80 年代以来，沟通满意感作为个体对组织沟通效果评价的心理指标，引起了学者们的浓厚兴趣。人们从员工、管理者及其互动关系、个体差异、沟通途径等不同角度研究了沟通满意感和工作满意感的关系。这些关系主要包括：

上司—下属沟通关系与工作满意感的关系。这方面的研究主要集中于上司的决策和管理沟通风格对员工满意感的影响及对管理沟通风格（Management Communication Style，MCS）的研究上。

员工沟通满意感与离职意向的关系。有些学者研究了离职意向与员工沟通满意感和对组织认同的关系。主要包括对领导与成员的交流（Leader Member Exchange，LMX）（Ferris，1985）、团队成员交流（Team Member Exchange，TMX）（Major，1995）的研究。

沟通开放性与工作满意感的关系。沟通开放性（Communcation Openness）与组织绩效、工作满意感、角色明确和信息量的关系。这里所说的沟通开放性行为包括询问信息、倾听信息、对接收到的信息采取行动，开放性主要是指信息的接收者而不是发送者。研究表明，下属一般对其上司是开放的，他们向上司询问信息，倾听上司指示，根据所得到的信息行动。增强沟通开放性的重要方面是上司对其下属更开放，同事之间也要更开放。沟通开放性的主要作用是处理非常规信息，典型的如坏消息。如果沟通是开放的，组织就能够更早地确定其问题，并在失控之前解决问题。如果沟通是封闭的，组织不能确认其问题，直到问题发展成为危机。所以有人说，看一个组织有多开放，只要看其坏消息传递的速度就知道。

（三）冲突与组织沟通

这方面的研究主要包括对组织冲突的特点及沟通在冲突管理中的作用的研究。其中 Irving Janis 提出了"团队思想"（Group Think）这个概念，用来指在高度一致的团队中，成员很少用批判性分析的方法解决问题。

### 三、21 世纪组织沟通研究的发展趋势

总体来讲，管理沟通的研究主要是在以传统的组织架构为前提下的管理沟通研究，仍滞后于现代企业理论研究进展。研究方法和框架本身也需要创新。在研究框架上，还比较缺乏传播学理论和方法的支持，比较片面地研究一些具体的沟通手段，缺乏宏观和战略上的研究，如企业沟通战略。组织沟通研究的发展趋势，可以归纳为以下几个方面：

跨文化组织沟通的研究越来越重要。随着经济全球化的深入、跨国公司的蓬勃发展，文化在组织沟通中的作用日益凸显。跨国公司内部如何实行多元化人力资源管理、如何适应东道国的文化、外派人员如何融入当地文化、跨文化沟通培训等都是需要进一步研究的问题，尤其是对跨国公司新拓展的重要市场，包括中国，理论研究还没跟上实践的发展。

新技术对组织沟通产生的影响。以计算机、互联网为代表的新技术，使组织沟通的内容、手段、方式等都发生了深刻变革，它对组织沟通的积极作用、消极作用、对组织结构设计的新要求等命题还在研究之中。

工作场所人际关系对组织沟通的影响。人际关系自 20 世纪 30 年代以来一直是管理心理学的研究重点，由于组织自身的不断发展和人力资源呈现出的新特点，这方面也有很多

的问题需要深入探讨：如员工自我意识、自我揭示、自我接受、沟通风格、信任度、上下级关系、管理风格对组织沟通的影响；个体沟通与职业生涯；有效的人际沟通技巧等。实质上，这些问题说到底就是如何通过沟通实现人本化管理的问题。

团队沟通越来越受到人们的重视。近二三十年来，由于团队在组织中的重要性得到提升，国外对团队沟通、团队决策、团队冲突等有大量的研究，但对一些新的命题，如组织沟通在建立学习型组织（团队）中的作用，如何通过组织沟通建立共同愿景、组织沟通与团队活力等方面的研究尚未深入。

组织沟通中的性别差异、种族差异。虽然这并不是一个新课题，但由于性别特点近年来变化如此之快、人力资源呈多种族化趋势，所以对它们的研究需要不断更新。而且，由于21世纪的管理更强调个体差异，性别差异、种族差异及其互动对组织沟通影响的研究就具有较强的实用性。

组织沟通将成为实现组织目标和个人发展的手段。即组织沟通既达到组织对员工的控制，又使员工的创造性、自主性得到发挥。这是管理的较高境界，但目前实现的并不多。对其理论和操作方法的研究将是新世纪的趋势之一。

对虚拟团队的沟通模式的研究。经济贸易的日益全球化、组织间协作以及充分利用各种资源的需要，使得越来越多的组织开始使用虚拟团队来完成项目，与此同时，信息技术的发展，又为虚拟团队的产生提供了技术环境，从而大大促进了虚拟团队的组建和使用。这种趋势在西方发达国家尤为明显。目前，美国、日本等经济发达国家，正以每年增长35%的速度来使用虚拟团队完成项目。虚拟团队对组织沟通提出了较高的要求：如何使团队成员们实现高度的"快速信任"（Swift Trust）；如何通过多种沟通渠道增加虚拟团队成员之间互动的深度和广度；如何弥补因为缺乏面对面的沟通而削弱的对于团队凝聚力的感觉以及对互动的满意程度；虚拟团队成员面临社交孤立、信息泛滥以及被来自其他成员的电子信息所主宰等问题。到目前为止尚缺乏一种系统、实用的方法来长期而有效地管理虚拟团队。

目前，我国企业，尤其是国有大中型企业正处于结构调整和改革转型的关键时期，管理层和员工都承受着巨大压力，沟通问题已经成为企业管理的重大问题。建立起由现代化技术支撑的、通畅有效的沟通网络已成为建立现代企业制度不可缺少的组成部分。因此，研究我国企业的管理沟通，既具有学科建设的长远意义，又具有一定的现实紧迫性。

## 关 键 概 念

沟通　　信息　　符号　　意义　　沟通类型　　沟通模式　　沟通障碍

## 复习思考题

1. 你如何理解沟通的符号和意义？
2. 你认为沟通在社会、企业和个人的发展中起着什么样的作用？
3. 有人说未来的管理将主要是对沟通的管理，你怎么看待这个问题？

# 第二章
# 自我沟通

**本章学习掌握要点：**

● 　自我沟通的含义及特点

● 　自我沟通的意义

● 　了解自我沟通的环节

● 　自我沟通影响因素

● 　了解自我沟通的技巧和艺术

## 第一节　自我沟通的机制

自我沟通（Intra-personal Communication），或称内向沟通，是指个人接收外部信息并在人体内部进行信息处理的活动，是在主我（I）和客我（Me）之间进行的信息交流。

自我沟通是其他一切沟通活动的基础，任何一种其他类型的沟通，如人际沟通、群体沟通、大众沟通等，都必然伴随着自我沟通的环节，自我沟通的性质和结果，也必然会对其他类型的沟通产生重要的影响。

到目前为止，有关自我沟通的机制，其大量的研究工作是由心理学家来完成的。心理学家的有关人的知觉、意识、感觉、情感、想象、记忆、思维等的大量研究成果为我们提供了很大的帮助。

### 一、自我沟通是一个生理过程

人之所以能够进行自我沟通，首先与人体的生理机制是分不开的。人的身体具有一般信息沟通系统的特点：人体既有信息接收装置（感官系统），又有信息传输装置（神经系统）；既有记忆和处理装置（人的大脑），又有输出装置（发声等表达器官及控制这些器官的肌肉神经）；人的身体既是一个独立的有机体，又与自然和社会外部环境保持着普遍联系。

施拉姆曾引用温德尔·约翰逊对二人对话的前后过程的一段描述：

1. 一个事件发生了……

2. 这一事件刺激了 A 先生的眼、耳朵或其他感觉器官，造成……

3. 神经搏动到达 A 先生的大脑，又到达他的肌肉和腺线，这样就产生了紧张，未有语言之前的"感觉"等；

4. 然后，A 先生开始按照他惯用的语言表达方式把这些感觉变成字句，而且从"他考虑到的"所有语句中，

5. 他"选择"或者抽象出某些字句，他以某种方式安排这些字，然后，

6. 通过声波和光波，A 先生对 B 先生讲话，

7. B 先生的眼和耳朵分别受到声波和光波的刺激，结果，

8. 神经搏动到达 B 先生的大脑，又从大脑到他的肌肉和腺线，产生紧张（张力）、未讲话前的"感觉"等；

9. 接着 B 先生开始按照他惯用的语言表达方式把这些感觉变成字句，并且从他"考虑过的"所有字句中，

10. 他"选择"或抽象出某些词，他以某种方式安排这些词，然后 B 先生相应地讲话，或做出行动，从而刺激了 A 先生——或其他某人——这样，沟通过程就继续进行下去……①

施拉姆认为在 A、B 二人对话的前后，存在着两个自我沟通的过程，一个是 A 先生的，一个是 B 先生的。这两个过程大致相同：A 先生或 B 先生通过他们的感官接收外部世界的信息，在体内尤其是通过大脑来处理这些信息，并把处理的结果转化为信息输出前的预备状态——这些内在的信息活动，就是自我沟通。

日本学者渡边一央等人提出的人的视听觉信息处理模式充分地反映了人体内传播的系统性，如图 2-1 所示。这个模式图从生理学过程的角度非常详细的解析了自我沟通的过程和结构，表明人体内的信息处理活动是一个复杂而有机的系统。

（一）自我沟通是能动的意识和思维活动过程

自我沟通一般都是作为对外界事物的反应而发生的，但是，这种反应并不单纯是生理层面上的刺激和反应关系，相反，能动的意识和思维活动才是自我沟通区别于其他动物体内沟通的根本特点。

辩证唯物主义认为，自然界经历了漫长的历史过程，从自身的发展中产生出能够思维的人。这个过程包括三个决定性的环节：由一切物质所具有的反应特性到低级生物的刺激感应性；由刺激感应的反应形式到高级动物的感受和心理；由一般动物的感觉和心理到能动的人的意识的产生。

同时，人的意识不仅是自然界长期发展的产物，而且是劳动和社会的产物。在劳动和社会中，人不仅要认识事物的表面现象，而且要认识事物的本质和规律，反复的社会实践，使人的意识超越了一般动物感觉和心理而达到更高的境界。劳动不仅推动了作为意识之物质基础的人脑的发达，而且推动了思维的工具——语言的产生。有了语言人就能够使用语言符号来概括各种感觉材料，进行抽象思维活动，从而使人类的意识和思维活动发生了更大的飞跃。

（二）自我沟通是一个社会心理过程

自我沟通是个人体内的信息沟通活动。自我沟通与人的自我意识是紧密相关的。正是由于自我沟通，自我意识才得以形成，而自我沟通也是在个人的主体意识——自我意识的指导下进行的。

　　关于自我，西方有两个容易混淆的概念，即 Self 和 Ego。这两个概念无论在其起源、内涵，还是研究领域都有着高度不同。Self 是指认识、行动着的主体，是由生物性、社会性以及自我意识诸因素结合的有机统一体，被分为主我和客我，主要受后天和社会环境影响。Ego 是保证个人适应环境、健康成长，取得个人自我意识同一的根源。这是 Frued 最早提出的概念。它是从本我（Id）中分化而来的。Ego 主要由先天遗传因素决定。在研究领域中，在 Self 这个标题下，研究领域十分广泛，有大量实证研究。自我意识、自我概念的研究都是在 self 的意思上进行的。

　　James 把我分为主我（Ⅰ）和客我（Me），因而自我意识也就是主体的我对客体的我的意识。如一个人对自己的外貌、身高的了解，对自己能力、性格等的认识，对自己在与他人相处的融洽程度和自己在他人眼中的地位的理解等，这些都是自我意识的具体表现。

　　概括地说，自我意识是对自我及自我与周围关系的意识，包括个体对自身的意识和对自身与周围世界关系的意识两大部分。从形式上看，自我意识可表现为认识、情感、意志三种形式，被称为自我认识、自我体验、自我调节。从内容上看，自我意识又可分为生理自我、社会自我和心理自我。自我认识是指一个人对自己的生理、社会、心理等方面的意识，属于自我意识的认识范畴，它包括自我观察、自我图式、自我概念、自我评价等。

### 二、自我沟通的要素和特征

#### （一）自我沟通的要素

　　从辩证唯物主义观点来看，自我沟通不外乎个人内部的意识、思维或心理活动，这个过程是由以下几个主要环节或要素构成的：

　　感觉——分为视觉、听觉、嗅觉、味觉、触觉等。感觉是人通过眼、耳、鼻、舌、身体等感官对事物的个别信息属性如颜色、形状、声音、气味、软硬、凉热等做出的反应，是自我沟通的出发点。

　　知觉——即感觉的集合，或在感觉的基础上对事物的分散的个别信息属性进行的综合。知觉的过程，就是对事物整体的感性信息进行综合把握的过程。如我们关于西瓜这种水果的知觉，就是对西瓜的形状、颜色、味道等各种单一的感性信息属性的综合认知。

　　表象——记忆中保存的感觉和知觉信息在头脑中的再现。如人们过去接触过西瓜，头脑中留有关于西瓜的各种特性的记忆，以后提到西瓜时，我们头脑中也会出现西瓜的形象或印象。

　　概念——对同类事物的共同的、一般属性的认识。概念包括外延和内涵，前者是同类事物的范围或集合，后者是对同类事物特征和本质属性的认识。概念是思维的细胞和工具，有了概念，人类才能进行抽象思维。

　　其中，表象和概念在自我沟通的过程中通常是作为有意义的形象符号和语言符号出现的，因此，人脑中的信息处理过程，同样是一个驾驭和操作符号的过程。

　　判断——对事物之间的联系或关系进行定性的思维活动，它是在驾驭表象和概念进行分析的基础上产生的。在沟通学中，判断意味着对思考的对象事物有所断定和做出结论，这是人们行为决策的基础。

推理——从已知的事物属性和关系中推导出未知的属性和关系的思维活动。推理是在判断的基础上进行的，在若干个判断之间建立或发现合乎逻辑、合乎规律的关系，得出新的判断和结论，就是推理的过程。因此，推理也是"从已知中发现未知"的创造性思维活动。

除此之外，自我沟通还伴随着人的感情和复杂的心理活动，它们在很多情况下对自我沟通的过程和结果产生重要的影响。但是，感情和各种各样的心理定势也并不是生来就有的，而是在迄今为止的社会实践中，通过对事物的实际体验或社会学习而形成的。

（二）自我沟通的特征

近现代社会学和社会心理学的研究成果表明，人的自我并不是封闭的和孤立的，相反，它是在与他人的社会联系中形成的，自我具有鲜明的社会性和互动性。自我的社会性和互动性体现了自我沟通的社会性和互动性。

1. 米德的"主我与客我"理论

最早从沟通的角度对人的自我意识及其形成过程进行了系统研究的是美国社会心理学家 G. H. 米德。米德在研究人的内省活动时发现，自我意识对人的行为决策有着重要的影响。自我可以分解成相互联系、相互作用的两个方面：一个是作为意愿和行为主体的"主我"（I），它通过个人围绕对象事物从事的行为和反应具体体现出来；另一个是作为他人的社会评价和社会期待的代表的"客我"（Me），它是自我意识的社会关系性的体现。换句话说，人的自我是在"主我"和"客我"的互动中形成的，并且是这种互动关系的体现。例如，李先生是一位教师，又是一个丈夫和父亲，在社会生活中扮演着各种各样的角色。他非常喜欢人体健美，并想当一个业余模特。但是，在他就此事做出某种决定之前，他要经过一番考虑：当模特是否符合教师、丈夫和父亲的形象？同事、妻子、孩子、朋友对此事会如何评价？他们对自己的角色期待是什么？如此等等。经过这些考虑，李先生才能最终做出决定。不管这种决定的性质如何，这个决定都是李先生自己做出的，它表现了"主我"的作用，然而，这个"主我"并不是一意孤行的，相反，它是对各种社会关系的体现的"客我"的反映。

米德认为，人的自我意识就是在这种"主我"和"客我"的辩证互动的过程中形成、发展和变化的。"主我"是形式（由行为反应表现出来），"客我"是内容（体现了社会关系的方方面面的影响）。"客我"可以促使"主我"产生新的变化，而"主我"反过来也可以改变"客我"，两者的互动不断形成新的自我。

由此看来，自我沟通的社会性、双向性和互动性也就表现得很明显了。自我沟通是一个"主我"、"客我"之间双向互动的社会过程，互动的介质同样是信息，用米德的话来说即"有意义的象征符"。这个过程我们可以用图 2-1 表示：

在这里，"有意义的象征符"（Significant Symbol）可以是声音的，也可以是形象的。米德认为，"有意义的象征符"不但能够引起他人的反应，而且能够引起使用者自己的反应，作为自我沟通的思考活动，就是通过"有意义的象征符"来进行的。

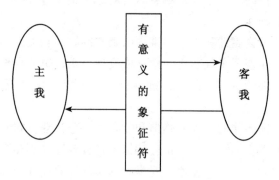

图 2-1　自我沟通的双向互动性

资料来源：郭庆光. 传播学教程. 中国人民大学出版社，1999：79.

### 2. 布鲁默的"自我互动"理论

现代象征互动理论的集大成者 H. 布鲁默的"自我互动"理论也是对自我沟通的社会性和互动性的一个很好说明。布鲁默在 1969 年出版的《象征互动论》一书中提出了这样一个观点：人能够与自身进行互动——自我互动（Self Interaction）。他认为，人是拥有自我的社会存在，人在将外界事物和他人作为认识对象的同时，也把自己本身作为认识的对象。在这个过程中，人能够认识自己，拥有自己的观念，与自己进行沟通，并能够对自己采取行动。

布鲁默指出，这种与自身的互动——"自我互动"在本质上来说是与他人的社会互动的内在化，也就是与他人的社会联系或社会关系在个人头脑中的反映。不过，自我互动并不是与他人的社会互动在头脑中的简单再现，而具有独自的特点。换句话说，在自我互动的过程中，人脑中会出现关于他人期待（例如妻子期待自己是个好丈夫、子女期待自己是个好父亲、上司期待自己是个好部下等）的印象，这些期待具有一定的意义，个人会考虑这些期待对自己意味着什么。但是，个人又不是原封不动地接受这些期待，在自我沟通的过程中，个人会沿着自己的立场或行为方向对他人期待的意义进行能动的理解、解释、选择、修改、加工，并在此基础上重新加以组合。经过这个过程的他人期待已不是原来意义上的他人期待，它所形成的自我也已不是原来意义上的自我，而是一个新的行为主体。

布鲁默的"自我互动"理论有助于我们理解社会沟通与个人的自我的关系。它告诉我们，人不但与社会上的他人进行沟通，而且与自己本身进行沟通，即自我沟通。自我沟通同样具有社会性，它是与他人的社会沟通关系在个人头脑中的反映。自我沟通对个人具有重要的意义。通过自我沟通，人能够在与社会、他人的联系上认识自己、改造自己，不断实现自我的发展和完善。

总之，自我沟通表现出以下特点：

1. 主体和客体同一性。"我"同时承担信息编码和解码功能。

2. 自我沟通目的在于说服自己。自我沟通常在面临自我原来认知和现实外部需求出现冲突时发生。

3. 沟通过程反馈来自"我"本身。信息输出、接受、反应和反馈几乎同时进行。

4. 沟通媒体也是"我"自身。沟通渠道可以是语言、文字，也可以是自我心理暗示。

5. 信息组织策略，即如何通过学习寻找依据和道理进行自我说服。信息来自自身思考、他人经验或书本知识。

## 第二节 自我沟通的类型和意义

### 一、自我沟通的类型

#### （一）以解决现实问题为目的的内省式思考

从持续时间上看，自我沟通可以分为两种：一种是日常的、长期的自我反思活动；另一种是短期的、以解决现实问题为目的的自我反思活动。前者如孔子的"吾日三省吾身"、"内省不疚，夫何忧何惧"。后者又被称之为内省式思考（Reflective Thinking）。在这里，我们主要考察一下后者，并由此来探讨一下自我沟通在社会实践中所起的作用。

根据 G. H. 米德的研究，内省式思考并不是在日常生活的每时每刻都发生的，只有在一个人遇到困难、障碍等新的问题状况（Problematic Situation），对既有的行为方式是否适用难以做出判断之际，才会活跃起来。在面临新问题的情况下，由于个人不知道过去的习惯做法是否合适，所以通常不会立即做出行为反应。在反应滞后、行为停止的期间，内省式思考就会活跃起来，通过自我沟通来做出如何解决新问题、适应新情况的决策。内省式思考的过程并不是封闭的，而是与周围的社会环境、与周围的他人有着密切的联系。这就是说，在内省过程中，人的头脑中会出现他人的形象，个人会分析和推测别人是如何考虑的，别人对这个问题会采取什么态度等，只有在与他人的联系上才能形成个人自己的态度，考虑自己应该怎么做。这个过程，也是一个重新构筑自我与他人关系的过程，因此，内省式思考的过程也是一个社会过程。

米德认为，内省式思考不仅是一个横向的社会过程，而且是一个将过去和未来联系起来的、纵向发展和创造的过程。换句话说，也就是在这种活动中，个人会把自己迄今为止有关该问题的社会经验和知识积累（作为有意义的象征符号保存在头脑中的记忆信息）全部调动起来，对它们的意义进行重新解释、选择、修改和加工，在此基础上创造出与新情况相适应的新的意义和行为。由此说来，内省式思考也是超越既有意义开创新意义、超越既有行为方式开创新的行为方式、与人的未来发展密切相关的一种活动。

内省式思考的这些特点同时也是自我沟通的特点。它充分说明，自我沟通并不是孤立的、封闭的和绝对的"主观精神"的活动，而是一个与人的社会实践相联系的活动，自我沟通在本质上是人的社会关系和社会实践的反映；与此同时，这种反映又不是对社会关系和实践的消极、简单的"复制"，而是一种具有独自的特殊规律的能动的、创造性的活动，自我沟通反过来会对现实的社会关系和社会实践产生巨大的影响。因此，自我沟通也是一种推动社会发展的强大动力。

#### （二）以认识自我为目的的内省式思考

从内容来看，内省可依据自我意识的内容分为对生理自我的内省、对社会自我的内省及对心理自我的内省。

无论哪一种内省，从本质上来说，都是以对自我的某个或多个方面有比较准确的认识为前提的。因此，为了获得较为准确的认识，人就必须将自我的认识过程本身纳入到认识的范围内，即对（如何）认知进行认知，这是自我沟通的关键内容。

对认知的认知也称元认知。元认知通常被广泛地定义为任何以认知过程和结果为对象的知识或是任何调节认知过程的认知活动。元认知是人对自己认知活动的自我意识和自我调节。

元认知的结构包括三个方面的内容：一是元认知知识，即个体关于自己或他人的认识活动、过程、结果以及与之有关的知识；二是元认知体验，即伴随着认知活动产生的认知体验或情感体验；三是元认知监控，即个体在认知活动进行的过程中，对自己的认知活动积极进行监控，并相应地对其进行调节，以达到预定的目标。

元认知知识、元认知体验和元认知监控这三者是相互联系、相互影响和相互制约的。元认知知识有助于人们在实际的认知活动中对活动进行有效的监控，指导人们自觉地、有效地选择、评价、修正和放弃认知的任务、目标和策略。同样，它也能引起有关自身、任务、目的的各种各样的元认知体验，帮助人们理解这些元认知体验的意义和它们在行为方面的含义；元认知体验对元认知知识和元认知监控具有非常重要的作用。通过各种元认知体验，人们可以补充、删除或修改原有的元认知知识，即通过同化和顺应机制来发展元认知知识。而元认知体验有助于人们确定新的目标，修改或放弃旧的目标，有助于激活认知策略和元认知策略。

元认知监控一方面是通过元认知知识、元认知体验、认知目标与行动（策略）之间的相互作用而进行的，另一方面人们的元认知知识又大多来源于人们对认知活动进行监控、调节的实际过程。善于对认知活动进行自觉或不自觉监控的人，自然会有更多的元认知体验和经验，从而具有更多的元认知知识，这就是说，认知活动中元认知监控水平制约着人们的元认知知识的获得与水平。对于元认知体验，它总是与认知活动相伴随，离不开人们对认知活动的监控过程。总之，元认知的这三个方面是相互依赖、相互制约的，三者的有机结合便构成了一个统一整体——元认知。因此，元认知过程实际上就是指导、调节我们的认知过程，选择有效认知策略的控制执行过程，其实质是个体对自己认知活动的自我意识和自我控制。

当然，从实际中来看，元认知也有个不断深入的过程，人的认识总是不断由"认知"深入到"元认知"，然后，随着认识的进一步深化，原有的"元认知"又作为新的更高层次认识的"认知"而被认识。这一过程表现为由个别到特殊再到普遍，表现为由现象到本质、由一级本质进入到二级本质的运动。正是认识的这种运动不断解决着自我意识与客观性的矛盾。

## 二、自我沟通的意义

无论在生物还是机器的系统运动中，通过反馈都可以使行为得到调整和控制，使预定的目的得以实现。没有反馈，系统就无法进行有目的的运动。通过自我沟通，人类能够将人类自身的认知活动和实践活动视为作用的对象，施以监视反馈和调节控制。而且，也正是由于人类具有能进行自我监视反馈和调节控制的意识，才使自己得以成为人类——区别于一切非生物和其他一切生物的特殊生物。

成功的自我沟通是一切实践活动成功的前提。一般而言，个体的活动是由其对对象的对象意识和对自己的自我意识决定的。为了达到预定的目标，人们一方面要认识要改造的对象，另一方面也必须将自身正在进行的实践活动作为对象，不断地对其进行积极的控制和调节，提高实践成功的效率和可能性。只有如此，主体才能将自我意（认）识这一内在主体尺度得以建立的标准和外在客体对象的本质、运动规律所规定的客体尺度结合起来，形成具体的实践观念，通过现实的感性的实践活动，获得一定的"实在的自由"。

良好的自我沟通也是个体自我发展和自我实现的基本前提和根本保证。一方面，正是由于成功的自我沟通，个体才得以对自我进行审视与反省，进而才得以树立自己的奋斗目标，制定自己的行动计划，从而为随后的自我发展和自我实现奠定基础。另一方面，在个体自我发展和自我实现的过程中，无论是目标的树立、方向的确立、计划的制定还是具体行为、行动的采取、实施、调整、控制，其中每一步骤的顺利完成都是以个体一定的自我沟通为手段的，实际上也都是个体自我监控能力的具体表现。

就管理沟通而言，自我沟通是其他任何一种沟通的基础。由于无法摆脱一定的社会历史局限性，人不可避免地要形成一定的认知定势。相对稳定的认知定势，在认识过程中往往以一种惯性的力量来引导和限制主体的思路，导致主体在认识上出现误区和盲点，使我们对事物的认识"个体化"。这为主体间的一种意义共享提供了可能性。

## 第三节　自我沟通中的心理因素

除了上面所谈到的因素外，心理也是影响自我沟通的重要因素。比如研究者（Sohlyarz，Clore，1983）对其生活质量做出评价时，晴天所做的评价要比雨天高。影响人们社会认知的心理因素包括很多，除了刻板印象、晕轮效应、首因效应等，比较重要的还有：

### 一、自我防御或自我肯定

自我防御在实际中又有多种表现形式：

（一）劝说中的角色扮演（Role Playing in Persuasion）

研究发现，如果实验组的被试者任意地安排在争论的一方，并引导被试者参与争论，使被试者成为争论一方的成员。控制组的被试者仅仅作为旁观者。结果扮演角色的被试者就会坚信自己所支持的一方更具有说服力。这一效应不仅当被试者在争论中充当一个需要有创造性的辩论者时会产生，而且当被试者接受角色安排后仅仅判断争论的问题是否有意义后就会产生。即：（1）当被试者接受了所扮演的角色后，就会将其所处的地位与自我联系起来；（2）对自我的肯定产生了对所代表一方的肯定评价。

（二）唯我所有（Mere Ownership）

这是指人们喜欢某个东西仅仅是因为这个东西是自己的。Feys（1991）、Baggen（1992）发现，让被试者首先在计算机上学习区分计算机游戏中代表自己的 4 个图像和代表对手（计算机）的 4 个图像，然后让被试者对这 8 幅图的精美程度做出评价，结果与自我有关的图像得到了较高的评价。Kahneman 等（1990）对与此相似的"直接捐赠"（Instant Endowment）效应进行了研究，结果表明：一旦被试者能将某些物品如杯子、钢笔、巧克力糖等据为己有，则对这些物品的价值判断就会显著提高。

（三）小群体效应（Minimal Group Effect）

"群体内偏见"（In-group Bias）是个体对与自己同一群体的人所做出的评价好于对其他群体中的人所做的评价。Tajfe（1970）发现，即使允许被试者观看实验前大家是如何被随机分组的，了解同一群体、不同群体的人都是比较相似的，群体内偏见依然会产生。在这种情况下所表现出的群体内偏见称之为小群体效应。这一效应说明，个体所获得的群体关系是自尊内隐操作得以实现的契机。Perdue 等（1999）的研究发现，小群体线索是迁移肯定影响的有效基础，从属于同一群体的称呼（我们、咱们）起到了阈下启动积极情绪的作用。

（四）相似—吸收（Similarity—Attraction）

知道他人与自己有相似的方面是产生吸引的决定因素。认为相似—吸引是内隐自尊是基于以下假设：被试者与陌生者的相同点越多，就越倾向于将陌生人与自我联系起来。研究者发现了一种有趣的相似—吸引效应。他们让被试者相信自己与历史上的一位声名狼藉之人生日相同（同月同日），则被试者会对他曾经做过的事给予较宽容的评价。此后，研究者通过用共同生日技术还发现，让被试者与另一位参加实验的人就一个有关犯人的两难问题进行讨论时，知道自己与对手生日相同的被试者更容易与对方达成协议。

（五）说服的认知反应（Cognitive Responses to Persuasion）

在说服别人的争论中，如果结论与自己的观点相同，就会轻易地认为这一说法是可靠的。代表性的研究是 Lord 等人的实验。他们让学生支持论证材料，结果学生对这两套材料的"令人信服程度"的评价与学生已有观点有密切关系，每一方只发现支持本方的论据更令人心服。即被试者只被支持自己观点的证据所吸引而忽视支持对方观点的证据。

（六）判断中自我肯定（Self-positivity in Judgment）

许多研究证明，对自我的肯定是个体做出判断时产生偏见的基础。Greenwald（1980）指出：为希望的结局承担责任，为非预期的结局寻找外在原因，修改记忆内容使之与肯定的自我形象相一致，这些都是自我认知偏见的症状之一。这些认知偏见对保护自我的整体性是非常有益的。E. S. Taylor 和 Brown 通过对抑郁症患者的分析，充分证明了这种偏见是适宜操作的。

（七）置换自尊（Displaced Self-esteem）

置换自尊与熟悉的互惠和奉承效应，包括相互交换礼物，相互满意和赞扬有着密切关系。置换自尊由受到他人的赞扬所引起，但与互惠和奉承效应的不同之处是，受赞扬者认为他对赞扬者的称赞是自己独立的评价，与赞扬者的赞扬无关。Aronson & Linder（1965）的实验发现，被试者对给予其先批评后表扬的刺激者的喜欢程度要比一直表扬他的刺激者高，即使后者的表扬内容更多。Aronson & Linder 认为这是因为被试者认为由批评转向表扬的刺激者更有辨别力。按内隐认知的观点，由批评转向表扬要比单纯表扬更能有效地提高被试者的自尊，因此对前者的喜欢是被试者自尊的需要。

### 二、解释中的自我肯定和自利偏好

相同的客观行为往往被不同的人做出完全不同的解释，这取决于观察者如何回答"为什么"这一问题。例如，对于"在单位工作到很晚"这一信息，有人可能会认为这是该雇员工作勤奋和有责任心的表现，而另一些人可能会将其视为效率低下和不能胜任工作的信号。

自我肯定和合理化的一种形式是投射效应。观察者在解释他人行为的过程中，常常会以他们自己为参照点，把自己的感觉和想法投射到其他人身上，并错误地假定其他人和他们有相同的感觉和动机。这种现象就是投射效应，也称解释中的镜像反映。里查德·莫伍德对于政府组织中现有雇员的研究是说明投射效应的一个例子。这项研究调查政府组织中现有雇员对流失雇员离开政府组织的原因的看法。这些留下来的雇员被要求从三种原因中选择一种解释原先同事离开组织的原因：对自己的工作不满；不是因为对现有工作不满，而是想获得更好的工作；既是因为对现有工作不满，也是因为想获得更好的工作。研究结果表明，那些喜欢现有工作和组织的保留雇员认为同事流失的原因并不是因为对现有工作不满。而那些本身对现有工作和组织不满的保留雇员倾向于将原同事流失的原因归结为对工作的不满。在这里，投射变成自我肯定和合理化的一种手段。对工作满意的人通过将同事离开归结为对工作不满以外的原因来为自己所做出的留在该组织的决定进行辩护，而那些对工作不满的人则以其他人离开的原因恰在于不满意工作来为自己的看法提供佐证。

影响解释的另外一种常见心理因素是自利偏好。即观察者可能会选择那些对自己更有利的解释。当被要求评价自己的表现时，观察者倾向于将自己成功的原因归结为内在原因而将失败的原因归结为外在原因。自利偏好在影响人们对他人行为进行解释时则以相反的方式进行。即：他人的成功被归结为外部原因，他人的失败则被归结为内在原因。

观察者所做的许多解释都会影响他们的自我知觉。因而，一个有着较强自知之明、了解并且承认自己的长处和短处的人，在对他人的行为进行解释时会向别人投射较少的负面解释，一个高度自信的人在评价他人时会比缺乏自信的人较少地援引自利偏好。

### 三、逆向思维法和苏格拉底反诘法

对认知的认识使我们了解到在沟通中尊重他人、开放心灵、解放自我、打破心智模式对于沟通成功的必要性。下面对逆向思维法和苏格拉底反诘法加以介绍，希望对读者有所帮助。

#### （一）逆向思维

所谓逆向思维，是着眼于思维的过程，即就思维的出发点、方向、目标、路线、程序、步骤等诸如此类范畴而言的一种思维方式。人们的思维总是借助一定的概念或命题而开始，遵循一定的规则、步骤，沿着一定的方向、路线而展开和运作的。其中，思维所依据和采用的起始概念、前提命题，所要达到的终极目标，运行的方向、路线，运作规则或程序、步骤等，都具有相互对立、相互排斥的正、反两个方面，由此导致了在思维的整个过程及其各个阶段或环节上普遍存在的、可以从正、反两个方向切入的思维运动。如果我们把其中的一种思维运动称做正向思维，那么构成相反方向的思维运动则可称做逆向思维。这正是唯物辩证法的对立统一规律在思维运动中的体现。

逆向思维广泛存在于人类思维所涉及的一切认识领域和创造性活动范围之中，因而它具有普遍性的品格。拿语言来说，语言作为人类思维最基本的符号表现形式，就以反问、反语、反讽、反驳等形式直接表现着逆向思维方式。关于生活的许多哲理格言，如"安不忘危、存不忘亡"、"从最坏处着想、向最好处努力"等，也同样反映着逆向思维。在科学研究中，反证法、归谬法、溯因法、证伪法等方法，也均属于对逆向思维的运用。而在日常生活中，对象棋残局、围棋死活题、走迷宫线路等智力游戏题的解答，更是常常要运用到反果为因、颠倒次序等形式的逆向思维。

发现、提出和解决问题的认识过程，实际上包含着思维的相互否定的过程。一种是对主体原有知识的有效性、完备性的否定，另一种则是对前一种否定的再否定，两种思维运动的轨迹构成了认识过程中的一个开放性的圆圈。在思维的两种否定过程中，始终存在着从矛盾的对立面对认识内容进行否定的思维运动，这就是逆向思维。在一定条件下，逆向思维以一种否定性的力量推动思维围绕着问题而产生、发展和上升。在发现和提出问题的过程中，它以原有背景知识的对立面为出发点；在解决问题的过程中，它则以问题矛盾本身的对立面即化解或协调矛盾的统一性条件为立足点或着眼点。作为思维运动中矛盾的否定性方面，它构成了思维辩证运动不可或缺的基本环节。

与从矛盾的单方面出发的正向思维方式相伴相随，逆向思维在思维运动中的意义至关重要。如果没有逆向思维而单凭正向思维，绝不可能产生思维的辩证运动，也不可能导致问题的发现、提出和解决，而只能导致思维的刻板和僵化。当然，正向思维如果作为一种成熟的关于某类问题的解题方式，对于某些问题的提出和解决，通常会起到类比或模型之类的方法论指导和启发作用。然而，它最初的确立仍然离不开逆向思维，并且曾经是作为一种解决问题的逆向思维方式而被确定和保留下来的；并且在应用于新问题时，仍然离不开运用逆向思维来发现差异、变化等特殊性。

逆向思维作为辩证思维运动的基本环节和内在动力，无疑是发挥辩证思维方式所特有的批判性、革命性、求异性、创新性、综合性等认识论功能的重要手段。然而，逆向思维毕竟不等同于辩证思维，它作为辩证思维运动的基本环节和内在动力是有条件限制的，主要是要受到关于矛盾之间相互依存、相互转化的同一性条件的限制。缺少这种必要的条件，逆向思维往往就会成为一种单纯否定的机械性思维方式，这不仅无助于问题的发现和解决，而且易于把人们的思维引向相对主义、怀疑主义、绝对主义等形而上学和唯心主义的歧途。

(二) 苏格拉底反诘法

苏格拉底（Socrates，约公元前 469—前 400 年），是古希腊雅典奴隶主贵族派著名的哲学家、政治家和教育家。他出身于平民家庭，父亲是雕刻匠，母亲是助产士。苏格拉底自幼聪颖过人、勤奋好学，在他父亲和他父亲亲自挑选的老师的指点下，他成为当时雅典通晓数学、天文学、哲学的著名学者，他还是有才能的运动员和勇敢机智的城市军队的成员。苏格拉底年轻时曾以雕刻石头为生，后来专门从事教育青少年的工作。公元前 400 年作为哲学小集团头目的苏格拉底因从事反对政府的活动被判处死刑。

苏格拉底认为真理存在于每个人的心灵之中，但并不是每一个人都能独立地在自己身上发现真理，要发现自己身上的真理就必须依靠外界的帮助。因此，苏格拉底在讲学和辩论时总喜欢采用对话或提问的方式去揭露对方在认识中的矛盾，在他看来，只有通过这种方法才可以把每个人心灵中的真理引导出来。

苏格拉底习惯于和喜欢学习的人讨论一些双方都感兴趣的问题，而且提出的问题在许多场合有几种可能选择的答案，可以任凭谈话者的想法，自由地加以肯定或否定，由对方自由回答。当学生的回答与他的意见不一致时，他并不直接指出学生错在什么地方和为什么错了，而是从另一角度提出暗示性的补充问题，引导学生通过思考对第一个问题做出较为妥当的回答；当学生的答案与苏格拉底的意见基本一致时，他就引导学生以第一个问题的谈话为线索转入第二个问题；倘若对方不是直接回答苏格拉底提出的问题，而是滔滔不绝地长篇大论，使对话不能沿着他所期望的方向进行时，苏格拉底便借助他那独特辛辣的讽刺，对对方或指桑骂槐、或鼓动、或诽谤，引导对话进入正轨。

苏格拉底反诘法就是一种在师生共同讨论问题的过程中，通过辩论揭露矛盾、克服矛盾，最终获得知识的方法，也是一门帮助对方纠正错误观念并产生新思想的艺术。在讨论时应遵守一定的规则：回答问题的人必须简洁干脆，回答所问，不能提出别的问题，不许反对对方的问法，二人可以互相轮换，先由甲问乙答，再由乙问甲答。苏格拉底反诘法还是一种怀疑的方法。他认为人人都应承认自己无知。他曾访问了许多所谓智慧的人，结果那些自认为有智慧的人其实并不智慧。这反倒证明苏格拉底是智慧的，因为他承认自己是无知的。这样，苏格拉底明确得出了"知道自己无知"的重要命题。该命题所包含的一个重要思想是认识从怀疑开始。他认为，人们只有承认自己的无知，感觉到自己知道得很少，才能解放出来，从而为接受智慧提供前提。

根据柏拉图等人的记述，苏格拉底反诘法的整个过程大概包括四个环节：

① 讽刺。即从对方的意见和观点中引出矛盾，迫使其陷入窘态，或者迫使其否定所肯定的东西。他认为这是使人变得聪明的一个重要步骤，因为除非一个人很谦逊并自知其无知，否则他是不可能学到什么的。该环节可以使人们发现自己认识中的矛盾，意识到自己所了解的东西不过是个别的、特殊的，怀疑自己原有的知识，从而迫使自己独立积极思考，急切需要知道答案。

② "产婆术"。即在否定已有的错误意见以后，引导对方自己进行主动思索，自己发现新问题，得出结论和知识。否定了已有的观点，就可以不断发现新观点，产生新的认识。这个新认识并不是外在的，而是就在人的心灵之中。它开始以潜在的方式存在于人的心灵之中，经过讽刺、启发，成为一个确定的真理。苏格拉底曾说，我是无知，但能帮助别人获得知识。这个方法的形成，是受他的母亲所从事的助产士职业的启发，所以被称为"产婆术"。所不同的是，他的母亲是帮助生命的产生，而他自己是帮助人产生真理。"产婆术"由此而得名。"产婆术"是苏格拉底反诘法的关键步骤。该步骤在教育和教学中的运用，符合教学规律和学生主动性、创造性发展的规律。

③ 归纳。即从个别事物中找出共性，通过对个体行为的分析比较来寻找一般美的、必然的道理。

④ 定义。即对找到的真理或知识加以表达。

在管理实践中，掌握建设性对话的技巧，企业领导往往能够做到边对话、边帮助他人认清管理迷宫，突破思维定势，从而实现边创新、边行动的目的。在这里，开展建设性对话，可以借鉴运用苏格拉底的反诘法，只当思想的"催产婆"，不断地质疑前提，而不直接对推论做出对或错的判断，让人们自己得出结论。

以下是三则对话，以"提问"为主的一方均用"A"代替，以"回答"为主的一方均用"R"代表。

对话（1）：突破思维定势背景

某企业集团的下属公司里有许多产品的市场占有率实际上已超过 50%，但这家公司的老总等高层管理人员在谈到市场占有率时，却认为最好不要超过 25%。为弄清原因并改变这一与实际不符的认识，才引出以下对话。

R：目前我们公司产品的市场占有率似乎太高了。

A：你觉得这是为什么？

R：我认为一个产品的市场占有率最好不要超过 25%。

A：就贵公司产品而言，你认为最好不要超过 25%，是因为，若维持现有产品价格，产品会卖不动？

R：不是，我们的产品目前在市场上仍供不应求。

A：是因为经销渠道不通畅？

R：不是，我们对许多经销商采取限量供应的方式。

A：是因为经销商希望进一步提高销售返点，从而引起公司利润水平下降？

R：不是，按照现有返点，仍有许多经销商希望加盟我们公司的产品销售队伍。

A：是因为销售回款情况会随着占有率提升而恶化？

R：不是，我们产品的经销商通常先付款后拿货。

A：是因为你们公司的生产能力不足，无法满足市场占有率提升的要求？

R：不是，目前我们公司的设备能力仍有潜力可挖。

A：是因为你们公司提升生产能力时会遇到采购、制造、管理等方面的成本增加，从而使得增产不增收？

R：也不是，如果能够真的提升产品销售量，可能会进一步降低单位产品成本。

A：既然如此，那么你觉得你们公司的产品的市场占有率到底为什么不能超过 25% 呢？

R：……这似乎看起来是可以超过的嘛！

A：是啊，那么就你对自己公司的了解，觉得可以采取哪些措施来提升产品市场占有率？

R：……

提示：以上对话，首先，根据该公司的实际情况，将"不能超"作为前提假设，通过提问的方式让对方自行逐一否定，从而自然导出"可以超"的逻辑结论。实际上，企业上下级或者咨询公司在企业的访谈对话中如果能够做到这一步，后面的行动就成为水到渠成的事了。这就是德鲁克在管理咨询中所做的，将人们所熟知的东西，经过重新总结，然后再返还给人们。这让人们觉得，原来是这样的，为什么我们平常没有行动呢？这样就离实际行动不远了。以上对话的最后，将话题很自然地引到了"如何超"上，从而为对策的制定做好了准备。

说明：后来，当对话双方非常了解后，"A"直接问"R"为什么面对公司产品市场占有率实际上已长期超过25%的现实，还有许多高层管理人员认为市场占有率最好不要超过25%？得到的回答竟然是，这些高层管理人员集体参加过一个外部管理培训班，而在这个培训班上曾经讨论过的一个典型案例中就有"市场占有率一般不宜超过25%"的结论。有趣的是，那个案例所涉及的是完全不同的行业背景。这种不对前提假设做充分交代，而只谈所谓结论的教条式培训，实际上比没有培训更害人。

对话（2）：变换提问角度

背景：某私营企业的老板，希望增强员工对企业的向心力，召开了一次有公司高层管理人员参加的会议，会议的重点是讨论"员工如何以企业为家"的问题。会上有高层管理人员提出一个似乎有点对立的说法，"要让员工以企业为家，首先企业要像个家"。以下是该老板主持会议的大致对话过程。

A：今天我们开个会，讨论的主题是"如何让员工以企业为家"？希望大家畅所欲言，各抒己见。

R：好的，我先谈点看法。首先，如何让员工以企业为家，这一问题本身提法就不妥。第二，要使员工以企业为家，首先要将企业办得像个家。（显然，这一发言有点情绪化，如果应对不当，很容易将雇员与老板的关系引向对立。）

A：你的观点很有新意，那么你觉得我们怎样才能将企业办得像个家？

R：（受到鼓舞，积极响应）我觉得，第一，……；第二，……

A：刚才大家从企业的角度出发，提出了如何使企业办得像个家的建议，对此我们将采取切实有效的措施并认真加以落实。现在，我们想从员工的角度出发，再听听各位的高见，怎样才能让员工真正做到诚心"以企业为家"？

R：我想，是否可从这样几个方面来考虑。首先，……；其次，……；再次，……

提示：以上对话表明，如果遇到这样的情况，你提出甲问题，希望得出A答案，而人家回答的却似乎是针对乙问题的B答案。此时，最好的做法是问一句，"B答案很好，请问你是从什么角度得出这一结论的？"或者"B很好，但我不太清楚你是如何得出这一结论的，你能给我们介绍一下吗？"这样就有可能使得对话进入良性循环。

说明：在现实对话中，经常碰到这样的情况，许多领导提出一个问题让人们讨论，尽管事先表示，大家可以敞开思想，自由发表意见。但实际上，自己心中往往有一个预设的A答案，而一旦发现人家提出的B答案与自己预设的不一致，就马上觉得，"可能自己没有说清楚，需要再补充几句"，以便让人家也能导出A结论；或者直接指出"B答案不对，应该这样才对……"；或者干脆说"今天不讨论B答案，而是对甲问题进行解答"。这种做法，自然会使对话陷入双方对立的僵局，使会议不欢而散。长此以往，员工就会形成习惯性预期，认为领导名义上是组织讨论以便集思广益，实际上是希望大家把思想统一到他的意见上去。结果就会出现这样的情况，每次开会人们都不太愿意发言，而倾向于等着老板做指示。而老板却据此做出判断，认为这些人就是没水平，根本提不出什么好想法。这种现象并不少见，需要引起人们的高度重视。

对话（3）：提升层次，走出困境背景

作者在某个有许多公司高层管理人员参加的培训班上，曾经碰到过这样一件事。在谈到改变假设以拓宽思路时，作者对听讲者提出了这样一个人们所熟悉的测试题："如何将木梳卖进寺院？"结果有位学员的回答似乎有点令人意外，但他却从一个奇特的角度提出了一个较为特别的问题，只是其表达方式显得比较唐突。

A：改变观察与思考的角度，有助于突破思维定势，找到原本似乎不存在的解答。下面我们来讨论一个问题，假设你的企业是生产木梳的，请问怎样才能将木梳卖进寺院？（众人发言踊跃，有人提出，可向寺院住持提出建议，在寺院内备些木梳，以方便香客在拜佛前梳梳散乱的头发，以表示对佛祖的虔敬，这样也许可以卖出一些木梳。另有人提出，在木梳上刻些带有祝福之类的字句，以便将木梳作为纪念品出售给香客……这些都是从寺院的服务对象出发，考虑木梳的市场需求。）

R：（突然大声地）让和尚找小老婆，这样就有需求了。（显然，这一说法，转移了管理论坛命题，不是发现需求，而是要改变人们的宗教信仰与习俗。更不要说，在正式的课堂上，做此类话题的直接讨论，必然会陷入令人尴尬的境地。）

A：你的观点很特别。但从思路上看，这不是发现顾客的潜在需求，而是希望通过改变人们的价值选择，试图创造市场需求。现代社会中的一些大公司，就经常借助各种传媒，影响顾客偏好，试图营造自身产品的需求环境。而就本例来说，采取让和尚还俗的做法，实际上是要改变他人的宗教信仰。请大家谈谈，这样做将会产生哪些后果？（将"找小老婆"变成"还俗"，进而谈及宗教信仰，再讨论这种做法的后果，从而引入商业伦理问题。让人看到，大公司对于顾客的影响作用及所应承担的社会责任。这就摆脱了在此论题上任何就事论事的争议可能产生的媚俗后果。）

R：噢，这一点我倒没想到。

提示：以上对话发生在有组织的讨论中，这是一种一对多的对话。此时，面临这样的甚至是带有一点恶作剧性质的回答，作为提出问题的一方，既无法回避进一步的对话，又不宜直接评论。如果不注意提升层次，至少会令自己或对话的另一方当众陷入十分窘迫的境地。面对这种情况，只有提升对话层次，方有可能使其进入正常的雅俗共赏的局面。

说明：面对以上对话中的情况，有些对话主持者可能主张采取有点针锋相对的以毒攻毒的做法。这样做的结果，一方面会使部分讨论参加者产生反感，另一方面也可能会使讨论偏离真正的、启发人思考的主题。

## 第四节　自我沟通的途径、技巧和方法①

从沟通的过程来看，心理学中把自我调节过程，等同于一个自我沟通过程，所包含的内容包括：人体、大脑和情感的调节；思想、行为和语言的调节等。本节注重突出在自我沟通过程中的情感、思想和行为的调节途径、技巧和方法。

---

① 吴声功，许冠亭．人的自我调节．南京：江苏科学技术出版社，1989.

### 一、自我调节的途径和分类

**（一）自我调节的途径**

无论是植物还是动物，都有与外界不断交换信息的开放系统，人更不例外。美国著名的科普作家阿西莫夫在他的《人体和思维》一书中曾这样指出：假如你分析人之所以为人的东西，首先想到的是，人与任何其他活机体相比更是一种自我调节系统。人不仅能控制自身，还能控制环境。"生物控制论告诉我们：人，一方面，身体的各个器官与外界交换信息；另一方面，大脑神经活动同外界交换信息。由此出发，人的自我调节的途径可分为：

1. 通过发挥自身内在因素的作用进行自我调节

由于人是一个具有高度自我观念与能动作用的活体，因此，人能够不依赖外力的作用，而通过发挥自身的内在因素，对主体进行自我调节。例如，一个小伙子，通过对比，觉得现在的工作单位虽大，但没有他原来的工作单位——街道小厂便于发挥自己的力量，于是便毅然决定返回街道小厂，就是一种很好的自我调节。又如，有的人碰到有人冲撞了他，为了不使矛盾激化，便采取了"有理也让人"的谅解态度，也是一种很好的自我调节。再如，有的人在与外界的接触过程中，很注意根据自己的个性特点，发挥主观能动作用。通过自我反省、检测、回顾、总结等，理智地对自己的身心言行等进行调节，也都是很好的自我调节。自我反省，虽然在任何时候都是很不痛快的，有时甚至是非常痛苦的，但是，它的确是一种非常有效的调节，常常能引导人们避免另一个更大的痛苦。

值得指出的是，人们在选择这条途径进行自我调节时，必须随时根据现状与目标、行为与准则、动机与效果之间的差距，应用最有价值的信息，实行最优化调节和控制，争取最佳效益。

2. 依靠外力（如整体或其他人的帮助和控制等）的作用进行自我调节

社会是由人组成的，而人则是一切社会关系的总和。无论何人，都不可能脱离社会而孤立存在。探讨一个人的自我调节问题，亦不可孤立地以某一个具体的人为研究对象，而必须将每一个研究对象均视为社会的人，即在研究某一个具体的、活生生的人的自我调节时，应该将视野扩大到所有的人。要做到这一点，就必须注意：你所选择的自我调节途径，既要适合自己，具有鲜明的个性，又要具有共性，即必须通过工作、学习、读书、人际交往等途径，自觉接受外界的启示、批评和帮助等，以求对自己进行全方位的调节，更好地完善自己和发展自己。

虽然人的自我调节主要指的是个人对自己所作的调节，但我们绝不可否认也不可排斥，外界某一集体或个人对我们所作的有利调节。

**（二）自我调节的分类**

自我调节是否有效，取决于方法是否正确。自我调节的方法正确与否，又取决于是否体现了能动性和科学性。能动性，即发挥自己的主观能动调节作用；科学性，是指自觉运用客观规律来指导自我调节的实践活动。行之有效的自我调节方法，必须是能动性和科学性的高度统一。

自我调节按调节时机可分为计划调节与随机调节。前者是指按照预定的程序进行调节，可分为四个步骤进行：一是提出计划，二是执行计划，三是检查计划的执行情况，四是事后处理。随机调节是指处理偶发事件的调节。例如，居里夫人虽曾因丈夫在一次车祸中丧命而极度悲痛，但她并未失去理智，而是在悲恸中作了自我调节，以惊人的毅力，继续从事与丈夫生前密切合作的事业。偶发因素的存在是不可避免的，所以在坚持计划调节为主的同时，应辅之以随机调节。自我调节按调节程度又可分为强制性调节与弹性调节。人们的一些顽固的陈规陋习是实现有效调节的障碍，所以在某些情况下，为了克服这些障碍，很有必要采取自我强制的调节方法。不过一般说来，强制太多会导致丧失兴趣，进而挫伤进取心，而弹性的调节方法则提供了较大的回旋余地，但易导致放任自流。所以，二者相辅相成，则可使弦绷得既不太紧，又不太松，有张有弛。

### 二、自我调节的技巧和方法

（一）情感调节的技巧和方法

情感是人对客观事物的态度的体验，是人的需要与客观事物之间的关系的反映。它与情绪是两个既有联系又有区别的概念。一般来说，情绪是情感的外部表现，情感是情绪的内容。有人认为，情感即感情，指的是人的喜、怒、哀、乐等心理表现。它的产生，是同感觉、知觉、思维和想像等认识过程相联系的，并且是随着每个人的立场、观点与生活经历转移的。情感对人来讲，既有积极的一面，也有消极的一面。积极的一面是它能促进人的身心健康，激发人们去战胜困难，实现对真理的追求；消极的一面是它能损害人的身心健康。

1. 情感调节的技巧

发挥情感的积极作用，克服消极作用，调节好自我情感，可从如下四点做起：

（1）注意对情感倾向性的调节

情感的倾向性，即一个人的情感指向什么和为什么而引起。情感倾向性调节的目的：一方面为了克服私心，坚持从公心出发，使自己总的情感倾向与社会进步方向相吻合；另一方面为了克服不良倾向，保持身心健康。

（2）提高情感的稳固性

情感的稳固程度和变化情况，是一个人思想坚定性的具体表现。然而，有的人的情感却是变化无常的，容易闹"情绪"；或者表现为情感的迅速减弱，易患"五分钟热血"的毛病。这种情感当然不能成为持久活动的动力。我们应当有意识地克服心绪不宁和情绪波动等情感，提高自己情感的稳固性，保持稳定的良好情绪状态。

（3）培养情感的深度

情感深度，是指情感在思想行为中体验的深浅而言的。情感深度与情感的倾向性密切相关，情感深厚的人，其情感也常常是稳固的。培养情感深度是使情感产生效能的前提条件。

（4）发挥情感的效能

情感效能，指情感在人的实践活动中所起作用的程度。情感效能高的人，能使任何情感成为他的动力，不仅愉快、满意的情感，会使他工作积极；而且挫折、失败带来的不愉快，甚至悲痛，也能转化为力量。相反，情感效能低的人，尽管有时候情绪也很强烈，但往往只是停留在"体验"上，而缺乏具体行动。

2. 情感调节的方法

我们应善于做情感的转化工作，提高与发挥情感的积极效能，调动身心的巨大潜力，保证在任何情况下都能以最佳的心理状态去从事各项工作。有5种方法对情感进行调节。

(1) 记录法

准确地记录下你每天所做的感到心烦意乱的事情。记录后，可不急于思考这样做是否妥当。但过了一段时间后，则应翻开日记本，看看你对该事情的看法。时间可以抚平内心的情绪，我们要学会在心烦意乱的时候，调整自己的情绪。通过记录法，可以看到自己以往在情感调节上的方法，从而寻找最合适的方法。

(2) 意识控制法

当自己处在某种过激的情绪时，可赶快提醒自己，保持理智，避免过激行为的发生。比如，当自己"怒从心上起"，将要与人吵架时，可赶快提醒自己，吵架只会给双方带来更多烦恼，不能解决任何问题，实在不值得。这样，你用理智的力量控制了自己的怒气，而不会用粗鲁的语言，更不会采取粗暴的行动。

(3) 自我安慰法

这种方法是用生活中的哲理或某些明智的思想来安慰自己，鼓励自己同困难作斗争。例如，面对一项难度较大的工作，你应该告诉自己"我能应付得了。"不要说："这是绝对不可能的事!"因为，自我安慰能够减轻你的思想负担。

(4) 遗忘转移法

据心理学家们的研究，当某种不良情绪或念头产生后，如果老是郁积于心，老是想它，就会使这种不良情绪或念头不断蔓延，日益加重。因此，当你产生某种不良念头，或因某种事情引起不愉快的情绪时，最好能将它尽快地遗忘掉，不要老去想它。或可以通过看书、逛街等方式，分散注意力，将不愉快的情绪忘记。

(5) 疏导法

有时，不良情绪光靠自己调节还不够，需要借助于别人的疏导。不少心理学家认为，人的心理处于压抑状态时，应当允许有节制地发泄，把闷在心理的苦闷倾泻出来。然而，有人主张"遇事不怒"，有人主张心理有了气，宜止不宜泄。其实，人怎么会无忧无虑，怎会没有生气、发怒的时候。因此，我们在提倡自我安慰法的同时，亦主张"怒则即泄"、"气则即消"，即通过设法自我发泄，或采取以喜消气等转移法，或采用疏导法，将心中之气消掉。

(二) 思想调节的技巧和方法

无论任何人，要想在事业上获得成功，均需具备正确的指导思想与方法，人们在实践中，为了获得正确的指导思想与方法，以指导自己的行动，须做多方面的调节。

1. 遭受挫折和失败时的调节

无论任何人，在事业上都不可能一帆风顺，总是碰到这样或那样的困难，经历这样或那样的挫折。在挫折面前，有的人能经受得住，有的人却无法忍受。如果你遇到挫折，应如何进行思想调节呢? 首先，对挫折应作一番具体分析，看到它虽能阻碍事业，使工作、学习受到损失或导致失败，但克服了它，就能使工作、学习、生活等顺利进行。其次，要进行有理智的心理调节,克服"怕"字,并不断调节自己的思想方法。即使失败了,也要振作精神争取反败为胜,或寻找一件能引起自己兴趣的事情干干,以削弱、消除因受挫失败而造成的紧张、消极情绪,并争取用在另一方面得到的收获,来抵消或补偿在这一方面已无法挽回的损失。

2. 取得成绩和胜利时的调节

一个人,在日常工作、学习、生活过程中,碰到挫折或遭到失败,容易悲观失望,而取得成绩,获得胜利,又容易骄傲自满。戒骄戒躁,谦虚谨慎,是为上策。

3. 犯了错误或失足后的调节

一个人犯了错误,如果能正确对待,就能化消极因素为积极因素,增强免疫力,以后可以少犯错误,或不犯重大错误。为了纠正错误,首先当然要承认错误。为了认识错误,还需要实事求是地弄清楚错误的性质、危害和根源。只有把这一切都分析清楚了,才能提高觉悟,防止再犯错误。

4. 将自己的内心世界对外开放时的调节

我们每个人都有一个自己的世界。如果一个人,能够将自己的心灵,即内心世界对外开放,至少可以达到:一方面,更好地了解自己,增强良好的自我感觉。当我们自己的自我评价得到别人证实与支持时,这种评价也就得到了强化,从而增强了自信心。否则,就会觉得自我评价不可靠,也就谈不上自我认可。当自我评价与别人对自己的评价不一样时,或在不同的群体评价不一样时,就可以进一步发现自己的长处与短处,更好地了解自己。另一方面,换得别人对自己的信任,马克思说:只有用信任交换信任,用爱交换爱。你对别人的开放,表明你对别人的信任、才能换得别人对你的信任、别人对你的开放与自我表露。还能够展示自己,让别人客观、全面、公正地了解自己,树立起自己的公共形象。一个人应多和社会接触,和他人交流,积极寻找、争取各种机会,表现自己,将自己的优势发挥出来。

(三) 行为调节的技巧和方法

人的行为是受思想支配的,是在环境影响和刺激下所引起的、内在生理与心理变化的外在反应,是思想的外在表现形式。人的行为调节,是指每个人根据人的行为规律、社会政治准则、法律与道德规范、特定系统的规程和纪律等,有意识地对自己的行为进行调节,从而自觉抵制各种不良因素的影响,预防越轨、过失和犯罪的发生,选择和确立自己的最佳行为。行为调节可按以下几种方法进行:

1. 运用行为科学调节自己的行为

从狭义上讲,行为科学是运用心理学、社会学、人类学和经济学等多门学科的成果,系统地研究人的行为规律的科学。它不仅研究人的个体行为与领导行为,还研究人在社会中的群体行为与组织行为,并且通过对人的行为产生原因和影响人的行为的各种因素的研究,来把握人的行为的一般规律,从而对人的行为进行预测与控制、激励与改造,以求充分调动人的积极性,广泛发掘人的潜在能力,合理利用人力资源,为经济、文化、政治目的服务。从广义上讲,行为科学的基本内容,大致有四部分:(1) 个体行为;(2) 群体行为;(3) 组织行为;(4) 领导行为。从与这一节关系最为密切的个体行为来看,行为科学从个体的层次上,分析引发出个人行为的内在因素与外在因素。例如;人对周围事物和环境的知觉与理解；人的思维方法和意识过程；人的需要、动机、个性、态度、情绪、能力和价值观念等。这些因素都直接或间接地影响着个人的行为。目前，个人行为方面的理论有：目标导向理论、需要理论、双因素理论、期望理论、挫折理论、公平理论和强化理论等；还包括对低等动物行为规律的研究。由此可见，我们要对人自身的行为进行调节，就必须学习、掌握和运用这门科学。

根据行为科学的揭示，人的行为过程，是从心理到行为和从内向外转化的过程。行为的发生从感觉开始，感觉引起人的某种需要（或称欲望），这种需要结合一定的思想形成动机。动机是促使人们采取行为的内在因素。在行为的过程中，意志是排除各种干扰使动机得以实现的精神因素。行为的终止出现效果。因此，我们可以把行为理解为感觉→需要（或称欲望）→动机→意志→行为→效果的发展过程。从感觉到需要，只是行为的萌芽，动机的确定才是行为的真正开端。从感觉到动机，是行为的心理过程；从动机到效果，是行为的实现过程。在人的行为过程中，动机决定行为的发展方向，意志决定行为能否实现预定的目的，意志是使动机转化为效果的关键。

但动机与意志均不是人的头脑里固有的，更不是天上掉下来的，而是人们所处的客观环境作用于人的大脑的结果。因此，客观环境对人的行为是有制约作用的。为了将人的行为调节好，首先，我们必须创造一个良好的客观环境。其次，还应根据人的各种需要，做好各方面的调节与控制工作。

对于一个神经健全的人来说，行为总是由某种动机所引起的，而动机又是建立在需要基础上的。因而，其行为总是直接或间接、自觉或不自觉地为了实现对某种需要的满足。

按照美国心理学家马斯洛（A. Mas low, 1908—1970）的观点，需要是人类行为的原动力。它分五个基本层次，即：生理、安全、社交、尊重以及自我实现，并呈阶梯状。各层次需要之间又有内在联系，成为一个系统。前两个层次为低级的或物质的需要，后三个层次为高级的或精神的需要。一般来讲，人的需要总是由低级向高级发展，由外部得到满足逐步向内在得到满足转化。当然，这也不是机械的，一成不变的。

人的行为，总是由一定的时间、地点、条件下最强烈的需要来决定的。一般来说，在某一特定时刻，总是只有某一层次的需要最为突出，成为激励人的主要因素。当这一层次的需要相对来说多少得到满足以后，另一层次的需要便会突出出来，成为新的主要激励因素。

从人的心理过程来看，总是需要引起动机，动机支配行为，因此抓住了需要这一环节，也就抓住了激励人的内在动机，抓住了从根本上调动人的积极性的关键。但是我们不能把满足人的需要绝对化。因为，人的需要的产生具有主观性，同时人的思想觉悟与认识水平有高有低。任何个人的需要都离不开社会，而社会所能满足的需要，都是有条件的。它不可能对人有求必应。由于现实条件的限制，许多人的需要，即使是合理的，也不可能得到完全满足。因此，我们应以客观实际、全局利益、长远目标和社会需要等为依据来衡量个人需要。根据需要是"过度"还是"不足"来进行调节、控制以便限制一些需要，满足另一些需要，加强对需要的监督和调节，切记把握好需要的"度"。

2. 运用系统控制方法调节自己的行为

人是一个复杂的有机体，人的调节系统是与传输系统、执行系统、人体的内部和外部环境系统相联系的。在这样一个系统中，大脑起着反映现实与调节各种复杂活动的作用。大脑通过散布在全身的感受器，不断接受人体内、外部的刺激信息，通过对这些信息的处理，形成决策，经过信息通道（中枢神经和外围神经系统）传输到各个运动效应器（主要是肌肉和腺体），引起机体运动，产生行为。要使人体自控系统运转良好，有利于人们自身能力的发展完善，关键在于该系统要有一个灵敏、正确、有力的反馈系统。

要做到这点，其一，必须有灵敏的感受器，以便及时发现主体与客体之间存在的矛盾信息。同时，必须重视收集反馈信息，随时掌握现状与目标、行为与准则、动机与效果之间的差距，实行最优的调节控制，取得最佳效益。其二，必须有高效能的分析系统，以过滤与加工感受到的各种信息，真正做到"去粗取精，去伪存真，由此及彼，由表及里"。在大脑这个复杂的调节器里，记忆库（即存储器）是核心部件。要使记忆库丰富，随时能提供正确的记忆信息，以利于调节器做出明智果断的决策，就必须在社会实践中不断接受前馈信号，即学习科学文化知识，提高思想觉悟与认识能力。其三，必须有强有力的意志行为，以调节或修正以往的行为，使之更适应未来实际的需要，获得更大的效益。

3. 运用伦理学知识选择和调节自己的行为

人类的行为纷繁复杂：有满足人类机体生存需要的行为，包括谋求衣食住行的种种活动；有发展体力与智力需要的行为，包括从事体育、卫生、文化、教育等种种活动；有满足社会生存与发展需要的行为，包括生产活动、政治活动以及科学实验等活动。对于纷繁复杂的行为，人们可以从不同的角度来区分。有人将人类的行为区分为：本能行为、生理行为、心理行为与道德行为。有人将人类的行为区分为两类：一类是与善恶价值有关的行为，称为伦理行为；另一类是与善恶价值无关的行为，称为非伦理行为。其中伦理行为又分为两种：一是善行为，即道德行为；二是恶行为，即不道德行为。还有人认为，从道德角度可以把人类的行为区分为三类，即道德行为、不道德行为与非道德行为。其中道德行为与不道德行为是可以进行善恶评价的行为，亦可以统称为伦理行为。人类的道德行为是有价值的行为，但不同道德行为的价值大小却不相同。决定道德行为价值大小的主观因素，是人们的道德境界的高低与选择道德行为的自觉程度，以及人们自身的处境；决定道德行为价值大小的客观因素是该行为在社会生活中所产生的实际影响。人们的处境不同，同样行为的道德价值也不同。处在同一社会环境下，人们的精神境界不同，人们选择行为的自觉程度不同，其行为的道德价值的大小也是不同的。一个境界高、完全出于本人自觉的道德行为，与境界低、只是在别人的影响下随之发生的道德行为，道德价值也是不同的。前者的道德价值要比后者大得多。道德行为是会影响人们的心灵与情感的。道德行为的价值大小与其在社会上所产生影响范围的大小、时间的长短以及受影响的人数的多少是密切相关的。高尚的道德行为能影响千千万万人的心灵，具有不朽的精神价值；优秀人物的道德行为和品质，对人类的积极作用和意义是极其巨大的。这正是我们运用伦理学知识对人的行为所做的最好选择，也是通过多方调节所要确立的最佳行为标准。

# 第五节　自我沟通技能提升的艺术

不同的人在面临同样的问题，或者同一个体在不同阶段面临相同的问题时，解决方式总是不一样的。在我们年轻的时候，会因为处事比较冲动而后悔，而到年纪大了以后，又会因为处事不会冲动而遗憾；当心情好时，即使突然面临挫折也能泰然处之，但当心情不好时，即使是小的挫折也会心烦意乱。那么，为什么会有这样的不同呢？从自我沟通的角度看，这就是自我沟通的技能在动态地变化。每个人从成长的过程看，往往年轻的时候自我沟通技能差，随着阅历的增加和不断地学习，自我沟通技能得以不断提升。这里把自我的不断学习和交流、不断思考和总结，使自身的沟通技能得以不断提高的过程，称为管理沟通技能的自我修炼。正如自我的发展是一个认识自我、提升自我、超越自我的过程，自我沟通技能的提高也是一个不断认识自我、提升自我和超越自我的"三阶段"过程。在这个过程中的每个阶段，都要从不同角度去提升自我沟通的技能和意识。①

## 一、认识自我的艺术

### 艺术之一：客观审视自己的动机

认识自我，就是人在社会实践中，对自己（包括自己的生理、心理、社会活动和整个主观世界）以及自己和周围事物的关系的认识。它包含在人的自我观察、自我体验、自我感知、自我评价等活动中。要认识自己，首先要审视自己的动机。从心理学的观点看，人因为需要，引起了动机，从而产生行为，因而在心理学中，把动机定义为由需要而引起的个体的行为倾向。其中，动机可以分为内部动机和外部动机。所谓内部动机，就是个体自身的需要而产生行为；而外部动机是根据社会环境的需要而产生行为。内部动机和外部动机是一个相互作用的过程，如果内部动机和外部动机发生冲突，但仍按内部动机去发生外部不需要的行为，往往会演变成不纯的动机；相反，如果外部动机所需要发生的行为与内部动机不吻合，就会缺乏内在的激励力量而导致行为发生强度的减弱。所以，重新审视自己的动机，是为了唤起自己残缺的内在动机，激发对工作的兴趣，认识自我在工作中的价值，从而以饱满的精神投入到工作中去。

从心理学的观点看，自我认知包括三个组成要素：物质自我认知、社会自我认知、精神自我认知。物质自我认知是主体对自己的身体仪表、家庭等方面的认知；社会自我认知是主体对自己在社会活动中的地位、名誉、财产以及与他人相互关系的认知；精神自我认知是主体对自己的智慧能力、道德水准等内在素质的认知。

管理者为了提高自身的沟通技能，关键要从社会自我认知和精神自我认知两个方面解剖自己；从外部动机看，就是要审视自身在社会中所处的地位，以及自身行为的道德水准。管理者如果不能摆正自己在组织和社会中的位置，必然会导致沟通的失败。

### 艺术之二：静心思考自我

要清醒、客观地审视自己的动机，必须以静心地解剖自我、反省自我为前提，这就要求管理者会静心思考的艺术。印度哲学家奥修在《静心的艺术》一书中，倡导我们与自然接触，内心平静，敞开胸怀，接纳一切。只有这样，管理者才能抛开世俗的眼光，走出自私的自我，从内在动机和外在动机的结合的角度，从物质自我、社会自我和精神自我全方位的角度去解剖自我，认识自我。如果你没有这样的空间和时间，你是很难有深刻的审

---

① 魏江. 管理沟通：成功管理的基石. 第 2 版. 北京：机械工业出版社，2006：63-72.

视自我的机会的。

为了能够静心思考，首先要善于创造静的空间，把自己从烦琐的事务中解脱出来，从他人的干扰中解脱出来。这样的空间，可能是在你的办公室里，可能是在自己的家里，可能是在自然界里，也可能在其他地方，关键在于你是不是有意识地去发现这样的空间或利用这样的空间。属于自己的空间要靠自己去创造，靠自己的心灵去创造。人们除了空间上营造与自然、人类和自我共鸣的环境外，还要努力在时间上延伸自我的价值。时间可以延伸到美好的过去，也可以延伸到美好的未来。管理者要学会静心思考，应该以学会自我控制时间为基础。为了分析每一个下属或者上司的需要，你得花时间去思考；为了明白自己的社会责任，你得花时间去思考；为了制定有效的沟通策略，你得花费时间去思考。有效的管理者要把握自己的时间，从时间管理的角度看，就是要做自己时间的主人。为了有效地加强自我的时间管理，主要策略在于以效果为目的去管理时间，具体要遵守以下四个方面的原则：一是学会把时间花在重要的事，而不是紧急的事情上；二是学会分清相对重要和相对紧急的事；三是时间管理策略上应注重结果而不是过程；四是在必须说"不"的时候，不要感到内疚。

无论是创造自己的空间，还是创造自己的时间，根本目的在于为自己创造一个自由思考的环境。

### 二、提升自我的艺术

#### 艺术之三：修炼自我意识

自我意识修炼就是通过自我意识的修正和提升，达成与外部对象的良好沟通绩效。自我意识的核心包括自我价值的定位、面临变革的态度、人际需要的判断以及认知风格的确立四个方面。其中自我价值的定位在于确定自身的个体价值标准和道德判断的差异性和一致性；面临变革的态度在于分析自身的适应能力和反应能力；人际需要的判断在于分析不同沟通对象的价值偏好和相互影响方式；认知风格的确立在于明确信息的获取方式和对信息的评价态度。修炼自我意识就是从四个核心要素出发，不断提升自我的价值观、面临变革的态度、认知风格和对人际需要的洞察力。

自我价值的定位，要求管理者在管理沟通中，从社会认同和社会道德的高度来修炼自我价值，要把自我价值的实现建立在他人和社会利益满足的基础上。"真正的朋友，可以使欢乐倍增，可以使悲伤减半。"这是谁都感受过的真理，尽管如此，人往往只顾眼前的一块面包，而把这一真理置之脑后。把自我价值定位在满足他人和社会利益的基础之上，就要求在自我修炼和自我提升的过程中，把自我认知、社会认知和精神认知三个方面结合起来，在问题思考和自我认知过程中，使自我价值判别和社会价值衡量得到统一。

#### 艺术之四：转换视角，开放心灵

转换视角，开放心灵，就是要求我们从他人的角度去思考问题，要从封闭的自我约束中跳出来，通过转换自己传统的思维方式，跳出习惯思维的约束，以退一步海阔天空的视角分析问题。转换视角，开放心灵，就要求尊重他人。开放自己的心灵和尊重他人是紧密相连的为人之美德。转换视角，开放心灵，就要求把沟通的理念从"己所欲，施于人"

转变为"人所欲,施于人"。转换视角,开放心灵,就是要积极地意识到自己的成见,或者意识到你会将不符合自己思想观念的信息加以"改造"成为自己的观点框架。

### 三、自我超越的艺术

**艺术之五:超越目标和远景**

自我超越是个人成长的学习修炼之高级境界。认识自我和修炼自我是自我超越之必要条件,它是对"原我"的突破。显然,在没有认识原我的前提下,就失去了超越的目标,也就无所谓自我超越。具有高度自我超越的人,能不断扩展创造生命中真正价值的能力。一个具有自我超越理念的人,无论是在处事还是在为人方面,总有一个追求的目标和目标引导下的愿景。在自我沟通过程中,设定的目标是认识自我、反省自我和修炼自我的方向和精神支柱。为了这个目标,他会乐于接受他人的建议和忠告;他会放开自己的心灵接受他人的思想,以修正自己的观念和行为;他会不断地审视自己的动机,不断调整以使内在动机和外在动机统一;他会追求物质自我、社会自我和精神自我的和谐统一。一个具有高度超越意识的人,在学习和发展技能的过程中首先会确立追求的目标和愿景。目标的确立过程,是一个自我定位的过程。为了达到这个目标,他会设定具体的、阶段性的愿景。在不同阶段,自我超越的人把愿景看作一种召唤及驱使人向前的使命,而不仅仅是一个美好的构想。在这样的使命导向下,他们会把目前的境遇,不管是多糟,都看作盟友而非敌人,看作对自我意志和毅力的考验。他们学会如何认清以及运用那些影响变革的力量,而不是抗拒这些力量;他们具有追根究底的精神,将事情真相一幕幕地廓清。他们倾向于与他人,同时也与自我生命本身连成一体,因此,并不会失去自己的独特性。一个具有高度自我超越意识的人,在学习和发展技能的过程中,还具有不断否定"原我"(原来的目标和愿景)的气魄和胆略。超越自我的过程,是不断超越原先设定的目标和愿景的过程。自我超越不是你拥有的某些能力,而是一个过程,一种终身的修炼,因为自我超越是没有终极境界的。为了实现新的目标和愿景,具有自我超越的人会永不停止地学习,向他人学习,向生活和工作学习,向社会学习,向自然界学习。当他们在学习过程中不断"扬弃"自我,也就会发现自身人格的力量得到了不断的升华,与他人的关系得到了正强化,人际团结合作更加成为可能。

**艺术之六:以自我为目标**

在建设性的自我沟通中,应建立"以自我为目标"的理念,也就是要从纵向的、历史的角度去设定目标和愿景,去评判自我,超越自我,而不是一味地做横向比较。强调"自我"和"新我"的比较以确定目标,是因为以超越他人为目标,在实现超越中可能会产生副作用。首先,超越他人可能会形成人人争当第一的局面,结果造成关系的紧张;其次,超越他人,可能会由于他人客观上在某些方面的特长,很难实现真正的超越,从而使自己丧失信心;最后,以超越他人为目标,一旦目标实现就会迷失进一步努力的方向。

"以自我为目标"强调的是自我精神追求的不断提高,是一种不断设定内心目标、持续自我激励的过程。自我超越的人不是封闭自我的人,他在设定自我目标的过程中,在不断地向他人学习,他在与他人、外界沟通过程中会敏锐地觉察到自己的无知、力量不足和成长极限，但这绝对不会动摇他们高度的自信，而是强化对自我的认知和对目标追求的理性思考。

## 关 键 概 念

自我沟通　　元认知　　感觉　　知觉　　判断　　推理　　思维方式
自我防御　　自我肯定　　苏格拉底反诘法　　自我超越　　自我调节

## 复习思考题

1. 你认为自我沟通的意义何在？
2. 自我沟通中，认知的"个体化"体现在哪些方面？你认为应如何克服？
3. 自我沟通的技巧有哪些？
4. 自我沟通的途径与方法有哪些？
5. 提升自我沟通技能的艺术有哪些？

## 第三章
## 人际关系沟通

**本章学习掌握要点：**

● 人际关系的本质及类型

● 人际沟通的动机、类型与过程

● 人际沟通的障碍及克服方式

● 人际冲突及解决模式

● 人际沟通的基本技巧

# 第一节　人际关系

## 一、人际关系的本质及类型

### （一）人际关系的本质

什么是人际关系？这个问题对于从事人际关系研究的研究者来说，是一个仁者见仁、智者见智的问题。以下是一些有代表性的定义：

人际关系是在社会生活实践活动过程中，个体所形成的对其他个体的一种心理倾向及其相应的行为。它是通过交往而形成的人与人之间的心理关系。

人际关系，是在宏观的社会关系制约下的人与人之间的心理关系。

人际关系是由两个或更多相互依存和相互作用于同一方式的人组成的。人际关系不等于参与其中的人。

人际关系，是指在共同的活动过程中，可以直接观察到的人与人之间的关系，或称为心理上的距离。

人际关系是指个人或团体彼此寻求满足的心理状态，是人们社会关系的一种形态。

人际关系是在人们的物质交往与精神交往的过程中发生、发展和建立起来的人与人之间的关系。

人际关系是一种社会心理现象。它是人们在群体交往过程中，由于互相认识和相互体验而形成的心理关系。人际关系属于社会关系的范畴。

人们在劳动、工作、生活中，相互交往，发生各种各样的联系，这种人与人之间互相交往与联系的关系，就叫做人际关系。

以上定义，是对人际关系本质的有益探讨，对于对问题的全面而深刻的认识，具有不同程度的启迪意义。综合上面的观点，我们是这样定义人际关系的：

所谓人际关系，是在人类社会生活实践活动中，作为个体的人为了满足自身生存和发展的需要，通过一定的交往媒介而与他人建立和发展起来的、以心理关系为主的一种显在的社会关系。

第一，这个定义说明，人际关系是"关系"事物。要把握人际关系的本质，就应该理解它与"关系"的关系。

从一定的意义上来说，世界上的一切事物或现象，都可以分为实体事物和关系事物。人际关系属于关系事物。所谓关系，主要是指事物之间的联合或联系。关系与实体既对立又统一。在特定条件下，关系是关系，实体是实体，两者不能混淆，也不能替代。另一方面，关系和实体是互相依赖、互相包含和互相转化的。我们说人际关系是关系事物，是说它表征的是作为实体的人之间的联系或联合。从这个意义上看，它虽然离不开实体，但却不能归结为实体。正如皮尔逊博士所说，"人际关系不等于参与其中的人"，"人际关系不仅仅是指参与其中的人本身"。这对于我们理解作为关系的人际关系不同于实体是有启发意义的。

第二，这个定义表明，人际关系是一种特殊的社会关系。要把握人际关系的本质，就应当理解它在社会关系中的地位。

关系事物尽管多样，但如果从其是否具有社会性上来分，所有的关系事物无非分为两大类：一是社会性关系，即社会关系；二是非社会性关系，即自然关系。毫无疑问，人际关系属于社会关系。因为它具有社会关系的一般属性。所谓社会关系，指的是人们在共同的社会生活实践活动过程中结成的一切相互关系的总称。社会关系的一般属性之一在于它的人文性，也就是它的主体能动性。人际关系与社会关系既有区别又有联系。一方面人际关系与其他社会关系有着本质的区别，它属于社会关系，但又不能等同于社会关系；另一方面人际关系与其他社会关系又紧密联系。具体表现在：其他社会关系在更高层次上决定、制约和调节着人际关系，人际关系反过来又深刻地影响着其他社会关系相互作用的程度和方式。

第三，这个定义表明，人际关系是一种心理关系。要把握人际关系的本质，就应当理解它的个性心理特征。

如上所述，人际关系是一种特殊的社会关系，这种特殊性，不仅表现在它在社会关系系统中处于特殊的地位，而且表现在它具有明显的心理特征，是人与人之间的心理关系或个性关系。从一定意义上来说，人际关系与其他社会关系的本质区别在于它具有个性，在于它是个性关系。有研究者指出，人际关系与其他社会关系的实质性区别在于前者具有个性，后者具有非个性。就是说，具有个性的社会关系就是人际关系。从这个意义上来说，人际关系就是个性关系，它与抽象的非个性化的社会关系不同，是具体的、带有明显的心理特征的个人与个人之间的关系。这是关于人际关系本质的一个很好的说明。当然，个性化了的人际关系，与非个性化的社会关系，虽有本质上的区别，但是两者也是紧密联系在一起、不可分割的。我们在研究其他社会关系时，绝不能脱离人际关系。在这个意义上可以说，人际关系的重要性，就在于它是研究其他社会关系的必由之路。

（二）人际关系的类型

大多数研究者主张按不同标准将人际关系进行分类。刘达临等提出：（1）从人际关系的纽带方面，可以把人际关系分为血缘、亲缘和业缘关系；（2）从日常行为方面，人际关系可分为首属关系和次属关系、组织关系和私人关系、利害关系和非利害关系；（3）从发展方向上看，有协调人际关系与不协调人际关系。李星万在此基础上还提出了偶遇关系和恒定关系，可置换关系和不可置换关系，可选择关系和不可选择关系的分类。陈纪方则主要从以下角度进行了分类：固定的人际关系和非固定的人际关系，相容的人际关系和不相容的人际关系。史仲文从更为宏观的角度将人际关系分为人际经济关系、人际政治关系、人际道德关系、人际法律关系、人际文化关系、人际信仰关系、人际职业关系、人际亲缘关系、特殊情况下的人际关系。郁景祖等提出如下分类标准：主从型、合作型、竞争型、主从—竞争型、主从—合作型、竞争—合作型、主从—合作—竞争型、无规则型。

林国灿提出，为使人际关系研究体系更加完善，应将人际关系分为横向关系和纵向关系。横向关系指的是社会地位基本相当的个体之间所构成的人际关系，它以人际感情为基础，不考虑人际的社会地位高低，只关注人际心理距离；纵向社会关系指的是社会地位有差异的个体之间所构成的社会关系，它以角色认识为基础，不考虑心理距离，只对人际的社会地位高低做出认识上的反应。他还进一步以"心理位差"来描述纵向人际关系，指出心理位差是个体之间在心目中将自己的社会位置与对方的社会位置进行比较，分别在各自的心目中得到的社会位置的高低差距。心理位置高于对方的个体易产生优越感、权威感和支配欲；心理位置低于对方的个体易产生自卑感、惧怕感、敬重感和服从的心理，甚至产生崇拜感和巴结的行为倾向。进而他分析了心理距离和心理位差的区别：心理距离是人际感情的尺度，它反映出人际关系的亲密性；心理位差是人际之间对社会地位认识的尺度，它反映出人际关系的次序性。一般而言，个体之间如果增大心理位差，则心理距离也随之增大；如果减少心理位差，则心理距离也随之减少。反之亦然。

杨宜音则认为，人际关系可以分为两种。一种是"获致性人际关系"，即人们相互之间的关系是由于交往而建立和形成的，人们根据自己的需要、性格、喜好、价值取向等个人意愿，决定是否保持和发展或是中断与他人的关系。另一种是"先赋性人际关系"，即人们相互之间的关系是以血缘和地缘为联系纽带而建立起来的，这种关系的建立、保持和中断往往是与生俱来的或不易变动的。

**二、人际交往的理论**

人际关系学基本理论来源于人际交往实践，又反过来指导人们有效的人际交往。它主要包括人际行为三维理论、交换理论、人际关系网络理论、角色理论、伯恩 PAC 理论等。

（一）人际行为三维理论

人际行为三维理论的创始人是美国人舒茨。所谓三维，指该理论从三个维度来考察人际行为：一个维度是发展性的，即探讨人际关系的动力为何；一个维度是背景性的，即将这些问题放在工作群体中去考察；一个维度是历史性的，即认为成人的人际关系乃是童年时代人际关系的继续体现。

该理论的核心内容是四个基本假设：

　　第一个假设是，每一个体都有三种基本的人际需要：包容需要（Inclusion Need），即与别人接触、交往，隶属于群体的需要；感情需要（Efective Need），即爱别人或被人爱的需要；支配需要（Control Need），即控制别人或被人控制的需要。在舒茨看来，人际需要在许多方面与生物需要极为类似。如果说后者调节着有机体与物理环境的关系，那么前者则调节着有机体与人类环境的关系。这两种需要在有些情况下则可能发生或多或少的偏离，从而产生不利结果。

　　第二个假设是，人际关系存在连续性和相对继承性。他认为成年人的人际关系乃是童年时代经验的继续表现。与其他人处于相互关系中的个体，以下列方式实现着自己童年时代的人际关系经验：当个体感到自己在人际情境中的地位类似于童年时自己在父母或其他重要的人面前的地位时，他就倾向于做出类似于孩子对待父母的行为；如果他感觉到自己在人际情境中的地位类似于童年时的父母地位时，他就倾向于做出类似成人对待儿童的行为。

　　第三个假设涉及人际关系中的相容性（Compatibility）。他认为在群体成员中有三种类型的相容：第一种是交换（Interchange）相容，指两个人在三种需要上所表达或希望的行为总和相等便产生最大限度相容，总和差别越大，具体不相容的状况也就越严重。第二种是主动（Original）相容，是指一个人常有意使自己的表现去和另一个人发生互补。如果见到对方希望拥有领导地位，就表现出顺从或愿意接受控制的行为。第三种是互惠（Reciprocal）相容，指双方都在某种需要上表现与对方一致，如对方需要沟通，另一方也表现出渴望沟通，使双方需要与愿望表现出尽可能的相符。

　　第四个假设涉及群体的发展。他认为群体的形成与瓦解总是遵循着相同的顺序。每种人际关系或群体在形成过程中都要经历包容、控制和情感三大阶段。包容阶段涉及个体是留还是离开该群体的问题。只有解决了包容问题之后，才能过渡到控制阶段，即责任和权力的分配阶段。第三阶段则要解决情绪整体问题。在群体瓦解的情况下，则向相反方向变化：最初，情绪依恋性被破坏，随后支配关系被破坏，最后脱离群体。

　　（二）交换理论

　　社会交换理论认为，人们之间的社会交往具有一定的交换性，通过交往，双方均从对方获得某种报酬、回报和结果。这种交换可以是金钱或物质上的，也可以是感情或心理上的。如一个人帮助了另一个人，得到了对方的感谢，虽然这种感谢未必就是物质上的，但交换已经发生。如果一个人多次帮助对方，而从未得到对方的任何谢意，甚至连口头的谢意也没有，这种交换便无法顺利进行，因而他们之间的交往也必然中断。

　　乔治·霍曼斯比较全面地阐述了交换理论。他认为社会交换具有如下一些现象：

　　第一，一个人的某种行为得到了相应的报酬，那么他就会重复这一行为。例如，某职工的努力劳动获得了奖金他就会继续努力劳动。

　　第二，相同的刺激常常会带来相同或相似的行为。例如，以往成功的经验常常会成为个人日后行动的行为准则。

　　第三，某种行为的后果对一个人越有价值，他就有可能选择此种行为。

　　（三）人际关系网络理论

　　这是借助于网络图形来分析人际交往和人际关系的一种理论，用以研究人际交往的类型、特点、原则和如何改善人与人之间的交往关系。人际关系网络图如图 3-1 所示。

图 3-1　人际关系网络图

　　一般来说，在分析人际关系网络时有如下原则：互相选择表明人际关系较好；单方选择多、互选少表明成员之间缺乏互相沟通和了解；散乱而没有核心人物的网络表明组织松散；网络中呈现出小集团而小集团之间又缺少互选，表明组织处于分裂状态。

　　人际关系网络是极其复杂的，为使研究简单化，人们提出了几种典型网络，包括轮形网络、Y 形网络、链形网络、环形网络、星形网络等。

　　其中轮形网络和 Y 形网络均为集中型网络，多数成员之间不能直接沟通，必须通过处于核心地位的成员才能发生联系。其特点是便于集中领导，传递信息快，缺点是成员之间相互联系少，群体气氛不一定和谐。一些分层管理的生产组织常采用此种模式。

　　链形网络反映了直线型沟通的人际交往，即它是一种自上而下或自下而上的等级交往关系，如上级文件逐级传达给下级。其优点是传递的速度快；缺点是，由于信息经过多层筛选，有可能产生信息失真，导致上层不了解基层的真实情况。

　　环形网络和星形网络均属分散型网络，是一种开放式的信息沟通系统，其特征是成员之间地位平等，接触广泛，彼此十分了解。环形网络的特征是组织中没有中心人物，成员之间相互交流自由。星形网络则表现为所有成员相互间都有充分的自由交流，民主气氛浓厚，发表意见自由。这种沟通网络适合于民主气氛浓厚、成员之间合作精神比较强的组织结构。其缺点是组织松散，集中性差，群体凝聚力不强，且需要占用较多时间，效率不高，信息重复反映，故不利于大型企业的组织活动。

　　（四）角色理论

　　角色理论（Role Theory）是当代社会心理学领域中一颗明珠。在这一理论中，"角色"是一个核心的概念，具有如下含义：

　　角色是社会中存在的对个体行为的期待系统，这个个体在与其他个体的相互作用中占有一定的地位；角色是占有一定地位的个体对自己的特殊期待系统，也就是说，角色是个体与其他个体相互作用中的一种特殊行为方式；角色是占有一定地位的个体的外显行为。

　　角色理论包括结构角色理论和过程角色理论。前者的代表人物是欧文·戈夫曼等。这一理论把角色当做一定的社会权利和义务的体现，当做社会地位的动态表现，强调社会角色的客观性和制约性。后者的代表人物是拉尔夫·特纳等。过程理论则视角色为互动过程中的符号载体或互动的表现形式，强调社会角色的主观性和创造性。1980 年，S·斯特里克（S. Stryder）提出以下框架来分析个体和社会通过角色而相互关联的过程就是力图把结构理论和过程理论融为一体的方案：

　　（1）行为依赖于一个被命名、被规划为某一等级类别的物理环境和社会环境。名称或者说分类语即表明了在互动中产生和形成的共享的行为期望。通过和其他人的互动，个体学会了和互动对象之间的交流，并且在此过程中，个体学会了如何向这些对象反应。（2）互动中获得的分类语标明了位置，即社会结构相对稳定的、形态化的一面。共享的行为期望，或者说角色即附着于这些位置上。（3）位置和角色部分地构成了社会结构，在这一结构的上下关系中，行动的人们彼此以位置的占有者命名和称呼。借助于此，他们实践着关于彼此的行为期望。（4）在这样的上下关系中，行动的人们也同样以位置的占有者看待自己。这样，本来用做位置的标本的名称便又成了自我概念的一部分，并建立起关于个体自身行为的内在期望。（5）在情境中，人们利用对情境、对他们自己、对其他参与者以及与互动有关的情境特点的分类语来定义情境，进而利用该定义来组织自己在情境中的行为。（6）由于互动牵涉到许多人对情境的定义，也由于先前的定义可能会限制后来的定义，因而，社会行为不是由这些定义所给定的，而是角色塑造的过程。角色塑造过程虽然由对情境的初始定义形成的期望所发动，但却是在互动者之间那敏感、微妙的试探性交流中逐渐展开的。在这种交流中，互动双方可以随时调整和更改互动的形态。（7）围绕着互动情境的更广阔的社会结构背景将影响角色塑造的弹性，就像它制约进入被设定的角色的因素一样。结构对于角色和角色扮演变异都有不同程度的开放性。所有的社会结构对于情境定义的种类也有一定的限制，从而也相应地限制互动的可能性。（8）情境定义、用于定义的分类语、互动发生的可能性等变化，是在角色塑造的弹性内发生的。这种变化反过来也能导致互动在其中发生的更广阔的社会结构的变迁。

（五）伯恩 PAC 理论

加拿大蒙特利尔精神科医生柏恩（TABerne）于 1964 年在《人们玩的游戏》一书中提出了人际交往中人格结构的 PAC 分析。这是一种分析人们在交往中所处的心理状态的方法，国外在训练管理人员正确处理人际关系和沟通意见时，它经常作为一种工具使用。柏恩认为，人的个性是由三种心理状态（心态）构成的：Parent（父母）心态、Adult（成人）心态、Child（儿童）心态，简称 PAC 分析。

团体中父母心态是权威和优越感及长者自居的心理标志；其行为的表现常常是统治人、训斥人，权威式、命令式、家长式的作风；其待人处事的态度为主观、独断专行、滥用权力；其说话的语气常常是："你应该……"，"你必须……"，"你不能……"等强制命令的口气。

成人心态是心理成熟、实事求是、理智的标志；其行为表现较冷静、慎重、理智、明断；其待人接物的态度较民主、平等，尊重别人，决策冷静；其说话的语气常常是："我个人的想法是……"，"你考虑考虑……"等商量讨论的口气。

儿童心态是幼稚、不成熟、冲动任性，或者顺从、任人摆布的标志；其行为表现是幼稚，可爱又讨厌，感情冲动，无主见，依赖，遇事畏缩；其待人接物的态度不稳定，易耍小孩子气；说话总用"我猜想……"，"我不知道……"等夸张而幼稚的语气。

上述三种心理状态在个体的心理与行为中，有不同的表现，因而形成不同的个体特点。在每个人身上，三种心态的比重也不相同，形成了不同的特征。主要有以下几种类型：

专制幼稚型：P 高 A 低 C 高。其行为特征为喜怒无常，难以共事，支配欲强，有决断能力，喜欢听颂歌、被照顾捧场。

专制型：P 高 A 低 C 低。其行为特征是墨守成规，照章办事，家长作风，不合潮流，养成下属依赖性，是早期工业革命时代的经理人员。

幼稚型：P 低 A 低 C 高。其行为特征为稚气，用幼稚幻想进行决策，喜欢寻求友谊，对人有吸引力，是讨人喜欢但不称职的经理。

正统成人型：P 低 A 高 C 低。其行为特点为客观而重现实，工作刻板，待人较冷漠，只谈公事，不谈私事，难以共事，别人不愿与他谈心。

父母成人型：P 高 A 高 C 低。其行为特征为易把父母心态过渡到成人状态，经训练学习和经验积累，可成为成功的企业家与管理人员。

成人儿童型：P 低 A 高 C 高。将成人和儿童心态结合在一起，是理想的管理人员，对人对事都能应付自如。

## 第二节 人际沟通的动机、类型与过程

管理过程和商务活动实质上是人与人之间的交往活动，有人与人的交往就有为达到信息沟通目的而进行的人际信息传播，人际沟通随着人类社会的产生而产生。个人借助语言符号及非语言符号，就可以进行人际沟通。其沟通过程就是分享信息符号并借助符号流动传播信息的过程。人与人之间为了某一目的而进行的沟通过程，是个人之间的信息符号互动。

### 一、人际沟通的动机

（一）人际沟通的概念及特点

人际沟通的界定在学术界有分歧。一部分学者认为人际沟通即是大众传播、大众沟通。这实际上是传播者和受传者的属类和沟通方式问题的论争。

美国传播学者约翰·斯图尔在著作《桥，不是墙》中说："人际沟通是两个或者更多的人愿意，并能够作为人相遇，发挥他们那些独一无二的不可测量的特性选择反思和言语能力，同时意识到其他的存在者，并与人发生共鸣时所出现的那种交往方式、交往类型或交往质量。"

英国传播学者哈特利认为："人际沟通是一个个体向另一个个体的信息传播，双方是面对面的。沟通方式能反映个体的个性特征和社会角色及其关系。"

美国与英国的人际沟通学者各执己见。

我们认为，人际沟通是两个人面对面地直接进行信息传播，或借助如信件、电报、电话等简单传播工具进行信息传播的沟通的活动，是个体与个体之间面对面地进行信息交流的行为。所谓人际沟通，顾名思义，就是指人和人之间的信息和情感相互传递的过程。它是群体沟通、组织沟通乃至管理沟通的基础，从某种程度上来说，组织沟通是人际沟通的一种表现和应用形式，有效的管理沟通都是以人际沟通为保障的。

人际沟通是一种特殊的信息沟通，是个人与周围人之间的心理沟通，是人与人之间的情感情绪、态度兴趣、思想人格特点的相互交流、相互感应的过程。通过人际沟通，个人

可以收集到他人心理的、个性的信息，同时也对他人发出了关于自己个性心理特征的某些信息。因此，人际沟通不同于一般的信息沟通，它有自身的特点：（1）沟通双方要有共同的沟通动机；（2）沟通双方都是积极的参与者；（3）沟通过程会使沟通双方产生相互影响；（4）沟通双方要有相通的沟通能力；（5）信息传播者与信息受传者都是确定的个人。

（二）沟通动机

人际沟通是一种受特定动机驱使的社会行为。可以把人际沟通的动机分为三类：

1. 归属动机

所谓归属动机，就是人不甘寂寞，想加入他人行列，渴望别人尊重与赞许，追求友谊与爱情的愿望。在这种心理动机驱使下，人们就要加入到适合自己的群体中去找朋友聊天、和同学相聚、与同事结伴郊游、同家人相聚等，来满足合群、被人尊重和自尊自爱的心理需求。

2. 实用动机

所谓实用动机，是指人们追求满足功利需要的意愿。一般的人际沟通，往往与功利动机有关。有时人与人交往，不是出于不甘寂寞，也不是为了建立友谊，而是为了完成某项任务、达到特定功利的目的。在这种情况下，沟通成为完成具体任务、达到特定目的的工具和手段，因而，也称之为工具式沟通。工具式沟通在管理工作中特别重要，比如上级出于完成整体目标的动机，与下级交流信息、沟通感情；下级为了本职工作和切身利益，向上级反映情况、提出意见等。

3. 探索动机

探索动机表现为人们对新奇事物的好奇、感兴趣、渴望认识和理解。其所欲求的是一种不断更新和丰富的状态，是以在满足的基础上又重新出现不满足为基础的。满足与不满足的交替出现，促使人们不断寻找人际沟通来实现自己的探索动机。

**二、人际沟通的类型**

（一）按人际沟通的目的划分

根据人际间信息沟通的协调矛盾目的、建立感情目的，人际沟通活动的类型可以概括为功利型人际沟通和情感型人际沟通两种类型。

1. 功利型人际沟通

功利型人际沟通将人际信息传播作为一种手段和工具，以寻求经济利益的功利型的结果或目的，有明确的目标或意向，有计划、有步骤地进行，是有意识的商业行为。为了达到这个目的，常常要有目地进行人际关系协调。

这常常是为了完成任务的需要，例如与上级、下属、合作者之间的沟通。这是由人的社会属性决定的。因为激烈的企业之间和人与人之间的竞争使人性日趋复杂化。群体中有期望争取最大的经济利益，获得最好的经济报酬的经济人；有重视人际关系的社会作用，重视非正式群体的影响力的社会人；有不单纯为了经济利益、社会利益，也看重现实生活中的多种动机的复杂人；有为了个人价值的实现，个人动机的实现，为了信念、理想和世界观而奋斗的人。为了上述功利型的目的，大家竞相选择人际沟通，目的是尽量争取扩大信息开放区，缩小信息盲目区，努力揭示信息的未知区，更是为了协调工作中、业务上和生活中的各种矛盾冲突。

如果把利益看做是目标，那么，竞争与合作就是实现目标的手段。社会心理学将人的利益关系分为三种：由于资源有限，满足了一方需要，就不能满足另一方需要，即彼此利益相互排斥的分歧利益；双方利益可以同时满足或同时不满足的一致利益；彼此利益一部分一致，而另一部分排斥的交叉利益。人们常常为获得这些利益而发生冲突，进行信息沟通。功利型人际沟通在商务沟通活动中较为普遍。

2. 情感型人际沟通

情感型人际沟通对人际商务信息和管理信息的传播不只在于传播形式以外的功利性或实用目的性，而且在于信息传播行为的本身，以及通过这种沟通行为而达到的传播者与受传者个人情感的需要和满足，以及双方单位的联系、友谊和合作。这种沟通行为是在有意和无意之间发生的，而且常常是无意识的行为，有时甚至是下意识的行为。

选择情感型人际沟通活动是由于人的本能需要，人的合群本能，即寻求伙伴以及与他人集合，这是人的自然属性。因此，其间有出于个人的如爱、孤独、忧伤、恐惧等情绪宣泄需要的；有为满足安全、亲和、荣誉、地位、新奇等愿望需要的；有在客我与自我认知中，为自我认识与自我表露需要的。

这就涉及了自我表露及其评价尺度问题。虽然自我表露是人自我认知的途径，可以形成更有效的信息传播，但并不意味着要把自己对别人全面开放，表露要有"度"的把握，同时要遵循一些规律性的东西。

(二) 根据不同人格状态来划分

1. 互应性人格状态的人际沟通

人际沟通活动中，双方都以平行的自我人格状态进行信息传播，就形成互应性人格状态的人际沟通，即：父母—父母、儿童—儿童、成人—成人。

因为都是相同的人格状态，所以是符合正常人际沟通的类型。但在这几种状态中，真正能持久稳定维持沟通关系的，是"成人—成人"的人格状态。这种沟通类型有利于信息传递的顺利进行，可以获取真实的不带感情偏激的反馈信息。假如管理者以成人自我状态向下属询问，下属也处于成人自我状态如实回答，就构成了互应性人际沟通。

例1：主管："我们一定要总结经验，争取把这件事做好。"
　　　　下属："我们会努力的。"

例2：下属："我今天生病，想回家休息，可以吗?"
　　　　主管："可以，你回去吧。"

例3：下属："本周末会有加班工作吗?"
　　　　主管："在我看来，可能会有的。"

2. 交叉性人格状态的人际沟通

沟通双方以不平行的人格状态进行信息交流，双方所处的自我状态发生交叉，使信息不能顺利传播或传播不能达到预期效果，称为交叉性人格状态的人际沟通，即：父母—儿童、父母—成人、儿童—成人。

这是不正常的人际沟通类型。由于人格状态的差异，信息传播过程可能中断，甚至可能产生争吵、打骂等恶劣后果。这种沟通主要表现为相处态度不正确，其中一方或者处于训斥式的父母状态，或者处于冲动式的儿童状态。

例1：下属："我今天生病，想回家休息，可以吗？"

主管："身体不好就不该来应聘的，出去吧，出去吧！"

例2：下属："这次调工资我能不能提级？"

主管："你连工作任务都完不成，还想加工资？"

例3：主管："你怎么搞的，这点事都做不好，只会吃干饭！"

下属："我今天心情不好，所以干不好，今天不干了，怎么样？我吃的是干饭，你吃的是狗屎！"

3. 隐含性人格状态的人际沟通

这种沟通方式的信息传播者与信息受传者都同时显示两种或多种人格状态，真正的信息不是明白地表现出来，而是隐含在另一种信息中，那是双方心照不宣的信息。所谓指桑骂槐、含沙射影等都是隐含性信息传播。但有时，信息受传者并没有意识到信息所隐含的意思，因此很容易落入对方圈套。

例1：主管："同事们说你应该调到分公司工作，可我觉得你并不怎么合适。"

（我不同意）

下属："是的，我本来就不想去。"

（不同意就算了）

例2：下属："我的同学又来请我吃饭了，他在猎头公司工作。"

（猎头劝我跳槽）

主管："说起吃饭，厨师们都认为除了胡萝卜，也出得了席。"

（你跳不跳槽无所谓）

（三）"约哈里之窗"

人际沟通的目的的研究，主要是关于自我"暴露与满足"问题的研究。这个问题，国际上比较一致的看法是趋向于"约哈里之窗"（Johari）的表述。

传播学者哈里顿·英格拉姆（Harrington Ingram）和约瑟夫·鲁夫特（Joseph Luft）曾提出一个模型来介绍关于人际沟通中自我暴露和相互了解的基本观点。即"约哈里之窗"（Johari），如图3-2所示。

开放区域：代表所有自己知道、他人也知道的信息。例如"我"的行为、举止、外貌、兴趣、爱好、思想、情趣、性格、价值观、人生观等，以及其他关于我的背景资料如姓名、性别、年龄、籍贯、职业、婚姻状况，甚至感情经历等。开放区因人、因时、因地、因条件而异。一般来说，开放区取决于沟通对象与"我"的亲密程度和信任程度。

盲目区域：代表关于自我的他人知道而自己却不知道的信息，如沟通时的神态、偏见，他人对自己的评价，他人对自己信息掌握的情况和将要对自己采取的行动，及由此而产生的后果等。一个人常常看不到自己的优缺点，弄不清真实的处境，而旁观者却一目了然。所谓当局者迷、旁观者清，就是指当事者处于信息的盲目区域。

隐秘区域：代表自己知道，而他人不知道的信息。这些信息有的是知识性的，有的是经验性的，有的是自己不愿意告诉别人的隐秘事项，或秘密的思想、愿望和打算等，即所

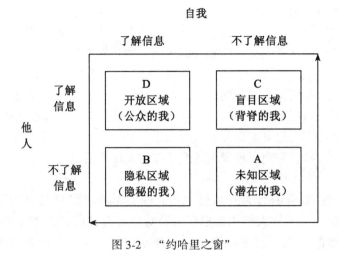

图 3-2　"约哈里之窗"

谓"天知、地知、我知"的信息。

未知区域：自己不知道，他人也不知道的信息。这是一个极不容易观察到的信息区域，如人的潜意识、潜在需要等。

"约哈里之窗"揭示的实质问题，就是人际沟通的目的：

其一，为了提高人际沟通的绩效，应该扩大开放区，缩小盲目区，努力揭示未知区。

其二，人际信息沟通的主要目的，就是要把他人所不知道的信息传递给他人，并通过这种自我暴露，获得关于自我反馈的信息，让别人了解自己，使自己了解别人。同时，也加深对自我的了解，增加自知之明，以促进良好的人际关系发展。

例如在入党过程中，入党积极分子被要求经常性地、长期性地，向自己的介绍人、党支部成员和领导汇报思想，经常性地参加积极分子座谈会，参加党校党课学习，都是为了通过有效沟通，使党组织了解自己，使自己对党组织有更深的认识，扩大开放区，缩小盲目区。

### 三、人际沟通的过程

人际沟通的目的是为了建立、维持和发展人际关系，人际沟通的过程就是人际关系的动态过程。如果我们细心观察，会发现人际沟通是在三个层次和四个阶段上进行的。三个层次指信息层次、情感层次和行为层次。四个阶段指定向阶段、探索情感交换阶段、情感交换阶段和稳定情感阶段。

（一）人际沟通的三个层次

1. 信息层次

信息层次是人际信息沟通的最基本层次。在这个层次上，沟通的双方完成了信息传递和信息反馈的任务，使信息得以交流。在此基础上，彼此产生一定的认识，形成一定的印象。如果信息交流不能实现，则人与人之间不会相互认识，更谈不上情感交换和行为互动，人际关系就不会建立。如果交往双方的信息沟通出现障碍，人际关系就得不到发展。

因此，人们要关心信息交流，哪怕是纯粹的信息交流，要知道情感层次和行为层次都是在这个层次的基础上进行的。

**2. 情感层次**

在交往中，人们通常要安排一些轻松的运动，如参加舞会和郊游，一起进餐或促膝谈心，以联络感情。在信息交流中，双方对所交流信息的译码和对对方的动机、需求、兴趣、性格、世界观、价值观、定势的感知，都伴随着情感体验。这种情感体验不外乎情感共鸣和情感排斥两种情感状态。当参加交流的人的个性特征都能被彼此接受，就会产生情感共鸣，双方相互吸引，建立起良好的人际关系。如果彼此不接受对方投入的个性特征，就会产生情感排斥，拉大距离，形成疏远或紧张的人际关系。

**3. 行为层次**

行为层次是交往双方的行为互动层次。人际关系的最终目的是为了引起对方的行为。为了同对方搞好关系，人们也要根据沟通对象对自己的评价期望调整自己的行为。只有不断调整自己的行为，双方才能建立心理相容的关系，否则就会出现人际冲突而导致关系破裂。行为层次是人际信息沟通的最高层次，它是以信息层次和情感层次为基础进行的。

**(二) 人际沟通的四个阶段**

从纵向看，人际信息沟通还可以划分为四个阶段，这四个阶段的连接，社会心理学称之为社会渗透过程。

**1. 定向阶段**

人们根据自己的价值观念、审美观念、需求和动机的心理定式选择沟通对象，双方有愿意接触的愿望，积极搜寻有关对方的信息。在这一阶段，双方仅掌握对方的外表、姓名、性别、工作单位、职务等基本背景材料，只做表面的或浅层的"自我暴露"，竭力掩饰自己的不足之处或可能引起对方反感之处，多少有点投其所好的意思（比如，初次约会对象的男青年都说自己不会吸烟，不会饮酒，双方的性情都显得比较温和，如果一方喜欢什么，再问对方，对方也会说喜欢）；如果双方互相感到满意，有继续相处的意思，信息沟通就进入下一阶段。

**2. 探索情感交换阶段**

在这一阶段，双方在基本背景信息的基础上，还有了工作信息的沟通或思想的互动，双方主动地暴露自己个性中较浅的东西，如兴趣、爱好、特长和一般思想。比起第一阶段，这时的话题和活动逐渐多起来，并摆脱了拘谨、刻板的局面，能够轻松、友好地互动。如果双方互相感到满意，就会有进一步了解的强烈愿望，沟通向深层次发展。

**3. 情感交换阶段**

在这一阶段，由于经常暴露有关"自我"的信息，自我开放区域明显增大，双方进行了较浓厚的感情交流，很少有保留地表现自己的个性，责任感大大增强，关系的危险度也随之增加。双方都能够较自由地相互赞许或批评对方的行为。这一阶段的人际关系的典型表现是朋友人际关系和恋爱人际关系。

**4. 稳定感情阶段**

在这一阶段，信息互动高度频繁，信息量剧增，沟通方式丰富多彩，"自我暴露"彻底，这一阶段的外部行为表现为相亲相爱、近距离交往等。由自由恋爱而发展的夫妻关系属于这一阶段的人际关系。

在上述四个阶段中，无论哪一阶段出现故障，都可能导致信息沟通的中断或人际关系的破裂。

## 第三节　人际沟通障碍及克服

### 一、地位障碍

社会地位不同的人通常具有不同的意识、价值观念和道德标准，从而造成沟通的困难。不同阶级的成员，对同一信息会有不同的甚至截然相反的认识。政治差别、宗教差别、职业差别等，也都可成为沟通障碍。不同党派的成员对同一政治事件往往持有不同的看法；不同宗教或教派的信徒，其观点和信仰迥异；职业的不同常常造成沟通的鸿沟——"隔行如隔山"；年龄也会构成沟通障碍，所谓"代沟"即为一例。

组织是一个多层次的结构，企业中一个普通下属可能常与同事、管理者进行交流。一般说来，组织规模越大，成员越多，处于中层地位的人员相互交流次数增加，而上下层地位的人员相互交流次数相应减少。尤其是管理者，常常因为自恃高明，听不得不同意见，独断专行，这就容易阻塞上下信息的交流渠道。下属怕得罪管理者，有问题往往不反映，或者报喜不报忧，结果造成信息虚假，影响企业的健康发展。

有效地预防与克服地位障碍，必须采取如下措施：

首先，充实与提高自身专业知识与技能，使自己更加符合组织发展的实际需要，得心应手地胜任本职工作，缩短与他人在专业技能和知识方面的差距。

其次，组织需要帮助员工熟悉自己所在岗位与职业角色的权利与义务、职业规范与道德规范，促使他们的行为举止与自己所担当的职业角色更合拍、更相称，充分认识自身地位，避免出现高估或低估自身能力。

再次，对员工个人进行人际交往能力培训。要帮助员工克服人际关系理想化的毛病，让他们充分认识到工作单位人际关系的复杂性，使其大胆进行人际交往，较快融入新单位、新集体，完成从陌生到熟悉的角色转变过程。

最后，组织内部同事之间需要相互关心，建立温暖的人际关系，使人们感受到组织的重视与信任。有效地消除他们的陌生感、恐惧感、孤独感，更快地接受新工作、新同事、新单位，避免地位障碍的发生。

### 二、组织结构障碍

组织结构障碍主要是指组织规模对沟通造成的障碍。组织结构障碍包括空间障碍及机构障碍。一般而言，企业的管理层次随着企业规模的扩大而增加，从而影响信息传递的质量和速度。信息传递的过程经历的层次和环节越多，失真的可能性就越大；机构障碍往往是由于机构设置不合理，规模臃肿，层次太多，从高层到低层或从低层到高层要经过太多的程序，容易造成信息走样和失去时效。同时，企业规模的扩大会带来一定的空间距离，由于空间距离造成的生疏必然反映到沟通上来。这就需要合理设置沟通途径，减少中间环节。

克服组织结构障碍的途径是优化沟通的渠道。在组织中，个人与个人间、群体与群体以及群体与个人间的沟通方式各不相同，而根据不同的划分标准，群体沟通又有不同的种类。不同的沟通方式适用于不同的组织和信息类型，如果信息沟通的渠道选择不当，必然会影响沟通的有效性。如对于涉及个人责任的重要决策，就需要以"白纸黑字"的形式传达，而要避免"口说无凭"造成的麻烦。因此，要优化沟通渠道，合理选择沟通方式，择优使用。其次，要重视沟通的方法，应该主动听取意见，善于聆听，与人沟通，不仅要会听，还得会说，会表达自己的意见。在表达自己的意见时，要诚恳谦虚。要充分利用反馈机制。如果要交代给别人做的事情，那么一定要让对方养成积极反馈的习惯。最后，要加强沟通中的信任度。信息在社会中的传播是通过独特的"信任"和"不信任"的"过滤器"进行的。如果没有信任，完全真实的信息可能变成不可接受的，而不真实的信息倒可能变成可接受的。一般来说，组织中只有受到下级高度信任的领导者发出的信息，才可能完全为下级所接受。

### 三、语言障碍

语言是最重要的沟通工具，但语言又是一种极复杂的工具，掌握运用语言的能力决不是一件轻而易举的事。由于语言方面的原因而引起的沟通麻烦到处可见。

（一）语音差异造成隔阂

中国地域辽阔，是个多民族的大家庭，许多民族有自己独特的民族语言，不同民族间的交流便面临着语言障碍。此外，现代汉语又可分北方话、吴语、湘语、赣语、客家话、闽北话、闽南话、粤语等八大方言区。每个地区方言还可分出大体上近似的一些地方方言。如闽南话又有厦门话、漳州话、泉州话之分。四川话"鞋子"，在北方人听来颇像"孩子"；广东人说"郊区"，北方人常常听成"娇妻"，等等，类似的沟通不畅之处很多。

（二）语义不明造成歧义

语义不明，就不能正确表达思想，不能成功地沟通。例如，某学生给学校领导写信："新学期以来，张老师对自己十分关心，一有进步就表扬自己。"校领导感到纳闷，这究竟是一封表扬信还是一封批评信？因为"自己"一词不知是指"老师自己"还是"学生自己"？幸好该校领导作风扎实，马上进行询问调查，才弄清这是一封表扬信，其中的"自己"乃是学生本人。

（三）专业术语和暗语会引起理解障碍

让外行人来听技术专家们的讨论会，会使人感到晦涩艰深，不知所云，主要的原因就在于专业术语会对外行人构成理解障碍。反过来，如果让技术专家们到农村的骡马市上去听农民们在交易牲口时的"行话"，同样也会让他们困惑不解，如坠五里雾中。

在由越轨行为构成的亚文化群中，如犯人、土匪、乞丐、赌徒、娼妓等，其暗语也让该文化以外的人难以理解。例如在窃贼文化中，"钳子"指手指；"生锈"意不能扒窃；"平顶山"指警察的大盖帽；"啃干骨头"指撬门；"抓耗子"指扒火车行窃等。

克服语言障碍首先要做到不做令人生厌的说话人，避免出现言语粗俗、好为人师、不良习惯、啰啰嗦嗦、自说自话、固执己见等情况的出现。其次，不要带感情色彩听话、说话时心不在焉、随意插话、轻视他人、交头接耳。最后也是最基本的，掌握实用的语音知识，上口练说，积极参加艺术语言的实践活动。

### 四、心理障碍

人际关系是一种建立在心理接触基础上的社会关系。所以，在影响人际关系的因素中，心理障碍产生的影响更大，也更加直接。凡是影响人际交往的心理因素，都在心理障碍之列。

1. 自负

只关心个人需要，强调自己的感受，在人际交往中表现为目中无人。

2. 忌妒

忌妒是对与自己有联系的、而强过自己的人的一种不服、不悦、失落、仇视，甚至带有某种破坏性的危险情感，是通过把自己与他人进行对比，而产生的一种消极心态。

3. 多疑

具有多疑心理的人，往往先在主观上设定他人对自己不满，然后在生活中寻找证据。

4. 自卑

自卑的浅层感受是别人看不起自己，而深层的理解是自己看不起自己，即缺乏自信。

5. 干涉

有的人在相处中，偏偏喜欢询问、打听、传播他人的私事，这种人热衷于探听别人的情况，并不一定有什么实际目的，仅仅是以刺探别人隐私而沾沾自喜的低层次的心理满足而已。

6. 羞怯

羞怯心理是绝大多数人都会有的一种心理。具有这种心理的人，往往在交际场所或大庭广众之下，羞于启齿或害怕见人。

7. 敌视

这是交际中比较严重的一种心理障碍。这种人总是以仇视的目光对待别人。对不如自己的人以不宽容表示敌视；对比自己厉害的人用敢怒不敢言的方式表示敌视；对处境与己类似的人则用攻击、中伤的方式表示敌视。

表达心理情绪固然很重要，但更重要的是对心理加以合理调整。生活中常可以看到有的人总是和颜悦色，而有的人动辄大发雷霆。因此，应该学会对心理情绪的调整。其方法有：（1）合理认知。一是学会弹性思维，无论对自己还是对别人，都不应该要求必须怎样或者应该怎样，不应绝对认为某事非此即彼，要有一定的伸缩度。二是学会辩证的思维，全面地客观地看待任何事物的发生。（2）积极行动。一是倾诉法。将自己的痛苦烦恼向亲朋好友倾诉，或者写日记向自己倾诉，或者找专业的心理咨询人员咨询。二是发泄法，就是将自己的情绪通过适当的方式发泄出来。三是转移法。当情绪不佳时，转移自己的注意力。四是放松法。感到紧张，焦虑时，可采用放松的方法来调节自己的情绪。（3）言语暗示。言语暗示就是运用内部语言或书面语言的方式来自我调节情绪的方式。暗示对人的情绪乃至行为有奇妙的影响，积极的暗示可以减轻不良情绪的困扰，还可以激励自己。

### 五、文化障碍

文化障碍包括风俗习惯，是在一定文化历史背景下形成的具有固定特点的调整人际关系的社会因素，如道德习惯、礼节审美传统等。习俗世代相传，是经长期重复出现而约定俗成的习惯，虽然不具有法一般的强制力，但通过家族、邻里、亲朋的舆论监督，往往迫使人们入乡随俗，即使圣贤也莫能例外。忽视习俗因素而遭致沟通失败的事例屡见不鲜。

（一）不同的礼节习俗带来的误解

例如，一位保加利亚籍的主妇招待美籍丈夫的朋友吃晚饭。在保加利亚，如果女主人没让客人吃饱，那是件很丢脸的事。因此，当客人吃完盘里的食品之后，这位主妇照例要为客人再添一盘。客人里正巧有一位亚洲留学生。在他的国度里，宁可撑死也不能以吃不下去来侮辱女主人。于是，他接受了第二盘，紧接着是艰难的第三盘。女主人忧心忡忡地准备了第四盘。结果，在吃这一盘的时候，那位亚洲留学生竟撑得摔倒在地上。

（二）不同的审美习俗带来的冲突

例如，一位英国男青年邀一位中国女青年出游。为了取悦女友，他特地买了一束洁白的菊花带到她家，不料女青年的父亲一见便勃然大怒，结果他被轰了出去，却不知道祸因所在。在英国男青年看来，白色象征纯洁无瑕，他选择白色的花完全是一片好意，他压根也不会想到，在中国，白色的花是吊唁死者用的，只有在那样的场合才是美的象征。现在他将白花送给活人，在中国父亲看来，那是在诅咒他短寿，当然是不能容忍的。

（三）不同的时空习俗带来的麻烦

例如，北美人与拉丁美洲人在交谈时就有不同的空间要求。在北美洲，如果谈话内容是业务联系，那么，双方之间的合适距离大约是2英尺。这种距离在鸡尾酒会那样的社交场合会缩短，但任何时候，如果近到8～10英寸，就会使北美人感觉不舒服。对拉丁美洲人来说，2英尺距离显得太冷淡、太不友好了。于是，他会主动接近谈话对象，甚至无视北美人设置的"禁区"。拉丁美洲人如果把身子探过桌子与北美人交谈，这样的空间处理方式常常会引起紧张。

各民族间风俗习惯的差异是客观存在的，在人际沟通中必须注意了解和尊重对方的风俗习惯。为了解决或避免文化水平的差异所造成的信息沟通障碍，在选拔下属时对文化程度应该有一定的要求，尽量使交流的内容适合对方的思想水平和文化水平，使之充分了解交流的内容。

# 第四节　人际冲突及解决模式

## 一、人际冲突

### (一) 人际冲突的本质

冲突通常不仅存在于人类社会，也存在于一般动物界，而且几乎贯穿于一切事件和活动过程之中，显示出极大的复杂性。正因为如此，不同的学者因研究视角的不同，对冲突概念的理解自然也存在较大差异。美国社会学家特纳曾指出："使我一直深感不解的是，冲突论中一个争论最大的问题竟是冲突的定义问题！"为研究的方便，本节所提的冲突仅限于人际冲突。

1. 心理学的观点。在心理学家的眼里，人际冲突"是指两个或两个以上的需要同时存在而又处于矛盾中的一种心理状态。""是同时出现两个（或数个）彼此对立或互不相容的冲突、动机、欲望或目标时，个体无法使之均获满足时，但又不愿将其中部分放弃的心理失衡现象。""是个体由于不兼容的目标、认识或情感而引起的相互作用的一种紧张状态。""是人与人或群体与群体之间为了某种目标或价值观念而相互斗争、压制、破坏甚至消灭对方的方式或过程。"可见，心理学家主要从人们的动机、欲望、需要等方面来关注冲突问题，除了像社会学家一样强调目标（或需要）的不相容性以外，更关注个人的心理体验，即处于矛盾中的"心理状态"。这不单涉及直接的公开的斗争，也涉及内隐的、非公开的冲突；不仅包括外部冲突，更关注内部冲突；不但强调对有限资源等的争夺，更强调人们认知、情感等方面的原因。总体上看，心理学家要比社会学家的概念范畴更为宽泛。

2. 社会学的观点。在社会学家的眼里，一般认为，人际冲突"是指各派之间直接的和公开的旨在遏制各自对手并实现自己目的的互动。""作为合作的对立面，冲突是针对珍稀物品或价值的斗争。为了达到所向往的目标，打败对手是必要的。冲突的根源在于利益和有价值物是有限的，个人在追求这些稀缺资源时必须竞争，为了满足自己的愿望，每个人都尽力去征服别人。""冲突是人与人、群体与群体之间激烈对立的社会互动方式和过程。冲突是人们之间的一种直接的反对关系。"不难看出，社会学家倾向于把冲突限定于一个较为狭隘的范围内，强调冲突主体间的对立性、冲突的公开性、目标的不相容性以及后果的消极性等。尽管社会冲突理论学派业已认识到冲突的正功能，但大多还是把冲突作为"合作的对立面"来看待的。

3. 组织行为学的观点。组织行为学家在研究冲突现象时，强调冲突的不可避免性，突出冲突的广泛性。他们认为，冲突"可以定义为一种过程，这种过程肇始于一方感觉到另一方对自己关心的事情产生消极影响或将要产生消极影响。""是一方（个体或团体）感觉自己的利益受到另一方的反对或消极影响的过程。""是对立双方在资源匮乏时出现阻挠行为并被知觉到的矛盾。"应当说，组织行为学家抓住了冲突的过程性特征，即从冲突主体觉察到冲突的存在，一直到冲突结束的整个过程，认识到在冲突问题上，作为矛盾的双方，处于现代组织系统中的人们，常常是一种"既对立又统一"的关系。①

作者认为人际冲突是指两个个体相互作用时导致的冲突。人际交往主体之间的互动方式是多种多样的，有人际合作、人际冲突、利他和侵犯等，人际冲突是人际互动的一种重要方式。

（二）人际冲突的模式

1. 目标冲突

两个或两个以上的目标不相容，也就是当个体或群体所追求的目标与其他群体或个体所追求的目标不同时，在追求过程中所发生的摩擦，是由于不一致的偏好引起的。

目标冲突可以通过设定优先次序的方式得到解决。你必须做出决定：对于当前来说，哪些目标是最重要的。②

有些冲突似乎很容易得到解决。比如说，如果一个人感觉自己并没有真正重视那些自己长时间以来一直珍视的梦想，他很可能会立即意识到自己一直把其他目标放到了优先位置——显然，他以前并没有面对现实。

有些冲突解决起来可能会有些困难。当你必须要面对两个相互冲突的目标做出决定的时候，请记住：你随时可以调整自己的优先次序。你只是把自己的目标写在纸上而已——并不是刻在大理石上。

如果你不愿意把某个目标（比如说，重新回到学校）放到比较优先的位置上，或者是把另外一个目标（比如说用更多时间陪伴家人）放到次要位置，那么你可以考虑把两个目标放到同样重要的位置。即便你在一个目标上花的时间比另一个目标多了两个小时，你仍然可以告诉自己这两个目标的位置是相同的。即便两个目标彼此矛盾，或者需要在同一个时间段内完成，你也可以从容地放弃其中一个——当然，只是暂时放弃而已。等到下个星期，或者是来年的时候，你又可以选择给予这个目标更多重视。

2. 认知冲突

当个体或群体在观念或意见上与其他个体或群体不同时，表现在认知上的冲突，是由不一致的思想引起的。如果原有的认知结构能顺利同化新知识或解释新情境，则认知主体就处于认知平衡状态；如果原有的认知结构不能同化新知识或解释新情境，认知主体就会产生认知冲突了。

举个例子，给刚学生物学的初中生介绍植物的器官时，跟他们说竹鞭（长在地下的）和我们常吃的土豆（也称马铃薯，也是长在地下的）都属于植物的茎，许多学生就会感到诧异。因为大多数初中生原有认知结构中都认为，茎是长在地上的，根是长在地下的。根据这种原有认知结构就不能同化这里的新知识，就会产生认知冲突，也就使学生表现出诧异了。

3. 情感冲突

这是意见或观念上的差异，个体或群体在情感、动机或态度上与其他群体不同时所产生的冲突，由于不一致的情感引起。例如，我们偶尔在商店会碰到，个别顾客冲着售货员

① 侯立志．某国有企业内部人际冲突与管理研究．北京：北京邮电大学，2008.
② 阿兰·拉金，刘祥亚．如何掌控自己的时间和生活．北京：金城出版社，2007.

就出售的货物质量或其他的原因而发生争执，大发脾气，售货员觉得不是自己的问题而往往试图解释，而客户却根本听不进去，不但要求退货，而且继续大吵大闹，有时甚至双方会发生激烈的口角。我们也会遇到这种情况，你的谈判对手刚刚做了一笔漂亮的生意，或者摸彩中了头奖，使他在谈判中不禁喜形于色。对方高昂的情绪可能就使得谈判非常顺利，很快达成协议。然而，你会碰到个别不如意的对手，情绪低落，甚至对你可能大发雷霆。情感冲突一定有其产生此种情感的背景事件，有时找到了背景事件并很好的解决，就能缓解情感冲突。

4. 程序冲突

如果问题是程序化的，组织就将依赖以前的程序和惯例。规则和程序避免了组织新的管理者联合团队和政策磋商的需要。然而，对程序的看法不同，所产生的认知偏差就会导致程序冲突。程序冲突主要是人们对过程不一致的看法引起的。

**二、冲突解决模式**

我们大家在人际沟通中时常面临着冲突。有时，冲突毁掉一种相互关系；有时，如果当事者能够解决它，这种相互关系会变得更密切。

当两个人处在冲突中，并且认定回避和攻击不能解决任何问题时，留给他们的选择就是解决冲突（Conflict Resolution）——协商找到一种解决冲突的办法。出现冲突是因为两个人没有一致的目标。通过谈判，两个人设法找到怎样才能使双方都达到目的的途径。为了使谈判成功，双方都必须满意，并且感觉到他们已经从冲突中解脱出来了。这通常被称为"双赢"谈判（Win-Win Negotiating）。

该领域中一位叫戴博拉·哈特费尔德的研究者，提出了解决冲突的一个有用模式。在这个模式中，每一个人都在自身内考虑这种冲突，然后冲突各方到一起共同解决这个问题。

在第一阶段，自身评价，每一个人都独自分析这个问题。这种分析通过一系列的提问来完成：我对这个问题感觉怎样？我怎样描述他人的行为？事实是什么？

不把推断与事实混淆起来是重要的，例如，如果有一个不整洁的室友，事实可能是他不收拾自己的衣服，一种推断可能是他试图通过不挂起衣服来激怒你。在整个自身评价过程中，描述而不是判断对方的行为是重要的。

在第二阶段，冲突双方一起对"人际"这个词做出定义。双方都认为存在问题以及确定它是什么是很重要的。冲突中的双方常常不能以同样的眼光看问题，事实上，其中一人甚至可能认为不存在问题。所以，在这个阶段，每一个人都要仔细地倾听。为了帮助倾听，每一个人通过释义所说的内容来检查自己所听到的内容的准确性是有用的，对情感也同样如此。由于冲突中的情感是强烈的，每一方都表达自己的情感，以及通过设法解释对方的情感来肯定自己在准确地倾听是很重要的。然后，每一个人都有必要描述对方的行为。在这个阶段的结尾，双方应该对这个问题的事实取得一致。

在第三阶段，双方应该讨论共同的目标。依然要集中于这个问题，每个人都应该问："我的需要和期望是什么？"和"你的需要和期望是什么？"。然后，应该着手确定双方的需要和目标是否重叠。让我们来看一看整洁的室友和不整洁的室友。整洁的室友要把东西收拾起来和把盘子洗好，不整洁的室友痛恨做家务和不介意公寓是否整齐，这样，在做家务上他们的目标不一致。但是，他们彼此喜欢，并且愿意共处一个公寓，每一个人也在乎对方是否高兴，在这种情况下他们找到了一些共同目标。

在第四阶段，双方必须对于问题提出可能的解决办法。在这个阶段上，列出一个尽可能长的清单是有用的。然后，每一个人都删除自认为不可接受的办法。一方的清单可能是：每周打扫一次公寓，花钱雇某人来打扫公寓，搬出去。另一方的清单可能是：一个月打扫一次公寓，用纸盘和塑料杯，只吃快餐。

当室友们相互看了解决问题的清单时，他们都确信有些项目不能承受。谁也没有能力花钱雇人来打扫卫生，并且他们认为一次性盘子对环境有害。其中一个人也说真的不想搬出去，另一个人承认总吃快餐没有什么意思。

在第五阶段，双方进入到针对解决办法来估量目标的阶段。由于想住在一起，并且要使每个人都高兴，他们的任务是选择一种或几种将有助于达成目标的解决办法。看一看清单，他们发现仅保留了两条："一周打扫一次公寓"和"一个月打扫一次公寓"。在这个阶段上，一些妥协是不可避免的。在这种特定的情况下，他们决定每两星期彻底打扫一次公寓。整洁的室友也同意不再唠叨，而不整洁的室友同意收拾在公共生活区中的东西。这些解决办法可能对每一方都不是完全满意，但它们是双方希望能住在一起的一种妥协。谈判者会把这标定为一种双赢解决办法。

当双方都知道怎样与对方沟通时，绝大多数相互关系能够得到改善。冲突出现在所有的相互关系中，冲突解决状况决定双方共同获得满足和快乐。

什么是有效的相互关系呢？它是存在亲密和自我坦露的相互关系。当你把发生在自己身上的好事情留着告诉给对方时，那就是一种良好的相互关系。它是一种你们能够共享所感受的好事和坏事的关系，它是一种你们能够解决问题，并且因为解决了它而快乐的伙伴关系。最重要的是，相互关系是你和对方最接近于作为真正自我的心理空间。它可能出现在婚姻伙伴身上、最好的朋友身上，或者父母及孩子身上。为了使自己快乐，它出现在某人身上是重要的。

## 第五节　人际沟通的基本技巧

曾仕强在《圆通的人际关系》中指出人际关系的建立技巧可以简化为十大要领，分别是一表人才、两套西装、三杯酒量、四圈麻将、五方交游、六出祁山、七术打马、八口吹牛、九分努力、十分忍耐。十个要领可以归纳成五个方面：人际关系的起点、人际关系的媒介、人际关系的交往、人际关系的技巧、人际关系的修养。仔细分析看来，人际沟通的基本技巧包括以下几个方面。

### 一、尊重他人

尊重每一个人，首先需要学会倾听。倾听是一个能动性的过程，是一个对感知到的信息经过加工处理后能动地反映自己思想的过程。这个过程可以分为感知信息、选择信息、组织信息、解释或理解信息以及反映或行动等五个阶段。当一个人情绪低落和烦躁不安时，倾听的效果自然不好。良好的精神状态要求注意力集中。要在长时间内保持注意力高度集中是不容易的，但是如果注意力不集中，错过了某个关键内容或要点就可能影响倾听效果，甚至产生误解。

其次，不要打断说话人谈话。倾听者对说话者所抱的态度要大度，不应挑剔对方的错误，不应打断对方的讲话，应尽力思考对方说话的意思，而不是只想如何反驳的理由，要努力思考从对方身上学到的东西。

再次，培养倾听的兴趣，询问说话者感兴趣的问题。如果倾听者以良好的精神状态、开放的心胸和积极地态度去倾听，就不仅能够倾听到对方所表达的内容和观点，而且能够很容易地跟上说话者的节奏。只要倾听者培养了对倾听的兴趣，就能够从倾听过程中学到很多东西。

最后，建立清晰、友好的交谈环境。根据谈话内容及谈话性质，合理确定谈话时间，选择谈话场所，调整自己的心理状态，确保谈话能够在不受外界非必要干扰的情况下进行，并使得双方有一个好的沟通氛围。

## 二、注重外表

"爱美之心，人皆有之"，美的外貌产生较强的首因效应，会给人们留下良好的第一印象。人们在交往中通过对他人的相貌、身高、风度等因素的观察来决定对其的好恶。外貌漂亮的人较相貌平平的人在交往初期更具吸引力，因为美貌可以使人感到轻松愉快，容易使人联想到其他好的品质。因此，在人际沟通中应当以最佳外表出现在沟通场合，杜绝衣冠不整，同时整理好自己的心情与仪表。但需要注意的一点，随着交往的深入，外貌的吸引力会越来越小。

## 三、注重交际礼仪

对人有礼貌，不见得马上有实际的效益。有些人急功近利，认为有没有礼貌，人家又不能把我怎样，何必约束自己，处处讲求礼貌。有些人注重形式化的礼貌，却丝毫不关心人，令人觉得此人很虚伪。但在中国这样的礼仪之邦沟通谈判时，注重交际礼仪能帮助你深入谈话情境中。你与陌生人见面时，要看着对方的眼睛，并对他们微笑。养成好的握手习惯，并经常使用它。留意沟通礼仪，特别是电子通讯礼仪。最真诚的慷慨就是欣赏，在沟通中要谦虚待人、大度倾听，记住并使用人们的名字、理解并欣赏人们的性格差异会让说话者感到你认真沟通倾听的态度，促使沟通顺利进行。

## 四、赢得他人尊重

你越尊重别人，别人就越尊重你。你对自己的尊重会为你赢得你所认识的人的尊重。人与人之间要相互尊重才能产生信任，在尊重的基础上知己知彼才能立于不败之地，这是千古不变的道理。但是，要求不败，除了自尊之外，还要赢得他人的尊重，人唯有尊重他人，才能尊重自己，才能赢得他人对自己的尊重。尊重他人不仅仅是一种态度，也是一种能力和美德，它需要设身处地为他人着想，给别人面子，维护他人的尊严。1960年当选牛津大学校长的英国前首相哈罗德·麦克米伦曾提出过人际交往的四点建议：（1）尽量让别人正确；(2) 选择"仁厚"而非"正确"；(3) 把批评转变为容忍和尊重；(4) 避免吹毛求疵。这些建议可以说都是围绕着"尊重"提出来的。在某种意义上，不加掩饰、直接表露或宣泄是无能、自私的错误表现，它只会恶化事端，造成大家都不愉快的结局。掩饰并非虚伪和造作，只是选择适当的语言和时机做适当的事情；相反，没有任何掩饰的人必然不能与其他人愉快和睦地相处。不要不顾别人的感受对他人的缺点大肆批评，也不要用尖刻的语言去伤害他人，不要取笑他人或是对别人感到不屑，这些都是对他人不尊重的表现，是你与他人愉快沟通交流的一大障碍。因此，促使良好的沟通持续稳定地进行必须使谈话双方逐渐赢得对方的尊重，在此基础上实现良好的沟通。

### 五、尊重自己

如果你不尊重自己，你就不会尊重其他任何人。在对你真正重要的方面为自己订立目标。人的成功是建立自尊的关键。一个没有自尊的人，也很难得到别人的尊重。无论是自己对自己价值的肯定，还是他人对我们价值的肯定，自尊与被人尊重，都是快乐的。自尊既不向别人卑躬屈膝，也不允许别人歧视、侮辱。这是为说话者提供平等谈话的平台和基础。

## 关 键 概 念

人际关系　　人际沟通行为障碍　　人际沟通　　人际冲突

## 复习思考题

1. 说说你对人际冲突的认识。
2. 如何更好地进行人际沟通？
3. 人际沟通中的障碍有哪些？
4. 人际沟通基本技巧有哪些？

# 第四章 团队沟通

**本章学习掌握要点：**

● 团队沟通的基本作用

● 影响团队沟通效果的障碍及其原因

● 团队沟通的关键因素

● 分析与评估团队沟通的方法

● 团队沟通的有效策略

早在 1954 年，管理大师彼得·德鲁克就开始提倡团队的观念。他指出，随着知识工作者增多而带来的问题已经成为了 21 世纪管理的挑战，在信息爆炸时代，对管理者而言，要对需要完成工作的方方面面都了如指掌已经变得越来越难。因此，知识型的工作越来越倾向于通过团队合作的方式完成。随着团队模式的广泛应用，组织面临的最重要的问题之一就是探讨影响团队绩效的因素及其内在作用机制。团队沟通正是影响团队合作成功的关键因素之一。

## 第一节　团队沟通的概念和作用

团队是指将不同专业技能不断进行整合以实现预定目标的一群人。团队具有内在的悖论性，这是由于团队由成员组成，因此团队包含着存在于共同体之中的相互矛盾和对立的情感、思想和行为。团队工作本身就是一个悖论，因为它包括一些明显的矛盾因素，而每个因素又是正确的。团队工作既需要成员具有不同的特点，同时又把成员整合成一个工作群体。成员在知识、技能、经验、观点等方面具有差异性，这一点是非常明显的。没有这些差异性，团队的任务是不可能完成的。然而，需要把具有不同特点的成员整合成一个群体，像一个人在做事那样，才能完成工作任务。虽然这看似矛盾，实际上是能站得住脚的：团队工作的悖论就是在保持差异性与整合差异性之间寻求平衡。这平衡的寻找有赖于团队沟通。

### 一、团队沟通的概念

团队沟通，就是出于共同的工作目标而组成的团队成员之间凭借一定形式的媒介，共同分享信息、情感、意见、评价、思想、事实等，相互影响从而有利于团队任务完成的互动过程。这里的团队沟通是指为了达到团队目标而进行的所有沟通行为和过程。如果沟通的目的不是为了完成团队既定的目标，比如说仅仅为了加强两个人之间的关系，就不属于团队沟通的范畴，而是属于纯粹私人沟通。但是，如果说这两个人是为了完成团队目标而加强交流，这样的沟通就属于团队沟通。

团队沟通的目的就是提高团队的工作效率。团队沟通是一个行为过程，它包括：

（1）信息，也就是要传递的东西，如情感、意见、评价、思想、事实等。

（2）沟通主体，即信息发送者和信息接受者，二者缺一不可，例如自言自语就构不成沟通。

（3）沟通载体，就是发送者向接受者传递信息的媒介，如面谈、写信、电话、网络及其他工具等。

### 二、团队沟通的重要性

对于有效的团队来说，成功的关键因素是：清晰的方向、明确的目标、融洽的人际关系、统一的工作流程、团队责任感、充足的资源、准确的信息以及适当的培训和报酬①。沟通在团队工作中发挥着重要作用。它可以反映人们的思想和感情，甚至隐藏的思想和感情。通过沟通，双方可以产生新的观点和思想，在其他方面的交流也有利于促进或加强相互间的关系，有利于问题的解决和相互间的学习。具体地说，团队沟通起着非常重要的作用：

第一，通过团队沟通，可以提升团队精神，增强团队目标的导向性和凝聚力，促进成员对企业精神和文化的理解与共识，认同企业共同的使命，完成团队的共同愿景。

第二，通过团队沟通，可以激励成员，振奋士气，提高工作效率。在团队的沟通中，成员们了解团队的现存问题、工作业务的进展情况，可以积极提出自己的看法主张，使得成员对团队工作的满意度提高，从而激发他们的工作积极性和创造性。

第三，通过团队沟通，可以建立良好的人际关系和团队氛围。良好的沟通可以减少团队内的冲突和摩擦，促进成员之间以及与管理层之间的和谐与信任，相互促进，相互体谅，紧密合作，最终达到整体目标优化的效果，提高团队效率。

第四，通过团队沟通，有利于管理者做出正确的决策。在沟通中，成员们可以集思广益，收集大量的信息情报，在思想的碰撞中，说不定会产生新的火花，激发成员们的创新思维，为管理者和成员决策提供参考。有效的沟通，可以减少决策的成本，在一定程度上使团队规避风险。

综上所述，团队沟通对于产生团队动力起到巨大的作用，图4-1描绘了组织机构、个人、团队和沟通之间的关系。

---

① Hackman J. R. The design of work teams. In Lorsch J. W. （Ed.），*Handbook of Organizational Behavior*. Englewood Cliffs, NJ: Prentice-Hall. 1987, 315-342.

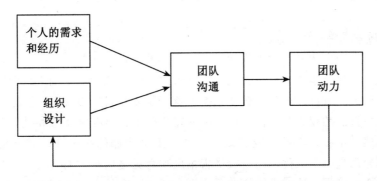

图 4-1 组织机构、团队和沟通之间的互相影响关系

## 第二节　团队沟通的障碍及原因

### 一、团队沟通的障碍

#### （一）沟通渠道不畅通

在团队工作中，成员们能否获得准确而全面的信息，取决于很多因素，如信息的清晰度、沟通背景、沟通渠道、沟通方式等，但其中很重要的一个方面，就是沟通渠道。成员们获得信息的程度，则取决于沟通渠道是否畅通，即通过企业团队现有的沟通渠道，是否可以让成员们充分表达自己的思想、主张、意见或建议。我国的企业团队存在明显的问题，表现为：

1. 团队沟通正式渠道使用较多，缺乏对非正式渠道的引导。

在团队中，由管理者所设计和安排，与企业的组织和管理结构相对应的一些沟通渠道就是正式渠道，是团队沟通的主要渠道。但是，企业团队过多使用正式渠道，会使得团队比较刻板，增大沟通压力，同时也会使一部分信息被过滤。非正式沟通渠道，就是以社会关系为基础，与企业组织和管理结构无关的沟通渠道。非正式渠道可以弥补正式渠道的不足，在一定程度上可以满足成员的心理需求，减轻沟通双方的压力，避免正式场合的拘束感和谨慎感。非正式渠道不是由管理者建立的，管理者一般很难控制。但是，非正式渠道无所谓好坏，关键是看管理者如何引导。我国的企业团队缺乏对非正式渠道的引导，就很有可能导致信息的失真和被曲解，小道消息横飞，在团队中形成小团体、小圈子，影响人心和团队的凝聚力。

2. 多采用传统渠道，缺乏创新性渠道。

目前大多数企业团队沟通还停留在指示、布告栏、汇报和会议这些传统的沟通渠道上，团队正式沟通渠道主要是会议。这些传统的渠道不能适应社会经济和科技的发展、团队成员的心理结构以及需求的层次变化，企业未能加强对创新性渠道的运用，忽视现代化的沟通工具和沟通模式，缺乏因人制宜、因时制宜，不但使沟通费时、费力、效率低下，也导致了企业成员的精神需求不能得到充分的满足，员工满意度不高，甚至产生离职倾向。

（二）沟通方式单一化

管理者偏重于向下沟通，向上沟通少，向下沟通多。

向上沟通，主要是指团队成员通过一定的渠道与管理决策层之间进行信息的交流。我国企业团队沟通中，成员往往处于被动状态，首先是领导者不重视上行沟通，认为上行沟通有可能会挑战自己的权力和威信，所以在一定程度上甚至非常反感和抵触上行沟通，导致上行沟通的渠道不畅。其次，成员缺乏主动与上级沟通的积极性。成员与管理者的交流，很大一部分都是由上级提出的，成员害怕反映意见之后被"穿小鞋"，受到领导的打击报复，产生心理障碍，造成上下级关系疏远。还有，在员工给管理者汇报工作时，因为特殊的心理因素，如为了给上级留下好的印象，会选择报喜不报忧，剔除对自己不利的方面，从而使信息被过滤，导致失真，管理者不能全面了解下情，影响决策。

向下沟通，主要是管理者自上而下传送各种指令、指示及政策等给团队成员。在下行沟通中，管理者对于一些政策、规章、程序的下达，只是简单地要求成员执行，缺乏必要的解释，对成员的反馈没有给予足够的重视，成员没有机会反映他们对所接收信息的理解，很有可能导致员工在信息理解上出现偏差，而管理者也会在成员中形成高高在上、独裁专横的印象，使成员们产生心理抵触情绪，影响团队士气。

（三）严重忽略团队的发展战略沟通

目前很多企业团队都严重忽略了关于团队发展战略的沟通，不重视与自己的成员分享团队的发展战略。团队的发展战略，是团队长期的、全局的重大决策，指导和规范团队决策管理和日常操作业务管理。没有发展战略的团队，是短视的团队。团队发展战略的制定，并不是凭空想像的，而是成员们在收集和整合信息的过程中制定的，而且需要团队成员的一致认同，才能贯彻下去，否则就是一纸空文。也就是说，沟通是团队发展战略必不可少的，贯穿于团队发展战略制定和实施的整个过程。所以说，忽略发展战略沟通的团队，是不可能有强大生命力的团队。

（四）忽视团队成员的情感沟通

很多企业团队仅仅注重日常业务的沟通，往往对员工的精神生活不够关注，缺乏对团队成员的情感沟通。人是有着丰富感情的高级动物，情绪和情感是人精神生活的核心部分，人都有交流感情和表达情绪的心理需求。很多企业团队仅仅看到物质财富对成员的激励作用，却忽视了成员们的情感需求。在成员之间和管理者与成员之间进行思想上沟通和情感交流是十分必要的。如果成员们的情感需求得不到满足，不但会使人际工作环境变得恶劣，还会极大地降低团队员工的工作热情和绩效。

**二、产生沟通障碍的原因**

（一）管理者的自身原因

管理者作为团队管理活动的主要执行者与参与者，在团队沟通中占据主导地位。

首先，管理者的沟通意识，直接关系到团队沟通是否能有效开展；管理者的沟通方式直接影响着团队沟通的效果。大多数管理者都认为有效的团队沟通会提升团队绩效，已经认识到了团队沟通的重要性。但是在实际的工作中，管理者仍然受到传统的因素影响，在与成员的沟通过程中仍带有权威主义的色彩，再加上中国长期以来的"官本位"思想的影响，大部分的管理者都缺乏民主意识，等级观念强，官僚作风明显，往往以自我为中心，而不是从对方和全局的立场出发看问题，在与成员的交流过程中只根据个人的好恶来判断工作的是与非，对人不对事。多采取自上而下的指示、交代和下达指令，没有形成真正的平等交流，不懂得尊重、理解、关心成员。同时，为了维护自己的权威和影响力，很多时候不愿放下架子去主动聆听成员的意见，甚至有的时候还怕团队成员锋芒毕露而显示自己的不足，严重影响自己的权威。

其次是管理者缺乏沟通技能。沟通能力是已经成为管理者必需的主要能力之一，有效的沟通技巧也是管理者所必备的管理素质。过去六年中对我国 7000 多名企业管理人员进行的管理才能评定测试显示，我国经理人的行政能力明显高于欧美，而沟通技能却远远不如欧美[1]。管理者的文化知识水平、知识专业背景、语言表达能力和团队角色认知等因素直接影响和制约沟通的进行。在实际的工作中，管理者形成了一些与成员沟通的方式和习惯，但是很少考虑过这些方式与习惯是否恰当，是否需要改进或者存在更加有效的方式。不注重员工的反馈，甚至也不清楚信息是否被完整有效地接收。管理者由于缺乏一定的沟通技巧，在与成员的交流中，很容易造成信息被过滤和曲解。

（二）团队成员自身的原因

首先，位差效应的影响。所谓位差效应，是指由于地位级别的不同使人形成上位心理与下位心理，具有上位心理的人因比别人高的层次具有优越感，而具有下位心理的人因处在比别人低的层次而有某种自卑感。位差效应在团队成员间的交流和沟通过程中是客观存在的，对成员的心理影响既有有利的一面也有不利的一面。成员们之所以缺乏主动与管理者沟通的积极性，很大程度上就是位差效应的影响。成员们过分看重自己与管理者之间的社会角色的不同，认为管理者处于优势地位，就会产生自卑感，在与管理者的沟通交流中谨小慎微，对管理者也多采用迎合顺从的态度。

其次，传统儒家思想的影响。"万事和为贵"以及"中庸"的思想影响着很多中国人的处事思维和行为方式，成员们为了保持良好的人际关系或者表示对管理者的尊重敬畏，大多数成员并不愿意主动向管理者和其他成员提出反对意见，习惯于比较婉转含蓄地表达自己的意见和意图，而万一这些意图被误解、忽视，又会产生挫折感。

最后，规避风险的考虑。成员认为主动与其他成员或管理者提出自己的观点、意见，会承担一定的风险，比如被其他成员嘲笑和触怒管理者，说不定会受到同事的排挤或管理者的打击报复，所以，为了规避风险，很多成员选择沉默。

（三）缺乏开放沟通的企业文化

企业文化是企业经营管理过程中提倡或形成的独特价值观和行为规范。

---

① 柳兴国，张咏梅. 基于期望理论的团队沟通模型及满意评价研究. 广西社会科学，2007（10）：158-159.

一方面，企业文化离不开沟通，企业文化的形成发展，既是沟通的手段、目标和结果，又是沟通的环境和背景。企业文化必须借助沟通才能被所有的成员理解和接受，进而认同和执行。如果缺乏有效的沟通，企业文化就不可能被成员们深刻理解，所谓的企业使命、经营哲学、企业价值观等都只能成为空话。

另一方面，任何团队的沟通，都是在一定文化背景下进行的，企业文化对团队的沟通方式有着重大的影响。一个封闭的缺乏沟通的企业文化，不利于创造良好的沟通氛围。在封闭的缺乏沟通的企业文化类型中，信息是不对称的，而且人们获取信息的能力也是有差异的，这会导致信息掌握在一部分人手里，成了稀缺资源。这样的话，信息就意味着某种权利，谁掌握了信息，谁就掌握了沟通的主动权，因此，不管是成员还是管理者，在这种组织文化的影响下，出于个人的利益，会有选择地过滤信息，信息的沟通效率下降，导致团队决策获取必要信息的成本增大，甚至引发团队冲突，给团队发展带来危害。

## 第三节　团队沟通的分析和评估

### 一、团队沟通的关键因素

团队沟通中反复运用的字词、句子和句型能使人感受到成员对于彼此工作的看法。有时在交谈中，听者往往不考虑听到的内容，甚至也不明白意思，但却能形成一致的看法。为了更系统地分析团队问题，我们将影响团队沟通的关键因素总结如下：

（一）认同感：认同什么样的团队成员身份

团队中的每个成员都强烈认同自己原来的职能小组，然而团队的共同目标则给他们确立了一个新的共同"身份"，这与他们在原来工作小组中的职能身份不同。

组织群体提供成员一种共同的身份。从这一共同身份出发，小组成员培养出共同的价值观和相似的行为模式。尤其是对专业人员来讲，团队面临的挑战是如何处理多重身份的问题。专业人员往往强烈地认同自己的职能（及职能部门），他们的价值观、谈吐和行为模式都不相同，对跨职能的团队任务的理解也不同。另一方面，团队任务需要建立一个新的工作组，赋予每位成员新的共同身份。

在团队成员的互动过程中，真正团队的成员对团队及其他团队成员至少要表现出对各自的职能部门相同程度的认同感。当缺乏团队认同感时，反复提及各自的职能部门，只认同各自的职能部门，表明他们只是一支名义团队。表示"排他性"的语言形式有复数"他们"；而"认同性"的语言形式为复数"我们"和"你们"。

（二）依赖性：团队成员是独立还是依赖于其他成员

团队成员在学习和实践中都学会了独立思考和独立行动，但作为团队的一分子，他们必须学习如何在相互依赖中思考和行动。

依赖性是团队工作的核心特征。由于团队成员共同承担责任，所以必须相互依赖，然而，并非每位成员都能意识到这种依赖性。实际上，真正为团队和名义为团队的主要差别在于：真正团队的成员普遍意识到依赖性。在团队成员完成目标任务的过程中，他们感受到相互依赖。他们不仅在交谈中反映出来，而且也利用这种依赖关系。依赖性在语言上的表现是提醒其他成员他们之间的相互依赖，促进他们融合。对依赖性认可的形式包括：承认共同的利益，表述个人需求，提议联手行动，主动征求他人意见，尊重他们的需求和爱好。

名义团队很明显缺乏这种依赖性，他们在语言上体现出独立性。独立性的形式包括：强调个人意向、向他人提出挑战和对他们问题未能做出反应。

然而，这方面的区别是微妙的，需要从交谈中来理解其中的差别。比如，"不管团队的计划如何，明天我就需要这份资料。"使用这样的语言就暗示独立性，表达个人需要，甚至可能是自私自利或者藐视团队。因此，若要表达依赖感，成员在表达个人需要时必须同时表达共同的利益和相互间的依赖；同样，如果在团队做出决定之后，才申明个人意向，就好像在一个共同的计划中加入个人的想法一样，也表达了依赖感。

（三）权力差异：团队成员行使组织赋予他们的权力程度如何

团队若想在不危及原本就不稳定的团队身份的前提下，处理好个人差异及相互依赖性就必须处理好成员之间的权力差异。

在团队中运用权力差异产生了一系列的从压抑思想到行为单一的负面作用。团队之所以比个人能更好地解决问题、更有效地做出决定，是因为集思广益，汇集了众多智慧和技能的缘故。鉴于此，如果在团队中一直运用权力差异的话，团队会不可避免地受到负面影响。

理论上，不管成员的相对权力大小，团队依赖性的特点都可以激发团队成员尽其所能为团队做贡献。当然，在一个大型的组织机构中，不同的团队成员会心照不宣地使用语言显示自己的身份来影响别人。因此，团队互动过程在一定程度上会体现出权力的分配。然而，因为团体的共同身份原本就比组织身份重要得多，真正团队成员会缩小这种差异，以避免压制那些有价值的贡献。名义团队成员则会采用反映权力差异的形式，因为与团队相比，他们对组织更有归属感；他们更习惯于使用权力而较少顾忌团队所面临的问题和目标。

强调交谈双方权力差异的形式包括：一言堂、打断别人的讲话、质疑、要求、指令、改变主题和向他人挑战。如果一个组织经常反复使用这些形式，就能轻易识别出，该组织是一个典型的展示并运用权力差异的组织。但是，如果拥有更大组织权力的团队成员尽量避免使用这些形式，那么团队成员之间的权力差异就被降为最低。交谈双方可以积极地消除权力差异的语言形式包括：道歉、避免正面问答、间接提问和彬彬有礼。

（四）社会距离：团队成员之间的关系是亲近还是疏远

鉴于成员的多样性及共同的团队身份，从社会角度来说，团队成员之间的亲近度该是多少？

既然在团队互动中，权力差异压制个人对团队的贡献，降低成员对团队目标的关心程度，那么团队成员一定还有其他方法可以相互影响。社交理论表明语言所表达出的社交亲近感可以起到这种作用，通过表达亲近感或把别人归为自己一类，交谈双方会产生默契，还可做出调整以维持彼此之间的关系。在团队工作中，社交亲近感有这样几个作用：

（1）减少人们对社交差异的权衡、监督和改变的注意；

（2）加强对工作及成绩的关注；

（3）强化团队的认同感。

　　真正团队有着共同的团队身份，意识到相互依赖的重要性。在一个这样的团队中我们能够观察到，团队成员交谈时所使用的语言形式体现了这种社交亲近感。体现社交亲近的语言形式包括：自然随意的交谈、明确共同的团队身份、共同意见、表现出对他人要求的承诺和关心、表达喜爱或爱慕、用昵称称呼、具有说服力的请求和声明、使用相同的字眼、感情丰富并且幽默。

　　名义团队表现出的社交亲近并不是为了表明共同的团队身份，而是使用权力差异来影响他人。例如：团队成员可能相互认识并相互喜欢；然而，事实往往可能是即使有些成员关系亲密，但在有不太熟悉的人们在场的情况下，他们相互间表现不出社交亲近感，形成社交上的中立情况。一些缺乏亲近感的形式可以表现社会距离，一些具体的语言形式也能起到同样的作用，比如：正式的语言、不同意见、不认可、未能接受别人的批评或对此做出反应、直接回答询问关系之类的问题。

　　（五）解决冲突的策略：团队成员采用强制还是磋商的方式来解决冲突

　　团队成员在看待问题时，会有不同的角度、观点和兴趣，这必然会导致冲突的产生。冲突对于团队的有效性来说，无论是建设性的，还是破坏性的，都是至关重要的。

　　如果说团队工作在本质上具有多样性和依赖性，那么我们就要承认冲突是不可避免的并且是可以解决的。这意味着解决冲突是团队中普遍存在而又关键的任务，同时也说明真正团队和名义团队的区别并不在于冲突次数的多少。一个团队如果没有冲突反而说明它存在着问题。因此，如何解决那些能够把真正团队和名义团队区分开来的冲突争端是个策略问题。

　　冲突的解决策略，就其果断性和合作性而言，可以划分为 5 个不同的策略，包括：回避、顺从、强制、妥协和合作。回避是团队中常使用的方法，但也是具有灾难性后果的解决冲突的方法。因为团队解决冲突时没有考虑到，也没有积极利用成员之间的差异性。顺从则是心甘情愿、以牺牲自我意愿为代价满足他人要求的方法。但是，如果团队成员放弃自己的观点，不发挥自己的专长，一味让步的话，那么团队就可能无法取得显著的成果。同样，如果成员企图采用强制方法解决冲突的话，也会带来负面影响。在许多经理人看来，妥协是一种效果明显的解决冲突的方法，因为彼此有得有失，很公平。合作方式是试图用来满足各方面需求的方法。与合作方式相比，妥协方式耗时短，见效快。然而，在团队中，群体差异大于个人差异，因此个人之间的差异应融入到群体当中，但是妥协的方式却无法顾及各方的差异。因此合作能消除分歧，弥补被忽略的利益，为融合打下基础。

　　就强制、回避和顺从而言，解决冲突策略的语言形式与处理差别的语言形式相似。强制包括命令、指令、威胁；顺从与回避的语言形式是强制行为中缺乏自我主张的典型表现。成员在投票时或拖延具有争议的决定时，往往采取妥协的方式。如果一个团队频繁采用这些形式解决问题的话，那么我们可以断定它是名义团队而不是真正团队。旨在消除分歧的团队使用的是合作策略，即征求所有成员的意见和意向，并在重新解释问题时考虑这些一致或者不一致的意见，使问题被清楚地表达出来。一个真正的团队是不需要用权力差异来解决冲突的。

　　（六）磋商过程：团队使用各有输赢还是双赢的磋商过程

　　团队成员需要用磋商的方法来解决因多样性和依赖性而造成的各种危机和冲突。

团队成员需要通过磋商来解决冲突达成一致意见。磋商双方分歧的解决有两个明显的过程：输—赢和赢—赢。前者注重磋商时的竞争性，把磋商当作决定输赢的场所；后者是寻求双方的合作，从而产生合作后的高效益，取得赢—赢。这两个磋商过程分别居于团队磋商序列的两端。

资源短缺、僵硬的职能责任制以及其他来自团队以外的竞争压力，使得组织的团队工作实际上成为一个输—赢的磋商过程。从沟通角度来看，在输—赢的磋商过程中，成为赢家的方法就是：利用权力差异，明确表明双方职位的高低，而不考虑双方的共同利益。这样的语言涉及分配、债务、让步、胜利或失败。在赢—赢的磋商过程中，尤其在早期阶段，也许包括个人利益的界定，这一点很难与明确个人职责相区分。但是，通过详细描述别人的观点、理解他人的弦外之音以及从别人的角度重新评估和界定个人利益之类的交谈后，磋商过程最终会表现出赢—赢的趋势。

我们假设这6个因素组成一个序列，在分析团队沟通时，我们必须了解这个序列的每个点所代表的意思，不同语言形式产生的不同意义。表5-1列出了研究人员发现的产生特定社会含义的语言形式。这些语言形式有助于我们评估出一个团队是居于这个序列的这一端，还是居于另一端或中间（如图5-2所示）。一端是你在一个真正团队中所听到的交谈，而另一端则是名义团队的成员使用的语言。

表 4-1　　　　　　　范围、形式和团队交谈实例①

| 范围和形式 | 实　例 |
|---|---|
| Ⅰ. 认同 | |
| 　A. 职能认同 | |
| 　　涉及职能小组的所有代词 | "我们"、"我们的" |
| 　　涉及职能小组 | 营销部、工程部 |
| 　B. 团队认同 | |
| 　　涉及团队的所有代词 | "我们"、"我们的" |
| | |
| Ⅱ. 依赖性 | |
| 　A. 独立形式 | |
| 　　明确提到独立 | "没有你，我们也能研制产品。" |
| 　　申明个人观点 | "我告诉顾客星期二提货。" |
| 　　对问题未做反应 | |
| 　B. 依赖形式 | |
| 　　承认共同利益 | "如果能解决这个问题，我们就成功了。" |

① 表格来源：安妮·多娜伦. 无障碍团队沟通. 北京：机械工业出版社，2004.

| 范围和形式 | 实　例 |
|---|---|
| 表达个人需求 | "我首先要了解你的想法。" |
| 征求他人意见和观点 | "你认为我的观点如何?" |
| 提议合作 | "让我们检查一下进度。" |
| 明确表达相互依赖 | "我们必须决定它能否满足我们的目标。" |
|  |  |
| Ⅲ. 权力差异 |  |
| 　A. 权力差异大 |  |
| 　　明确 | "我们认为你们都想错了。" |
| 　　质疑 | "你干嘛那么想?" |
| 　　对能力提出质疑 | "对这个会议做出安排了吗?" |
| 　　更改 | "这个错了。" |
| 　　直截了当 | "我希望你明天拿出这些数据。" |
| 　　打断 |  |
| 　　首先发问 | "你今天的报告是什么?" |
| 　　命令 | "告诉我会上发生了什么?" |
| 　　重复问题 | "一切顺利,……情况如何?" |
| 　　改变主题 |  |
| 　　语气咄咄逼人 | "如果你做不来,我另找他人。" |
| 　　过于客气或假装礼貌 | "你可不可以……?" |
| 　B. 权利差异小 |  |
| 　　道歉 | "对不起,我的另一个会议延长了。" |
| 　　不含个人观点的请求 | "团队让你采用这种方式管理。" |
| 　　弃权 | "我不是工程师,不过……" |
| 　　间接提问 | "是否可以更快速地解决此事?" |
| 　　闪烁其词 | "我仔细想了一下,但是……" |
| 　　礼貌 | "约翰,麻烦你多说些。" |
| 　　感谢某人 | "我十分感谢你的参与。" |
|  |  |
| Ⅳ. 社会距离 |  |
| 　A. 社交疏远的形式 |  |
| 　　正式用语 | "我们的想法不谋而合。" |

| 范围和形式 | 实　例 |
|---|---|
| 　礼貌用语 | "史密斯夫人" |
| 　过分礼貌 | "你可不可以……" |
| 　不含个人色彩的请求和声明 | "你是否可以很快地回顾一下……" |
| 　对涉及两者关系问题做直接回答 | 问："你能对我们4：30的会议做些什么?"答："缩短会议。" |
| 　B. 社交亲近的形式 | |
| 　使用俚语，随意自然 | "咋啦" |
| 　昵称 | |
| 　语速快，省音 | "做啥"、"没" |
| 　表明作为团队成员的共性 | "我们都是团队的一员。" |
| 　表明相同的观点 | "我明白你的意思。" |
| 　表现关心他人所需 | "你是否需要把文件归档?" |
| 　表示同情 | "我十分了解你的处境。" |
| 　表达喜欢或羡慕 | "我就知道你能行。" |
| 　表达互惠合作 | "多亏你了。" |
| 　熟知的称呼 | "好家伙。" |
| 　相似的语言 | |
| | |
| Ⅴ. 解决冲突的策略 | |
| 　A. 强制、回避和顺从形式 | |
| 　命令 | "按她需要的格式去做。" |
| 　威胁 | "那我们只好到你的老板那里解决问题。" |
| 　默认 | "可以。" |
| 　运用权力差异 | |
| 　投票 | "有多少人认为我们应该选购这个。" |
| 　B. 正视问题和合作解决形式 | |
| 　表达兴趣、问题和需求 | "为了很快得到你的反馈，我需要……" |
| 　询问他们需求 | "你需要从我们这了解什么?" |
| 　利益综合考虑 | "如果你能放弃那些要求，我在其他方面完全满足你的要求。" |
| 　讨论时不用威胁的口气 | "我们可以换种方法看待这些数据。" |
| 　重复表明不同的观点 | "你说了你没被说服，我们需要这个。" |
| 　分析含义和后果 | "如果选择那条线路，相关费用是多少?" |
| Ⅵ. 磋商过程 | |
| 　A. 输-赢模式 | |

续表

| 范围和形式 | 实　例 |
|---|---|
| 表明立场 | "我们一直在说我们最需要 A，其次是 B。" |
| 让步用词 | "我们每个人都让步了。" |
| 运用权力差异获胜 | |
| B. 赢-赢模式 | |
| 重申他人的观点 | "那么，只要我们有这些成本，我就可以加快速度。" |
| 探寻含义 | "如果……，你的情况会怎么样。" |
| 假设问题 | "如果……，怎么办?" |
| 下结论时使用客观标准 | "那么要说明我们需要什么样的数据?" |

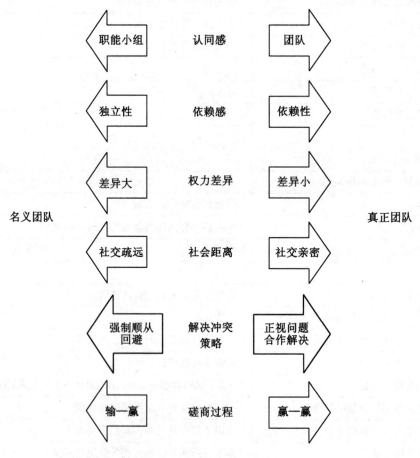

图 4-2　团队互动的关键方面

## 二、分析和评估团队沟通

分析和评估团队沟通的简单步骤如下：

1. 记录数据；
2. 描述数据；
3. 分析数据，并从关键方面评估团队。

分析人员首先聆听并观察工作中的团队，在团队热烈交谈时记录下具体的语言行为作为样本。团队讨论或决策时的语言最能揭示团队的实际情况。分析人员可以采用如表4-2的团队沟通审核表，回答表格所示问题并注意谈话者特有的表达方式，描述沟通数据。

接下来，分析这些数据的含义。举例说明，团队沟通的形式说明了团队成员认同职能小组还是认同团队。团队沟通审核可以引导你进行描述和评价，其方法是要求你注意以下几个方面：词语、句法、改换话题、语气犹豫不决；你注意每个人特有的谈话风格和他在团队里的作用和地位。然后依据有关数据，把团队放在序列三点中的一点上——或是两端或是中间。开始使用团队沟通审核时具有挑战性，你可能需要多次反复才能坚信自己的评估。将不同团队的评价结果进行比较可以发现更多有价值的信息。

表4-2　　　　　　　　　　　　　**团队沟通审核表①**

倾听团队成员的交谈。首先回答下列描述性的问题，然后回答位于每列描述性问题之后的问题。在此基础上，综合交谈的各个方面，把团队放在图5-2中3个点上，如果发现你的结论是"两者兼有"或"有点"，在该方面的序列中间画个×。

Ⅰ. 认同感

　A. 职能小组

　　当团队成员说"我们"、"我们的"时，他们常常指的是职能小组吗？_____

　　当团队成员用"你"称呼时，是在表达一个单独的团队成员吗？_____

　　团队成员常提及职能小组吗？_____

　B. 团队

　　当团队成员说"我们"、"我们的"时，他们常常指的是团队吗？_____

　　当团队成员用"你"称呼时，是在表达整个团队吗？_____

　**团队成员更认同职能小组还是团队？**

Ⅱ. 相互依赖

　A. 独立性

---

① 表格来源：安妮·多娜伦. 无障碍团队沟通. 北京：机械工业出版社，2004.

成员是否明确提及感受到独立性？＿＿＿＿＿

成员是否明确肯定个人的意图？＿＿＿＿＿

成员是否忽略他人提出的问题？＿＿＿＿＿

权力差异表现很明显（见Ⅲ）吗？＿＿＿＿＿

B. 依赖性

团队成员是否向别人表达自己的需求时说过"我需要你/我们"？＿＿＿＿＿

团队成员是否向别人表达过共同的愿望"我们想要……"这比"我需要"更能反映出依赖性吗？＿＿＿＿＿

团队成员是否向别人明确提及依赖性？＿＿＿＿＿

权力差异表现很小吗（见Ⅲ B)？＿＿＿＿＿

**团队成员表现出独立于他人，还是与他人相依赖？**

Ⅲ. 权力差异

A. 权力差异大

总是同一个人控制着谈话内容吗？＿＿＿＿＿

总是同一个人不断打断别人的交谈吗？＿＿＿＿＿

交谈被打断后是否终止交谈？＿＿＿＿＿

总是同一个人问很多问题吗？＿＿＿＿＿

其他人总回答问题吗？＿＿＿＿＿

有一些人常常忽略问题吗？＿＿＿＿＿

询问者等待答案吗？＿＿＿＿＿

问题是否质疑别人的专长，使提问者听上去更聪明，制造机会使别人难堪？＿＿＿＿＿

总是同一个人不停地改换话题吗？＿＿＿＿＿

对于这样权力的展示是否有一个可预测的反应？即那些总在回答问题的人被打断时，是否会终止交谈，或者迫不及待转变话题，不积极发言？＿＿＿＿＿

B. 权力差异小

团队中的上述行为是否在每位成员身上时有发生？＿＿＿＿＿

拥有更高组织行政权力的人不可避免出现以下情况：

　　一言堂＿＿＿＿＿；

　　过多提问别人＿＿＿＿＿；

　　打断别人＿＿＿＿＿。

行政权力大的团队成员：

| | |
|---|---|
| 同意或请求别人转换话题吗？ _____ | |
| 征求全体成员的意见吗？ _____ | |
| 回答别人的问题吗？ _____ | |
| 允许别人打断他的交谈吗？ _____ | |
| 提出问题以得到新的信息并等待别人的回答吗？ _____ | |
| 权力小的成员是否表明自己的意愿，向他人提问和打断别人吗？ _____ | |

**团队成员关注权力的差异或是使差异降低到最小化？**

Ⅳ. 社会距离

　　A. 社交疏远

　　　团队成员使用正式的称呼"先生"、"女士"吗？ _____

　　　团队成员对于某些成员或者全部成员过分热情吗？ _____

　　　团队成员回避他的主张，说道"我不是工程师，但我认为这个设计无法通过安全测试"？ _____

　　　团队成员运用正规的表达方式，如"我们此次召开会议旨在对团队预期目标进行评估"？ _____

　　　团队成员是否避免使用代词或是使用被动语态以回避个人化的问题或要求？如"通过对产品的检验发现目前的产品设计不能满足顾客的需求。" _____

　　　团队成员在征求意见或表达需求前说些客套话吗？ _____

　　B. 社交亲近

　　　成员相互用昵称或是内部称呼吗？ _____

　　　成员经常使用俚语、俗语吗？ _____

　　　成员交谈时，有的音节是否会省去，或干脆不发音，如"今，我要……" _____

　　　成员暗示共同的团队身份或共同的观点，"大家认为这个决定怎么样？" _____

　　　成员之间表示喜欢或欣赏吗？ _____

　　　成员表达了个人需求和感受，比如说"我很喜欢这一点"？ _____

　　　成员直截了当地提出请求或表示歉意，如"把那个东西递给我"？ _____

**团队成员认为社会距离是近是远？**

Ⅴ. 解决冲突的策略

　　A. 强制、回避、顺从和妥协

　　　成员运用权力差异解决冲突吗？ _____

　　　遇到反抗时，成员用威胁和批判的口吻来交谈吗？ _____

　　　成员是否利用以下方式来回避争端：

| | |
|---|---|
| 双方意见僵持不下时，延后做出决定；_____ | |
| 最终由经理来决断；_____ | |
| 将决定权留给队内的专家或领导；_____ | |
| 用投票的方式进行妥协。_____ | |

B. 正视问题和合作

团队争执时具有无威胁、无批判的口吻吗？_____

是否试图客观地描述冲突？_____

团队成员可以经常公开表达自己的感情吗？_____

争端是可以接受的事实吗？_____

成员通过重新讲述不同观点来相互理解吗？_____

团队成员能做到求同存异吗？_____

发生冲突时，团队成员仔细思考每种观点的内在含义吗？_____

**团队试图通过强制、回避的方法还是具有建设性的合作来解决冲突？**

VI. 磋商过程

A. 输—赢

团队成员是否利用权力差异去使别人失败或使自己获胜？_____

团队成员是否讨论职位？_____

团队成员是否使用意味损失、道歉或让步的口吻？_____

B. 赢—赢

团队成员是否从别人的观点出发重新审视不同意见？_____

团队成员是否试图理解并衡量各方的内在利益？_____

团队成员是否找到客观的标准来解决矛盾？_____

团队成员是否假设有另一种可能性，以全新的方法解决问题？_____

**你的团队在磋商过程中是输—赢还是赢—赢？**

# 第四节　团队沟通策略

## 一、如何进行团队目标对话

适用情境：当要求全体成员普遍接纳所制定的团队目标，并赋予团队成员更多权力与责任时①。

制定团队目标的过程不是讨价还价的过程，而是领导者和团队之间进行目标对话的过程，那么怎样来进行团队的目标对话呢？可以通过以下五种方法：

（一）双方必须充分了解对方的期望

领导者对未来目标抱有什么样的宏观设想，成员对未来目标又是如何考虑的。双方应该共同探讨以达成共识。

（二）分析实现目标所需的资源和条件

应当充分考虑通过什么途径和方式来达到目标。目标定得高并没有关系，如果资源和投入增加了，是有机会达成一个更高目标的。

（三）寻求共同点

应当正视领导者和团队由于期望差异而产生的分歧。团队成员对实际工作的细节更清楚，也更了解具体困难，领导者要多多听取意见，但也不要被有意无意地夸大的困难所左右。领导者对团队的整体战略和资源整合仍应拥有最后决定权。

（四）以积极的态度讨论目标

讨论目标的目的是确保整个团队都用一种积极向上的态度来证实这个目标。目标最终实现时每个人都会获得更多的提升，这个提升包括自身的荣誉和成就感等。

（五）寻求团队的改进之道

不妨让团队接受一个培训来提升技能，也可以通过不断反省，改变自身的领导观念来改进团队的工作。

目标对话应当是团队制定目标过程中不可分割的一部分。只有这样，才能让所有成员了解并接受团队目标，进而更加努力地参与到团队建设中来。

### 二、如何进行团队任务的讲解会议

适用情境：需要向团队传达工作进展并分配任务时。

团队任务讲解会议的内容，通常应当包括以下几个方面（4P）：

（一）进展（Progress）

向团队公布工作业绩结果，他们是否完成了上次布置的目标？与其他团队或者竞争对手相比表现如何？有没有值得指出的成功或失败？

（二）政策（Policy）

这部分包含了团队的所有情况变化、最新的工作期限、放假安排、影响团队的新价值观、培训课程、福利待遇等方面的信息。

（三）人员（People）

团队内的人员变动包括新来的成员，要离开的成员（如何离开、要到哪去），新的团队管理人员，与团队打交道的其他团队和其他部门的人员变动、晋升、加班、缺勤等方面的信息。

---

① 龚剑.如何进行团队建设.北京：北京大学出版社，2004.

（四）行动指南（Points for Action）

即必须遵守的团队措施、合理化建议体系、新闻的纠正和内部细节等这些类似的日常信息。

任务讲解会议就是团队任务与信息的传达，它不是进行讨论。如果已事先拟定了会议议程，就应该及时落实。

### 三、如何在团队交流中倾听成员的意见

适用情境：需要聆听成员观点，并快速、准确地掌握对方意思时。

积极倾听不仅可以从别人的语言中提取有价值的信息，而且也有助于建立起团队成员对您的信任。事实上，对于团队领导者，倾听的能力甚至比以前更重要。下面就按照以下的措施来开始倾听吧：

（一）集中注意力

对于倾听来说，集中和专注是必不可少的。事实上，如果没有全神贯注地倾听的话，您就是正在允许自己不去倾听。有一个好办法：在每一次开始谈话时，都要求自己从中得知至少一个观点或事实，如此努力下去，积极有效的倾听将变得越来越简单。

（二）做好身体准备

坐在可以看到发言者并且能与之顺利交流的地方。身体要前倾，保持视力接触，并且在适当的时候点头。这些举动对正在发言的成员很有益，而且也可以帮助您集中精力。不过，太多的手势或者点头也会使发言者精力分散。

（三）排除干扰

要时时提醒自己："我在倾听，不要分神。"如果您确实想到了其他事情上，就赶快振作起来，集中注意力。如果实在抵御不了这些念头，就草草记录下以便日后考虑，这样做就使您又可以全神贯注地倾听了。

（四）耐心地对内容进行解释

一旦听到谈论内容，您需要马上弄清楚您是否真的理解这些话所想传达的真正信息。这涉及一个快速的转换过程，在此过程中，您需要将所听到的话语用您个人的语言进行重新描述。

（五）系统地对要点进行评价

不要急于判断，尽量考虑到问题的所有方面，仔细倾听每一个字，保持头脑灵活，不断发掘信息。当您需要改变判断或重新考虑原有假设时，评价就显得格外重要了。

（六）积极对信息表示反应

这是一个外在的表现，一种说明您在倾听的信号。您的反应可以是口头的或非语言的。如果您想检验您的解释是否正确，不妨用疑问句的形式重复您所听到的东西。如果您想表明自己对发言内容很感兴趣，最好的反应就是保持眼神的接触。

运用沉默的力量。当您帮助成员做出困难的决策时，这个方法尤其有效。不要以为列出大量事实、观点或例子就能得到成员的服从。请记住：适度的沉默，经过深思熟虑之后的意见，比夸夸其谈有用得多。

在团队中，当另一成员在汇报工作或阐述想法时，您常常需要无声地积极地倾听对

方，而积极的倾听，可以引导您与发言者及其团队成员进行有效的交流。

### 四、如何在团队交流中阐明观点

适用情境：需要阐明自己的观点，减少因为沟通不够产生的误会时。

如果您希望从陈述中有所收获，您必须做好充分的准备，可以从以下几个步骤准备一次成功的陈述：

（一）关注听众的思想倾向

从一开始准备陈述就应该充分吸纳所针对的团队成员的观点和视角，应充分考虑：关于这项主题，成员们的利益和关注的方面是什么？需要向他们讲明一些什么？什么有助于他们对问题的理解？

（二）建立陈述目标

您希望团队成员在听了陈述之后做出什么样的举动？写下您的目标，把它清楚地讲出来，最好能长时间地记在头脑里，因为目标支配着您陈述的每一部分。例如，可以采用"当我陈述完我对变革团队的看法之后，成员会……"；其中特别突出您的听众，这将有助于提醒您陈述时尽量阐述一些团队成员们感兴趣的重点问题。

（三）构思开场白

必须用几秒钟的时间迅速吸引听众的兴趣和注意力，并且表示充分的信心。开场白可以引用一些引人关注的格言、令人惊讶的统计数据、美丽动人的传说或采用辞藻优美的疑问句式。排练好您将采取的开场方式。开场的表达将决定陈述的整体基调。

（四）指出基本要点

在陈述的开端，应当首先指出您将阐述的几个要点，要围绕着它们组织陈述的内容。如果可能，将要点限定在 3 个以内，使它们全面概括要表达的信息，这是由于人们的大脑一般一次能够保存 2~3 条信息。要点的选择应是与团队成员最为相关的、需要成员牢记的以及与目标最为贴近的点。

（五）选择辅助性资料

辅助性资料的选择条件应和主题与目标一致并适合于团队成员。辅助性资料的选取数量应以足够建立您的基本要点为准，尽量避免举出许多例子，引用大量的统计数据，那样做只会使听众感到厌烦。陈述之前还应界定哪些内容可以在时间不够时予以排除。

（六）使用过渡句

没有过渡句，任何陈述都会变得杂乱无章，甚至会给听众留下散漫的印象。在讲述过渡句之前故意停顿一下，讲述的时候变换一下声调，用声调的改变来提醒人们讲述内容的变化，并唤醒那些走神的听众。

（七）简要回顾与结尾

简要回顾的内容只是对前面阐述内容的概括。构筑结尾时应当在听众的记忆里强化一下关键要点，得出坚定的结论。不要到收尾阶段没完没了地漫谈，应当果断结尾。

（八）强化陈述内容

作为正式发言的陈述的内容构思形成后，应当准备制作一些资料以强化陈述内容。例如将内容概要制作成一两页的传单发给成员，这份传单是作为您所陈述内容的大体纲要，其中重点强调了几个陈述要点。通过这种方式，人们也能感受到陈述之后他们又获得了一份详细的介绍性文件。在非正式发言的陈述中，不需要这种详细准备。

### 五、如何在团队交流中回答成员疑问

适用情境：需要回答团队成员提出的种种疑问时。

对于成员的提问，您可以分为以下几个步骤做出反应：

（一）将您的全部注意力集中在提问者身上

用眼睛注视着他们，专心地聆听他们所讲的每一句话。如果问题提的不是很明确，或者您需要时间来构思答案，那么首先弄清他们的问题。

（二）向提问者确认您已接收到了他的问题

您可以说："这个问题提得非常好"，"您能提出这个问题，使我感到很高兴"或"您提出了非常有趣的一点"诸如此类的认可和表扬，向团队中的其他人发出这样一种信号：您对提问者的反应是积极主动的，对他们提出的问题是谦虚接纳的。

（三）针对问题做出回答

对于直接的问题，最好给出直接的回答。不要钻牛角尖，也不要在某一个简单直接的问题上完全没有必要地给出一大串答案。如果人们要知道更多相关内容，他们自然会进一步提问。例如，对于问题"我们的额外工作是否会得到额外的报酬"，您应当回答"是"或者"不是"。

（四）化解无法解答的问题

对于无法解答的问题可以坦言自己不清楚答案，并承诺尽快给予答复。例如，可以说："这个问题提得很好，我真的希望能给一个满意的答案，可惜我一时无法做到。我将好好查询一下，争取尽快给您一个答复。"也可以请在场的其他成员帮您解答，不妨说："谁有类似的经历？"或"你们对他的问题做何感想？"此外还可以将问题返还给提问者："您提出了一个非常有趣的问题，为什么不好好查询一下，然后告诉大家您有什么新发现呢？"

提出问题，才真正意味着人们是一直关注着您的陈述，因此请用一种欢迎的姿态去面对问题，并尽可能清晰地做出回答。

**小案例：**

《如果它没有破裂，就打碎它》的作者罗伯特·克顿吉尔提供了通过交流获得坦诚交往的方法，克顿吉尔建议所有员工都要参与新手咨询活动，每个人必须花半天时间向新手辅导他们所不知道的业务。作为新手咨询者，他们必须注意同事们如何进行工作，并提出每一个能想到的问题，为什么和如何进行这项工作。这种简单却有力的方法，在拓展双向交流通道中是非常有效的。

### 六、如何对团队工作提出批评意见

适用情境：可以通过批评来督促团队成员改进工作时。

您也许担心批评会带来负面影响或者弄巧成拙，反而使团队的士气消沉。但事实上，只有当您不加考虑地批评别人时，才会造成这种不良后果。学习下面的技巧，让批评成为各个成员所期待的积极反馈：

（一）关注于实际表现而非人格

批评成员的正确方式是应该关注可以观察到的活动而非态度上。通过把批评限制在亲眼所见上，可以使您避免激起团队成员做出自卫反应。假如您对他们做出不公正的或者超出您批评范围内的事情，甚至攻击他们的人格和夸大事态的批评时，大多数人都会进行本能的自卫。

（二）避免绝对化

避免使用"总是"，"从未"和"最差"这样的字眼。批评的时候不要进行绝对的归纳，也不要涉及价值判断，这会给您带来麻烦。对成员以公正的无偏见的语调讲实话是最简单不过的事了，看到什么就说什么。

（三）将批评表述为问题的形式

为了使您的批评让团队成员听起来更容易接受，可以将其表述为问题的形式，从而让他们自己发现自身的错误，并且也可以使您避免陷入喋喋不休的状态。例如可以说："假如您站在我的位置上，您会说什么？"

（四）表明如何改进

应当明白，总对成员唠叨他们过去的错误而不是尽量使他们在将来改进工作，是很危险的。因为这样做，成员会感到生气并怀疑自己的能力。因此，除了简单地教导成员做得更好之外，还应鼓励成员拟定一份行动计划，以便其可以按计划一步一步地修正错误。让成员将可能的步骤写下来并最终形成一份方案，是一个好的方法。

**七、如何与难相处成员进行复杂沟通**

适用情境：需要面对某些难缠的成员时。

作为团队领导人，您需要面对各种难以相处的成员，这就要探讨复杂沟通的技巧。有效的复杂沟通需要注意以下几点：

（一）事前确定交谈要点

交谈前要准备好交谈的内容，选择好说话的方式，避免夸大其词，例如，"您总是抱怨"；避免对行为做出判断，例如，"您在处理问题时真是不可救药"；避免给别人扣帽子，例如，"您真是个抱怨家"。

（二）焦点放在自己身上

进行谈话时，要将焦点放在自己而非对方身上，不要用"您让我感到……"来切入主题，而要常用："当您……的时候，我感到……"这样的话语，例如，"当您抱怨一些我认为无关紧要的事情时，我感到非常沮丧"。必要的时候还要引用一些实际例子，将他们的行为同工作联系起来，指出他们的行为如何有损于团队取得成果。

（三）倾听成员意见

在谈话过程中，应当让对方发表看法，认真倾听并加以记录。

（四）提出解决方案

如果您没有解决方案，最好先不要着手进行复杂沟通。尝试调整而非完全改变成员的不良表现，例如，不要要求成员成为不再抱怨的人，他们做不到这点，应当只是要求他们对某些特定的事情别再抱怨，或在某些特别的场合别再抱怨。

（五）尽力达成和解

观察成员反应，并随时准备一些妥协以与他们达成和解。另外，您也可以听取别人对您的看法，这样您就能及时调整自己的行为，改进自身表现。

（六）对成效表示认可

应当以积极的心态处理事情或考虑问题，当成员不争吵、不抱怨或不再出岔子，而将工作做得很好的时候，应当予以表扬和鼓励，向他们展示，他们也能同别人很好地合作。

复杂沟通始终是一个领导者要面对的问题。每个团队中都会有一些难以沟通的成员。对待这些成员的沟通态度是积极的、正面的，还是消极的、简单粗暴的，也反映一个领导者进行有效的团队沟通的水平。

## 八、如何遏制团队中的闲话

适用情境：闲话影响团队工作与团结时。

闲话很容易毁坏整个团队，但在发生之前，务必先尽您所能地去解决问题：

（一）预防闲话的发生

在闲话产生之前，告诉他们想知道的所有事情。如果您给您的团队所有能给的信息，他们就会感到深受鼓舞，也就没有什么闲话可说。这个步骤意味着：您必须考虑到您的行为与决策会面临何种反应。因此，尽可能事先与团队讨论，听听他们的看法、意见与建议，并在尽可能的范围内考虑接纳这些意见。并且，随时密切注意事态的发展与成员的反应，最好营造一种气氛，让成员在您没有开口的情况下，就愿意让您知道他们的想法。

（二）认真倾听有关的闲话

不要粗暴地对待制造闲话的成员，要对他们好一点，就像这是一些有用的信息而不是谣言那样。毕竟，在您与他们讨论这些之前，您不知道事实如何，因为这可能是真的。要求他们告诉您一些细节，例如信息来源，支持这些信息的证据等。

（三）迅速反应并追踪

接下来就是您的责任了。您必须努力去解决问题及闲话，任何不公正或不公平都必须修正。即使您没有改变任何事情，向当事人通报也非常重要，不妨当着闲话制造者的面给有关人员打电话，向他们核实这些情况是否属实。这样在与他们结束谈话的时候，您可能已经根除了真正的肇事者。

（四）确保与团队进行有效的沟通

向您的团队传达这点：如果他们听到一些影响工作的闲话，要直接到您这里来，简单地询问事情真相。当他们发现，您总是很乐意解释此事，并且让他们了解您能阐明所有情况，那么他们以后就不会再散布或相信谣言了。

一旦您的团队成员发现您是如此遏制闲话的，那么在未来散步谣言之前，他们就会三思。没有人愿意再经历这种难堪。

**小案例：**

沃尔玛相信公司员工对公司的情况了解得越多，就越在乎公司的成败，这对公司而言有百利而无一害。他会经常邀请员工和他一起讨论业务上的问题，请他们提出批评或构想。任何写信给他的人都会得到他的亲笔回信，任何到办公室去找他的人，必定能见到"山姆先生"(许多员工这样称呼他)。

### 九、如何调解团队成员间的纠纷

适用情境：当团队成员因个性冲突而产生不良的纠纷时。

由于团队成员的个性问题或其他原因，常常有着这样或者那样的纠纷，下面一些步骤将教会您如何调解团队纠纷：

（一）纠纷双方当面沟通

将纠纷涉及的双方叫到一起，与他们讨论这个问题。您必须把他们一起叫来，否则他们会怀疑您对另一个人所讲的话，他们甚至会对另一个人错误地表达您的意思。这会使问题变得更糟而不是更好，甚至会使问题转变为另一个包括您在内的三角矛盾。

（二）营造适宜的谈话环境

营造一个轻松的非正式的环境来讨论纠纷问题，并要选择一个大家都没有时间压力的时候来进行。

（三）明确保持中立立场

请求他们接受您作为调解者，告诉他们您相信通过交谈协商，问题会得到解决；在一些他们不能达成一致意见而需要接受您的决定时，一定要征得他们的认可。您要向他们解释，您不是希望确定责任在于谁，而仅仅是想要调解纠纷。

（四）减少个人攻击

提醒他们相互允许对方说完，要求他们关注问题而不是去关注对方的个性，要求他们去讨论各自的感受和反应，而不是去关注对方的行为。尽可能少地介入到他们的谈话中去，除非他们开始偏离这些原则时，您可以适当地提醒一下他们。

（五）保证纠纷的最终解决

当他们没有对他们的未来行为达成一致意见时，不要让他们结束谈话。如果有一方在某种程度上是被迫达成协议的，那么他们就不可能遵守这个协议，所以您必须确保这是一个真正的双方协议。确保双方不是因为您的压力而做出让步。

（六）回顾解决情况

会谈结束时，要感谢他们在尽力解决问题中相互间的合作。如果当时仅仅解决了部分问题，事后应当安排他们有机会去讨论更进一步的措施。几天或几周后选择合适的时间安排一个约会来重新回顾这件事情。在重新回顾的约会中，要表扬他们在解决问题过程中取得的各种成绩。

作为团队领导者，您安排这些交谈是为了调解纠纷的，所以重要的是，当采取实际行动时，您应当看到他们在相互合作。

### 十、如何进行团队民主决策

适用情境：当需要制定认可程度比较高的团队决策时。

决策是经过收集信息和分析问题后，制定出需要实施的政策或行为的决定。一个团队的决策方法影响着决策的公正性和队员们对它的满意度。因此，要慎重考虑您的决策方法。当决策过程成为大家参与而非您个人独断时，即采用民主决策的机制时，会对团队的良性沟通提供重要的基础或平台。您可以运用这些方法：共识决策（Decision by Consensus）、多数投票决策（Majority Vote）、2/3 投票决策（Two-thirds Vote）、多样排列决策（Multiple Making）以及权威决策（Decision by Authority）。

（一）共识决策

在现实中，共识体现的是所有成员一定程度的赞同，可通过大量讨论和协商来获得。即使最终的决定由另一种方法来定，达成共识的努力也很值得。这个过程有时痛苦不堪，但共识一经达成，因为有队员们的全力支持，决策的实施将变得非常顺利。

（二）多数投票决策

即获得超过 50% 的票数，这是在不同方案中进行抉择的快速简便的方法。如果讨论进行得很彻底，每个人都表达了他的观点，大部分人会接受以多数票做决定的方法。它的确直截了当，但它使一部分人感觉不满意。比起共识决策，这种方法得到的合作要少。因此，您的团队仍需要在决策上努力获得相互的理解和赞同。

（三）2/3 投票决策

对有些事情，团队的规则要求 2/3 的投票数，也就是说，赞成提议的比反对提议的人数要多两倍。这样的投票要求可应用于重大事项的决策上，例如要改变规则；也可应用于因某种原因而影响到队员参与讨论的权力，例如缩小讨论范围或改变议程的提议。

（四）多样排列决策

当存在几个选择时，运用多样排列法可获得较好的效果。它常用于涉及许多可能性的情况，并且费时费劲，因为需要几次投票。多样排列可用于建议、想法、标准或人的决策中。假设您是一个任命小组，有 10 名候选人，您的小组想推举出 3 名候选人给上一级组织投票决定，您可用下面这种多样排列法公正地从 10 名中选出 3 名：

1. 任命组的成员讨论每个候选人的优点；

2. 每个成员将候选人按 1~10 排出先后顺序；

3. 将投的票整理出来；

4. 每个候选人有一个总票数，比如 A 候选人的排列为 1、5、3、3、2、1、5、5、4、1，那么他的总票数为 30；

5. 总票数最低的 3 名就是选出的前 3 名。多样排列是个慢程序，但是它与共识决策的结果比较相近，并且有效地从多个可能性中找出"最好"的那一个。

（五）权威决策

由某个比团队成员职位高的人做出最后决定。这种方法不利于创建一个真正的团队，因为团队通常在做出决策后，接着便开始实施决策，然后再评价结果。如果团队一起解决了不一致的问题，团队工作会取得更大的成功。

　　决策的制定方式取决于团队的结构、制度和目的。无论如何，民主决策为团队的工作责任感以及决策贯彻到底打下了更好的基础。

## 关 键 概 念

团队沟通　　认同感　　依赖性　　权力差异　　社会距离

## 复习思考题

1. 团队沟通的关键因素有哪些？
2. 团队沟通的主要障碍有哪些？
3. 如何评估团队沟通？
4. 团队沟通的策略有哪些？
5. 如何提高团队沟通的效率？结合个人在班级或社团中的工作，谈谈对此问题的看法。

# 第五章
# 组织沟通概述

**本章学习掌握要点：**

● 管理沟通在组织中的基本作用和所承担的功能

● 组织沟通中的正式渠道和非正式渠道

● 组织内、外部几种主要的沟通方式

● 各种管理学派思想对人和组织的基本看法

● 知识经济背景下组织沟通模式的现代理论及发展趋势

　　你完全可以想象如果缺少沟通，组织里会发生什么：组织将陷入瘫痪，变得毫无作为。缺少沟通的组织，犹如无声电影，滑稽可笑；缺少沟通的组织，犹如太空因为没有空气而没有声音，死寂可怕。而正是沟通，犹如画龙点睛，神来之笔，使组织顿生灵气，变得生机勃勃。

　　简单地说，组织沟通是指发生在组织环境中的人际沟通。因为，说到底，在组织沟通中，仍然是人们在相互进行沟通，而不是组织本身。

　　组织沟通不同于一般意义上的人际沟通。其一，组织沟通有明确的目的，其目的是影响另一个人的行为，使之与实现组织的整体目的相符，并最终实现公司目标。这种行为的改变包括：增加了知识、态度的改变或行为的变化。其二，组织沟通的活动是按照预先设定的方式，沿着既定的轨道、方向、顺序进行，作为一种日常管理活动而发生的。其三，组织沟通与公司的规模有关。即公司规模越大，其组织沟通越规范，组织沟通过程越长；公司规模越小，其组织沟通相对来讲越不完全依赖于正式的、规范的沟通体系和顺序，组织沟通过程越短，沟通效果越容易控制。最后，组织沟通活动作为管理的一项日常功能，组织对信息传送者有一定的约束，管理者必须为自己的沟通行为负责，并确保实现沟通目的。

## 第一节　组织中的信息沟通职能

　　从前面章节的详细论述中，我们可以认识到管理沟通是企业整体系统中不可或缺的重要的子系统。因此，从总体上来讲，管理沟通在一个组织的运营体系中发挥了重要的作用。

### 一、管理沟通的基本作用

（一）降低经营模糊性

企业经营的原动力是赢利。有效管理则是企业不断发展壮大的必然保证，而有效管理需要完善、高效的沟通网络体系保驾护航。因为太多的因素会诱发组织内部模糊和不确定性的产生，稍纵即逝的信息、突如其来的变化、变幻莫测的环境，这些都可能造成公司在一个极其模糊的状况下做出决策。这种不确定性是不可避免的，是组织与生俱来的，健全、完备、高效的沟通网络可以降低这种固有的模糊性。

（二）实现有效管理

有效沟通能力是企业成功实施管理的关键。所有重要的管理职能的履行完全依赖于管理者和下属之间进行的有效沟通。在做出重要决策前，管理者有必要从公司各部门人员处获得信息，然后将最终决策反馈给下属，以执行决策。为了激励员工，管理者需要和员工一起设立目标，并指导他们如何正确执行职责。为了进行有效的业绩评估，管理者需要给员工提供有关他们工作的反馈，并解释评估的依据。

（三）满足员工对信息的需要

马斯洛需要层次理论为管理人员更好地了解并关注员工的行为提供了基础。在当今社会中，我们必须进一步发展对人类需要的认识，才能更好地应对管理中的新问题。研究表明，21世纪的雇员越来越多地表示出愿意了解有关公司的发展方向和运营状况方面的信息。与人需要空气、水等基础生存物质一样，人对信息的需求也日趋迫切，尽管不同的人对信息内容的需求表现出很大的差异性。有的人关心与工作相关的信息，他们想弄明白他们工作的性质是什么，怎样做好本职工作，怎样与其他相关领域的人合作，他们的工作对组织实现总体目标起到怎样的作用；有的人则更关心企业的发展与未来。但不管对信息内容的需要如何，今天的员工都需要了解更多有关企业的各类信息。这种对信息的需求只有通过组织内发达畅通的沟通渠道来实现。如果沟通的需要不能通过正式渠道得到满足，它必然会通过非正式渠道得到满足。如果忽略这一点，或不能充分认识这一点，可能会给管理工作带来隐患。

（四）构建工作关系

高效的组织鼓励并帮助建立内部员工与员工、员工与工作的关系。因工作而结成的关系在许多方面影响员工的工作表现。而良好的沟通渠道可以有助于留住积极向上的员工，构建和维持员工与工作的关系。这对于更好地激励员工，提高员工的绩效无疑会产生正面的效用。

### 二、组织沟通的功能

（一）组织对内沟通的功能

1. 管理沟通是润滑剂

由于员工的个性、价值观、生活经历等方面的差异，个体之间难免会有磕磕碰碰，产生矛盾冲突。通过管理沟通，使员工懂得尊重对方和自己，不仅了解自己的需要和愿望，也能通过换位思考，彼此理解，建立信任、融洽的工作关系。

## 2. 管理沟通是黏合剂

管理沟通又是黏合剂，将组织中的个体聚集在一起，将个体与组织黏合在一起，使组织中的员工在公司的发展蓝图中描绘自己的理想，或在构建自身的人生道路中促进公司的发展，同时紧密与其他个体协调合作，在实现公司的愿景的努力和工作中，追求个人的理想和人生价值。

## 3. 管理沟通是催化剂

通过管理沟通可以激发员工的士气，引导员工发挥潜能，施展才华。研究表明，一些规模中等、制度健全的公司，其员工平均只将15%的潜力施展在其工作之中。主要原因是员工不清楚组织发展的目标，以及组职目标与个人目标的关系。而良好的管理沟通可以通过上司与下属、员工与员工的沟通和交流，增进对组织目标、愿景的了解和理解，从而激发员工内在的潜力和潜能，众志成城，实现公司目标。

### (二) 组织对外沟通的功能

### 1. 协调组织间的关系

组织与外部沟通并形成信息流，伴随信息流的是物质流、资金流和人才流，最终协调组织间关系。林和范·德·维恩提出了发展和维持组织间合作关系（IORs）的模式。①

组织间的关系伴随沟通行为。在协调阶段，包括正式的协商和非正式的意向，作为各方代理人会试图确定"与交易相联系的不确定性、各方将扮演角色的性质以及对方的可信度等问题"。在承诺阶段，各方对在今后合作关系中的互动的义务与规则达成一致。在执行阶段，组织各方履行协议的内容，完成组织之间的互动。

在这个过程中，主要有信息的交流，这是指组织之间象征性符号资源的流动，在信息流的同时，伴有知识的流动，可见，只有通过沟通，才能体现组织的动态性、开放性，否则组织就没有相对于其他组织和环境的存在。

### 2. 创立和维护组织形象

希思认为，"公司竭力对环境施加影响，而不只是适应环境。它们希望通过自身的存在与言行来塑造环境"。② 这种环境的改造常常包括创立和维护组织形象。建立积极有益的组织形象，对于改善企业与供应商、合作企业、顾客、政府的关系都有积极作用。

在企业发展的过程中，良好组织形象的塑造，从经济学角度来看，可以减少企业合作中的搜寻和信息成本，减少保障的成本，通过对企业生产经营总体成本的降低，达到市场的有效资源配置。形成企业形象，就是把企业的理念、目标、文化的信息透露出去，减少企业与外界的信息不对称。

### 3. 为顾客提供服务

在竞争激烈、顾客决定企业生存的情况下，企业最普遍也是最重要的外部沟通功能就是为组织的客户提供服务交流活动。特别是对于企业来说，只有与顾客关联，才能体现企

---

① Ring P. S., Van de Ven A. H. Developmental Processes in Cooperative Inter-organizational Relationships. *Academy of Management Review.* Vol. 19, 1994: 90-118.

② Health R. L. Management of Corporate Communication. In: *Interpersonal Contacts to External Affairs*, Hillsdale NJ: Erlbaun, 1994.

业价值，而与顾客的关联则离不开沟通。对于服务型企业，服务性沟通，如咨询、诊断、指导等都是企业行为的体现，只有与顾客沟通才能体现自己的价值。

4. 信息获取和知识获得

对于信息获得功能，我们前面已经论述过。对于学习和获取知识，美国学者托马斯等认为，与企业外部沟通的过程，即是从外部获得知识的过程。正如一些学者认为的"经济变成了网络体系……它所创立的是一个网络体系，在此社会中处理和应用知识的机会和能力以及强化学习的关系，决定了个人的企业的社会经济关系"。[①]

# 第二节 组织沟通渠道

所谓沟通渠道，是指信息在沟通时流动的通道，这些流动的通道可以分为两种：正式通道和非正式通道。正式沟通是通过组织的正式结构或层次系统这些正式通道进行的，非正式沟通则是通过正式系统以外的途径即非正式通道来进行的。在组织中，正式通道和非正式通道是同时存在的，管理者应该有效地利用这两种通道来提高组织沟通的效率。

## 一、正式沟通

正式沟通指由组织内部明确的规章制度所规定的沟通方式，它和组织的结构息息相关，主要包括按正式组织系统发布的命令、指示、文件，组织召开的正式会议，组织正式颁布的法令、规章、手册、简报、通知、公告，组织内部上、下级之间和同事之间因工作需要而进行的正式接触。按照信息的流向可以分为上行沟通、下行沟通和平行沟通三种形式。

（一）上行沟通

上行沟通是指在组织中，信息从较低的层次流向较高的层次的一种沟通。主要是下属依照规定向上级提出正式的书面或口头报告。除此之外，许多机构还采取某些措施以鼓励上行沟通，例如，态度调查、征求意见座谈会、意见箱等。如果没有上行沟通，管理者就不可能了解职工的需要，也可能不知道自己下的指示或命令正确与否，因此上行沟通十分重要。

（二）下行沟通

下行沟通指在组织中，信息从较高的层次流向较低层次的一种沟通，许多人认为下行沟通就是从管理人员流向操作工人的沟通，其实不然，很多下行沟通都是发生在管理层内部的。下行沟通是传统组织中最主要的沟通流向。一般以命令方式传达上级组织或其上级所决定的政策、计划、规划之类的信息。例如生产副总经理可能指示车间经理加紧制造一种新产品，依次地，车间经理向主管人做出详细指示，主管人以此为依据指示生产工人。

（三）平行沟通

平行沟通包括横向沟通和斜向沟通。所谓横向沟通是指在组织中，同一层次的不同部

---

① Barham, Kevin, Devince, M. *The Quest for the International Manager: A Survey of Global Human Resource Strategies.* London: Business International Press, 1991: 37.

门之间的沟通。而所谓斜向沟通是指信息在不同层次的不同部门之间流动时的沟通。不少管理心理学家认为，对于一位管理者来说，运用横向沟通和斜向沟通是错误的，因为这样会破坏统一的指挥。但在现实中，各种组织仍广泛地存在横向沟通和斜向沟通，因为事实证明它们有助于提高效率。这两种沟通都跨越了不同部门、脱离了正式的指挥系统，但只要在进行沟通前先得到直接领导者的允许并在沟通后把任何值得肯定的结果及时向直接领导汇报，这种沟通便是值得积极提倡的。

### 二、非正式沟通

正式沟通的优点是沟通效果好，比较严肃而且约束力强，易于保密，可以使信息沟通保持权威性。重要消息和文件传递组织的决策等一般都采取这种形式。但它沟通速度慢，很刻板，易于使信息失真，因此组织为顺利进行工作，必须要依赖非正式沟通以弥补正式沟通的不足。

非正式沟通是一类以社会关系为基础，与组织内部明确的规章制度无关的沟通方式。它的沟通对象、时间及内容等各方面都是未经计划和难以辨别的。因为非正式组织是由于组织成员的感情和动机上的需要而形成的，所以其沟通渠道是组织内的各种社会关系，这种社会关系超越了部门、单位及层次。非正式渠道不是由管理者建立的，所以管理者往往很难控制。非正式渠道无所谓好坏，主要在于管理者如何运用。在相当程度上，非正式沟通是形成良好组织氛围的必要条件，相比较而言，这种沟通有较大的弹性，可以是横向的和斜向的，而且速度很快。

在很多情况下来自非正式沟通的信息反而易于获得接收者的重视。由于这种沟通一般是以口头方式进行的，不留证据、不负责任，有许多在正式沟通中不便于传递的信息却可以在非正式沟通中传递。

非正式沟通往往起源于人们爱好闲聊的特性，闲聊时的信息被称为传闻或小道消息（并非谣言）。根据专家的研究，组织中80%的小道消息是正确的。但组织并不能过分地依赖这种非正式沟通途径，因为这种信息遭到歪曲或发生错误的可能性较大，而且往往无从考证，尤其是与职工个人问题紧密相连时（如晋升、待遇、改组等），常常会发生所谓的"谣言"，这种谣言的散布对组织往往会造成较大的麻烦。

非正式沟通往往具有如下一些特征：（1）非正式沟通的信息往往不是完整的，有些是牵强附会的，因此无规律可循；（2）非正式沟通主要是有关感情或情绪的问题，虽然有些也和工作有关，但常常也会带上感情的色彩；（3）非正式沟通的表现形式具有多变性和动态性，因此它传递的信息不但随个体的差异而变化，而且也会随环境的变化而变化；（4）非正式沟通并不需要遵循组织结构原则，因此传递有时较快，而且一旦这种信息与其本人或亲朋好友有关，则传递得更快；（5）非正式沟通大多数在无意中进行，其传递信息的内容也无限定，在任何时间和任何地点都可能发生。

### 三、非正式沟通的作用

非正式沟通指正式组织途径以外的信息流通程序，具体来说，它有如下作用：
满足职工情感方面的需要。非正式沟通的产生可以说是人们天生的需求。例如人们出于安全感的需求，乐于去刺探或传播有关人事调动或机构改革之类的消息；而好友之间的彼此交流和沟通则意味着相互的关心和友谊的增进，借此更可以获得社会需求的满足。

弥补正式沟通的不足。组织中的管理者为了某些特殊的目的，往往不便于通过正式渠道传播信息，此时非正式渠道便发挥其作用。

了解职工真正的心理倾向与需要。通过正式的渠道，员工心中存有戒备，不便于透露其真实的想法，而通过非正式渠道，便可以在很大程度上克服这个问题。

减轻管理者的沟通压力，以及防止某些管理者滥用正式沟通，有效防止正式沟通中的信息"过滤"现象。

非正式沟通的优点是沟通不拘泥于形式，直截明了，速度很快，容易及时了解正式沟通难以提供的内幕新闻。其缺点是难以控制，传递的信息不确切，容易失真，而且可能导致小集体、小圈子，影响组织的凝聚力和人心稳定。所以管理者应该予以充分注意，以杜绝起消极作用的小道消息，并利用非正式沟通为组织目标服务。

# 第三节　组织沟通方式

所谓组织沟通方式，指的是组织沟通所采取的具体方法和手段，有时也称为沟通方法。组织在沟通的过程中，可选择的方式有许多种，即使在同一沟通过程中，也可以组合多种方法或者不断变换方式方法。组织对外沟通可采用的方式有广告、谈判、游说、公关等多种方法。在组织内部的沟通中，也有指示与汇报、会议与个别交流、书面、口头、语言和非语言沟通等多种方式。

## 一、组织内部的沟通方式

### (一) 指示与汇报

指示是上级指导下级工作，传达上级决策经常采用的一种下行沟通方式，它可以使一个项目启动、更改或终止。而汇报则是下级在总结工作、反映情况、提出建议时进行的一种上行沟通方式。

指示一般是通过正式渠道进行的，具有权威性、强制性等特点。指示可以具体分为书面指示和口头指示、一般指示和具体指示、正式指示和非正式指示等。在决定指示是书面的还是口头的时候，应考虑的问题是：上、下级之间关系的信任程度和持久性以及避免指示的重复等。如果上、下级之间信任程度较高，持久性好，则采用口头指示和通知即可。对于重要的决议或命令，为了避免司法上的争执和增加其权威程度，或是为了对所有有关人员宣布一项特定的任务，则应该用书面指示。

汇报则多是下级向上反映情况、提出设想、汇报思想而经常采用的一种沟通方式。汇报也可分为书面汇报、口头汇报、专题汇报或一般性汇报、非常正规的汇报或较为随意的汇报。有些汇报不仅要用书面的形式，而且还要加上口头的方式，如政府的工作报告等。有些汇报则只需要书面的或口头的。不同的组织，其对于汇报方式的规定是不同的。

### (二) 会议与个别交流

组织沟通的本质是组织成员间交流思想、情感或交换信息。采取开会的方式，就是提供交流的场所和机会。个别交谈则是指组织成员之间采用正式或非正式的形式，进行个别交谈，以交流思想和情感，或征询谈话对象对组织中存在的问题和缺陷的看法，或对其他员工的看法和意见等。相比较而言，会议这种沟通方式具有如下一些特点：

会议可以集思广益，与会者在意见的交流过程中可以获得一种满足，在意见交流后，也会产生一种共同的见解、价值观念和行动指南，而且还可以密切相互之间的关系。

会议可以使人们了解决策的过程，从而更加竭尽全力地去执行会议的决议。

通过会议，可能发现人们所未曾注意到的问题并加以认真研究和解决。而个别交谈则具有无拘无束、双方都感到亲切并且相互信任的优点。这对双方统一思想，认清目标，体会各自的责任和义务都有很大的好处，而且在个别交谈中，人们往往愿意表露真实思想，提出有些不便于在会议场所提出的问题和意见，从而使沟通双方在认识、见解等方面更加容易取得一致。

（三）内部刊物与宣传告示栏

对于许多规模较庞大的组织，各成员间很难坐到一起召开会议，也难以通过个别交谈进行沟通，那么内部刊物就是一种较好的替代方式。一般的组织都有内部刊物。内部刊物主要是反映组织最近的动向、重大事情以及一些提醒成员、激励成员的内容。不同的组织，内部刊物的形式、周期、反映的内容差异很大，所以沟通的效果也就千差万别了。

宣传告示栏则是另外一种类型的沟通方式，我们可以发现，许多组织在其公众场合都有海报栏、信息栏。这是一种非常有效的组织沟通方式。它具有成本低、沟通面广、沟通较为准确和迅速的优点。

随着技术的飞速发展，公共宣传告示栏已向无形化转变，如 BBS 公告牌、计算机网络等。而且内部刊物也在向这种无形化的方面转变，其类似的方式有组织内的有线电视、组织内的网络通告等。

（四）培训

培训是组织和员工发展的重要途径。所谓培训就是教育一个组织的成员在他们的工作中更熟练地运用工作技能、知识及组织文化的过程。随着外部环境的变化以及组织所承担的任务变得越来越复杂，员工通过培训来获取和更新知识及技能变得越来越不可或缺，培训已经成为一个组织进行群体认同以及工作整合的重要组成部分。因此，培训也就是大量信息沟通的过程，是信息聚合的过程。

一般认为，每个培训项目都具备四个因素：即受训人员、课程设置、预期短期目标和预期长期目标。这四个因素之间的关系为：受训者即为被选择来参加学习的组织成员；课程设置就是一次培训活动的内容及议题。同时，绝大多数组织培训项目都有其改变受训者态度的短期目标，或使受训者很快能掌握运用某项技能的短期目标。另外，通过培训活动也会达到其他的目的，如改善组织的社会气氛及文化行为，以便增进对组织目标的理解。从理论上讲，任何培训项目的主要目标都是要改善工作环境的整个运行机制，这就促使培训必须考虑长期的目标。

（五）意见箱与投诉站

意见箱是最常见的保障上行沟通的途径之一。促进意见箱产生的最初动机是为了提高产品的质量、提高生产效率，管理者相信一线员工肯定对此有独到且有效的见解。收集生产建议的意见箱后来渐渐演变成收集员工反馈的渠道，至此倾听员工心声的上行渠道渐具雏形了。为了鼓励那些敢于提出创新见解的人不断开动脑筋，让组织分享群众无穷的智慧，还可设立相应的鼓励体系。当然，真正奖励员工的其实不仅是奖金，还有员工所得到的心理上的回馈即参与感、成就感的满足。

当然，通过严密层级的组织沟通，一个好的建议必然带来双方皆大欢喜的结局，但倘若建议被否决，就难免产生问题，员工可能会心存怨恨，士气受挫。另外一个可能的问题则是，提出好建议的员工可能被他的顶头上司怀恨在心，双方关系可能出现危机。所以，设立意见箱可以避免沟通中的"过滤"、"扭曲"等现象而使员工的思想传递受阻，以便高层领导能够直接收到下层传来的信息。另外，当下级的正当权益得不到有效的保护，而通过沟通来解决又失败时，往往可以通过企业内部的投诉站来加以协调。

尽管问题不可避免，但大多数实践证明，管理人员认为上行沟通利大于弊，感到很有必要建立这么一个通道。

（六）领导见面会与群众座谈会

在组织中还有一种比较重要的沟通方式，便是定期的领导见面会和不定期的群众座谈会。领导见面会是让那些有思想、有建议的员工有机会直接与主管领导沟通，一般情况下，是由于员工的意见经过多次正常途径的沟通仍未得到有效回复。群众座谈会则是在管理者觉得有必要获得第一手关于员工真实思想、情感的资料，而又担心通过中间渠道会使信息失真时采取的一种领导与员工直接沟通的方法。与领导见面会相比，群众座谈会是由上而下发起的，上级领导是沟通的主动方，而领导见面会则是应下层的要求而进行的沟通。

在座谈会上，员工可以提出该部门里的某些问题和建议，因为这未必要牵涉到个人，因此员工可以畅所欲言。这种座谈会要持续定期举行，比如每个月一次，每季度一次。同时，为确保座谈会上轻松、愉快、畅所欲言的气氛，要注意：（1）最好在一种非正式的气氛下召开会议，因此，多选在工作时间之余，并辅以果品、饮料；（2）由一位能言善道、会活跃气氛的人员主持会议，以起到润滑作用；（3）尽管会议不限制员工就何类问题发表意见，但仍有必要引导员工就某些话题展开讨论，以激励员工，并避免会议转变成恶意的声讨会。

除了这里所列出的几种沟通方式之外，组织的沟通方式还有许多种，如讲座、郊游、联谊会、聚餐等各种正式或非正式的沟通方式，这里不再一一详谈。

## 二、组织外部的沟通方式

（一）与消费者沟通的方式

顾客是企业最重要的外部公众。以优质的产品和服务赢得顾客的满意，是企业生存发展的基础，也是使企业价值得以体现的根本所在。企业与顾客几乎时时刻刻在进行沟通，企业的产品和服务则是企业与顾客沟通的基本载体，企业需要经过不断地调查以明确顾客利益之所在，同时要随时检验自己是否做到了与顾客的充分沟通。最后，企业还需掌握与顾客沟通的方法，提高沟通的效果。企业与顾客沟通的方式大致包括：

1. 提供优质产品和服务

对于许多顾客而言，他们与企业的惟一接触就是他们购买了企业的产品和服务，企业的产品和服务就成了传达企业信息的惟一工具和载体。因此，提供优质产品和服务是企业与顾客沟通的根本所在。

企业提供的产品是供顾客使用的，因而质量的标准应由用户认定，而非生产者自己来给自己打分。企业应当根据顾客的需求和建议去制造产品，而不是根据自己的主观判断。通过无形的服务传达给顾客的关于企业的信息甚至比有形的产品所能传达的还要多。优质的服务，往往能为企业赢得永久的顾客，并形成"1∶300"的正面宣传效果，从而提高企业形象。

2. 直接接触沟通

当今，在企业管理中存在的一个重大问题是，管理者高高在上，脱离了基层人员，脱离了顾客，从而也就脱离了发现问题和创新的源泉。他们被成堆的数据报表、无休止的会议所纠缠，而企业经营状况却并没有改善。与顾客直接接触沟通，就是要不拘泥于形式，通过各种可能的渠道、方式与顾客直接地、不断地保持沟通联系，它不仅是留住顾客的绝妙办法，而且是企业不断创新、改进老产品、推出新产品的源泉。

苹果计算机公司的操作系统软件的主要构思者约翰·库奇在编写该软件的两年中，每个周末至少有一天，经常是两天，在父亲经营的一个计算机商店工作，顶班站柜台，而且还不道明身份。他由此了解到一般初次上机操作者及颇有经验的使用者经受的种种担忧和失望。该操作系统在"方便用户"方面的突破正是来源于此。从此，苹果计算机公司的全体高级职员主动提出，经常安排一定的时间聆听用户通过免费号码打来的电话。深入接触顾客，倾听顾客的意见，建立与顾客畅通的沟通渠道，有时会给企业带来意想不到的收获。

3. 给顾客打电话

在这个越来越商品化的社会环境中，打电话这些细小而富有人情味的接触大大有助于巩固与顾客的关系。美国多米诺馅饼公司的最高负责人之一菲尔·布雷斯勒，将其大部分成功归因于每周打电话给 100 位顾客。他主张把给顾客打电话放在比商店晚上会计结账更为重要的地位。他这样说："没有顾客会因为我们晚间结账时发现成绩显著而来买我们的馅饼。"美国 IBM 公司也非常青睐打电话，经常利用电话与顾客联络，加深感情。

4. 充分利用信函

先看一个美国珀杜农场对待顾客意见的实例。有位顾客曾买了一只珀杜农场出售的肉鸡，回到家里发现这只鸡干瘪而且不干净。他把鸡拿回店里，当场退了钱。然后，他决定写信给弗兰克·珀杜先生（从电视广告里知道的地址），很快他就收到了弗兰克的复函，信中不仅一再表示歉意，并附寄一张可领取一只肉鸡的赠券，同时还向他提了一连串具体的问题，请他协助回答，以确保今后不再发生类似的事件。这些问题是：他在哪里买的鸡？什么时间买的？具体说说有什么问题？他认为问题出在哪里？他把鸡退回时，商店服务人员是怎么处理的？……两天后，珀杜肉鸡公司的一位经理打电话来问他，信收到了吗？问题都妥善解决了吗？同时还问了一些具体问题。那位顾客表示，今后他将是珀杜公司的忠实顾客。

如果顾客只是退了钱，或接到一个电话，而没有收到回信，那么他就可能不会成为该公司忠实的顾客。信件是更加正规和庄重的沟通方式，是一个电话所不能比拟的，特别是管理者的亲笔信。注重顾客的每一封来信，同时慎重地予以回信，这是一个与顾客沟通、建立长期稳定关系的绝佳机会。

5. 顾客调查

顾客调查是企业与顾客沟通的基本内容，通过调查，有助于把握顾客需求的现状及变化趋势，从而采取相应的措施以达到更高程度的顾客满意水平。顾客满意调查的方法包括：

（1）问卷调查。顾客满意调查的办法多种多样，其具体运用视调查对象与调查目的而定。其中又以问卷调查为最基本的方法。通常对于比较明确的顾客，即在能够具体掌握顾客资料的情况下，只要使用印刷好的问题和备选答案进行问卷调查就可以了。

（2）样本调查。对于不确定的研究，即没有顾客资料时，可利用大量样本法进行调查。没有顾客资料的情况多是消费品，特别是日用消费品。由于被调查者都有使用该种商品或服务的体验，因此随机选取大量样本，请对方回答使用过的多家公司的产品的满意程度，这样就不但可获得顾客对自己公司满意度的资料，同时还可获得顾客对其他公司满意度的资料，从而能够满足某些企业试图与其他公司进行比较的调查需要。

（3）聘请专职调查员。在大量取样的调查方式难以进行的情况下，例如出租车行业的调查，可以聘请外部人员作为本企业的特别调查员，由那些不属于企业内部的调查员，站在客观、公正的立场来进行调查。

（4）试用。企业从目标顾客群中按一定标准选出具有典型代表性的潜在顾客，让他们试用本企业的商品及服务，并从顾客（消费者）角度对其进行评价。通过这种方式，企业也能掌握顾客对企业商品及服务的可能感受。

（5）调查顾客潜在意见的特殊方法。一般的调查，往往仅限于发现顾客显现的意见及需求。要进一步探寻顾客潜在的意见，还需要采取一些特殊的方法，这些方法包括：设立专门的咨询柜台，了解顾客的迫切期待与愿望；从日常与顾客的交谈中，努力搜寻可供参考的线索；同时并用多种方法，将所得结果交叉整理，系统分析；当顾客从同行业的其他公司转移到本公司，或从本公司流失或正要流失时，要再三询问他们移动的原因，以便找出问题的根本原因。

（6）广告。广告是组织通过报纸、广播、电视等媒介有计划地发布组织信息的方法。在媒介发达的今天，广告方式正被广泛采用。

（7）公关。公关作为组织对外沟通的一种最基本、最重要的方式，是组织处理好与顾客、供应者、经销者以及社区、政府和新闻界关系的基本方法。主要通过开展一些诸如公关事件策划、社会调查、控制舆论、制造新闻、公关广告等活动，塑造企业完美形象，使企业与公众及社会环境相互适应，共同发展。

（8）知识沟通工具应用。由于现代知识型企业中客户和市场的细分加剧，甚至要面对每个个体的顾客都要进行处理的状况，因此，如何在瞬息万变的市场中留住客户，争取新客户，并与客户进行知识交换，不能再依靠传统的人与人的手工操作式的顾客管理方法。虽然，在此过程中也应用了 E-mail、传真、电话，但容易产生大量重复性的工作和信息错误，使信息因零散性和不集成而丢失。

对此，企业在与市场和消费者的沟通中，应广泛应用知识沟通的工具，如目前的客户关系管理系统（Customer Relationship Management，CRM）。该系统既为一种解决方案，也是一套人机交互系统，如采用企业信息门户（Enterprise Information Portal，EIP），可以将顾客与企业的信息知识系统进行互联，企业可以释放存储在内部和外部的各种信息，让客户们能够从单一渠道访问其所需的个人化信息。客户们可利用这些个人化信息做出合理的业务决策，并执行这些决策，同时发现做出类似决策的其他人并和他们取得联系。

通过知识信息沟通工具，可以由单向查询到信息互动；使客户知识规范化处理；客户的主动参与；善于创造和引导顾客的沟通。

（二）企业与上、下游企业沟通的方式

在现代变幻莫测的市场环境中，与上、下游企业紧密沟通、联合求发展几乎是企业竞争制胜的惟一选择。试想，如果供应商不能及时地提供质量合格的原材料或半成品，企业的生产经营就不可能稳定进行；如果经销商不能充分发挥其在企业与顾客之间的桥梁作用，那么再精良的产品也只能是一堆废物。企业与上、下游企业沟通的方法包括：

1. 建立电子通信网络

充分利用现代通信设施，建立企业与供应商、经销商之间的有效沟通与联络。电子数据交换能达到缩短订货与交货的时间、提高服务水平、减少存货短缺状态、改进有关经营、宣传和价格变化以及产品可供性等方面的信息交流、降低存货费用、增加订货、装运以及接货的准确性以及节省劳务费用等效果。

随着计算机与通信技术的迅猛发展，电子通信网络在改善企业与上、下游企业之间的沟通方面所起的作用已越来越大，越来越受到各大企业的青睐。

2. 互派人员、参与彼此的重大决策

对紧密型合作的上、下游企业，公司要采取重大举措时，应邀请对方参与，至少要尽早让对方获悉，这样可以减少许多猜疑、不信任感与误会。

3. 给对方人员提供培训机会

许多成功企业的经验是，对经销商的有关业务人员进行培训，因为他们才是真正地直接和最终顾客打交道的人员，如果缺乏必要的产品知识就难以成功地推销给顾客。此外，通过培训，还可以贯彻公司的某些政策与企业文化，提升企业的形象，对供应商的技术人员，同样有必要对他们进行培训。

4. 深入实际，解决问题

只有深入对方实际，才能获取第一手的准确信息，更好地解决问题。马克斯—斯比潘塞公司的一位高层经理谈道："我和每一位高级经理人员（大约25人）定下一条死规矩：每年至少走访40个供应商。"

通用电气公司的总裁杰克·韦尔奇讲述了一个如何与供应商解决问题的故事。他们从供应商得到的螺钉质量并不理想，螺栓会穿过螺帽，刮伤产品，甚至刺伤人体——有位工人就因此而缝了18针。大家一味抱怨，却不去与供应商一起去解决问题。后来一位叫吉米的年轻管理员提出，主要问题与螺钉切入深度以及螺钉的形状有关，并要求把这些问题告诉供应商。当时总裁杰克·韦尔奇马上租了一架飞机，带着吉米和其他人员一起到这家位于弗吉尼亚州的螺钉工厂，携手很快就把问题解决了。

5. 增加信息交流

通过庆祝活动等保持企业与合作伙伴间经常性的人员互访，增进感情和了解，改善工作关系，增加信息交流的机会。

6. 商务谈判

当组织与其他组织需要进行合作时，往往要相互摸清底细，并且相互交流自己的各种目的、需求，以便能够使合作对双方均有所收获。而这一切信息的交换在很大程度上都是通过商务谈判这种沟通方式来完成的。美国谈判学会会长杰勒德·卜·尼伦伯格认为，谈判是人们改变相互沟通的一种行为。

（三）企业与新闻媒体沟通的方式

可供企业利用的大众沟通媒体有：报纸、杂志、行业刊物、广播、电视、书籍，还有以惊人速度膨胀的国际互联网（Internet）。

新闻媒体是企业同一般公众进行沟通的最经济和最有效的沟通渠道之一。对企业而言，新闻媒体兼具双重重要意义：一方面，新闻媒体是有效的传播工具，通过它可以与各种各样的公众进行沟通，树立企业良好的形象，实现企业的目标；另一方面，新闻媒体又是企业非常重要的一类沟通对象，因为新闻媒体对社会舆论有很大的影响力。企业与新闻媒体沟通的方式包括：

1. 新闻发布

新闻发布是由企业将一个新闻事件送往新闻媒体，新闻事件以新闻故事为题材写成。新闻发布是企业与新闻媒体沟通的基本方式之一，它能使关于企业的一则新闻报道，同时为多家新闻媒体所知，并进而扩散给大众。

实际上，企业的许多活动都是新闻的理想题材，值得用新闻发布的方式公之于众。这包括：（1）公司历史：周年纪念、生产、销售、筹集资金方面的新成就、服务优良的奖励；（2）生产：设备的改进、专利、新发明、新原料的应用；（3）组织策略：企业组织的变革、股东关系；（4）人物：公司高层领导的重要讲话、个人的成就和事迹、名人来访、员工访问；（5）研究：设备改良实验、新研究计划、未来经济分析和展望；（6）产品和服务：新产品和新服务项目、产品获得的荣誉；（7）营销：未来商品及其营销计划、新的营销渠道、经销商调查、销售竞赛；（8）企业形象、商业特点：新的商标或商业特点、知名人士对公司的赞赏、新的企业理念、精神与企业口号；（9）员工及其活动：员工福利、联谊活动、新进员工、员工退休、逝世；（10）社会活动：有关公司的地方新闻、企业在社会上的公益活动或展示活动。

2. 记者招待会

采用记者招待会的方式，可以使记者们直接看到或听到他们想知道的东西，同时记者们可以当面询问公司的重要人物一些问题。对于企业而言，这是一种给新闻界留下深刻印象、进行自我推销的很好的方式。召开记者招待会时，通常要向记者们提供一套新闻资料，包括展示品、图表、照片等。在推出新产品时，往往进行示范性表演，由工程师或管理人员做讲解，说明这项产品对公司和未来客户具有何种意义。

此外还有一种不同于记者招待会的记者接待会。接待会可在公司的周年纪念、商展或介绍新产品时举行。在记者接待会上，记者们可以在友好而不拘束的气氛中与高层管理者会谈。记者游乐会是另一种做法。它是由公司负担旅游费用，招待记者们参观该公司经营的某个企业或某处与公司经营活动相关的场所。

3. 特写

企业可能有助于其他企业的新观念，或生产上、销售上、管理上值得其他企业学习的事迹，都可以作为特写的题材。运用特写的沟通方式通常有以下几种：

（1）名人文章。很多杂志乐于刊登有一定知名度的企业经理们的文章（虽然这些文章可能是企业公共关系专家或相关人员所写），因为他们的权威性会提高文章的身价。也可由企业外部的知名人士，根据对企业管理层的访问或企业提供的资料，写一些关于公司及其活动的文章，由于这些知名人士在某一特殊社会圈内为人熟知，他们的文章也就较易引起注意。

（2）人物志。关于有特殊成就的杰出经理们的文章是大众较感兴趣的题材。在很多情况下，大众是因为看到某企业领导者在工商界的特写而对该企业或其重大事件有所了解的。

（3）公司案例。这种文章通常以公司在广告策略、推出新产品、生产组织财务运作以及营销组合等方面的成功事例为主题。一般而言，这些事例应对公司有重大意义并具有一定的典型性，能够为其他企业所借鉴。

（4）通论文章。这类文章专门论述某个行业、某种产品或某类公司。在文章中，有时会特意强调某企业及其管理者在该领域中的先驱者和领导者的形象。

同时，企业要记住，尽量与新闻媒体合作，努力将企业管理层的信息传达给对方，防止记者们从不可靠的渠道取得资料以致使事实被严重歪曲，产生不利于企业发展的舆论导向。

4. 制造新闻

运用这种方式，企业处在积极、主动的地位，引导新闻媒体趋向由企业有意制造的新闻热点。如果运用得当，很多事件都可能成为这样的热点，例如：（1）周年纪念庆祝；（2）讨论会；（3）对特殊成就的奖励；（4）为一项有专题价值的题目进行的对顾客、员工或股东的调查；（5）公司在市场上的重大举措；（6）一次比赛。

制造的"新闻事件"要有足够的宣传价值，以引起新闻媒体的关注。但是，如果片面追求新奇和刺激，则很可能喧宾夺主，反而淡化了公司原来的目的，甚至会导致欺诈或毁损他人名誉等法律纠纷。因此，制造新闻需要预先制定周详的计划，慎重考虑新闻界和公众的各种可能的反应，并且要紧密围绕企业的目标。操作中应努力做到适度、得体，避免哗众取宠和低级趣味。

5. 企业最高管理者直接参与沟通

企业的最高管理者直接参与同新闻媒体的沟通，对企业大有益处，不但可以增加企业发言的权威性，使公众对管理者有更深的了解，还可以提供一个机会，使管理者能直接面对新闻记者提出的诸多问题，有助于他们更多地了解实际情况，同时也能使媒体产生受尊重的感觉。管理者特别是那些工作在地方部门、分公司的最高管理者，必须重视与新闻媒体发展最直接的、面对面的沟通。

公共关系咨询专家劳杰特·费格利认为，今天的"每一位总经理都将不得不直接与公众沟通。如果他试图对有关企业经营前途的公众观点施加影响，就必须使自己成为一个积极的新闻发言人，并积极参与公众事务，如参加座谈、做演讲、发表声明等"。

为帮助企业最高管理者与新闻媒体得体地沟通接触，有些公共关系机构设立了标准的训练课程。管理者们参加 2~3 天的研究学习班，利用录音带、电视等设备，学习公众演讲、电视座谈等技巧，此外还有专门介绍怎样消除对询问的敌意的内容。帮助总经理恰当应对新闻发布会的另一个有效办法是为他们准备简单的"情况概要"，并预先演练可能遇到的提问，使经理们在思想上有所准备。

（四）组织对外沟通与企业 CI 系统

在组织的外部沟通中，企业形象和标识如何，也直接影响着消费者、合作者、社会机构的心理接受程度。而知识型企业由于企业性质和面临环境的变化，企业 CI 系统扮演着更为重要的角色。

1. 企业 CI 系统的内涵

众所周知，CI 是英语 Corporate Identity 的缩写。对企业 CI 系统的定义很多，我们比较倾向于引用日本学者西元男的定义："在全新时代的价值观念环境中，将自己固有的自立哲学加以明确化；在信息化社会中通过各种沟通活动将个性鲜明地表现出来；通过改进组织内外有关人员的集团意识和组织体制，从而建立起更好的市场环境与生活环境的文化革命战略。"① 此概念虽然有冗长之嫌，但从沟通的角度体现了以下几个方面的内涵：①新的环境和价值观需要新的形象，企业的形象与企业价值观念及环境是互动的；②CI 系统与企业沟通紧密相连，企业沟通促进其形成，同时又是沟通的一部分；③CI 系统是组织内外相互作用的过程，是动态信息与资源互换的结果；④这是一个文化的战略，CI 系统是企业文化的外化和体现。

与传统企业相比，知识型企业更需要建立自己良好的富有特色的企业 CI 系统，如 IBM、英特尔及微软的企业形象设计都给消费者以深刻的印象。建立企业 CI 系统的主要动因是：

（1）企业竞争激烈，显示个性化的需要。在知识型企业的条件下，企业的竞争更为激烈，企业也更富个性化、创新性。因为企业的产品和服务都更趋差别化，而且产业的细分也不断加剧。而在传统的企业市场上，产品差别化不明显。为达到个性识别（Personal Identity），必须积极推行企业 CI 系统。

（2）广告过剩的情况下，消费者识别的需要。由于产品越来越丰富，以及大众沟通媒介可以提供给受众的传播等信息量无限加大，从而导致受众的阅读速度加快。根据有关资料显示，美国公众平均每天要看到 560 条以上的广告，但只有 76 条广告被"注意"，而被记下的不超过 12 条，仅占公众所看到的广告的 0.02%。在这种情况下，一个良好而富有个性的企业 CI 系统对建立企业形象至关重要。

（3）产品无形化，需要企业的有形化。知识型企业的特点之一是产品的无形化。所

---

① 夏建中. 现代 CI 系统的应用. 上海：复旦大学出版社，1977：2.

谓产品无形化是因为其所包含的物化的有利的内容越来越少，一张软盘与一部汽车的外形视觉差别很大。而企业则不断有形，主要是其个性的增加。为达到这种有形和无形的转换，在消费者的心目中形成印象，仅通过产品很难显示标识，因而必须设计企业的标识。在这方面，IBM、微软、Intel 等企业都取得了很大成功。

2. 知识型企业 CI 设计的原则

知识型企业的 CI 设计，应坚持以下原则：

（1）充分展示其个性化。知识型企业是富有个性与创新的企业，确立了企业的个性化也就是确立了企业的识别性，企业识别性就是根据企业独特性的确立而塑造企业形象。企业的个性化包括两个层次：即企业个性化的观念层次，包含企业使命、经营理念、活动领域、行动基准等四个方面；企业个性化的识别层次中，最主要的是组织的名称和标志，如在域名结尾为".COM"的公司中，企业的标识效果很重要，搜狐的独特标识，充分体现其作为搜寻网站的理念与特点。

（2）识别表现的标准化。这主要是指知识型企业在传递企业形象的信息时，应具有视觉上的统一性，通过这种统一性来表现、昭告企业的经营范围和活动领域，并强化社会公众的注意力。为达到识别表现的标准化，必须进行专业化的设计，以防止企业散发信息的模糊和分散以及自相矛盾。

（3）CI 设计的理念层次外化。在企业 CI 系统的理念识别、行为识别和视觉识别三个方面中，理念识别是知识型企业信息外化的最重要内容。理念识别又包含三个方面的内容，即企业的价值观、企业的活动领域、企业的个性及文化。在企业理念的开发过程中，很重要的一个环节就是将它成文化。所谓成文化，简单地讲就是将抽象的企业理念变成可把握的条文，从沟通的角度来讲，这样便于规范内外沟通的效果。

# 第四节　组织沟通模式

模式是对现实事物的内在机制及其事物间的关系的直观和简洁的描述，它是再现现实的一种理论性的简化形式。模式可以向人们提供某一事物的整体形象和简明信息。

组织沟通模式的研究并不是一开始就以独立的姿态站立在世界学术舞台之上的，而是充分吸收一些基础管理学思想的养分后才发展起来的。学者们在各自的学术领域（如心理学、社会学、管理学）辛勤耕耘，大胆开拓，形成了自己对组织独特的解释，发展成对现代企业和公共部门有巨大影响的不同流派的管理思想。他们的初衷虽然不是为了研究组织沟通模式，但这些思想包含了大量在组织环境中与组织沟通有关的清晰而广泛的描述，逐步升华成各种不同的组织沟通模式，任何一种沟通模式都体现着对人和组织的基本理解。下面将对组织研究的三个基础管理思想学派——古典学派、人际关系学派、人力资源学派进行回顾，并简要介绍现代沟通理论。

## 一、古典学派沟通理论

古典学派的组织理论主要建立在亨利·法约尔的古典管理理论、马克斯·韦伯的官僚理论、费雷德里克·泰勒的科学管理理论之上，根据古典学派对企业和组织的界定，古典学派中的管理沟通理论形成了以下特点（如表 5-1 所示）。

表 5-1　　　　　　　　　　　　　古典学派的沟通特征

| 沟通内容 | 工作 |
|---|---|
| 沟通流向 | 垂直式（从上到下） |
| 沟通模式/渠道 | 通常是书面的 |
| 沟通类型 | 正式的 |

沟通内容。由表 5-1 可知，在古典组织中，与工作有关的沟通范围相当狭小。例如：法拉斯、蒙奇和拉塞尔（1977）谈到过三种常在组织情境中出现的沟通类型——与工作有关的沟通、与创新有关的沟通和与维持有关的沟通，而社会性沟通在依赖古典理论的组织中受到压制。

沟通流向。在法约尔、韦伯和泰勒的古典理论中，最重要的沟通线路是信息沿着组织层级结构等级链垂直流动，而且在这些古典理论中，组织的大部分沟通信息以命令、规定和指示的方式从上到下流动。在沟通中，只有少数信息进行反馈和互动。

沟通模式渠道。古典组织沟通理论中，沟通的渠道较为单一，主要以书面沟通为主。由于古典理论强调规则和程序在有效的组织运行中的持久性，这些组织很可能非常依赖书面沟通，如员工手册、操作指南、任务描述、规则和行为评估等。

沟通类型。一种较为正式、单一的沟通模式，较严格地按照沟通要素展开。此种沟通中缺乏反馈，缺少信息的互换和互动的交流。

## 二、人际关系学派中的沟通理论

以亚伯拉罕·马斯洛、道格拉斯·麦格雷戈和弗雷德里克·赫兹伯格的理论和思考为基础，形成了人际关系学派（Human Relations Approach）。

沟通内容。组织内部的沟通内容主要有三项，即工作沟通、创新沟通和维持性沟通。在此学派中，与工作有关的沟通内容仍然存在，但试图维持组织中人际关系的沟通，即维持性沟通（Maintenance Communication）却明显增多。因为根据马斯洛和赫兹伯格的理论，都强调通过沟通来满足人们的社会性等交流层次的需要。"我们要唤醒那些已经满足或基本满足了那些需要的人们，在这里才能爆发出最充分（而且最健康）的创造性。"[1]

沟通流向。虽然在古典组织中，沟通的特点都是垂直流动，而且通常是自上而下流动的。但人际关系学派并不把沟通流动局限在这个方面，而是大力提倡横向沟通，认为在达到组织目标的过程中，员工之间的互动和从上到下的沟通同样重要。

沟通渠道。由于人际关系学派注意人与人之间交流的重要性，因此在其沟通理论中，面对面沟通占据了主导地位。由于书面沟通不包括非语言暗示和反馈，所以它所具有的社

---

[1]　Kardiner A. *The Traumatic Neuroses of War*. New York：Hoeber，1941.

会表现比可以包容暗示和反馈的面对面沟通要少。

沟通类型。由于人际关系学者强调社会组织和满足归属的需要，追随这一学派的组织沟通相对而言以非正式沟通居多，沟通的内容与古典组织理论中的不同，也逐渐非正式化，表现为情感、消息和非工作内容的增多。

人际关系学派标志着在一系列研究课题上的转变，即从古典组织管理中的以工作取向的机械沟通模式向社会的、非正式的沟通模式的转变。人际关系理论学者认为，开放的沟通将通过减少冲突与满足个人喜好提高组织绩效（见表5-2）。①

表 5-2 　　　　　　　　　**古典学派与人际关系学派的比较**

| 学派<br>内容 | 古 典 学 派 | 人际关系学派 |
| --- | --- | --- |
| 沟通内容 | 工作 | 工作和社会 |
| 沟通流向 | 纵向（从上到下） | 纵向和横向 |
| 沟通渠道 | 通常为书面 | 通常为面对面 |
| 沟通类型 | 正式 | 非正式 |

### 三、人力资源学派的组织沟通

从管理学和组织学角度看，"人力资源学派对以往的综合理论的贡献是强调了员工思想和观念对组织的贡献"。因此，我们将根据人力资源学派的有关观点，继续从沟通内容、沟通流向、沟通渠道和沟通类型等几个角度来考察该理论中组织沟通的特点。

沟通内容。在任务沟通、社会沟通的基础上，该理论强调创新沟通（innovation communication）的重要性。由于人力资源学派特别重视鼓励发挥员工的智慧和创造性，因此创新沟通及如何沟通有关创新的知识是该理论研究的重点。

沟通流向。在人力资源组织中，沟通目的是鼓励组织中各方位的信息进行流动和共享。因此，简单地说，这类组织中的沟通包括所有方向——从上到下、从下到上、水平以及交叉方向的传播。人力资源理论认为，沟通方向不能局限在一定的组织层次中，而是倾向于重新配置组织流程图，以促进新观念达到最佳的流动状态。

沟通渠道。在人力资源的沟通理论中，书面沟通渠道以及面对面的沟通渠道都被重视，但并不去偏爱任何一种，人力资源组织希望通过对人力资源的明智利用，使组织生产效率达到最大化。因此，利用这些资源的最佳方式包括面对面接触、书面备忘录及电子邮件和网络等多种内容。

---

① 　Eisenberg E. M. ，Witten M. G. Rethought of Organizational Communication Opening，In：*Academy of Management Review*，1987：420.

沟通类型。在人力资源组织中，由于要提高组织效率，满足人性需要，特别是已经将人力资源作为组织的第一资源，把创新作为组织的追求目标，因此该理论十分强调非正式类型的传播。此种沟通方式也最适合人力资源学者们所提倡的以团队为基础的全方位沟通，当然正式沟通也是人力资源组织不可或缺的一部分。

**四、现代学派及其组织沟通理论**

以前面介绍的古典组织、人际关系、人力资源组织沟通理论为基础，目前又出现了一些堪称非传统的并且也不是很系统的组织沟通学派，我们统称为"现代学派"。"它们不是规范性理论，而是描述性或解释性的理论。这就意味着它们可以用来增进我们对任何组织的理解，无论这个组织是以古典学派、人际关系学派还是人力资源学派为指导。"① 下面我们可以简要地对这些沟通理论做一下介绍和相关评论。

（一）系统学派的组织沟通理论

系统学派中比较有代表性的学者卡茨和卡恩在 1966 年出版的《组织社会心理学》一书中认为，组织应该真正地被概念化为一个复杂的开放系统，它依赖各个组织成分之间的互动以及组织与外部环境之间的互动来生存和发展。

组织沟通的系统学派建立的前提是组织中的沟通最好通过诸如可渗透性、相互依存、反馈、殊途同归和负熵等公开的系统概念来理解。因而该沟通学派将组织内部的沟通也理解为系统行为，并运用控制系统及韦克的组织理论学，解析组织内部的沟通过程，并认为组织沟通是一个系统的共同依赖的过程。但麦克和诺森也特别认为：组织的共同依赖限制了沟通的反馈作用，由于依靠有限的选择而忽略殊途同归的原则，由于有限的信息共享和完成最起码的工作习惯而增加了紊乱，并把系统"相互依存"这一关键概念扭曲为毁灭性的共同依赖。②

（二）文化学派的组织沟通理论

该学派首先将组织看做一种文化行为，把组织理解为文化的隐喻。其中比较有代表性的理论有两个：第一种理论源于大众商业宣传，把文化看做组织的拥有物；第二种理论认为组织是一种文化。比较有代表性的著作是特伦斯·迪尔和艾伦·肯尼迪于 1982 年出版的《企业文化：企业生活的礼仪和习俗》以及汤姆·彼得斯和罗伯特·沃特曼 1982 年出版的《追求卓越：美国最成功的公司的秘诀》。迪尔和肯尼迪认为，如果一个组织是强势文化（Strong Cultures）的氛围，它将是一个适合个人工作的地方，同时也可以提高个人和组织绩效。彼得斯和沃特曼一直试图确定那些优秀公司中所盛行的卓越文化（Excellent Cultures）的各个方面。

围绕组织是文化或文化隐喻的理论，文化学派的沟通理论认为，如果发挥组织沟通的作用，应积极培育和塑造价值观、英雄观、礼仪和习俗以及形成文化网络（Cultural

① 凯瑟琳·米勒. 组织传播. 北京：华夏出版社，2000：59.

② McMillan J. J., Northern N. A. The Common Riability in Organization：Emergence and Maintenance of Closed System. *Management Communication Quarterly*, Vol. 9：6-45.

Net），同时特别认为，在一种组织强势的文化中，这种网络有助于宣传蕴涵在文化价值中的普遍信念，文化网络由正式的组织渠道和员工之间非正式的渠道互动所形成。帕卡诺斯基和奥康奈·特鲁吉洛在《作为文化表现的组织沟通》（1983）中强调了组织文化有显示性沟通的特征，应把这些沟通过程看做互动的、背景式的、插曲式的和即兴表演式的"表现"，而通过沟通才能形成系统的组织文化。

**（三）批判学派的组织沟通理论**

组织沟通批判学派的哲学基础来源于马克思理论。批判学派的学者们相信，这些社会结构和过程会导致基本的权力失衡，权力失衡后将导致某些社会阶层和团体的异化和遭受压迫。批判学者们的作用在于探索和揭露这些失衡现象，并且使被压迫团体注意到这些现象，以取得新的平衡和平等。批判学派的组织沟通研究主要重视以下问题的研究：

组织权力的来源问题。由于批判学派十分强调组织权力，权力依存于构成组织生活和社会结构的过程，而组织权力是沟通互动和沟通关系的产物。在摩根的关于形成组织权力的来源的理论之中，强调对知识和信息的控制、人际联盟、网络以及对"非正式"组织的控制，是形成组织权力的重要因素。[①]

关于组织控制的形成。批判学派认为，组织的过程就是沟通和形成控制的过程，即是当前较为流行的、被认为是发挥员工民主的团队管理方式。如巴克尔认为组织正由传统的系统模式转换为以团队为基础的组织体系。然而具有讽刺意味的是，团队制定的纪律往往更加行之有效，更加不可抗拒，且不如在官僚控制体系下制定的纪律那样显而易见。

关于组织沟通中的女权主义理论。许多女权主义学者指出，沟通形式或官僚形式的组织天然是父权制的。巴泽奈尔认为组织沟通的传统观点突出了竞争性个人主义、因果思想方式和自主权的重要性。相反，女权主义者强调的则是合作的价值、综合性思维和相互联系。

这些新的组织沟通理论，完善了对组织沟通研究的理论框架，并为从多个角度观察和研究组织沟通创造了条件。这些理论的体系大多不是很完善，但却有很多闪光的思想和智慧的火花。

# 第五节  组织沟通影响因素

## 一、影响组织沟通的一般化因素

影响组织沟通的因素很多，大致我们可以将它们概括为三类因素：一是主观性因素，包括信息源接收者的个人主观影响；二是沟通环境的影响，即沟通过程中的情境要素的影响；三是沟通媒介、通道的影响。

主观性因素。沟通的过程涉及两个或两个以上的主体。沟通的一方采取什么样的方式、以什么样的情绪和态度、采用什么样的方式来传递信息都会导致沟通结果的不同。作

---

① Morgan G. *Images of Organization*. Sage Publications Ins. , 1986：159.

为沟通另一方的信息接收者在接收信息后，必须进行"译码"的工作，才能从信号中了解信息源想要表达的情感或观念。由于信息源与接收者拥有两个不同的经验基础，因此这种经验便决定着转译后的沟通内容与信息源所想表达的内容之间对应性的大小。在面对面的沟通中，信息的发送者与接收者的角色是不断转换的。所以，作为沟通主体必须很好地了解如何有效地理解别人和让别人理解，了解沟通过程中的转译和传递机制，并且要根据不同的对象采用不同的沟通方式和沟通风格，在沟通中保持积极的心态，只有这样，才能提高沟通的有效性和准确性。

沟通的环境。不难理解，沟通的环境是影响组织沟通的一个重要因素。这种环境包括组织的整体状况，组织中人际关系的和谐程度，组织文化氛围和民主气氛，领导者的行为风格等。同样重要的是，特定的沟通过程所处的环境对沟通有着非常直接的影响。例如，当公司面临着外界的巨大威胁时，原来已经很难沟通的劳资关系就可能会变得易于沟通。当公司采用会议沟通时，会议地点选在非常正式的会议室与选在一个风景旅游区相比，其沟通效果便大不一样。当领导欲做下属的思想工作时，在办公室里和到下属家中便会产生不同的结果。

沟通的渠道选择和媒介的不同，对组织沟通也具有重要的影响。组织沟通渠道分为正式的和非正式的。正式渠道具有传递速度快、约束力强、效果好等优点，而非正式渠道则具有不拘泥于形式、直接明了、易于交流真实情感和想法的优点。另外，各种不同的沟通又有多种表现形态，如正式沟通中的链形、环形、轮形等，它们又各有千秋。选择了不同的沟通渠道和沟通形式，组织沟通的效果便很明显地各不相同。媒介包括电话、文件、信函、电子邮件、电视、内部刊物、启事栏等各种形式，同样的信息，采用不同的媒介来沟通，沟通的效果也是不同的，对于一个特定的组织，在渠道和媒介的选择上要根据公司自身的特点和媒介来决定。

### 二、组织的个性特征是影响沟通的重要因素

（一）社会环境是影响组织沟通的基本因素

不同的社会环境具有不同的文化价值观念，这些价值观又左右着人们的沟通行为。在美国的那种社会文化氛围下，组织中的民主气氛浓厚，员工个性率直，下级可以直言不讳地向上级乃至上级的上级提出自己的意见，公司管理人员的办公室的门是敞开的，随时欢迎下属来沟通情况、交换想法，所以其沟通程度较深。但在德国，公司高层管理人员的办公室的沉重而厚实的门都是关得严严实实的，并不欢迎下属的随意造访。在日本则等级森严，沟通在一般情况下都是逐层进行的，而且，其沟通信息的范围十分有限。所以许多日本人都感觉到因缺乏沟通而压力十足，但在日本这种文化环境之下，非正式的沟通却较为普遍，他们下班后，往往三五成群地去酒吧。在我国，组织的沟通受环境影响更为严重，由于社会的裙带关系，所以在正式渠道之外还有一个常规的非正式渠道。信息沟通的速度往往较快。另外，私人小企业往往是全渠道式沟通，而大型公司则是倒 Y 形沟通。

社会环境对组织沟通的影响，还表现在社会技术进步所带来的信息传递手段的变化。如美国由于其信息技术十分先进，员工的沟通可以十分迅捷地通过计算机网络等先进的手

段来进行。而我国则因技术相对落后，组织沟通在广大中西部地区还是以文件传递的形式为主。

### （二）组织的结构形式

组织的结构形式在某种程度上决定着组织内的权力线和信息流动的渠道。组织内的正式沟通渠道在很大程度上取决于组织的结构形式，所以结构形式对有效的组织沟通有决定性的作用。组织行为学告诉我们，传统的组织结构形式包括直线型、职能型、直线参谋型等各种类型。现代组织形式包括事业部型、超事业部型、矩阵型和立体组织型等。目前随着计算机网络的迅速发展，又出现了网络型组织、虚拟组织等许多形式。

为了分析结构对组织沟通的影响，我们可以将组织结构形式分为科层型和网络化两大类。科层型的特点是具有较严格的等级概念，位置职业化，以非个人感情为主的人际关系，其命令的指示和情况的汇报都具有较严格的指挥链条。因此，企业基本上依赖正式渠道进行沟通。由于科层组织往往具有多种层次，因此在信息的传递过程中常常受到过滤的限制。过滤是信息在传递期间受到冲淡或完全滞留在某一点上的趋势。因为过滤的可能性随传递环节的数目而增加，所以在科层型中，仅仅依靠正式渠道很难获得正式有效的沟通效果，在这种组织形式中，非正式沟通便占了很大的比例。

网络化的组织形式可以充分利用现代化的通信技术，使得沟通更为迅速和便捷，它们的各种通知都是通过 E-mail 发出，避免了传统传递方式可能造成的信息的延误或扭曲等。

### （三）企业文化

企业文化是企业在长期的生产经营实践中所创造和形成的具有本企业特色的精神和某些物化的精神，它包括共同的价值观念、行为方式及经营风格，以及蕴含在企业制度、企业形象、企业产品及员工行为中的文化特色。由于企业文化是企业员工价值观的根本体现，在很大程度上影响着员工的各种行为，当然对组织的沟通也有十分重要的影响。企业文化中的精神文化是反映企业的核心价值观，对员工的精神面貌、工作态度、沟通的积极性等有决定性的作用。而企业的制度文化又直接以文件规范的形式规定着企业中信息传递的流程和传递的方式、各种信息的披露程度和层次。企业中的行为文化直接决定着员工的行为特征、沟通方式、沟通风格等，最后，企业的物质文化决定着企业的沟通技术状况、沟通媒介和沟通的渠道。所以，企业文化不仅仅影响组织沟通过程中的主观性要素——沟通者和信息接收者，而且还决定着沟通的媒介、沟通的渠道、沟通的环境等客观因素，从而全方位地影响着组织的有效沟通。

### （四）组织角色

组织中的每个人都处在不同的位置，都具有不同的组织角色。例如上层管理者和下层的员工，其组织角色各不相同，不同的职能部门中的工作者，由于其司职的不同也表现为不同的组织角色。所担任的角色不同，看问题的方式和角度便不一样，就会产生不同的态度和观点与不同的利害关系，因而每逢接触到新的信息时，就会从本角色加以估量，因而导致不同的意见和结论。组织角色对沟通影响的典型事实便是上、下级之间沟通的问题。

领导角色不仅要求上级注意任务职能，而且要注意社会情感职能，也就是说，上级一方面必须指导和控制下属的工作，另一方面必须注意下属的情感需要和愿望。而许多上级可能难以平衡这两种角色要求。例如某系主任送给系里一名年轻成员一张便函，内容如下："我衷心祝贺你最近获得博士学位。这是一个你引以为自豪的成就。我期待着你对我系的研究做出更大的贡献，同时也希望看到你在博士论文基础上所发表的几篇文章。"既向年轻成员表示祝贺，同时又提出建议，系主任试图在一张便函中同时照顾到社会情感和任务两个方面的问题。可惜的是，年轻教师可能会对这种沟通的内容感到很恼火，感觉到它轻视了他的成就，并且暗示他在系里没有努力做好分内工作。在这种情况下，分别用两张便函，一张表示祝贺，另一张进行工作指导，可能更为有效。

下级出于前途和安全性考虑，在与上级沟通时，往往会发生障碍。因为下级在组织内的发展前途在很大程度上操纵在上级手中，这使得下级在与上级沟通时，很自然地怀着一份特别的心理状态。一方面，他不愿意在这上面发生对自己有什么不利的影响，因此对沟通的内容不免加以选择和控制，这使得沟通发生扭曲现象。另一方面，下级对于上级所传递的"下行沟通"也同样会因上级和下级的角色关系而发生扭曲。由于下级想从沟通中得到更多更微妙的信息，往往会捕风捉影，自以为是，上级一句漫不经心的话，可能会被下级理解为带有特别意义的内容。

（五）管理者的特点及其管理风格

1. 四种类型的管理者

根据前面提到过的约哈里窗的分析维度可以将管理者分为四类：

双盲型。既不暴露也不反馈，占据双盲式的位置，自我充满焦虑与敌意。这种类型的管理者往往采取专横独断式的管理方式，在他所领导的群体、团队或组织中，人际交往低效，缺乏有效的管理沟通，部下缺乏创造性。

被动型。仅仅依靠反馈，缺乏自我暴露，是一种"假面式"的沟通。开始，部下与上司有一定的满意关系，但长此以往，上司不愿打开心扉、与部下及同事坦诚交流的话，部下可能对其产生"信任危机"。

强制型。一味以自我暴露取代反馈，自我至高无上，他人一无是处。在与员工沟通中，常常滔滔不绝，言过其实，以此巩固自己的地位与威信。由于这种类型的管理者采取强制灌输式的管理方式，部下会对其充满敌意，会时时感到忐忑不安，甚至怨愤。

平衡型。合理使用暴露与反馈，达到最佳沟通状态。这种类型的管理者会自由地适度暴露自己的情感，及时收集他人的反馈，注重自我与他人的互动，采取平衡有效的管理方式。部下会感到心情舒畅，会与上司坦诚交流，其管理效率最高。

2. 四种典型的管理模式

除了采用约哈里窗分析之外，我们还可以通过管理者对员工持有的态度分出四种类型的管理模式。

（1）命令型。若你一定要去完成一项极其复杂的工作，而部下又经验不足，缺乏主动，但又必须按时完成，时间紧迫，最适合的方式就是命令型的管理模式。你需要向员工解释有哪些工作需要去做，告诉员工怎么去做，及时发现部下的困境，关心工作进展。但是，切忌陷入过度沟通的陷阱，即过多解释可能会浪费时间，打乱工作程序。沟通特点是自上而下的单向模式。

这种管理方式的高明之处在于，作为上司你要毫不犹豫地将有关决策迅速而准确地传达下去，奖勤罚懒，决不手软。管理者目标明确，并且能够控制整个进程，对最终的结果承担所有责任。

（2）指导型。若部下比较主动且具有较为丰富的工作经验与热情，你可以选择指导型模式。你可以花时间与部下进行沟通，以友好的方式向他们详细地说明工作性质，并帮助员工理解工作并实现目标。指导型管理最大的功效是帮助部下热爱他的工作。为了提高能力给予持续的指导，为了避免热情下降而强化支持。同时，上司有义务帮助员工实现个人愿望，给予员工忠诚的赞赏，明确的反馈。沟通特点是自上而下为主，也会采取其他的沟通方式。

这种管理方式的特点是，上司大权在握，但是非常重视收集、分析并整合部下的建议或意见，在此基础上才做出决策。管理者必须充分利用部下的聪明才智，同时又能控制过程与结局。

（3）支持型。若部下对所要求的技术熟知，而你与部下的关系又较为密切，此时，最适合的管理方式是支持型的管理模式。作为上司，你需要经常赞赏部下良好的工作表现与绩效，与部下一起讨论问题，倾听部下的"心声"，共同"脑力激荡"，寻求改善方案。尤其是高支持行为，对于重新获得彼此的信任与信心、保持热情将有很大的益处。沟通方式是一种自下而上的模式。

与上述两种管理模式不同的是，权利与责任的转移，部下与上司分担责任，部下视上司为教练。上司基本上以培养部下解决问题的能力为己任，积极倾听，适时提供援助，共同分享成功的喜悦。

（4）授权型。一旦你与部下的关系非常密切，而且他们能够独立且有效地工作，此时，你可以大胆、放心地让员工自己去做。也就是说，你可以选择授权型的管理模式。对于具有一定成熟度的员工，你应该让他们承担重要职责，与其他同事共享成功，培训其他员工，共同讨论公司愿景，让其参与上层决策。

这种管理模式的特点是尊重并欣赏部下的能力与观点，上司应该寻找合适的部下，向他们授权。不仅给予他们权力，而且更应培养他们充分的能力，即所谓的既要授权又要灌能。如果你只给部下权力而不给予能力方面的培养与选拔，也是一种资源浪费。如果，你能真正做到既授权又灌能的话，那么你不仅提高了管理效率，提升部下的能力，更为公司创造了人力财富。

### 三、组织沟通效率的提高

组织要想提高沟通的效率，必须根据组织特点和具体的环境条件，选择并设计合理化的沟通渠道，并采用恰当的沟通方式，再针对影响组织沟通的因素采取具体的对策。

（一）合理的沟通渠道

作为一个组织，要充分考虑组织的行业特点和人员心理结构，结合正式沟通渠道和非正式沟通渠道的优缺点，设计一套包含正式沟通和非正式沟通的渠道，并结合组织结构形式选择恰当的沟通形式，以便组织内各种需求的沟通都能够准确、及时而有效地实现。

一般说来，正式沟通效果较好，较为严肃，约束力强，易于保密，并可以使信息保持权威性。其缺点在于依靠组织系统层层传递，所以很刻板，沟通速度较慢，也存在信息失真和扭曲的可能。而非正式沟通具有较大的弹性，可以是横向或是斜向的，一般也较为迅速，有时来自非正式沟通的信息反而会获得接收者的重视。但是过分依赖这种非正式沟通也有很大危险，因为这种信息遭受扭曲或发生错误的可能性相当大，而且无从查证。

（二）恰当的沟通方式

组织沟通效率的提高不仅仅取决于合理的沟通渠道，沟通方式的选择对效率也有重要的影响。因为组织内沟通的内容千差万别，针对不同的沟通需要，应该采取不同的沟通方式。那么，当管理者面对不同的沟通内容时，究竟采用哪种沟通方式最为适当？这是一个十分复杂的问题，没有一种统一的模式。下面列出四个方面的因素，可供组织沟通设计时参考。[1]

1. 沟通的性质

所谓沟通的性质，是一种相当广泛的说法，因此我们可以按不同的标准对沟通的性质予以分类。

（1）按照沟通任务的复杂性分类。按由简而繁的顺序，可以分为：①传达命令；②给予或要求信息或资料；③达成一致意见或决议。当意见有分歧时，第③种沟通的任务尤其复杂。此时，应该先行分析不同意见间有何共同之处，通过非正式沟通进行协调，然后再将私下（非正式）商量的结果，经由正式途径加以肯定；反之，如果一开始便企图经由正式途径讨论，可能使分歧意见公开化，使得持不同意见的双方的立场和态度硬化。即使由于正式职权的行使，勉强达成决议，但因此可能造成关系上的裂痕，影响以后的合作。

（2）按沟通内容的合法性分类。①沟通内容是依照规章或惯例行事，大家视为理所当然；②沟通内容与法规或惯例颇有出入，例如对公司政策采取变通或弹性的措施之类。在这种情况下，究竟应采取正式或非正式沟通，还是以书面或口头沟通为宜也是颇有讲究的，但是似乎并无统一、标准的答案。

（3）按沟通所涉及资源动用的多少分类。如果一项要求、命令或决议，涉及大量人力和财力的动用时，将来必须有人负责这种资源支出及其效果。因此，有关人员为求责任分明，就希望此种沟通能通过正式和书面的途径进行。当然，这种希望的程度，又和上述沟通内容的合法性有密切关系，越是属于变通或弹性的处理性质时，可能越要求有正式和具体的根据。

2. 沟通人员的特点

所谓沟通人员，是指信息发出者、接收者、中间传达者（媒体）以及他们的上级主管人员。这些人的特点，对于沟通方法的选择也有密切的关系。

（1）目标或手段导向。有人做事的基本导向，是以达成目标或任务为主。在这种导向下，可以变更或不顾规定及手续。但是有人却坚持必须合乎规定或手续，甚至到后来，以规定及手续作为工作的目的。如果属于后类人员，则倾向于正式和书面的沟通；反之，对于目标导向的人，则比较愿意采取非正式和口头的沟通方式。

---

[1]　罗锐韧，曾繁正. 管理沟通. 红旗出版社，1997.

（2）能否信任的程度。这是指沟通的媒介者或接收者，对于所沟通的信息，能否正确解释并促成其有效沟通，甚至增添某些有用的信息。如果在沟通过程中能找到这种媒介，将可增进沟通效能；反之，如果媒介者不能正确了解和传送沟通信息，那么就要设法避开它，而要靠书面和口头并用加以补救。

（3）语言能力。沟通者的语言能力，是选择沟通方法的重要因素。除此之外，语言能力也影响到沟通的内容及其表现方式。

3. 人际关系的协调程度

这是指沟通过程所涉及的人群间存在怎样的关系。协调程度高，则表示组织成员间接触频繁、关系密切、互助合作，在这种状况下，沟通常常采用口头而非正式的方法；反之，如果成员间极少往来、互不相干，则沟通只有依赖正式及书面的方法进行。

4. 沟通渠道的性质

（1）速度。不同渠道的沟通速度相差颇大，例如，一般认为，口头及非正式的沟通方法，就较正式与书面的沟通速度更快。

（2）反馈。利用不同的沟通方法，所得到的反馈速度和正确性也就不同。例如，面对面交谈，可以获得立即的反应；而书面沟通，有时就得不到反馈。

（3）选择性。这是指对于信息的沟通，能否加以控制和选择及其程度。例如，在公开场合宣布某一消息，对于其沟通范围及接收对象毫无控制；反之，选择少数可以信任的人，利用口头传达某种信息则更富选择性。

（4）接收性。同样的信息，却可能经由不同渠道，造成不同的被接收的程度。例如，以正式书面通知，可能使接收者十分重视；反之，在社交场合所提出的意见，却被对方认为讲过就算了，并不加以重视。

（三）利用改进组织沟通的各种技术

1. 建议和质询制度

通过征求非管理雇员改进工作的意见来加强上行沟通。它们体现出一种鼓励提出有益的意见并防止其通过指挥链条被过滤掉的正式意图。建议制度的最简单的例子是利用意见箱，雇员把有关改进的书面意见（通常是无个性特征的）投入箱内。这种简单的方式通常并不十分有效，因为没有相关的物质奖励和表明建议已被考虑的机制。

许多较好的方案是给所提建议已被实际采用的雇员以报酬，并且提供每一项建议得到如何评价的反馈。通常可付给简单建议少量酬金。对于一种可给公司带来大量盈利的技术性的复杂建议，通常按照预计盈利的百分比付给酬金。不用长期停产付出巨大代价就可完成设备维修的建议是这方面的一个例子。当对被采用的建议进行大张旗鼓的宣传时（例如在组织定期出版的雇员读物中介绍），也可以加强下行沟通，因为雇员接收到希望何种革新类型的信息。

与建议制度有关的是质询制度，它提供了一种答复雇员提出的有关组织问题的正式手段。当问题和答复范围广泛时，这种制度会促进双方沟通并且是最有效的。许多组织在其雇员读物中设有问题和答复专栏，内容范围包括从津贴到公司股票等各种问题。许多图书馆已经采用类似制度回答读者关于图书馆服务工作的质询。某个图书馆采用了"图书馆问答"的形式，它规定由最有资格的图书馆人员作答。这种问答张贴在图书馆的固定场所便于其他人了解和利用。

2. 主管人训练

良好的沟通是一种奇妙的、内在的艺术吗？能不能对上级进行训练，使之更有效地同下属沟通？有证据表明，适当的训练能够改进主管人的沟通技能。我们需要注意"技能"一词在这里的特殊作用。模糊地讲授沟通的重要性绝对不能告诉主管人如何更好地进行沟通。分离出特殊的沟通技能并给予上级实践这些技能的机会将会收到积极效果。在如何处理棘手的问题方面，信心十足的主管人将能够更好地掌握社会情感和任务要求之间的平衡。

有效的训练方案通常用录像形式介绍正确处理典型的沟通问题的模型。然后由主管人对问题进行角色扮演，当他们表现出有效的技能时，训练人对他们进行强化。例如，在通用电气公司，这种训练所提出的典型的沟通问题包括讨论不合需要的工作习惯、审查工作绩效、讨论薪金变化及处理下属的问题等。

这种性质的训练特别注重下行沟通。无论如何，有许多证据表明，一个人的态度和情感的流露会提高接收者的交互作用。因此，能够有效进行下行沟通的上级反过来也能够加强上行沟通。

3. 雇员调查和调查反馈

对现有雇员的态度和意见进行调查，可以提供一种有用的上行沟通的手段。因为调查通常是利用保证无个性特征回答的调查表进行的，雇员们将感到可以自由表达他们的真实观点。一次有效的雇员调查包含雇员确实关心的问题和有益于实际目的的信息。调查专家必须以一种易于被管理部门译码的方式对结果进行概括总结（编码）。调查定期进行时特别有用。在这种情况下，经理们能够察觉到在雇员情感方面值得注意的变化。例如，对工资满意程度的急剧下降可能是劳工纠纷的先兆和需要修改补偿合同的信号。

当调查结果反馈到雇员时，随着管理部门的答复和相应的变革计划的实施，将加强下行沟通。调查反馈向雇员表明，他们的评论已被管理部门听到和考虑。作为对调查所关心的问题的答复，变革计划表明了对进行双方沟通的一种赞助。

## 关 键 概 念

组织沟通　　正式沟通　　非正式沟通　　企业 CI 系统　　沟通模式

## 复 习 思 考 题

1. 组织沟通与团队沟通有什么区别？有什么联系？

2. 影响组织沟通的因素有哪些？就你个人体会，这些因素应该如何排序？

3. 如何合理利用组织结构形式提高组织沟通的效率？

4. 你是如何理解几个经典的组织沟通模式理论的？你对组织沟通模式的发展趋势有何看法？

5. 正式沟通和非正式沟通的差异有哪些？结合个人在班级或社团中的工作，谈谈对非正式沟通的体会。

# 第六章
# 管理沟通中的信息发送策略

**本章学习掌握要点:**

● 说话、演讲、谈判和会议

● 写作的概念,写作过程,写作能力

● 几类常见的管理文体的写作

## 第一节　说　话

### 一、会说话的重要性

(一) 定义及重要性

说话,指管理人员在经营实践中,为了实现管理目标而有效地运用口头语言表情达意以实现管理目标的活动。管理人员说话的种类包括即兴发言、传递信息的发言、引荐发言、颁奖辞、欢迎辞、祝酒辞、口头报告、长篇演说等。

企业经营管理人员在经营活动中时刻要向不同的对象说话——组织内部的上司、同事、下属以及组织外部的客户、合作伙伴、商业机构、专业组织、政府代表、公众等。在不同的场合,面对不同的听众,为了达到不同的目的,管理者的讲话都应精心策划,并做充分的准备。从某种程度上来说,会说话是构成管理人员综合素质的重要一环。

(二) 说话的技巧

成功的人往往是出色的语言表达者,即会说话。人们通过言谈来表达思想情感。言谈除了表达准确明了、文法正确外,还有许多应把握的艺术技巧。

当你和别人说话时,是否遇到过如下情形:对方面无表情,或者回答含糊,或者只是随声附和,并不表示意见,或者一直显得很紧张?出现这样的情形固然有听话者的原因,但主要的原因还在于说话者本身。为什么在你精疲力竭、不厌其烦地解释以后,对方还是懵懵懂懂地露出了一脸疑惑的表情?如果你事先未对听话者进行分析,了解他的需求和动机,未能选择合适的话题,那么,你注定要失败。

1. 了解听话者

听话者的需要、类型和个性都是决定说话者采取哪种策略的重要因素。面对不同的听话者,说话者要采取不同的说话技巧,才能达到满意的效果。

（1）了解听话者的需要。追求需要的满足是人的一切行为的最大动机。要把这些需要全列出来很难，即使只想加以分类也很不容易，而且分类之后反而不容易看出需要所重叠的地方，因此勉强分类会使得需要的变化过程变为一幅静止的图画。准备说话前，有必要了解听话者的那些基本的、可预测的需要。

听话者的需要层次，大致可以包括：生理需要、安全需要、社会需要、尊重的需要、自我实现的需要、求知的需要、美感的需要等。这几种需要的重要性随着满足度的提高而递减，当一种需要得到满足后，另一种更高层次的需要就会占据主导地位。从激励的角度来看，没有一种需要会完全得到满足，但只要它得到部分的满足，个体就会转向追求其他方面的需要。如果希望说服别人，就必须了解此人目前所处的需要层次，最迫切的需要是什么，然后着重从这一层次的需要出发，晓之以理，动之以情。

如何了解听话者的需要呢？可以通过观察和调查分析得出。我们不可能看透别人的心。但是，听话者的需要可以通过观察他的"语言"、"行动"、"要求"和"态度"得来。说话的过程，是思想、观点的交锋，也是双方沟通的重要方面。在说话的过程中，发生着一系列感情因素的变化，并且通过各种方式表现出来，即以非语言方式展现。

在说话时，你可以通过仔细观察听话者的非语言行为变化，了解他的需要、欲望、观点和想法。例如，在一个极友好的气氛中，听话者突然背向后靠，双手环抱。这时你就该知道有问题了。观察听话者要注意保持合适的目光接触；注意非语言声音的表达，比如咳嗽，有时听话者咳嗽表示紧张，在面试中比较常见；有时则是，听话者对于说话者的过度自信或自夸，表示他的怀疑；注意听话者的脸部表情，如果听话者面无表情很可能是不喜欢或不赞同，或者是不希望我们知道他的感觉。如果听话者眨眼的次数增多，很可能是听话者生气或兴奋。所以需要根据听话者的表情，适时调整说话的方式和内容。

非语言行为具有一致性，将各种非语言暗示适当组合起来，便可以产生一个完整的形象，通过它可以发现听话者的态度和行为的意义。听话者的每一种行为都可能很快地被另一种行为所反映、强化和混淆。非语言行为的一致性不仅是指行为间的配合，而且指行为要与语言相关联。"行为认同"在整个沟通过程中是很重要的。遗憾的是，我们仍然可以看到许多人在说话时，展现了不当的行为。例如，当他说到"我诚恳地接受年轻人的建议"时，手指却乱晃，使人觉得缺乏诚意。

观察并了解听话者的行为动作是相当容易的，但是解释它们却很难。如果一个人说话时以手掩口，常常表示一个人无法确定他所说的话。交叉手臂于胸前的姿势，常给人以抗拒的心理。如果我们想与某人说话时，可能会发现他紧抱双臂，这意味着他不想听，而且态度很坚决。在很多对话中，我们与其去辨认这种姿态，想出解决办法，不如转换话题，以免当场硬碰硬地和他对着干。举手投足间，流露着情意。微微扬眉、倾首、手迅速移开——这些都是听话者的一种语言，应予以充分了解。

因此，无论何时，成功的说话者需要和对方顺利沟通，交谈和谐。

（2）了解听话者的类型。听话者的类型大致可分为以下几种：

漫听型。这种听话者其实很少在听，在别人说话的时候，他们也没有做过多少去听的努力，因为事实上，他们压根儿没有投入多少注意力。在你努力陈述自己的观点的时候，他们眼神飘忽，甚至忸怩作态。有时候，他们的注意力还会闪开去想一些别的无关的事情。而他们这种开小差的情形往往很快被说话者察觉。

浅听型。这类听话者只听到声音和词句，很少顾及它们的含义和弦外之意。浅听型听话者往往停留在事情的表面，对于问题和实质，他们深入不下去。他们常常忙于揣摩对方接下去将要说什么，所以听得并不真切。他们很容易受干扰。有些浅听型听话者还有意寻找外在干扰，比如接一个电话，或者回复一封电子邮件。他们喜欢避开艰难的话题，而且就算他们在听，也喜欢断章取义，而不想听你的完整表述。事实上，他们忽略了你的身体语言，忽视了其中的许多奥妙之处。浅听的最大危险是容易引起误会。但是，浅听型听话者却总是以为自己是在认真地听、认真地理解，因而他们更容易陷入错觉之中。浅听型听话者有可能伤害说话者，因为他们的兴趣总有点装模作样。而一旦发生误听误信，尴尬、浪费以及其他不幸事件都可能发生，结果也就不是很妙了。

技术型。这类听话者会很努力地去听别人说话，当我们把自己看做是"好"的听话者时，我们其实就是给自己贴上了这类听话者的标签。在这一层次上，需要的是更多的注意力和心力。然而，技术型听话者仍然没有做出一些努力，去听懂说话者的弦外之音。他们倾向于做逻辑性的听众，较多关注内容而较少顾及感受。他们仅仅根据别人说的话进行判断，完全忽视说话者的语气、体态和面部表情，他们重视字义、事实和统计数据，但在感受、同情和真正理解方面却做得很不够。也就是说，技术型听众总认为自己已经理解了说话人，但是，说话者却常常认为他们自己并没有被理解。

积极型。毫无疑问，这类听众最来劲。他们会为聆听付出许多，他们在智力和情感两方面都做出努力，因而他们也觉得特别累。积极型听话者并不断章取义；相反地，他们会着重去领会别人所说话的要点。他们注重思想和感受，既听言辞，也听言外之意。积极倾听要求听话者暂停自己的思想和感受，专注于说话者，注意自己的言语的和非言语的反馈，告诉说话者你正在吸收他所说的一切，鼓励说话者继续说下去。

我们在说话之前，不但要了解听话者的需要，还要了解听话者的类型，根据不同的听话者的特点，因势利导达到顺利沟通。根据听话者的类型采用适合的说话方法。

对于漫听型听话者，要不时地与这种听话者保持目光接触，使其专注于你的话，并不断地提一些问题，讲一些他感兴趣的话题。

对于浅听型听话者，简明扼要地表述，并清楚地阐述你的观点和想法，不要长篇累牍，让听话者心烦，也不要含义艰深、晦涩，可以经常这样说："我的意思是……"

对于技术型听话者，尽量多提供事实和统计数据，把自己的感受直接描述给这类听话者，多做一些明显的暗示和提示，让听话者积极进行反馈，比如说："你认为我所说的……"

对于积极型听话者，选择这类听话者感兴趣的话题，运用说话表达技巧，与听话者多进行互动反馈，例如"我是这样想的，你认为如何？""你觉得什么时候……"

（3）了解听话者的个性。我们都知道，面对不同性格的人，采用的说话方法不同。

只有找出适合听话者个性的说话方式，沟通的效率才会大幅度提高。比如对于乐天派的人，可以较无顾忌地直抒胸臆；对于敏感的人，要特别注意不要触犯到忌讳；对于理论主义者，则说话要有条理才能令其信服。

人的性格大致可分为三种：①内闭型性格，一般较羞怯，神经质，向往非现实的梦境，虚华并不切实际；敏感，容易伤心，容易兴奋；不够果断。②随和型性格，外向、开朗、活泼、随和、喜欢照顾他人；想法较实际；有决断力，但太过于自信。③强硬型性格，思想较偏激，欠缺协调性；顽固但有正义感，绝对遵守约定、原则；坚守道理。

针对不同的性格，可以采用不同的说话方法。

对于内闭型的人，不要让他去做决定，以指导、说服的方式说，但措辞要谨慎，不能伤害他的自尊心，用中性的词说明问题，以免使他过分敏感。对于随和型的人，和周围的人不合的话，会令这种人感到不安，所以表达自己的观点时不妨指出"大家都这样认为"，并让他多发表自己的见解。对于强硬型的人，只要有正确的证据、确凿的事实支持，就能打动他，但措辞要委婉，不要与其对抗。

2. 选择话题

语言作为思维的外壳，它是一定思想和意图的体现。通过与对方说话，你希望达到什么目标，达到什么效果，你必须非常清楚。如果你是一名推销员，那么你的目标就是影响顾客买你的产品，这时，你就根据你对顾客的了解说服他，从而达到你的目标。说话的目标指引你说话的方向。

当然，选择话题还要受到自身能力和条件的影响。说话者需要对自己的性格特点有一个真实的了解。性格急躁的人，很容易因为情绪激动而接受己不利的协议。因为在激动之中，他不愿思考，特别容易为一个聪明的对手的建议所左右；而且在盛怒之下，即使他觉察到自己正犯着荒唐的错误，也不会当即改弦更张。而一个沉着冷静、心平气和的人就懂得如何利用情绪的变化来取得预期的效果。你的个性在很大程度上决定你说的话是否被对方接受。

选择话题首先要寻找双方的共同点，这样你才能选择合适的话题，引起对方的兴趣。面对一个基督教徒，你就没必要跟他谈佛教或无神论；如果对方是一个坚持科学真理的人，你就不应该跟他聊神秘现象。寻找共同点要注意三个方面：如果是和陌生人谈话，开始时应选择较易获得赞同或是共通性较高的话题。这也是为什么天气常被人拿来当话题的缘故。同时对方的家乡，大家都熟悉的事件、新闻，也是共通性较高的话题。如安利公司的销售代表在与顾客接触时，选择的话题一般是健康、美、财富这种大家都感兴趣的话题。有了共通性，彼此间的冷漠就会渐渐地消退，而逐渐亲密起来。要达到比较好的谈话效果，要尽量从对方的角度考虑，偏重对方所关心的事。如果气氛不甚愉快，应立即转移话题，以求气氛的暂时缓和，假如放手不管的话只会增加彼此间的不快。寻找共同点是为了改变或促进说话气氛，达成你说话的目标。

适合制造话题的字眼见表6-1：

表 6-1 话题的种类

| A | 收藏品、兴趣、小孩、交通 |
|---|---|
| B | 机器（汽车、电脑）、金钱、经营管理 |
| C | 交际（网络消息） |
| D | 食物、酒、饮料 |
| E | 时事、新闻、热门话题 |
| F | 天气状况、气候 |
| G | 流行信息 |
| H | 旅游、休闲娱乐 |
| I | 异性 |
| J | 运动、体育比赛 |
| K | 电影、录像、电视剧 |
| L | 音乐 |

注：根据与听话者所在的场合、时间而分别使用。

需要注意避免的话题是：对宗教、政治、政府政策的批评；对病人说"你的脸色真难看"之类的话；对学历感到自卑的人，提及与大学有关的话题；对单身人问及结婚的事（特别是女性）；诽谤他人；发牢骚，对工作待遇不满等。

3. 注意场合和对象

任何说话总是在一定场合中进行，并受其影响和制约的。说话艺术的高低、效果的优劣，不仅和表达的内容有关，也与具体场合密切相连。场合不同，人们的心理和情绪也往往会随之发生变化，从而影响说话者对思想感情的表达，以及听话者对话语意义的理解。要根据场合是正式的还是非正式的，是庄重的还是喜庆的，与说话对象的关系是否亲密，来选择合适的语气和形式。此外，说话对象的性别、年龄、受教育程度、文化背景等也是影响说话方式的因素。

4. 把握时机

把握话题的时机有一定的规律可循。首先必须找到双方共同关心的问题，制造较好的气氛。然后，提出新见解，如果是人数较多的场合，如研讨会、学术报告会等，那么既可以谈一些共通性的看法，也可以谈点新见解，以吸引别人的注意。最后，掌握切入时机。切入话题不但要注意双方所关心的共同点，说出新见解，还要考虑在什么时候最好。例如，在讨论会上，要是先讲的话，可以在听众心中造成先入为主的印象，但因为时间过早，气氛还较沉闷，人们尚未适应而不愿随便开口，若是后说的话，可进行归纳整理，井井有条，或针对对方的漏洞，发表更为完善的意见，进行最有力的反驳，但因为时间太晚，人们都已感到疲倦，想尽快结束而不愿再拖延时间，也就不想再谈了。据此，人们经过研究指出：最好是在 2~3 个人说完之后及时切入话题，这样效果更佳。这时候的气氛已经活跃起来，不失时机地提出你的想法、建议，往往容易受到人们的关注，吸引他们参与交谈。

提出话题后还要控制好说话的时机。对说话的次数、频率及时间都要巧妙安排。例如，新领导上任时，存在一个员工怎样和新领导交往的问题。一般来说，新领导在最初一段时间内不应同个别人频频交谈，而应多了解情况，每个人都要接触。否则的话，很可能只与少数人关系较近，而无法与全体人员沟通。此外，要注意信息反馈。要根据收到的信息反馈，及时调整说话内容，采用相应的表达方式。有时候，别出心裁的方式也能起到较好的效果。说话往往是要考虑怎样将一个老生常谈的事情换种说法，令人耳目一新。即使大家都对这个话题很厌烦，只要你能别出心裁地说出来，那么效果自然不同。但是也要看场合，在庄重的场合慎用。

5. 控制语言

灵活运用出色的语言技巧，往往使说话充满魅力。

以情动人，以理服人，这是说话的两个方面，两者统一起来，可以使说话取得良好的效果。情动于衷而形于言，写文章如此，说话也不例外。一次成功的说话，它的语言总是伴随着诚挚的感情去传递信息，与对方交流思想，达到心灵的沟通。说话中要以情动人，必须注意以下几个方面：

（1）真诚。说话者应该具有真诚的态度，取得听话者的好感，融洽感情，消除隔阂，缩短距离。真诚是说话最有效的营养素。只有真诚的心与情感，才能发出磁石般的吸引力，唤起听众的热情，具有震撼人心的力量。一个人只要真诚，总能打动人的。如果你对人持一种不信任的态度，说话时必然闪烁其词，或故弄玄虚，或忸怩作态，或夸张失实，或遮遮掩掩，其结果往往会给对方留下浮夸虚假的印象，不利于相互理解和感情上的沟通，会使你的说话黯然失色。当然，我们说话时要坦率真诚，并不等于可以百无禁忌，对别人不愿谈及的事，应该尽量避免提及。正如莫罗阿所说，真诚不在于说出自己全部的思想，而在于在表达的时刻，永远表达仅仅自己当时之所想。

（2）尊重。尊重是人的一种精神需要。你希望别人怎样对待你，你就应该怎样对待别人。尊重对方能启发对方产生自尊自爱的感情。如果你没有架子，平易近人，使对方感到可以把你当做他的良师益友，那么你们之间的心理距离将会大大缩短。相反，如果你高高在上，目空一切，自以为高人一等，指手画脚，其结果只会令人不服。因此，要使你讲的话被对方接受，就必须尊重对方。

（3）同情和理解。心理学研究表明，人们有一种偏向于"相信知己"的心理倾向，特别是当一个人处于矛盾之中，或遇到某些困难而又一时无法解决时，他非常需要别人的同情和理解。此时此刻，强烈的同情心及满怀深情的言语，将使对方不由自主地向你打开心扉诉说一切。理解可以激起心灵的火花，产生善良和容忍，产生信任和动力。

动之以情，晓之以理。要使听话者对你的说话内容感兴趣，并且乐意接受，使他们信服，最终要有充分的理由，要摆事实，讲道理。那么怎样才能做到以理服人呢？要注意两点：①材料和事实要准确可靠。俗话说"事实胜于雄辩"，事实是说话的基础。②说理充分透彻，有的放矢。利用已有材料进行分析说理，抓住事物的本质，一切问题都可迎刃而解。话要是说得令人信服，它就会自然而然地对听众产生影响。

语言要简洁、精练。一个字能说明问题就别用两个字。说话要简洁，语言要精练，这样才能使听者在较短的时间里与说话者进行有效的沟通。简洁、精练的话语，包含着说话者高度浓缩了的思想感情、智慧和力量，给人以明快有力之感，从而留下深刻的印象。言简意赅的句子，一经了解，就能牢牢记住，而冗长的论述绝对做不到。在信息爆炸的时代，要在尽可能短的时间内获得尽可能多的信息，简洁、精练的话语可谓值千金。

（1）抓住重点，理清思路。在正式场合，比如报告会、讲座、演讲等，要求说话者对所说的内容应有深刻的理解，并对整个说话过程做出周密的安排。一般来说，有这样三点要求：①把握中心。说话不是照本宣科，有时会插一些题外话，有时会发现遗漏需要临时补充，这样就容易杂乱。作为一个高明的说话者，应时刻把主题牢记在心，不管怎样加插，不管转了多少个话题，都不偏离说话的中心。②言之有序。说话不能靠材料堆积吸引人，而要靠内在的逻辑力量吸引人，这样才有深度。与写作相比，说话是口耳相传的语言活动，没有过多的时间让听众思考，所以逻辑关系要更为清晰、严密。话语的结构要求明了，善于提出问题、分析问题、解决问题。观点和材料的排列，要便于理解、记忆和思考，所以要较多地采用由近及远、由浅入深、由已知到未知的顺序安排。③连贯一致。开场白非常重要，它直接影响到所讲内容的展开，不能一开口就"噌"地冒出一句让人摸不着边际的话；多层意思之间的过渡要灵活自然；结尾要进行归纳，简明扼要地突出主题，加深听话者的印象。

（2）要言不烦，短小精悍。言简意赅，以少胜多，听话者感兴趣，也便于理解，容易记住。那种与主题无关的废话，言之无物的空话，装腔作势的假话，听话者极为厌烦。说话中应当注意在句式变化的同时，多用短句少用长句。长句能够表达缜密的思想，委婉的感情，能够造成一定的说话气势。但是其结构比较复杂，句子长，如果停顿等处理不好，不但说话者觉得吃力，就是听话者听起来也不容易。而短句的表达效果是简洁、明快、活泼、有力。由于活泼明快，就可以干脆地叙述事情；由于简洁有力，就可以表示紧张、激动的情绪、坚定的意志和肯定的语气。因此在运用上，短句更适合于在交谈、辩论、演讲等说话中使用，它易说、易听。

（3）用词妥帖，判断清楚。一个人说话，总是要告诉别人某种意思，传递某种信息。如果措辞不当，语句有歧义，那么别人不是听不明白，就是要发生误会。所以要尽量减少歧义，有时在重要的地方要加以解释。

说话是一门艺术，要使你说的话富有魅力，激发听话者的兴趣，收到良好的效果，这取决于多种因素，而形象生动是非常重要的一条。一句话之所以漂亮，就在于所说的东西是每个人都想到过的，而说的方式却是生动的、精妙的、新颖的。形象生动就是把抽象变成具体，把无形变成有形，把枯燥变成生动，毋庸置疑，这样的说话是最受听众欢迎的。那种枯燥无味、呆板单调的话语，只会使听话者感到疲劳、厌倦。为了充分说明某一道理，又让听话者有兴趣，不会感到乏味，可以运用典型事例以及运用比喻等修辞手法。在运用时要善用修辞。比喻、双关、暗示、反语等许多修辞方式都可以表达说话内容的效果。有时候，为了说话留有余地，或不便直说需要婉言的时候，就需要借助模糊语言。在说话中，对于听者提出的某些问题，我们难以回答或不愿回答，这时就要采用躲闪回避的方法。说话时的委婉含蓄要注意以下几个问题：一是要让对方听得明白，不可晦涩难懂。委婉含蓄的目的是通过特殊途径，将说话者没有明确表达的内容和对方交流，让听话者从中受到启发，进行思考。如果过于晦涩，就难以达到预期的效果。二是要看场合、看对象、看需要。该直言的地方还得直言，该婉言的就婉言。一般来说，熟人之间大多数情况下应直来直去，过多的拐弯抹角，对方会感到你太虚伪、太圆滑，因此，该表明你的观点时，绝不要吞吞吐吐、含糊其辞。

6. 美化声音

得体的声音有以下功效：能够吸引他人的注意力；让过于激动或正在生气的听者冷静下来；诱使他人支持你的观点；更有力地说服对方；使你的观点深入对方心中。

所以，说话时要注意自己说话的声音是否得体。首先要强调的是语调。语调能反映出你说话时的内心世界，表露你的情感和态度。当你生气、惊愕、怀疑、激动时，你表现出的语调也一定不自然。从你的语调中，听话者可以感到你是一个令人信服、幽默、可亲可近的人，还是一个呆板保守、具有挑衅性、好阿谀奉承或阴险狡猾的人；你的语调同样也能反映出你是一个优柔寡断、自卑、充满敌意的人，还是一个诚实、自信、坦率以及尊重他人的人。语调得体，节奏鲜明，会给你说的话打上无形的标点符号。无论你谈论什么话题，都应保持说话的语调与所谈及的内容相互配合，并能恰当地表明你对某一话题的态度。

其次，要注意你的发音。我们所说出的每一个词、每一句话都是由一个个最基本的语音单位组成，然后加以适当的重音和语调。正确而恰当的发音，将有助于你准确地表达自己的思想，使你心想事成，这也是提高你的言辞效果的一个重要方面。只有清晰地发出每一个音节，才能清楚明白地表达出自己的思想，才能自信地面对你的听众。不良的发音将有损于你的形象，有碍于你展示自己的思路和才能。如果你说话发音错误并且含糊不清，表明你思路紊乱、观点不清，或对某一话题态度冷淡。当一个人没有很大的激励作用而又想向他人传递自己的信息时通常如此。令人遗憾的是，许多人经常出现发音错误并养成一种发音含糊的习惯。说话中尤其要注意不要发出刺耳的声音。我们每个人的音域范围的可塑性很大，有的高亢，有的低沉，有的单纯，有的深厚。说话时，你必须善于控制自己的音调。高声尖叫意味着紧张惊恐或者兴奋激动；相反，如果你说话声音低沉、有气无力，听起来会让人感觉到你缺乏热情、没有生机，或者过于自信，不屑一顾，或者让人感觉到你根本不需要他人的帮助。有时，当我们想使自己的话题引起他人的兴趣时，便会提高自己的音调。有时，为了获得一种特殊的表达效果，又会故意降低音调。但大多数情况下，应该在自身音调的上下限之间找到一种恰当的平衡。用鼻音说话也不是一个好习惯。当你用鼻音说话时，发出的声音让听话者感到十分难受。如果你使用鼻腔说话，第一次见面时绝对不可能让人倾慕。你让人听起来似在抱怨、毫无生气、十分消极。

说话的音量也有讲究。当你内心紧张时往往发出的声音又尖又高。有人总是喜欢大声说话，以为大喊大叫就一定能说服和压制他人。其实语言的威慑力和影响力与声音的大小是两回事。声音过大只能迫使他人不愿听你说话并讨厌你说话的声音。与音调一样，我们每个人说话的声音大小也有其范围，试着发出各种音量大小不同的声音，并仔细听听，找到一种最为合适的声音。

让说话的声音充满活力与激情。响亮而生机勃勃的声音给人以充满活力与生命力之感。当你向某人传递信息、劝说他人时，这一点有着重大的影响力。当你说话时，你的情绪、表情同你说话的内容一样，会带动和感染你的听众。要使自己的声音充满活力，则要注意重音，即根据表情达意的需要，把重要的音、句或语意强调说出，使说话者的思想感情表达得清楚明晰，以引起听话者留意并加深他们的印象。说话的声音不可千篇一律，而要通过轻重抑扬来恰到好处地进行表达。说话的内容不同，形式也随之有别，有辩论说理的，有叙述说解的，有控诉声讨的，有宣传鼓动的，还有倾诉感情的。说话中带有技巧性的重音，主要有强调重音和感情重音。强调重音表示特殊意义，用来强调和突出说话中的某一方面。它一般用在一句话上。重音的位置在哪里？原则上以说话者的意图为依据。感情重音，它的作用在于帮助说话者突出某种情绪，增强说话的感染力，其运用应根据说话内容而定。当然，声音的轻重是相对而言的，运用重音时要考虑整个说话内容，轻重抑扬，紧密结合，使整个说话充满活力与激情。

注意说话的节奏。节奏，是指说话时由于不断发音与停顿而形成的强弱有序和周期性变化。在日常生活中，大多数人根本不考虑说话的节奏，从而导致他们说的话单调乏味。一般的停顿技巧有：（1）语法停顿。即根据一句话的语法结构来处理的停顿。通常是短句一口气说出，长句则要在主语之后略做停顿，再紧接着往下说。往下说的时候，同样要兼顾到句子的完整和语意的明白来处理停顿。（2）心理停顿。说话者按照自己所表达的内容，需要引起对方的重视和思考时，有意识地突然停顿，使之产生心理共鸣。演讲或报告中的"静场"，大多就是运用语言的心理停顿的技巧来实现的。（3）逻辑停顿。即在某一观点和问题说完之后，在语言表达上实行停顿。这是为了突出强调某一语意而处理的停顿，一般是在语法停顿的基础上，配合重音的运用而变化停顿的时间。这种停顿技巧有利于清楚地表达思想和突出重点，在说话中运用较多。除了上述三种停顿之外，还有感情停顿，或出于换气、模拟或者为了调整说话时的秩序而需要的停顿等。所有这些停顿，在说话中往往都是交叉进行的，不能按照上面的不同类型机械照搬，而要灵活掌握，运用自如。

注意说话的速度。话说得太快，对方可能听不清楚，而且源源不断的语言信息也肯定难以让对方所领会和理解。因为听话者的感知速度比语言传播信息的速度要慢得多。在感知迅速流动的语言信息时，听话者的注意力必须高度集中，全神贯注。如果你语速太快，对方的感知跟不上，高度紧张，容易感到疲乏和厌烦，甚至干脆懒得去听。语速过慢，会使说话的过程拉得太长，提不起对方的兴趣和情绪，也不利于集中对方的注意力。语速的快慢，应视具体情况而定，比如需要表达急切、震怒、兴奋、激昂等情感时，宜快不宜慢；用在表述沉郁、沮丧、悲哀、思索等情感时，则宜慢不宜快，只有快慢结合，交替使用，做到快而不乱，慢而不拖，才是适度的。

7. 运用非语言暗示

要想通过说话达到有效沟通，那么，不仅要依赖良好的语言功底，还要借助非语言暗示，如各种姿势、目光和面部表情等。

运用目光语。说话者应以明亮有神，热情友善，充满智慧、自信，且坦荡、敏锐的目光，去告诉对方你是怎样的人，积极说明自己的坦诚、灵活、自信以及内在的修养。这一点非常重要。目光的流露是假装不得的，实际上假装也不可能起到好的效果。说话者在说话时，他的思想感情总是随着话语的内容而起伏变化。有时深沉，有时哀伤，有时激昂高亢，有时又可能像涓涓细流那样不胜缠绵。然而，不管是什么样的感情，说话者都应尽可能让目光产生相应的变化，以便启发对方对于所说话语的理解，对于所传达的感情的体验。巧妙地使用目光，颇有讲究。如扫视全场，可以迅速了解到听众对你说话所持的态度、兴趣点所在等，以便你就有关内容进行调整，做到与听众合拍。重点观察某一局部听众，保证他们及时理解你所表达的意思。对那些面有疑云的听众，若投以启发引导性的目光，可使其渐趋安定。对那些想发问而欲言又止者，投以赞许性的眼神，往往会使询问者壮起胆子，提出问题。而对于交头接耳、窃窃私语者，说话暂时停顿一下，投以制止性的目光，听话者就能触目知错，知趣地停止小动作。与人说话时，切忌死死盯住对方的眼睛，否则会令对方感到浑身不安，甚至造成误解。但又需要适当的目光注视，以示对对方的尊重，此时目光可以落在对方的眉心，不会造成紧张感。值得注意的是，不同的国家、民族的人们，在使用目光的方式上存在很大的区别。这时，说话就不能墨守成规，而应入乡随俗了。例如，阿拉伯人说话时，一定要看着对方，否则就是不礼貌的行为。瑞典人交谈时，习惯于频送秋波，而不会被认做带有邪念。在日本，如果直瞪瞪地瞧着对方的脸，那是失礼的表现。

控制表情语。人的面部可以做出多种多样的表情，每种表情又包含着一定的信息，它往往是说话者情绪变化的显示仪或思想表达的暗示器。表达良好的前提之一就是要将友善的表情显露于对方，缩短相互之间的感情距离，并逐渐过渡到感情的融洽，达到心灵的沟通。面带微笑的说话，可以使听话者感到信任和亲切，活跃说话的气氛。当对方有不友善的表情时，你可以通过微笑让他重新认识你。如果你摆出一副没有表情的面孔，那等于告诉对方，你说话的内容没有什么乐趣。要是你不但面无表情，而且是不可一世的样子，那样，情况还会更糟，它可能引起说话者和听众之间的矛盾。表情要坦诚、自然。不要扮鬼脸、做怪样，因为这样顶多只能取得短暂的逗乐效果，可是乐过之后，对听众则很少有意义，不但不能引发预想的思想交流，还可能引起听众的反感，把你当做小丑来看待。表情惟有坦诚、率真，才能真正赢得听众。

注意态势语。态势包括说话者的姿态、手势、身体动作等既可以帮助说话，又可以诉诸对方视觉的因素。我们在说话时，态势要美观。站着说话时，身体要站直，挺胸、收腹，重心放在两腿之间，两臂自然下垂，形成一种优美挺拔的体态，给对方留下良好的印象。坐着说话时，上身要保持垂直，可轻靠在椅背上，以自然、舒适、端正为原则；双手可以放在腿上，或抱臂。无论是坐姿还是站姿，在非正式场合可以随便一点，但在正式场合就应比较讲究。此外，头、肩、臂、手等的不同动作也能辅助语言的表达。

### 二、说话中应注意的问题

（一）紧张的消除

有不少人在特定场合或跟陌生人说话时常感到恐惧或忧虑。恐惧或忧虑会阻碍我们说话的尝试。有时保持安静较容易，退缩在"壳"里可以掩饰自己的软弱。但是，那样意味着我们将错过无数次张口说话的机会，我们的观点不被注意，我们的能力得不到认可。

在试图说话前的一刻，你感到恐惧是很正常的。但那不意味着你的忧虑就一定会成为不利因素。把你的紧张转化成活力和兴奋，把你的恐惧淹没在乐观主义的海洋里，不要让它"溅"入你的说话中。其实，大多数人在试图进行说话时变得很害怕，害怕会失败，并把这种恐惧表露给了他们尽力想诉说的人。这肯定导致失败。

怎样掩饰你的恐惧、忧虑，不让别人看见你冒汗？记住，你的听众不懂你的心思，他无法知道在你说话的同时什么想法会滑过你的脑海。通过保持平静，显示自信，直面世界，你能使你的思想平静下来或按你的设计去翱翔。

即使听众察觉到你有一点儿紧张，也不要担心。他们会原谅你暂时的错误：从大声地清嗓子到一句弗洛伊德式的雄辩大师的口误。但是，如果你一句接一句地去补救或让轻微的失误变成愤怒的爆发，那么听众也会烦恼的。

在你尽力诉说时感觉紧张是正常的，但没有理由让你的听众也感到紧张。那些预料自己将被证明是错了的人总是缩手缩脚，他们不是清晰地去说，而是吞吞吐吐，含糊其辞；不是运用目光交流，而是低着头或把目光移向另一侧；不是坦诚地表达他们的观点而是文过饰非或寻找借口，这自然损害了他们的形象。他们无精打采却又表现得意识清晰。不去寻求解决办法，而是让恐惧控制你的头脑，结果当然很糟糕。

如何把恐惧转化为积极的动力有一些技巧可以运用：（1）自我激励。就像很多企业在每天的晨会时的口号一样，大声喊出你一定会成功，的确可以增加自信。在你开始说话之前的那一刻，发出一个你将成功的信号会使你振作起来。（2）调整呼吸。深呼吸可以缓解紧张情绪。不当的呼吸方法会导致呼吸短暂、急促，使喉部肌肉紧张。（3）适当活动身体。不要强忍紧张——把它释放出去。告诉你的身体，你能控制自己，对大脑也这样说。在你说话前，先从头到脚都动一动，前后晃晃你的头，张开嘴，做几次深呼吸。即使是面对听众，你也可以在桌下晃晃脚，活动活动手指。这样可以增强血液循环，减少你的焦虑。不要跷起二郎腿坐着。你做的每一个动作都会减少你过度的紧张，使活力充满你的全身。（4）进行积极的想象。在你说话之前，进行积极想象有助于你在发言之前充满自信，减少恐惧。想象风景，可以使人心情平静，消除紧张。

**（二）不良说话习惯的克服**

使用鼻腔说话、声音过尖或过低、口齿不清、声音单调缺少变化、语速过快或过慢、有口头禅、小动作过多、眼神游移不定等都是不好的说话习惯。

下面是一些小建议：可以用录音机录下自己的发音，检查一下是否有以上这些不良习惯。如果一开口，鼻子便嗡嗡作响，就是在用鼻腔说话；如果说话时，脖子紧张，血管扩张，就有可能是在用尖音说话。说话时要保持双唇的距离，尽量用胸腔发音；要行如流水，尽量轻缓舒畅；控制好自己的情绪；除非在说较秘密的事，否则不要使用低声细语；说话时嘴唇要活泼；大声朗读，检查自己的声音是否单调；控制好自己说话的速度；不要让口头禅脱口而出；说话时动作不宜太多，否则只会分散听众的注意力和暴露自己的不自信；要保持与听众的眼神交流。

**（三）处理突发事件**

在言语表达中，情况千变万化，会出现种种新的情况或意料之外的局面。一个善于说话的人，需要及时根据变化了的情况，迅速调整说话的内容和方式。

在面对突发事件时要做到：（1）思维敏捷。处于尴尬的局面，首先要有极灵敏的思维。尴尬局面的出现，正是由于事情很突然或者出乎自己的意料，所以要求你能即时地反应，迅速地摆脱被动的局面。（2）表情自然。必须改掉以往说话的不良习惯。如果面无表情或者显出慌张，那么只会使尴尬的局面更加不可收拾。（3）措辞得体。说话时要适应环境和对象。（4）表达恰当。语言沟通与非语言沟通要较好配合，互为补充。

（四）化解不满情绪

有时，因为谈话双方的立场，或者话题未必是听话者喜欢的，但是又不得不说，听者很容易产生不满情绪。同学、同事、朋友之间因各种各样的情况所产生的不满情绪，有时通过一句话就可产生共鸣沟通，达到相互理解的效果；有时一句话，也可能将距离越拉越大，起到火上浇油的效果。

要化解不满情绪，首先要了解产生"不满情绪"的原因，进行有效的语言沟通，做到有的放矢，将话说到点子上；其次要掌握不满情绪的程度。这一点很重要。不满情绪处于一般程度，切忌过分夸张而拉大距离，而强烈的不满情绪，又应避免语言上的轻描淡写或无效的幽默，使人不至于产生对事态不予理睬的反应。针对不满情绪对象，在把握语言分寸的基础上，运用语言沟通和非语言暗示，透彻地将自己的想法传递给听话者，达到化解不满情绪的目的。这就要求针对不同的听话者有的放矢，区别对待。因人而言并不同于见风使舵，而是根据听话者的不同，充分考虑其性格、心情、脾气、处境等，以不同的方式处理不同程度的不满情绪。

### 三、演讲、谈判、会议

（一）演讲

1. 演讲的定义

演讲在古希腊被称为"诱动术"，其含义是鼓励听众，传递演讲者的意图。在管理沟通中，演讲作为一种沟通手段，其作用越来越被人们所重视。

演讲作为一种社会实践活动，必须具备三个条件：演讲者；听众；当时的环境。演讲不但是一种以讲为主的宣示活动，同时又是一种以演为辅的活动，演讲是有声语言与态势语言的统一，再加上演讲者得体的形象来作为传播信息的手段，只有"演"与"讲"这两个要素和谐地统一在一起，才能构成完整的演讲，这才是演讲的本质属性，是区别于其他现实口语表达形式的关键所在。

综上所述，演讲可定义为：演讲者在特定的时间、环境中，借助有声语言和态势语言的手段，面对听众发表意见，抒发情感，从而达到感召听众的一种现实的带有艺术性、技巧性的社会实践活动。

演讲有如下三个特点：

（1）它可以言简意赅地讲清问题，能较快地见到效果。

（2）它是一种面对面的宣传鼓励形式。这种形式使得演讲者的发言更富于鼓动性、感染力、灵活可变且易于调整，另一方面又要求演讲者本人要诚恳和有耐心。

（3）它具有艺术性。演讲是运用语言和体态来影响听众，因此演讲内容的哲理化、语言的文学化、姿态的戏剧化都不同程度地存在于各类演讲中，从而使演讲富有艺术性和感染力。

一般来说，演讲者进行演讲有四种主要目的：

（1）传递信息。传递信息是演讲的重要功能。在当今社会，即使是简单的事情，人们也应彼此合作。因而，他们首先必须相互了解对方的情况和意图。语言是了解的主要传递媒介，所以必须精确地使用它，尤其是当它成为演讲手段的时候。

（2）说服听众。这种演讲是为了说服某些态度冷漠或持有相反意见的听众转变观点，甚至赞同并采取实际行动以支持演讲者的观点。这需要演讲者付出巨大的努力和掌握必要的技巧。

（3）激励听众。主要是激励听众，进一步强化他们对某一事业的认同感，更加积极地去努力实施相关措施。

（4）娱乐听众。这种演讲的目的主要是在轻松愉快的气氛中，演讲者通过幽默诙谐的话语使听众获得欢乐和教益。这种目的的演讲与相声艺术有异曲同工之妙。

领导者的演说大多数属于前三种目的。

成功的演讲可以有效传达信息，沟通感情，鼓励群众，坚定信念。历史上，大凡卓越的领导人都是演讲高手。演讲绝非单纯的口舌之功、雕虫小技，而是高智力型的复杂脑力劳动。它是有目的、有计划地在大庭广众之下发表意见，使见解一致的听众更坚定其原有的信念。同时，力争不同见解的听众动摇、放弃、改变其原有的思想观点，心悦诚服地接受你的意见。

2. 演讲的技巧

（1）确定演讲的目的和目标。明确演讲的目的和自己希望达到什么样的目标是成功演讲的第一步。可以将它们写下来，然后加以审视并评价每个用词，以便确认自己已经选用了最合适的词，准确无误地表达了自己的意图。自己满意之后，就可以把它们写到幻灯片（或其他道具）上，以便在演讲中最合适的时候使用。明确演讲的意图有助于听众听过之后做出自己的评价和相应的行动，也有利于你合理安排演讲的各个部分。

（2）计划演讲的过程。对演讲做出周密的安排，是为了获得最好的效果。首先，写出一个临时大纲，并对此做出评价，看是否涵盖了本次演讲的目的和目标。完成大纲之后，要广泛收集各种事实、数据及细节等。公司的记录、问卷、会谈、简报、报告以及其他信息均可作为参考。在这一研究阶段，要不断完善演讲大纲，以便使其达到最佳效果。这样准备之后，用于演讲的大纲最终也就形成了。在筹划演讲时，还应预测听众可能的提问、不同意见以及其他要求。对此，即使实际演讲中用不到也应事先有所准备。设计恰当的道具和选择合适的地点也是准备工作的一部分。道具的类型及其复杂程度视听众的人员构成、话题的性质及演讲场地的大小而定。演讲场地对演讲的成败影响很大。如果你想在一个很小的房间里面对40个人演讲或在大礼堂仅面对9个听众演讲，那么结果可能很可怕。在准备工作中，也不要忘记检查一下视听设备，包括话筒、电灯开关以及其他设备。准备不周往往会导致到时候手忙脚乱。

（3）分析听众的构成及其心理期待。如果在公司内部做演讲，那么你更容易了解听众的人员组成情况。你会很清楚地分别有多少人来自工程部、财务部和市场部等。如果对一个公司以外的团体做演讲，你可能只知道听众是由社区居民、某协会的会员或小学老师等组成的。即使仅知道这些，只要对此做出适当分析，同样对你有用。对听众的了解不能停留在其背景或职业这一层次，如果可能，还要设法知道其态度、成见或意见。另外，最好还要弄清听众中有无派系，或小集团中是否已有不合，听众中会不会各持己见，互不相让。分析听众的另一个重要问题是要弄清听众已经知道什么，或应该知道什么。如果所说的内容为听众所熟悉，那么他们就会感到枯燥乏味，并且因此失去他们的支持。另一方面，如果你假设他们已有相关知识，但实际上他们并不拥有，那么后果可能同样很糟。你还要设法弄清听众希望知道什么。如果可能，你可以弄清听众中谁是具有影响力的人物以及他们的观点。你还可以考虑一下：在演讲的开始阶段或演讲过程中，让这样的人员发表一下意见，对你是否有利。

（4）选择适当的演讲方式。做长篇演讲时，准备一些材料，诸如卡片、笔记之类，是很有必要的。这些资料能使你始终围绕主题展开，不至于偏题或离题万里，也有助于按部就班逐点陈述。如果你想在演讲过程中读出某一重要的判断或引用权威论述，那么就有必要将这些简洁的语句放在面前。在长篇演讲中如果看着手稿照本宣科，听众自然会感到索然寡味。如果你准备了演讲稿，那么应该事先通过不断练习做到烂熟于心，届时就会得心应手了。如果使用卡片，那么大小要适中。通常上面能写上大纲及一两句关键的引语就够了。这样有助于我们有条不紊地展开，也不至于忘记关键句子。卡片一定要编号，以免到时手忙脚乱找不到需要的那一张。如果你想让自己的演讲看上去是未经精心准备，却给人留下滔滔不绝、出口成章的印象，那么可以采用藏匿文字的方法。譬如，把你的三个削减成本的思想用大号深色字体印在大纸板上，然后在各点之下用铅笔写上小字，把你的全部理由列在上面。这些记录听众是看不见的，而你却看得一清二楚。也可以把演讲的五个要点呈现在幻灯片上，每一点下只写一个字。这样的大纲以及五个字就能有效地提醒你要讲的内容了。如果你真的对所讲的内容做到烂熟于心了，那么为了保证并加强演讲效果就应更多地通过眼神、言语和其他非言语的方式同听众交流。

（5）使用有效的道具。企业经营管理人员所做的大多数长篇演说要涉及财务、生产、制造或开发的数据，这些内容事实上并不容易被吸收。如果演讲中使用适当的道具，听众会觉得更容易吸收。可用于演讲的道具很多：分发的材料、报告、白板、模型、照片、幻灯片、图表、计算机控制的图文和电影或录像片断等。究竟选用什么样的道具要视话题的复杂程度、听众的类型、演讲场地的大小以及使用道具的目的（如为了导入、阐明或强调等）而定。采用道具的基本原则是：所有的道具是用来补充、阐明或强化演讲内容的，它们应该是一目了然的——要易认、易懂、易记。另外，聪明的演讲者总是花上一点点时间做以下一些准备工作：弄清电灯开关的位置，投影仪是否工作正常，讲台上的白板笔是否已经干掉，投影仪的电线长度是否够用，在房间的每个角落是否都能看得清图表、待分发的材料页码是否正确……诸如此类的准备并不需要太多时间，但却很有必要。

（6）选择适当的演讲策略。长篇演说的目的是要确保导致产生某种行动或结果，或者为了推销一个产品，或者为了使一个建议获得批准，或者是为了使人们理解某个概念。

注意时间及其控制。如果准备演讲的时间比较长，但轮到你却没多少时间了，你被迫挑出要点来讲。有时因为时机不对，你只好推迟演讲。如果不想推迟，你只好分发书面演讲稿，同时口头陈述一下重点内容。时间控制也很重要。要想成功地发表演讲，必须控制好时间。例如，你想披露公司的一项重要信息，你必须事先做好评估，不能凭空猜测。要把时间控制作为一个问题来研究。你得问问来听的人将会有什么想法，也可以问问不来听的人，看看他们有什么建议。事先获得的信息将有助于你决定何时出场最合适，采用什么样的游说策略最能克服听众的抵触情绪，怎么样获得支持者。

注意展开顺序。在对听众类型及其来意做了仔细分析之后，你就得确定一个展开策略，以便达到演讲目的。如果听众对你的话题比较陌生，你可以按照时间顺序向听众展开所谈话题的过去、现在和将来。如果听众对话题的理解比较狭隘，那么你可以采用横向法来拓宽其思路。对待担心型或心怀敌意的听众最好的办法可能是直接与之讨论某一临时的问题，并设法寻求可能的答案。对持怀疑态度的听众最好采用归纳法去劝服他——给他诸多案例，再引导他得出一个结论。在做以上的策略选择时，一定要考虑听众的所思所想。

注意听众的参与。长篇演说通常最好的策略是与听众建立起融洽的关系，并通过提问激发听众的兴趣。演讲中要设法让听众参与做出决定。因为人们更容易接受或支持某一包含自己的努力而做出来的决定，而接受一个由他人建议的决定则要困难得多。

了解听众的构成。如何获得预期的听众反馈要取决于听众的组成状况。如果你的观点在听众中有很多支持者，或有很多反对者，甚至有不少派别，那么就应采取不同的方法区别对待。一定要事先做到知己知彼。

注意提问的处理。让听众自由提问的阶段，给演讲者提供了一个澄清和再次强调观点的极佳机会。很多演讲者误认为自己讲稿的最后一点讲完，演讲也就结束了。事实上，一个完整的演讲总是包括听众自由提问的阶段。这最后的几分钟对你完成沟通目标是至关重要的——这是你澄清误会、阐明听众关心的具体问题并再次强调自己观点的最后机会。在这一阶段，部分听众也有机会看看演讲者脱稿后的表现。他们可以要求演讲人详细说明某些要点，或澄清易混淆的观点。

3. 演讲中应注意的问题

（1）演讲构思。要做一次精彩而成功的演讲，就要事先做好演讲构思的工作。演讲稿的构思主要有以下四个方面的工作：确定论题、处理材料、设计结构、选择语言。

确定论题。演讲的主题不仅是演讲者关心的，也是听众注目的。一个新颖而富有影响力的题目，不仅能在演讲前激发起听众的听讲欲望，而且在演讲之后仍会给观众留下深刻的印象。选题一般遵循以下几个原则：选取大多数人普遍关心的热点问题；选取能带给听众新的信息、新的知识、新的思想观点的论题；选取适合自己的身份、适合演讲时间、适合听众实际水平的论题。一般题目的拟定要富有建设性或者新奇醒目能一下子把听众紧紧吸引住。而且忌冗长、忌深奥、忌空泛。否则都不能引起听众的兴趣。此外，演讲主题要集中，要有重点。企图面面俱到，结果必然蜻蜓点水，不深不透，搔不到痒处。应紧紧围绕一个主题，把问题讲深讲透，从而使演讲重点突出，给听众留下深刻的印象，取得良好的效果。

处理材料。具体地说就是占有材料、筛选材料和使用材料。只有占有足够多的材料，在演讲中才能左右逢源、游刃有余；否则，难免捉襟见肘、穷于应付。演讲的材料可以是人们从生活中观察、调查、体验所获得的直接材料，也可以从阅读、摘录书刊文献等资料中所获得的间接材料，还可以是在前两者的基础上归纳、分析、研究而得出的新材料。查询、占有材料是筛选材料的基础，对得到的材料，必须严格根据主题的需要，忍痛割爱，把最典型、最生动、最真实、最有说服力的保留下来，用到演讲中去。演讲中运用的材料的先后次序，详细安排，色彩变化，都要灵活而得体。例如，听众的注意力是有一定的限度的，超过了一定的限度，听众对所讲的问题就会走神。这时，适当地运用必要的趣味材料（幽默、悬念、听众熟悉的人和事等），就能调节演讲的变化层次，使听众的精力更加集中。

设计结构。合理的结构安排是一篇演讲成功的基础。选材以后，就要布局谋篇，设计演讲的结构，长篇大论的演讲输出的信息不一定就多；如果阐述清晰，而且内容安排合适，即使时间短，也能输出不少的信息。安排结构最有效的办法就是列演讲提纲。列提纲应把整个演讲划分成几个部分，如开场白、论题、正文和结尾，把每一部分之间的关系有机地连接起来，并在两个部分之间留下适当的空白；还应用号码和字母标出标题，反映出它们之间的从属关系。

选择语言。一个出色的演讲稿除了要有很好的开头、正文和结尾以及它们的有效结合外，演讲稿的语言也十分重要。不同的语言有不同的表达效果。美国著名的心理学家阿尔特·蒙荷拉比把语言的表达效果概括为这样一个公式：一句话的影响力 = 15%声+20%色+25%姿+40%表情。在演讲活动中，听众依靠声音信息和非声音信息来感知理解演讲者的意图。一次成功的演讲，语言的"声、色、姿、情"是决定和制约演讲效果的重要因素。声、色、姿、情的运用要根据内容和需要进行配置和取舍，声音的高低、强弱、摹拟的多少，文色的浓淡，姿态的格调和定位，情绪中的高亢与平淡都不是规定的，只有精心设置，合理运用，才能用自己的个性语言去形成自己的演讲风格，取得最佳的艺术效果。

（2）演讲中的仪态。演讲者的仪态，指的就是演讲者在参加演讲时所具有的仪表、神态。演讲者的仪态如何，直接影响到演讲的效果，因此它也是演讲的一个有机组成部分，不可小觑。它具体体现在以下几个方面：①服饰。服饰应当是整洁大方，色彩调和，适合自己的体型、肤色、年龄、性格、气质、教养和所处的场合，而且还要自感舒服与活动方便。整洁大方，显得庄重、严谨；色彩调和，显示出演讲者的热情和审美能力；体型与衣着搭配得当，可以调整演讲者的形象，使人看了觉得舒服；年龄与衣着，要符合审美习惯……总之演讲者的衣着打扮要体现出一种和谐的美感。②风度。风度是演讲者给听众的一种视觉和感觉上的综合印象。视觉上，它给听众以整体轮廓，或和谐悦目，或做作惹人厌；感觉上，它使听众产生更深刻的理解；更能调动听众的情绪，或为其魅力所吸引，或因其某种不雅的表现而疏远。形成风度的因素，既有言谈、举止、穿着、打扮等可见的东西，又有气质、修养、情绪、品质等不可见却可感知到的东西。③神态。神态指的是演讲者演讲时的精神状态。演讲时，精神要饱满，面部神色要自然、轻松；最好能给出一点适时的笑容。

演讲时的手势。演讲是一种以有声语言表达为主，以态势语言为辅的信息交流活动。态势语言（即人的表情、眼神、动作、手势）虽然为辅，但它对演讲的整体效果却起着不可忽视的作用，如果缺少了态势语言的辅助，那么演讲也不可能会有如此强烈的感染力，也不会传递更多的信息，因此，态势语言的使用恰当与否也直接关系到演讲的成败。手势是演讲中运用最多，也是最难把握的态势语言。运用手势时容易犯生硬、粗俗、小动作过多等毛病。为了避免这些毛病，让手势发挥应有的作用，应遵循以下原则：①遵循内容需要的原则；②遵循自然流露的原则；③遵循协调得体的原则。

（3）演讲"卡壳"的解脱技巧。在特定的场合，由于演讲者的紧张、焦虑等原因，往往在演讲的过程中会出现"不知所措"、"不知说什么"的情况，这就是我们所说的演讲中的"卡壳"。避免"卡壳"，不只是一个背熟演讲稿的问题。一方面，应该注意从根本上提高自己的文化素养、理论水平、心理素质和表达能力；另一方面，也应该掌握一些临场的应急处理技巧。而后者更有实践价值。临场"卡壳"的解脱，应从心理调节和现场调控入手，主要有以下几种对策可供参考：①超前减速。抢在"卡壳"前合理地减速，赢得了思维调节的周旋余地。②暂时跳过。以小跨度的超越继续讲下去，以后想起来再做补充。③反思讲题并紧扣讲题，利用自己脑中"库存"的信息，讲到底。④见好就收。力争"框架式"地讲述主要内容，义无反顾地放弃一些局部阵地，然后在最精彩的地方果断地结束演讲。⑤宽松解脱。如果你真的被"卡"住了，你可以表示歉意（不要找任何借口），静想一会，或拿出演讲稿看一下。要相信，听众是友好的，怀有善意的。你应该用自己的镇定与坦诚使他们重新建立起对你的信心。

（4）演讲中的停顿。在演讲中，停顿和手势一样的重要，成功的演讲者必须掌握好停顿的技巧。马克·吐温说过："恰如其分的停顿经常产生非凡的效果，这是语言本身难以达到的。"这里，介绍运用停顿的几种方法：①给演讲加标点。②控制呼吸。有些演讲者往往把演讲词分成短句以利于自己和听众的喘息。这些停顿不但给演讲者以换气的机会，而且也给听众以回味的可能。③过渡。有经验的演讲者在不同的意思和段落中间往往安排的不是语言，而是适当的停顿。④增强幽默感。⑤提出问题后稍微停顿。这样可以给听众考虑的时间，他们考虑问题便不觉得仅仅是在听，而且也在讲，是在主动地参与。⑥在开场白中适当运用，可起到平静听众，吸引听众的目的。⑦强调演讲中的重点内容。⑧使得演讲意味深长。

（5）演讲的控场。在一些演讲场合，可能会出现各种意想不到的情况，这对演讲者提出了严峻的挑战。所谓控场，就是演讲者对演讲场面进行有效控制的技能和办法。在正式演讲过程中，由于各种原因，听众的情绪、注意力及场上气氛、秩序常有变化的可能。演讲者要有效地调动听众情绪，集中听众的注意力，驾驭场上的气氛及秩序，使之向有利的方向发展。一般来说，必须注意下列几点：①亮相得体；②脱离讲稿；③动静结合；④变换节奏；⑤设置悬念；⑥有意提问；⑦遇乱不惊。

（6）演讲中的信息反馈。演讲中必须注重听众的反馈，否则演讲者无法掌握听众的心理和兴趣，从而更无法完成与听众的双向交流。演讲是要希望听众接受某种观点或采取某些行动。为了说服听众，就要同听众进行适当交流，引导听众参与进来。让听众经过思考，"自己"做出判断，这样会更快、更容易地达到演讲目的。

（二）谈判

1. 谈判的定义

广义的谈判是指人类为满足各自的某种需要而进行的交往活动。它是一种社会现象，是人际关系的一种特殊表现。狭义的谈判是指人们在各类贸易、合作、联合以及各种经济纠纷中，为使双方（或多方）的意见趋于一致而进行的洽商。本文使用的是狭义的谈判。

（1）谈判的原则。谈判成功与否的关键在于谈判者能否坚持和掌握谈判的基本原则。谈判的原则是任何谈判都普遍适用的最高规范，也是谈判取得成功的一般要求。它既是从谈判的性质中引发出来的，也是对谈判经验的总结。每一位谈判者都应该将重点放在双方的利益上来考虑问题，在坚持客观标准的同时，把谈判中的问题与人分开，坚持以诚相待、以理服人，做到保护自己、调动对方。具体来说，有以下几个原则必须遵守：①客观性原则。谈判的客观性原则就是要求谈判者尊重客观事实，服从客观真理，而非凭借主观意志、感情用事，更不能胡搅蛮缠。因此，必须做到：全面搜集客观信息材料；客观分析材料，公开揭露事实真相；坚持使用客观标准。②求同存异原则。谈判既然是作为谋求一致而进行的协商活动，它本身必然蕴含着谈判各方在利益上的"同"与"异"。因此，为了实现成功的谈判，要注意必须正确对待谈判和谈判对手；着眼于谈判双方的利益，而非立场。

（2）谈判活动的基本要素。谈判活动的基本要素包括谈判主体、谈判客体、谈判目的和谈判结果。①谈判主体。谈判活动的主体即指参与谈判的当事人。谈判的当事人可以是双方，也可以是多方。谈判的背后是谈判主体所代表的组织利益。②谈判客体。谈判客体就是指谈判的议题及内容。谈判的议题及内容不是凭空拟定或单方面的意愿，它必须是当事人所共同关心的、与各方利益有某种程度联系的提案、观点或事物。③谈判目的。参与谈判的各方都必须通过与对方打交道，并促使对方采取某种行动或做出某种承诺来达到一定的目的。谈判是在涉及各方利益、存在尖锐对立或竞争的条件下进行的，无论谈判的表面现象是否"轻松愉快"、"诚挚友好"、"坦率认真"，实质上都是有关各方智慧、胆识、应变能力的一次交锋（或交流）。谈判目的与谈判意愿之间存在紧密的关系，谈判意愿的转化往往影响着谈判目的的转化。④谈判结果。一个完整的谈判活动必须要有相应的结果。无论成功或是失败、无论成交或是破裂，都标志着一次谈判过程的完成。对于无结果的谈判活动，我们称之为"不完整谈判"。陷入僵局的谈判或出现"怪圈"的谈判往往容易演变为不完整谈判。不完整谈判会极大降低工作效能，耗费谈判者的精力，对谈判者的自信心产生不利影响。

2. 谈判战略和战术

谈判策略一般含有两层意思：一是指关于谈判的原则性、整体性和方针性的方法和措施；二是指针对具体时机、场合和状况所采取的手段和对策。前者可称为谈判战略，后者可称为谈判战术或技巧。

（1）谈判战略。目前比较推崇的是双赢式谈判，一种合作性的谈判方式。双方都在努力达到一个都愿意接受的处理结果。如果把双方的冲突看做是能够解决的，那么就能找到一个创造性的解决方法。从而加强了双方的地位，甚至会增进双方的关系。双赢式谈判的出发点是，在绝不损害别人利益的基础上，取得我方的利益。因而又称为"谋求一致法"或"皆大欢喜法"。双赢式谈判策略主要涉及四个要点，只有把握这四个要点，才能与对方进行很好的合作，从而使谈判得以圆满结束。四个要点分别为：①将人与问题分开。建立相互信任的合作关系，把自己和对方看成是同舟共济的伙伴，而不是看做对手和敌人，携手寻求共同有利的条件，积极寻求解决方法的那种"现实"。保持良好的情绪。处理好"沟通"问题。②将重点放在利益上而非立场上。谈判中经常出现的情况是，双方固执地站在自己的立场上，互不让步。立场是具体的、明确的，是谈判者为了达到他心目中的目的或利益而做出的行动准则。但谈判的基本问题不是立场冲突，而是双方的需要、欲望、利益与恐惧的冲突。因此，处理谈判对立的明智之举是调和彼此间的利益而非立场。③构思双方满意的方案。谈判的预案很重要，一般的谈判都是建立在事先拟订的预案的基础上的。如何进攻、如何让步绝不是头脑发热的一时冲动，而是对预案有深刻的了解和领会。为了提出创造性的选择方案，必须做到：将"构思"与"决定"分开，只有充分的构思，才会导致理智的选择，而过早的判断与定论势必遏制"想像力"；扩展备选方案；寻找对双方有利的解决方法；创造对方易于决定的条件。④坚持客观标准。必须有公平的标准和公平的程序。每个问题都要由双方共同寻求客观标准；要用理性来决定哪种标准最合适及如何使用此标准；绝不屈服于压力；坚持原则立场。

（2）谈判战术。谈判战术是各种谈判技巧的组合，是实施谈判战略时所选择采用的具体方法或手段。而各种谈判技巧则真正来源于谈判实践，它是谈判者必须通过训练而掌握的基本技能。初出茅庐的谈判新手，往往只会在战术上使用有限的几招，而谈判高手则能使用令人眼花缭乱的手法去实现自己的目标。

谈判战术可分为两类：攻势策略和防御策略。攻势策略在于采取和保持主动。而防御策略不单纯是与攻势策略相反的策略，还是发动反击的跳板。因此，两者都与主动性有关。

首先，谈判中的攻势策略。①提问。提出问题可能为了不同的目的，有时是为了获得信息，有时是为了回避回答问题，拖延时间，也有时干脆是没话找话。提问有很多方式，通过提问可以把握谈判中的主动权，给对方以攻势。②对个人施加压力。正如对方所持的论点有弱点一样，对方谈判小组中也有较弱的成员。如小组成员中可能有人易受恭维、胁迫和讹诈的影响。③武断行为。好听的道理不一定是辩论的最好形式，而有时武断行为却可以更加有效。谈判人员的行为一旦变成"不可理喻"，他就超越了价值观念的准则，而不会被正常的说理所打动。"不可理喻"的行为若要奏效，必须依赖于另一方在行事上保持的理智。否则，双方的无理性就会发展到一种没有准则的地步，对于维持正常交易是不利的。④置对方于不合情理的境况。当对方提出的主张存在问题时，我们应抓住问题不放，想方设法对这项主张提出异议。提出异议的方法有很多，其中之一是找个事例，借以表明如何实现该主张显然是荒谬的。这样，至少迫使提出该主张的人要用种种限制词重新解释该主张，以免自己陷入窘境。⑤摸底。此策略是故意提高要求，即提出的要求大大超过估计的对方可能接受的程度，以试探其反应。⑥双簧戏。当谈判气氛明显充满敌意时，谈判中的一部分人就必须出现大发雷霆，尽力指责和诋毁对方的状况，把空气搞得十分紧张。然后谈判中的另一部分人出来缓和局面，虽然劝阻同伴，但也要平静地指出，这一场闹剧之所以出现完全是对方所致。这种策略之所以能成功，主要是利用了人们避免发生冲突的心理。⑦承受约束在先。承受约束也是一种重要的进攻性策略，其说服力随着己方受到限制的明显程度而变化。承受约束可按其说服力的强弱排列如下：制约对方的国家法律；未经行政或立法机构修改而仍然在法律上对对方有约束力的法规；对参与合约谈判的单位具有约束力的标准订约程序，或是签约必须涉及的第三方发出的指示；过去的先例；上级的指示；谈判一开始，对方谈判人员自作主张采取的立场。总之，双方都可能使用承受约束的策略。如果表明对方的承受约束没有己方的承受约束有力，就可能压倒对方。

其次，谈判中的防御策略。在谈判对手强大的攻势策略的压迫下，另一方必须相应地加以防御。防御的策略主要有以下几种：①守口如瓶，佯作误解。谈判中最有效的防御策略之一，是促使另一方继续说下去。说得越多，暴露得越多，也就越感到为了有说服力不得不暴露，于是就越容易暴露自己的真实动机和最低谈判目标的底线。把守口如瓶和佯作误解结合起来，是另一种有效的方法。促使对方重复其论点的方法是佯作误解。对方重复其话题，就可使己方获得时间考虑对方论点的是非曲直，以决定对策。这种技巧在对付技术专家时往往特别有效。②模棱两可。在回答对方的问题时，要模棱两可，不给对方所希望的答复。这种方法可用下面一类措辞开头："据我理解你的问题，你是要求……"，接着把问题再描述一下，词句稍做改动，然后就重新描述的问题进行回答。不仅避免直接回答问题，而且使己方有时间考虑对策。③笼统作答。当对方为了解详细情况而提出具体问题时，己方可以用范围更广的笼统概念回答。④回避。对于对方提出的问题，也可以不直接回答而采取回避的办法。⑤直率的、否定的"不"表示确定、无调和余地的态度，应该保留到确实打算这样干的时候才使用。因为这就表示谈判已无回旋的余地，进而谈判可能破裂。谈判者面对一个直接的问题，他希望给予否定的回答。但为了不冒犯对方，也不给予肯定的许诺，回答的肯定部分应该看起来是站在对方的立场上，否定部分旨在指出不能按对方的意愿行事的理由。最理想的情况是，己方谈判人员用回答的否定部分能促使对方采取有利于己方的立场行事，或至少使对方最后面临两种选择：或坚持上述立场行事，或撤回要求。⑥反提问。反提问可以发掘对方的真正意图，或者将问题的焦点引向其他方面。⑦稻草问题。所谓"稻草问题"是指问题本身对己方并无价值，且无足轻重。之所以提出，正是准备放弃它，以便为己方创造机会，以从对方获得真正的让步作为回报。因此，己方在谈判时提出的最初各项要求中包括一个或几个稻草问题，就可以确保有些"储备"，可以作为对对方所做让步的补偿。不过，在决定选择什么作为稻草问题时，必须试图用对方的眼光来看问题，既考虑问题的客观方面，又注意考虑问题的主观方面。⑧战略休会。一场谈判有时会由于对方不断地施加压力，甚至使己方感到无法抵挡，而认为必须采取缓兵之计以寻求对策时，必须中断谈判进程，以便摆脱对方的纠缠，并给己方以喘息的机会。如采用己方人员借口离场；安排喝茶、喝咖啡；己方要求短暂休会等形式来达到目的。⑨疲劳战。谈判是耗费精力的事。它需要思想高度集中、耐心、头脑敏捷，而且时常处于不舒适的环境之中。人为地拖延谈判时间，就剥夺了谈判人员仅有的休息与娱乐时间。对来访的谈判人员表面上用友好的晚宴款待对方，占有其应有的休息时间，使其得不到休息。总之使对方谈判者精疲力竭，从而影响谈判结局。这是非常高明的谈判技巧。⑩合伙。采取这种策略是为了努力争取各方面对你的行动支持。尤其是将对方视为知心人，"我们都是朋友"，取得对方的支持，并就双方的分歧问题寻求解决的途径。这种策略对于在合同执行过程中，由于任何一方的拖延或不能做到规定的要求而引起的谈判是有用的。只有统筹兼顾的折中才能提供达到目标的基础。

3. 谈判中应注意的问题

商务谈判在现代的社会经济生活中占据着主导地位。如何扬长避短，最大程度地发挥自己的优势，力争在谈判中占据主动，是每一位谈判者都十分关心的事情。实际上，在谈判中有一些原则性的东西可以帮助谈判者在谈判中占据主动，从而为赢得谈判的胜利争取有利的条件。这些原则是：

（1）将心比心。谈判最忌以己方观点，需索无度，漫天要价。谈判时，也要有仁厚之心，多为对方着想。将心比心，带来皆大欢喜的双赢，如果不能如此，谈判过程将充满火药味，双方各持己见，互不相让，最后争得脸红脖子粗，难以达成任何建设性结果。

（2）知己知彼。对对方立场、观点都有初步认知后，双方谈判就要紧锣密鼓地进行。谈判前要将己方在谈判事件中所占的优势、劣势及对方的优势、劣势，进行严密周详的列举，尤其要将己方优势，不管大小新旧，全盘列出，以作为谈判人员的谈判筹码，而己方劣势，当然也要注意，以免仓促迎敌，被对方攻得体无完肤。了解对方的可能策略及谈判对手的个性特点，依据对方的情况制定周密的谈判计划，哪怕是生活中的细节问题也不要放过，这对谈判的圆满完成将有莫大的助益。

（3）模拟演习。模拟演习就是将各种可能发生的状况预先模拟，以免实际遭遇时惊慌失措，难以控制战局。在了解优势、劣势后，就要假想各种可能发生的状况，设计对应的行动方案，小至谈判座位的选定，大至对手可能提出的要求，都可以依据状况的轻重缓急，详加模拟。

（4）底线界清。通常，谈判时，双方都带有攻击性，磨刀霍霍，跃跃欲试，双方只想到可以"获得多少"，却常常忽略"会出多少"、让步多少，才可皆大欢喜。所以，在谈判前，务必要把己方的底线界清，可让什么，可让多少，如何让，何时让，为何要让，先行理清。否则，若对方咄咄逼人，己方束手无策，任由对方宰割，那就失去了谈判的本意。

（5）要有耐心。谈判中常有持久战要打，一谈四五个钟头的现象时有发生。在关键时刻，谈判常常通宵达旦、废寝忘食，无论是心理上还是生理上都承受着巨大的煎熬，甚至最后一无所成。所以，谈判前要把"耐心"带足，准备充分。

（6）随机应变。谈判如战斗，战场状况瞬息万变；谈判桌上硝烟弥漫。因此，必须临场发挥、处变不惊。

（7）埋下契机。双方若不能达成相当程度的圆满结果，谈判面临破裂之时，也无需逞一时口舌之快，伤了双方和气。买卖不成，但情义还在。双方好聚好散，好为下次谈判的圆满完成埋下契机。

（三）会议

1. 会议的定义

会议是指三人以上参加的，遵守一定的规则，研究事理，达成决议，解决问题，以达到群策群力的效果的集会。会议的种类有：（1）临时会议，是为应付特殊事件而召集的；（2）委员会，审查指定事件，而提出解决办法的；（3）永久集会，是有固定的目的为处理其经常事务而召开的。

2. 会议的准备和应注意的问题

（1）会议的召开。成功的会议，可以解决存在的问题，沟通观念，可以团结民心。经过相当的准备而召开的会议，更能促使参加人的注意力集中，提高会议的效果。尤其是会议的召集人，不仅应悉心地准备，更应随时监督准备的进度，会后总结，以供下次会议准备的参考。

会议目标的确定。会议目标的确定是会议准备的第一件大事，目标确定以后，才能拟定会议的主题。

会议时间的安排。依据会议内容的繁简，对时间做适当的分配与安排，包括定开会的日期，整个会期的长短，每一议题预定的研讨时间，大会的分组讨论时间，甚至每一分组分座时所需要的时间，参加人签到、报到、入座、休息、用茶点、进餐等时间，都要做初步的预计和安排。

会议程序的拟定。会议程序是指从开会到散会，经过的全部程序，其拟定的方式有两种：由大会召集人预先拟定，在开会时由主席宣读，提经会议认可后实施，否则预付表决；重要的正式会议或规模较大的永久性会议，由大会秘书处或程序委员会编拟，经过审查后，提请大会认可，修正后实施。

议事日程的编定。通常是于开会之前，由主席、召集人、或秘书处、或程序委员会预先编订。最好能于会前送达，使参加人有所了解。

会议资料的搜集与编印。应尽可能在时间和经费的许可范围内，按照会议所定的目标，就会议主题及其讨论范围，搜集有关动态的法令规章，典范实例，予以编印，供做讨论议案的参考。

会议场所的选定。应参酌会议性质、参加人数，并应顾及环境宁静、交通便利、光线、卫生等。会场更应配合会议的性质，做必要的布置。

会议的召集。应于会前适当时间（通常为一周或两周）之前，将开会日期、地点以书面形式通知各参加人，或在媒体上公告，可能时，应附送议程及有关资料。

会议的记录。会议记录是议场记实的档案。凡议场各种事项（包括会议名称、会次、时间、地点、出席人数），议案表决的结果及选举的票数，均要一一记载。记录以记当场的事实为原则，不必将各人所有的发言完全记下，但在特别重要的会议时或遇必要时，得对所有言论予以记录。

会场意外的预防。对于意外事件，事前都要设想周到，而加以防备，不能临时张皇失措。

会前的查看。负责筹备会议的人，对于会议准备工作，在会前不应只听别人的报告，应该自己亲身查看，看看会场还有什么需要改善的地方。看看会场的环境与设备，是否可以防止紧急事件的发生。为了使会场秩序能够做到井然有序，最好事前做一次演习，尤其是大规模的正式会议，必须做一次甚至多次演习。我们应该记住：没有预演过的戏剧，是很少不失败的。

会后的总结。总结是一种由目标起至目标止的过程，是从错误的经验中学习，而不断地改进工作方法的过程，它是计划过程本身的一部分，以评价这次准备工作的得失，检讨会场工作对于会议的本身是否有一些帮助。

（2）会议议程。由主席或临时主席（发起人或筹备人）报告出席人数，并宣布开会。

报告事项。宣读上次会议记录、报告上次会议决议案的执行情形、委员会或委员报告、其他报告，以上各项报告完毕后，对上次决议案的执行进行总结。

讨论事项。前次会议遗留的事项；本次会议预定讨论的事项；选举；散会。

议事记录包括：会议名称及会次；会议时间、地点、人数；列席人、请假人、主席、记录人姓名；报告事项；选举事项、选举办法、票数及结果；讨论决议事项；其他重要事项；议事记录应由主席和记录人分别签署。

（3）发言。出席人要想发言，必须先举手请求发言。出席人取得发言权后，必须首先声明其发言的性质，对在场的问题，是赞成、反对、修正，还是提出其他有关动议。其作用在于防止不合秩序的发言，以免浪费时间，及帮助会众了解发言人的意图，提高议事效率。

发言的礼貌。发言应保持礼貌，发言应就题论事，除了以人为主体的议案之外，不得涉及私人私事，并不得直呼他人的姓名谩骂。

发言的限制。同一议案，每人发言以不超过两次、每次不超过 5 分钟为宜。但所有出席人已轮流讲完或另有规定的，不受此限。

书面发言。出席人如不愿口头发言，可将要点以书面形式提请主席，依序交记录人或秘书人员代为宣读。

（4）动议的处理。动议是指出席会议的人，提出问题或意见，请求会场予以讨论或采纳。会议中议案的来源有两种：一种是口头的动议，一种是书面的提案。

动议的提出。会议规范对于动议的时机，附议程序，不得动议以及提案的提出，均有详细的规定。动议包括：主动议，于没有其他动议或事件时提出；附属动议，在有关动议进行讨论时提出；偶发动议。

动议的附议。附议的意义不是赞同此动议，而是赞同讨论这个动议。动议者提出动议只是个人意见，但经附议与主席接述后，此动议就已成为会场大众的动议。

动议的程序。动议的程序是：动议者向主席请求发言权；主席承认动议者的发言权；动议者提出动议后坐下；附议（以口呼附议为之）；主席接述动议，并加以讨论。

提案。书面的动议就是提案，提案除依特别规定由个人或机关团体单独提出外，必须有附署，其附署人数，如无另外规定，应与附议人数相同。

动议的收回，动议未经附议前，可由动议人收回。动议经附议后，非经附议人同意，不得收回。动议经主席接述后，原动议人如欲收回，须经主席征询全体，无异议才可收回，如有异议，由主席付表决定。动议经过修正，不得收回。

提案的撤回。提案在未经主席宣布讨论前，可由提案人征求附署人同意撤回。提案经主席宣布讨论后，原提案人如欲撤回，除须征得附署人同意外，还须由主席征询全体，无异议才能收回。提案经过修正，不得撤回。

动议的分开。动议由几个部分组成的，由主席或出席人分开讨论及表决。动议分开表决后，仍应将全案提付表决。动议的各部分均被否决的话，该动议视为整个被否决。

（5）讨论。讨论包括对于问题的一切评论，无论反对或是赞成。

讨论的原则：一事一议；充分与自由；少数服从多数；尊重少数意见。

讨论的程序：审查全案；分章分节讨论；全案表决；分标题讨论。

（6）表决。表决的方式有：举手表决（或用机械表决）；起立表决；正反两方分立表决；唱名表决；投票表决。

通过议案必须的最低限度的人数，一般规定为比较多数和大多数两种。所谓比较多数即参加表决的两方中，如赞成的人数较多，议案通过，反对的人数较多，议案否决。所谓大多数即为过半数以上。议案如无特别规定，以获比较多数赞同为通过。影响团体或个人权利义务的议案，或有关团体财产处分的议案，或其他特别重要的议案，为求慎重起见，通常必须获得大多数的赞成票数。

（7）如何成功地主持会议。主席为会议的主持人，主席应该处于公正超然的地位，严格执行会议规则，维持会议和谐，使会议顺利进行。

主席的任务包括：依时宣布开会及散会或休息，按照程序，主持会议进行；维持会场秩序，确保议事规则的遵行；承认发言人地位；接述动议；依序将议案宣付讨论及表决，并宣布表决结果；签署会议记录及有关会议的文件；答复一切有关会议的询问及决定权宜问题与秩序问题。

主席应避免的事：不能在主席位置上，发表关于动议的意见；不应过早将动议呈众表决，而应给予讨论的时间；不可轻易打消动议；不参与表决，除非加入少数派使两派成同数，打消动议或者在正反相等时投票使一方通过，或议案有特别规定的额度，在差一票才达规定额度时，参加一票，使其通过，或不参加使其否决；应尽量避免发表自己的意见，如必须发言，最好事先声明，发表一点个人意见；避免直呼出席人姓名。

主席是会议的主持人，必须表现出高度的服务热忱，谨慎，任劳任怨，为会议服务，这样才能得到会议参加人的尊敬和拥戴，使会议圆满成功。主持人不必满足每一个参加人的要求，但必须适合大多数人的意向。主持人不应多说话，应让参加人多说话。主持人应力求使参加人尽量发表意见，无须表示自己的见解。适时制止会中不合议事规则的动议及辩论。主持人应避免参加辩论。主持人处理问题的态度应坚决，避免犹豫不决。主持人应娴熟会议法则，能领导会众，纠正会众的错误。主持人应摒除偏见，处理事务应刚柔适中，不偏不倚，才能使会众心悦诚服，融洽和谐。主持人对问题的用词，要清楚确实。主持人应尽量使正反两方有公平发言的机会。遇到会场争论激烈相持不下时，主持人应设法缓和气氛，解释误会，必要时宣布暂时休息。主持人应设法让大家知道他们所希望了解的事，这样会议更易收到良好的效果。主席应激励会员使其能充分参加讨论，并使讨论不离题，控制讨论的进度，增进会场的和谐气氛。

（8）参加人应注意的问题。参加会议前，应该具有基本议事规范能力，并且具有民主观念。在参加会议中应注意：按时到会，如中途离席应向主席请假；遵守议事规则和秩序；听从主席合理的裁决和规定；协助主席维持会场秩序；讨论问题对事不对人；发言力求精简和不离题；消除偏见，尊重别人的观点；贡献自己的经验和知识；服从多数通过的决议案。会后还要扮演监督执行者的角色。

# 第二节　写作概述

## 一、写作的概念和重要性

写作，从形式上来看，表现为文字，或称为"书面语言"，它具有一定的行文格式；从内涵上看，它具有创造性，简单的记录或者抄袭不属于写作这一范畴。优秀的写作应该是真情实意的表达。

写作是一种重要的沟通方式。无论是内部沟通还是外部沟通，一个企业时刻离不开写作。对内部而言，公司成立时需要拟定章程，制定规章制度、职务说明书等，平时管理中需要制订年度计划、每月计划，还有众多的商务交往信件和函件。现在许多大企业都有内部刊物，比如长虹、海尔等企业。这既可以对外树立企业的良好形象，同时使得企业内部又多了一条沟通的渠道，使员工能形成较强的凝聚力。对外部而言，写作就更普遍了，如财务报告、市场调研报告、对外的商务交往信件与函件等，这些成为企业与其生存环境之间的纽带。从沟通角度来理解写作，写作是沟通的一种重要方式，提高写作能力，对个人而言，意味着沟通能力的提高，同时，也是适应 21 世纪的通行证；对企业而言，意味着管理水平的提高。

写作是一个不断发展的概念。电脑写作正在冲击并已经部分改变了传统的"写作"内涵。利用键盘、语音输入系统等工具，文字录入快捷流畅，并且大块文字可随意结合，句子可随意扩张，信息的剪切、复制、粘贴以及跨文本调用，都极为方便。同时，写作完成之后，文本的传递和阅读方式也可用网络方便地完成，这使得以"沟通"为目的的写作内涵获得了极大拓展，写作演化成了"手谈"。

但我们认为写作仍需具有如下三个必备的条件：首先，写作表现为文字形式；其次，写作具有一定的创新性，是在做一件别人没有做过的新事情，而不是简单的记录和摘抄；再次，通过写作，可以达到沟通的目的，即写作是一种有意识的活动，因而我们还是试图把"写作"这个概念独立出来。

## 二、写作过程

一般来说，完整的写作过程包括计划、创作文本和修改三个阶段。对于这三个阶段的把握是决定写作质量的重要因素。下面将对这三个阶段分别说明。

（一）计划阶段

计划是整个写作过程中的重要环节，占了整个创作活动时间的一大半，它与确定创作目标、组织材料、确定可能的内容、安排结构等密切相关。

在计划阶段要做的工作有：

明确创作的目标。任何的写作都是有意图和目的的，都是为特定的目的服务的。不同的写作目的决定了不同的语言风格、材料的选取以及结构的不同安排。

确定文章的主题。明确了创作的目的以后，就可以根据此目的确定主题。主题的确定就是确定以何种方式来表达你的目的、你将集中说明什么、你想让对方知道什么等。

筛选材料。在确定了写作的目的及主题后，就可以在此基础上，根据主题和目的的需要选择组织相关的材料。选材可以是通过自己的感知和体验直接摄取的写作材料，也可以是通过阅读或采访调查间接摄取的材料（其中包括借助电影、电视、广播、电脑等工具）。然后对材料进行筛选，选取自己最熟悉、最动情、最理解，也最有意义的典型事物材料。计划时，作者还必须考虑文章的结构安排、叙述说明方式等问题。

以上的工作可以列出计划的提纲，在提纲上大致表明相应的内容，从而在整个写作过程中做到心中有数。上述这些计划活动，集合起来，就反映出作者对文章写作的决定，如写些什么，怎样开头和怎样结尾等。当然，随着文本创作的进展，上面的内容也不断发展变化并与文本相互作用。在整个计划过程中，组织活动是关键，它能很大程度地影响书面材料最终的质量和数量。所以，每一个人一定要对写作计划充分重视，厚积薄发，以期收到良好的效果。

（二）创作文本的阶段

开头。"万事开头难"，这句话对创作文本来说特别适合。这包括怎样称呼对方、哪些应放在开始显眼的地方、后续的应怎样衔接等问题。从这里我们可以看出，这个阶段实际上是对计划阶段的进一步深化，所以说它特别艰难。

进行。虽然有了开头和整个文本的写作计划，但真正在写作的过程中，思维是不断地发展的。不可能完全照搬计划，有时还会完全变更计划。因此，如何让文本的创作跟着思维走是至关重要的。经验告诉我们，文本的创作很少能立即写出完美、全面的短语和句子，更不用说写成精彩的整篇文章。作者必须决定什么时候、怎样修改文本但又不阻碍或丧失创作思路。创作文本这一过程是复杂的，写成的书面文本不是精神文本的复制品，而是应需要而进行创造或再创造产生的。虽然作者的"世故"、需求以及对任务的熟悉程度可以对写作过程产生很大的影响，但创作文本的复杂性并没有因此而有所削弱。有个著名作家曾将其创作过程描述成"工作—放松—不做思考"的次序，他认为这样可以激发写作中的创造力。不过，尽管创作文本的过程非常复杂，它仍是大多数人必须着手进行的工作。当然，随着经验知识的增长和阅历的丰富，这一创作文本过程常常可以得到改进。

（三）修改

好的文章是精益求精的结果，精益求精就意味着对文章的不断修改。修改对于一篇好的写作是至关重要的。无数的事实证明，好文章是精益求精的结果。人们对事物的认识是不断深化的，人的思想很难一下子把它准确周密地反映出来。这样，要达到"尽善尽美"，就必须随着认识的不断深化修改、再修改，反复比较、反复寻找、反复推敲。

修改是写作的重要阶段，其范围和要求可以简要概括如下：①锤炼校正文章主题——看主题是否正确、鲜明、集中、深刻；②增删更换材料——看材料能否为表现主题、突出主题服务；③调整结构安排——看材料的组合是否达到了最佳程度；④斟酌变更写作手法——看手法能否为突出主旨服务；⑤推敲润色语言——看语言能否准确、生动、传神地表情达意；⑥校正标点符号——看标点使用得是否正确妥当。

**三、写作的能力**

写作的一般能力，有观察能力、采集能力、感受能力、想像能力、开合能力、思索能力、结构能力、语言能力和修改能力等，概括地说，主要包括感知力、想像力、构思力、表达力等，没有这些基本的条件，便不可能进行写作。这些能力是不论从事何种写作活动都必须具备的。

写作源于生活和材料，人们对写作素材的摄取，需要敏锐的感知力。叙事性、抒情性的写作，倚重于感觉和感受；说明性、议论性的写作，倚重于知觉。但感觉和知觉也是相互依存的。

想像力是创造力的一个重要成分，写作是精神产品的创造活动，自然不能没有想像力。想像是从已知到未知的心理过程，是对旧经验的新综合。任何一种写作活动，从本质上来说，都要有一定的创意，都是一种"创作"，因为它一般都包含有未知的内容或革新的形式。

构思力，就是对写作的内容做符合目的性的判别、选择和整合的能力。写作的内容指的是文章的主题和题材（或称中心和材料），作者将原始的朦胧芜杂的写作意向和素材，转化为具有表现价值的明确精粹的写作主题和题材，这一思维运动过程，是一切文体的写作所必需的，而且是至关重要的。小说要塑造形象、设计情节；散文要聚敛情感、形神合一；论文要创立假说或论点，建构理论系统；消息要确定报道角度，筛选有新闻价值的材料……这些，都需要构思力。

表达力指的是文字表述的能力，具体地说，包括谋篇布局和遣词造句的能力。谋篇布局的能力，主要指对文章的开头、中段和结尾有基本的认识，并能据此对材料做合理的组织安排，使文章的结构较为完整和谐。遣词造句的能力，主要指在表情达意上准确恰当，大体上文从字顺，没有明显的语病，即能写出文字通畅的文章。这也是文字上对一切文体写作的普遍要求。

以上四种能力，相互之间有一定的交叉和兼容，存在着相关系数。例如，感知力影响着想像、构思和表达，想像力也同样制约着感知、构思和表达。某一种能力较为薄弱，都会削弱其他能力的发挥，影响总体的写作效果。因此，写作的几种能力，最好能做到同步、和谐的发展。

写作的能力是在写作者的生活过程、写作实践中培养和形成的，应该通过多种途径加强培养。

（1）爱好与勤奋。写作能力的发展与写作的兴趣和爱好有着密切的联系。没有主观的勤奋努力是不可能获得良好的写作能力的。

（2）生活与教育。生活和实践的需要使写作者的感知、体验日趋深刻，思维更加敏锐、严密，想像力更为丰富、强烈，言语能力也越来越熟练、精湛。

（3）调节与治疗。写作者要学会自我调节心理态势。凡是写作所必需的良好心理，如感知的鲜明性、记忆的牢固性、思维的敏捷性、想像的活跃性、言语的新颖性，以及坚强的意志、超人的胆识、进取的精神、热烈的追求、思索的习惯等，都要自觉地进行锻炼。

### 四、各类管理文体的写作

（一）简报

简报是一种比较特殊的文体，它既不属于公文里的上行文，不能用它向上级请示问题；又不属于公文里的下行文，不能用它向下级发出指示。可是它的使用却极为广泛，现在我们来介绍这种文本的写作技巧和技能。

简报是一种以反映情况、交流经验、传递信息为主要内容的简短、快速的文件。它是工作情况的简要报道，兼有工作报告和通报、批转、转发的特点。

简报不仅便于上级领导及时了解下情，掌握日常工作和社会生活的各种动态，迅速采取相应决策以推动工作，而且也便于平级、下级之间及时互通情报，交流经验。可见，简报兼有汇报性、交流性和指导性。因此在机关工作中，就沟通上下左右的联系来看，简报可以说是一座四通八达的立交桥。

简报的特点是"快"、"新"、"简"、"实"。简报反映思想动态要快，报告工作情况也要快，慢了就失去它的存在价值；至于会议摘要简报，其时限性更强，今天编发不出，明天会议就可能结束了。因此，编写简报要"抢"时间，而前提就是要能敏锐地发现"情况"。"新"是简报的价值所在。简报的价值，就在于它能迅速及时地把各种新信息汇集输送或反馈给上级机关及领导，包括思想方面的新动态，工作方面的新经验，值得注意的新情况、新见解以及新事物的萌芽，错误倾向的苗头等。简报要迅速及时地把最新信息输送出去，那就非简不可，如果繁琐、冗长，必然快不起来，结果将因拖延时间而降低甚至完全失去其价值。"实"是简报最基本的写作要求，这样才能迸发出有价值的火花来，为其阅读对象所需要。

简报主要有思想动态简报、工作情况简报和会议摘要简报三大类。

1. 简报的格式

简报的格式由报头、报核、报尾三部分组成。

报头部分。中心是"简报名称"，位置居中，用大号字体，有直接标做"简报"的，也有标做"动态"、"简讯"、"情况反映"、"工作通讯"、"内部参考"的。期数在标题的正下方，属增刊的单独编期，有的在标上"第×期"后还要注上刊出的总期数，下面用一横线隔开。

报核部分。首先是标题，写法与消息标题相似，要求简括正文内容。然后是正文，正文前后无须再加收、发机关与发文日期，但在正文结束后要在右下角把供稿者括注出来，下面同样用横线隔开。

报尾部分。在左端先注明发送范围，一方面以此表明收文者，另一方面作为机密程度的补充说明，在右端写上共印份数备查。

2. 简报沟通技巧

简报很重要，掌握简报的写作技巧对于写好简报是很重要的。

（1）吸引读者。最初和最终的印象是最重要的。成功的简报要在一开始就要能吸引住听众或读者的注意力，并保持这种注意力，直至结束前都使他们保持热情与关注。第一步是仔细考虑哪些才是读者或听众真正关心的，他们的切身利益如何。你的简报如能在此基础上展开，才是吸引人的、有说服力的。如果确切地陈述姓名、事实、案例、统计数字或是类似事物，你的读者、听众就可能会因此推论，在每个你所列举的确切事物的背后，都有更广泛的支持，因而你的论点也就非常可信。优秀的简报应是先快速扫描一遍确切的信息，然后再回过头来深入探讨其中某项的详细情形。

（2）巧妙地组织论点。确定简报的内容后，就必须以一定方式将资料组织起来。最佳方法是 BEST 法，即提纲（Bottom Line）、举证（Evidence）、综合（Summary）与转接（Transition）。

提纲。在简报中每个段落的开始，可以用 25 个以内的字陈述这一段落所要表达的重点。这样可以让你的读者或听众有一个清楚的概念：这个简报目前进行到哪里了。

举证。列出确切的论据、例子、统计数字、故事以及类似事物等任何可以支持论点的素材。

综合。将你的主要论点再陈述一遍，这样读者、听众才知道你将确切的举证转化为一般性结论。

转接。用下面的句子将读者或听众从一个主题引向下一个重点："现在我们来讨论下一个主题"，或是"让我们接着……"。

（3）以积极的方式结束简报。结束语对简报非常重要，要在简报结束时建立积极的、团体精神的感受，可以考虑采取下面的方式：挑战、困难与努力，告诉听众或读者你所提出的想法不是那么容易进行的，但无论如何请他们勇敢地接受这一挑战；积极，尽可能表达出诚意与信心，表示自己愿意接受挑战，然后预期可实现的成功；未来，谈及将要来临的时光，你甚至可以用"未来"这个字预期更光明的日子；用上升的语气结束简报。

（二）商务文书

商务文书的概念是广泛的，它所包含的文体类型也很宽泛丰富。商业环境中，"文书"一词可以用来指信件、短函、报告、货单、命令和其他许多带有文字符号的文件。这些文书中的任何一个都可以有很多形式，例如：报告可以有设计报告、正式报告、暂时报告和终结报告；信件有证明信、调查信、任命书、解职书等。

1. 商务文书的特点

好的商务文书具有以下特点：①清楚、明晰。读者能否较容易地阅读、理解、吸收书面材料，很大程度上取决于写作的文本是否明晰、清楚。一般来讲，写出的文本应该是语法完整、标点符号使用精确的。②简洁、精练。写作商务文书时，不要出现赘词、冗长的句子及无关的段落，用贴切的语言表达思想和情况。③准确、贴切。在商务文书中，"准确"包含以下几个方面：词语、标点运用准确；逻辑结构连贯合理；图表数据运用准确等。

2. 商务文书沟通技巧

明确文书的写作意图。文书的作者应清楚明了地确定文书是为何目的而创作的。是为了通知读者什么事，还是要他按事件的记录或决定去行动？文书的完全意图必须在进行下一步的准备工作之前确定，并得到理解贯彻，还要能用一个简短的句子表达出来。

确认所需资料。根据文书的写作意图，把所拥有的资料进行分类。在收集整理必要的信息资料时，必须保证遵循以下原则：只收集有关的、准确的信息资料；将客观事实与主观意见、推论相分离。

商务文书写作。把最重要的内容放在开头及结尾。每天都会有大量的商务文书在企业内流通。对于收到许多这类文件的经营者而言，通常是很难通篇阅读每一篇文书的，而只是注意一下文书的开头与结尾。所以不要想当然地认为读者会按照你所安排的段落的顺序阅读文书，应该将那些一定要被看到的信息放在开头与结尾的显眼位置，而把次要的细节放在中间的段落。在进入具体的写作过程之后，要注意保持写作的连续性，不要为了某个局部的修饰和调整而中断或放慢整个写作的过程。因为思路被打断后，某些重要的创意可能会被遗忘。

商务文书的修改。写完的商务文书只是一件"半成品"，还需要进行修改才可能在文字表达方面趋于完善，从而成为一件完整的作品。只有内容和形式都达到一定水准的商务文书，才有可能实现良好的沟通效果。

商务文书修改的基本原则是：①避免过多、过滥的信息。清楚地表达信息，而非夸张地为吸引他人注意而写作。过于夸张的商务文书只能让那些忙碌的企业人士放弃阅读的意愿。一定要简单，避免复杂的表达。②使用人称代词。人称代词可使句子变得简单，而且给人一种亲切感。③旁观者清。即使是自己反复写的文书，有时也很难发现其不当之处，因为文书中所要表达的内容都是你所熟知的。所以，对商务文书的写作者而言，最好的建议往往来自于同事。应该选择你非常熟悉的、对相关问题有一定研究的朋友或同事来看你的文书。同时，可以要求帮你看文书的人，特别注意文书的结构、视觉效果、精确性或技术性细节等任何你觉得最需要注意的地方。认真听取"旁观者"的意见，以确保你所写的商务文书能达到你所希望的沟通效果。

（三）计划

计划是单位或个人对未来一定时间内要做的工作从目标、任务、要求到措施预先做出设计安排的事务性文书。

计划的种类。从性质、内容、时间等角度可划分出不同种类的计划。从形式上来分有以下三种：文件式计划，分目标、要求、措施、步骤等环节，写作严谨具体，内容重大并有一定篇幅；条文式计划，以列出任务为主，较少涉及措施、步骤等；表格式计划，通常用于项目较多又具共性的内容，有时辅之以适当的文字说明，使计划简洁明了。

计划通常包括标题、引言、主体和落款四个部分。

标题。计划标题一般由四个部分组成：计划的制定单位名称、适用时间、内容性质及计划名称。视计划文本的成熟程度，有可能出现第五个部分，即在标题尾部加括号注明"草案"、"初稿"、"征求意见稿"、"送审稿"等。

引言。计划通常有一个"前言"段落，主要点明制订计划的指导思想和对基本情况的说明分析。前言文字力求简明，以讲清制订计划的必要性、执行计划的可行性为要点，应力戒套话、空话。

主体。如果说引言回答了"为什么做"的问题，那么主体要回答"做什么"、"怎么做"、"何时做"等问题。首先是目标与任务。要明确指出总目标和基本任务，随后应根据实际内容进一步详细、具体地写出任务的数量、质量指标。必要时再将各项指标定质、定量分解，以求让总目标、总任务具体化、明确化。其次，办法与措施。以什么方法，用什么措施确保完成任务实现目标，这是有关计划可操作性的关键一环。所谓有办法、有措施就是对完成计划须动员哪些力量，创造哪些条件，排除哪些困难，采取哪些手段，通过哪些途径等心中有数。这既需要熟悉实际工作，又需要有预见性，而关键在于有实事求是的精神。惟有这样，制定的措施、办法才是具体的、切实可行的。再次，时限与步骤。工作有先后、主次、缓急之分，进程又有一定的阶段性，为此在计划中针对具体情况应事先规划好操作的步骤、各项工作的完成时限及责任人。这样才能职责明确、操作有序，执行无误。

落款。在正文右下方署名、署时即可。

（四）总结

总结是单位或个人对过去一个时期内的实践活动做出系统的回顾归纳、分析评价，从中得出规律性认识用以指导今后工作的事务性文书。

总结的种类。从性质、时间、形式等角度可划分出不同类型的总结，从内容上来分主要有综合总结和专题总结两种。综合总结又称全面总结，它是对某一时期各项工作的全面回顾和检查，进而总结经验与教训。专题总结是对某项工作或某方面问题进行的专项的总结，尤以总结推广成功经验为多见。总结也有各种别称，如自查性质的评估及汇报、回顾、小结等都具总结的性质。

总结通常包括标题、正文和落款三个部分。

标题。总结的标题有几种不同的类型，包括：①文件式标题。一般由单位名称、时限、内容、文种名称构成。②文章式标题。以单行标题概括主要内容或基本观点，不出现总结字样，但对总结内容有提示作用。③双行式标题。即分别以文章式标题和文件式标题为正、副标题，正标题揭示观点或概括内容，副标题点明单位、时限、性质和总结种类。

正文。正文可分为前言、主体和结尾三部分。前言，一般介绍工作背景、基本概况等，也可交待总结主旨并做出基本评价。开头力求简洁，开宗明义。主体，应包括主要工作内容、成绩及评价、经验和体会、问题或教训等。这些内容是总结的核心部分，可按纵式或横式的结构形式撰写。所谓纵式结构，即按主体内容，从所做的工作、方法、成绩、经验、教训等逐层展开。所谓横式结构即按材料的逻辑关系将其分成若干部分，标序加题，逐一写来。结尾作为总结的结束语可以归纳呼应主题、指出努力方向、提出改进意见或表示决心信心等语作结，要求简短利索。

落款。一般在正文右下方署名、署时。如是报刊杂志或简报刊用的交流经验的专题总结，应在标题下方居中署名。

（五）调查报告

调查报告是根据调查研究的成果写出的反映客观事实的书面报告。从内容性质来分，调查报告有：专题型调查报告、综合型调查报告、理论研究型调查报告、实际建议型调查报告、历史情况型调查报告、现实情况型调查报告。

一般来说，调查报告的内容大体有：标题、导语、概况介绍、资料统计、理性分析、总结和结论或对策、建议以及所附的材料等。根据这些内容所形成的调查报告的结构，就包括标题、导语、正文、结尾和落款。调查报告写作通常要经过确定主题、取舍材料、拟定提纲、起草报告和修改报告五个程序。

（六）通知

通知是公文中使用频率最高的一个文种，通常属于下行文。它适用于批转下级机关的公文，转发上级机关和不相隶属的机关的公文；发布规章；传达要求下级机关办理和有关单位需要周知或共同执行的事项；任免和聘用干部。

根据功用，通知可分为发文通知、知照通知和事项通知。其中，发文通知还可以进一步分为批转性通知、转发性通知和发布性通知；而事项通知也可以分为布置性通知、规定性通知和会议通知。

通知通常包括标题、主送机关、正文和落款四个部分。

标题。通常情况下，三大类通知的标题都由发文机关、事由及文种三部分组成。视具体场合和内容，发文机关可以省略，文种也可变"通知"为"预备通知"、"正式通知"、"紧急通知"等。在发文通知里要准确使用"批转"、"转发"和"印发"，发布本机关自制规约文书，对重要的规章应由"颁发"、"发布"等动词提起。除发布的规章应用书名号，其余均不使用书名号和标点符号。要具体处理好"关于"引起的介词结构和文种表述，杜绝重复出现"关于"和"的通知"字样。

主送机关。视通知内容，有些应具体写明受文单位名称，有些属普发性的则应写上规范化的统称。虽不属普发公文，但主送机关较多的，也可用相应的规范化统称。

正文。一般起草时要先交待发文的原因、意图或目的，然后写清通知的具体事情、办理要求、注意事项及时限等。正文的表述除篇幅简短者之外大多数通知用条款格式，即分条、分款将内容按一定逻辑标准排序，做到条理清晰，一目了然。

落款。正文结束后在右下方署名、署时并加盖公章。

（七）函

函属于平行文。它适用于不相隶属的机关之间相互商洽工作、询问和答复问题，或者向有关主管部门请求批准等。根据主动与被动，函有发（去、问）函和复函之别。根据形式和规格，函又可分公函与便函两类。公函与便函都是处理公务的文书，但公函的内容往往比较重要，涉及行使权力，故行文郑重，具有完整的公文格式。便函为单位、领导之间处理具体事务时使用的，格式如同一般书信，不加标题，不编文号，不需存档，但也需加盖公章。

公函按功用可分为：联系函、告知函和请批函。

函包括标题、主送机关、正文和落款四个部分。

标题。函的标题一般由发文机关、事由和文种三部分组成。发文机关视具体情况一般可省略。发函的文种不管是联系函还是请批函，均可写成"函"，但也有写"公函"字样的。属答复性质的函，文种均须标明"复函"。

主送机关。顶格写机关全称或规范化简称，后标冒号。复函的主送机关即来函单位。

正文。①开头。发函的开头应简述发函的缘由或目的；复函的开头应引述来函的日期、文号或标题等。②主体。发函要写清商洽、询问、告知、请准的主要事项；复函则要针对来函内容，做出具体的、明确的答复。不论去函还是复函，其主体的内容都要求明确、集中、单一，做到一函一事。③尾语。发函一般用"专此函告"、"敬请函复"等作结；复函多用"此复"、"特此函复"等为结尾。尾语应根据内容和要求来拟写。

落款，正文右下方署名、署时并加盖公章。正文除做到一函一事外，还要求语言得体，视内容、行文方向等情况掌握用语分寸并符合身份，做到多用雅语，既热情诚恳又务实直陈。

## 关 键 概 念

说话　演讲　谈判　会议　写作

## 复习思考题

1. 说话的技巧有哪些？应注意哪些问题？
2. 演讲有哪些技巧？

3. 谈判的原则有哪些?
4. 会议召开的准备工作有哪些?
5. 简述写作的过程。

第七章
管理沟通中的信息接收策略

**本章学习掌握要点：**

● 倾听的定义、类型、过程

● 倾听的障碍及其克服

● 阅读的定义、类型、方式

● 阅读的障碍及其克服

在沟通中，你首先必须成为一个优秀的信息接收者，因此，良好的信息接收策略是必不可少的。尤其是当你需要学习，没有充分的信息，需要听取他人的意见、想法或补充，需要或想要他人的全心投入并由他们提供信息内容时，你更应该注意运用两种策略——倾听和阅读。

## 第一节　倾　听

保罗·赵说："沟通首先是倾听的艺术。"苏格拉底提醒我们："自然赋予人类一张嘴、两只耳朵，也就是要我们多听少说。"沟通首先从倾听开始。

### 一、倾听的概述

长期以来，人们把说、读、写等同于"沟通"的全义，而忽略了沟通中另一种重要技能——倾听。沟通是一种双向的行为，我们不可能一味地说个不停，而不留一定的时间去留意别人陈述他的意见和反应。心理学家研究发现，只有那种缺乏安全感的人，才会喋喋不休地说个不停。有研究表明，在听、说、读、写四种沟通形式中，倾听占了沟通时间的40%，而说话、阅读和写作所占的比例分别为31%、15%和11%。然而，尽管人们花那么多的时间去倾听，但对方所说的75%左右的内容都被忽视、被误解甚至被遗忘。在管理工作中，倾听更是成为经理们的一个挑战。有人就倾听在实际工作中的作用，在芝加哥地区的一个主要制造厂的高层管理人员当中做了一次调查，继而举行了一次管理研讨会，与会者提出了三种具有代表性的评论：

坦白地说，以前我从未注意到倾听的重要性。不过，现在我意识到了这一点，我想，我的工作中有80%是在倾听别人讲话或别人在倾听我讲话。

当我回想这几年中发生的失误时，我突然意识到，很大一部分是由于没有仔细倾听而走了弯路。

对我来说，这很有趣，我考虑到了交流中的许多因素，却忽略了倾听。现在看来，倾听是公司中有关交流的一个重要环节，无疑也是一个薄弱环节。①

这些评论反映出在管理圈内的部分觉醒。商业活动与沟通紧紧相连，沟通相对于书面表述而言更依赖于语言，而语言表述的有效性主要取决于如何倾听而不是如何表达。因此，我们要注重培养倾听技巧。

（一）倾听的定义

"听"是人体感觉器官接收到的声音；或者换句话说，"听"是人的感觉器官对声音的生理反应。只要耳朵听到别人谈话，我们就在"听"别人。而倾听又是什么意思呢？国际倾听协会的定义是：倾听是接收口头信息和非语言信息、确定其含义和对此做出反应的过程。这个定义使得倾听具有了与单纯的听不同的特征：（1）倾听接收的不仅是口头信息，更包括非语言信息。在倾听的过程中，我们绝不能闭上眼睛仅仅听别人的发声，而且还要注意别人的眼神、手势及面部表情等表达方式。也许你会奇怪为什么会包括接收非语言信息。非语言信息在沟通中有着重要位置，如果你回想一下，在你与他人沟通时，是有很多信息都是以他人的形体方式体现出来的，就明白这个道理了。比如说，你看到对方皱眉头，你就知道他可能遇到一点麻烦了。（2）倾听要求你对所接收的信息做出反应。倾听虽然以听到声音为前提，但更重要的是我们对声音必须有所反应。倾听必须是人主动参与的过程，在这个过程中，你必须思考、接收、理解，并做出必要的反馈。

（二）倾听的类型

1. 全神贯注地倾听

全神贯注地倾听通常也被称做批评地倾听，它所强调的是集中思想、综合分析以及评价所听信息的主要内容以及重要细节。全神贯注地倾听不仅仅要仔细地倾听，而且还要正确理解并将复杂纷乱的内容变成有意义的信息。类似提问和反馈可使倾听者明确所获得的信息。需要运用这一倾听方式的信息有：合同、进度报告、财务信息等。

2. 专心地倾听

与第一类倾听相似，专心地倾听也注重信息的主要内容以及细节，但所涉及的信息内容没有那么复杂或抽象。相反，信息往往属于娱乐性或趣味性，如业余爱好的东西。

3. 随意地倾听

随意地倾听也叫做社交性倾听。随意地倾听很普遍，因为它是倾听中最不费劲的一类，不需要任何评价技巧，其目的往往是为了愉悦或消磨时间。这一类信息包括：与体育有关的信息、贺辞等。

对于管理者来说，从全神贯注地倾听转向随意地倾听并不难，难的是从随意地倾听转向全神贯注地倾听。俄尼斯特·番（Ernest Fain）建议管理者要学会全神贯注地倾听那些

---

① 拉尔夫·G. 尼科尔斯，等. 有效沟通. 李维安，等，译. 北京：中国人民大学出版社，2001：10.

即使是属于随意或非正式的信息。因为这样得到的信息比直接提问所得到的反馈来得更有价值。

（三）倾听的重要性

提高倾听效果，或仅仅使人意识到倾听能力的重要性，在今天的商务活动中具有极高的价值。如果人们没有听清或没有理解对方的意思，其代价会是惨重的，诸如时间、地点、日期、名称等尤其容易混淆。如果错误发生在容易发生听觉错误的直接协议上，代价更加惨重。倾听保证了我们能够与周围的人保持接触，并且保证了我们在这个科技飞速发展的社会中立于不败之地。有效的倾听可以帮助我们解决什么特殊问题呢？

1. 减少文案工作

倾听有助于提高交流的经济性。由于倾听能力低下造成错误频繁发生，使得管理者们对口头交流有极大的恐惧。因此他们坚持更多的交流须以书面形式完成，连微小的细节都不放过。因为只有文字交流才是安全可靠的，于是，经常需要记录，需要运用录音机、打字机和其他书写工具。同样也就需要特定的人去完成它，需要更多的人力、物力、财力，这给书面工作造成了极大的压力。文案工作越积越多，造成繁文缛节。比起书写和阅读，语言表达和倾听就快得多了。如果我们倾听效果良好，就可以多用语言而减少文字的使用。

2. 获取重要信息

有道是："听君一席话，胜读十年书"。倾听是获得消息的重要方式之一。报刊、文献资料是了解信息的重要途径，但受时效限制，而倾听却可以得到最新信息（当然，不能排除谣言的可能性）。倾听所能获得的重要信息主要有下列几种：

（1）说话者的警人之言。交谈中有很多有价值的消息，比如对方就某事的评论、玩笑、交换的意见以及需求消息，有时它们是说话者一时的灵感，脱口而出，可能连说话者自己都没意识到，对听者来说却极有启发。这些信息不积极倾听是不可能抓住的。一个随时准备认真倾听他人讲话的人，在与别人的闲谈中就可能决胜于千里之外。

（2）对方的隐性信息。通过倾听我们除了可以了解对方要传达的消息外，更重要的是这种面对面的沟通使得我们还可以通过对方的动作、表情、语气感受到其感情，并据此推断对方的性格、谈话目的和诚恳程度；我们还可以直接提问，以澄清不明之处，或是启发对方提供更完整的资料；同时，耐心地倾听，可以减少对方自卫的意识，受到对方的认同，促进彼此的沟通了解。倾听可以训练我们以己推人的心态，锻炼思考力、想像力、客观分析能力。

（3）发现对方话语中的漏洞。如果你沟通的目的是为了说服别人，比如辩论，那么多听他的意见无疑就显得更为重要了。首先，你能从中发现他的出发点和他的弱点——是什么让他坚持己见，这就为你说服对方提供了契机。其次，让别人感到你的意见已充分考虑了他的见解和需要，这样他们会更愿意接受。此时，你要注意你不能停留在对方的一句话或一个观点上。很多时候，我们会因为对方的一句话而一直在考虑如何反驳，因为急欲表达自己的观点，以至于根本无心听对方说下去，遗漏了许多重要信息，也错过了我们打败对方的关键之处。

### 3. 掩盖自身弱点

俗话说："言多必失。"人总有聪明一世糊涂一时的时候。一个人不可能对所有事情都抱着客观的态度，也不可能对所有事情都有所了解。因此，他的观点就并不一定都是正确的。此时，静默可以帮助他在若干问题上持保留态度。如果你对别人所谈的问题一无所知，或未曾考虑，保持沉默便可以不表示自己的立场。如果你喋喋不休，不仅让人发现了你的无知，更使人觉得你刚愎自用与狂妄。

### 4. 提高管理者的决策水平

有效的倾听可以帮助管理者做出正确的决策。对缺乏经验的管理者而言，倾听可以减少错误。日本的松下幸之助先生创业之初公司只有 3 人，因为注意征询意见，随时改进产品，确立发展目标，才使松下电器达到今天的规模。玛丽·凯·阿什创业之始公司只有 9 人，但她善于倾听各种意见，很多产品都是由于销售部门听取了顾客的建议，按照顾客的需要制作的，所以无需大做广告，节省了很多的广告费用，但产品销路照样很好，企业的效益一直在同行业中居领先地位。

社会化大生产的整体性、复杂性、多变性、竞争性，决定了管理者不能依赖于个人英雄主义行为取得市场上的成功。通过倾听，管理者可以更好地接收最高层的指令，并完全理解其含义；同时，可以更好地听取同事、下属、顾客要传达的信息，并及时对信息进行思考和评估，形成自己的思想，并以此作为决策的重要参考。有效而准确地倾听信息，将直接影响管理者的决策水平和管理成效，并由此影响公司的经营业绩。

### 5. 促进信息的向上传递

当我们谈到与上级交流时，倾听能力就显得格外重要。在一个组织中，有许多途径可以达到向下级传递信息的功效，但向上级传递信息的方式却不多，可能最明显的就是通过直线的链状传递，基层人员将信息告诉他的上级，上级将之传递给主管，主管再传递给老板，这样一层层传递，信息最终到达最上层。

这种交流方式虽然具有潜能，但由于大多数人都不是好的听众，所以这种方式很少会得以良好地运作。有以下三种原因会导致这种交流方式的失效：（1）没有好的听众，说者无法畅谈，导致交流不能正常进行。（2）交流开始后，只要有一个糟糕的听众，就会终止这种与上级的交流活动。（3）就算信息最终能传递到上层，但往往已是完全走样的信息了。

很难想像在与上级的交流中能做到毫无障碍。可是，我们有理由相信，提高倾听效果可以改善这一情况。但这需要从高层管理人员着手，他们更多、更好地去倾听，将有助于推动信息的向上传递。

### 6. 改善人际关系

倾听能给人留下良好印象。心理观察显示，人们喜欢善听者甚于善说者。善听者给人谦虚、有风度的印象。戴尔·卡内基曾举过一例：在一个宴会上，他坐在一位植物学家身旁，专注地听着植物学家跟他谈论各种有关植物的趣事，几乎没有说什么话，但分手时那位植物学家却对别人说，卡内基先生是一个最有发展前途的谈话家，此人会大有作为。学会倾听，实际上已踏上了成功之路。

人们大多喜欢发表自己的意见，如果你愿意给他们一个机会，他们立即会觉得你和蔼可亲、值得信赖。作为一名管理者，无论是倾听顾客、上司还是下属的想法，都可以消除他们的不满和愤懑，获取他们的信任。有这样一个例子，一家公司在一段时间内经常受到顾客的抱怨，业绩下滑。领导层观察发现很多顾客来公司反映情况时，经常会和员工吵起来。于是公司想了一个办法，新招聘了一批员工，一段时间后果然情形好转，业绩上扬。原来这些新员工专门负责在服务台接待顾客。顾客来了之后，他们就微笑地请顾客坐下。顾客在诉说自己遭遇时情绪亢奋，大声叫嚷，他们只是微笑地替顾客端茶倒水；10 分钟后，顾客自己觉得不好意思，反思了一下，觉得自己的问题并不是自己讲得那么夸张，于是换了另一种方式说，虽然还在责怪公司，但是语气已经缓和；再过 10 分钟，他觉得自己有点过分了，于是心平气和地要求解决问题。在这个过程中，服务人员始终微笑着，看到顾客情绪稳定了，就领着顾客到另一个办公室，那才是真正能解决问题的地方。诀窍就在于这些服务员都是聋哑人。从上面的例子可以看出，顾客需要的只是因为气愤而需要发泄，只要等他们一吐为快了，也就到了真正解决问题的时候了。

对于下属而言，他们都希望与其上司自由沟通，并得到上司的充分理解。然而虽然许多人自诩善于倾听，尤其是高层领导经常宣称他们的大门永远敞开，而事实上他们却很难做到，于是，下属就不能自由发表言论。结果是下属保留的信息越来越多，甚至对许多有益于双方利益的重要事情也避而不谈。如果这一问题长期得不到解决，所有人都要为此付出代价。

我们将克服此类倾听失效的方法（当下属认为有必要进行沟通时，应该采取此方法）称为"间接倾听"。也就是说，听者倾听，真正想的是努力去理解，并在必要的时候采取行动以表明自己的理解程度。在倾听过程中，倾听者努力克制自己的思想，或以态度或用身体语言表示自己的不满或不赞同。他说话仅仅是为了澄清一个事实。

因为倾听者能够有机会听到他所持观点与想法是错误的，所以要想进行有效沟通就有一定的难度。实施间接倾听，而不是唇枪舌剑的反驳，更需要勇气，我们中的大多数人都很难做到。但是，当间接倾听得以实现时，所做的努力通常是值得的。谈话人可以放下包袱。同样重要的是，随着时间的推移，倾听者可以对谈话人提出劝告或采取有效的行动，从而使情况得以改善。

倾听仅是人际关系中的一部分，是管理活动的一个侧面，它本身并不解决实质问题。然而，毫无疑问，良好的倾听可以减少许多给企业造成困惑的人际摩擦。

**二、倾听的过程**

（一）预言和评价

倾听在沟通的相互作用中起着承上启下的作用。根据我们对对方的经验，我们对他可能会如何反应先进行预言（Prediction）。例如，如果你做的一个项目失败了，上司批评你，你所能做的只能是认真地听，而不是辩解。

当你走出上司的办公室时，你开始进行评价（Assessment）——一种对所发生事情的估价。虽然他最后说不再追究责任，但是，你可以看出他非常生气，最好能在其他方面做得很出色，将功补过。否则你可能会被辞退。

听者在实际听之前预言将发生什么，并且在听之后评价发生了什么。实际的倾听过程有四个阶段：接收信息、对它们予以注意、赋予它们含义和记住它们。如果倾听是无效的，这个过程可以在任何一个阶段中断。

（二）接收

在任何一天中，我们都接收比我们所需要或所能处理的更多的信息，包括广告、某人在楼道中的喊叫、老师的讲课、与朋友的交谈等。我们不需要倾听所有的这些信息。正如前面所说，听和倾听是不同的。在听的时候，我们听到声音，如词语和这些词语被说出的方式。但在倾听时，我们做出更多的反应。听是一种涉及听觉系统不同部分的生理过程，而倾听是涉及对他人全部反应的更加复杂的知觉过程，包括口头语言以及非语言沟通。因此，接收信息不只包含听，信息有多种形式并来自各种渠道。

（三）注意

在我们倾听时，我们剔除无关的信息，把注意力集中在我们认为重要或有趣的内容上。例如，当你要买汽车时，你所有的精力都会放在有汽车信息的内容上，其他的一切，即使是平时最喜欢的体育新闻都变得不再重要。

把感知集中起来的能力被称为选择性注意（Selective Attention）。在某项研究中，参加者坐在四个播放不同内容的喇叭中间，并被告知只注意听某一个喇叭中传出来的信息，在各种情况下，听者在回忆来自那个喇叭的信息方面都显示出几乎完美的表现。这说明虽然外界的干扰很大，但是只要我们愿意，还是能够从纷繁芜杂的信息中注意到我们需要的信息。然而，虽然我们能按某种特殊的方式集中注意力，但注意力集中的范围是有限的。总的来说，人们能对 20 秒钟以内的信息完全集中注意力。有时信息的内容使我们想起一些其他的事情，或者我们反对这些内容，或者它使我们的头脑按完全不同的方向考虑问题，有时外界的干扰太大妨碍了我们的视听。幸运的是，我们能很快地重新把注意力集中在相应的信息上，但每个听者和说者都应明白，注意力是非常容易分散的。

注意力的范围是与厌烦紧密相联系的。研究者发现，最好的听者是不容易厌烦和在获取信息方面有一些基本技能的人。这样，没有耐心且具有多动症的人就必须在集中注意力上做出特别的努力。

（四）赋予含义

当我们决定注意某种信息时，下一个步骤就是把它归类，赋予其一定含义。这包含吸收信息——使它成为我们知识和经验的组成部分。我们必须决定信息中的内容与什么相关和它怎样与我们已经知道的内容相联系。同时我们也进行估价，用所拥有的个人信念对说话者所说的话进行衡量，对说话者的动机进行质疑，想知道被遗漏了什么，并对其中的观点的确切性进行质疑。即不仅要明白说了什么，还要考虑是怎么说的。像对说话者表达的词语一样，我们对他们的腔调、手势和面部表情也赋予相应的含义。

（五）记忆

记忆是最后一个步骤。它也是一个决定什么重要和什么不重要的选择过程。我们可以通过很多手段来加深记忆，比如复述内容、记笔记、做比较等。

要使倾听有效，就要经过所有这些阶段。然而，做到表面上倾听而实际上什么也没听是容易的。看起来注意力集中和饶有兴趣，但实际上什么也没有听到，许多人精通这种技巧。比如说听一个报告会时，你可能什么也没听进去，但是你的笔记却记得相当完美。

### 三、倾听的障碍及倾听效果的提高

(一) 倾听的障碍

我们都做过列队传话的游戏：十来个人排成一列，由第一个人领来纸条，记住上面的话，然后低声耳语告诉第二个人；第二个人将听到的句子再耳语给第三个人，如此重复，直至最后一个人，将他听到的话写出来，与开头纸条上的句子往往是天壤之别。

事实表明，尽管倾听在沟通活动中所占时间比例最大，但遗憾的是我们的一些管理者并不具备作为倾听者应有的能力，其不良的倾听习惯会导致误解甚至曲解。这主要是由于倾听中存在三大障碍：

1. 环境障碍

环境干扰是影响倾听最常见的原因之一。来回过往的人，周围的奇闻怪事都可能分散你的注意力，从而影响你的倾听。环境主要从两方面施加对倾听效果的影响：一是干扰信息传递过程，削减、歪曲信号；二是影响沟通者的心境。也就是说，环境不仅从客观上，而且从主观上影响倾听的效果，这正是为什么人们很注重挑选谈话环境的原因。比如，在会议厅里向下属征询建议，大家会十分认真地发言，但若是换作在餐桌上，下级可能会随心所欲地谈谈想法，甚至可能是自认为不成熟的念头。在咖啡厅里上司随口问问你西装的样式，你会轻松地聊几句，但若老板特地走到你的办公桌前发问，你多半会惊恐地想这套衣服是否有违公司仪容规范。这是由于不同场合中，人们的心理压力、氛围和情绪都大有不同的缘故。

(1) 封闭性。环境的封闭性意指谈话场所的空间大小、光照强度（暗光给人更强的封闭感）、有无噪音等干扰因素。封闭性决定着信息在传送过程中的损失概率。社会学者和专家们曾经组织的一项调查表明，由于各种因素的干扰，相距 10 米的人，每天进行谈话的可能性只有 8%~9%，而相距 5 米的人，这一比率则达到了 25%。因此空间环境影响倾听，进而影响人与人之间的交流。管理者必须意识到这些环境因素的影响，以最大限度地消除空间障碍。外部噪音也常使我们倾听的努力失效。噪音可以是任何形式的东西——繁忙的交通、刺耳的笑声、施工等。试想一下，如果你正在和客户通一个重要的电话，这时办公室外面人声嘈杂，你刚好漏过了重要的信息，你是多么恼火！尽管可以要求对方重复再讲几遍，但是对方肯定生气，认为你心不在焉。噪音也可能是由于设备的原因而引起的，主要是麦克风、耳机、投影仪或幻灯的操作情况。例如：麦克风不能产生所需的音量（或者发出杂音），投影仪不能清晰显示一些图表或是数字，倾听效果就会大打折扣。而这些障碍都可以通过事先的准备而排除。

(2) 氛围。环境的氛围是环境的主观性特征，它影响人的心理接收定式，即人的心态是开放的还是排斥的，是否容易接收信息，对接收的信息如何看待和处置等倾向。环境是温馨和谐还是火药味浓，是轻松还是紧张，是生机勃勃还是死气沉沉，会直接改变人的情绪，从而作用于心理接收定式。

(3) 对应关系。说话者与倾听者在人数上存在不同的对应关系，可分为一对一、一对多、多对一和多对多四种。人数对应关系的差异，会导致不同的心理角色定位、心理压力和注意力集中度。在董事会上听报告与在办公室里和同事谈心、听下属汇报，是完全不同的心境。听下属汇报时最不容易走神，因为一对一的对应关系使听者感到自己角色的重要性，心理压力也较大，注意力自然集中；而听报告时说者和听者是明显的一对多关系，听者认为自己在此场合并不重要，压力很小，所以经常开小差。如果倾听者只有一位，而发言者为数众多的话，比如多家记者齐声向新闻发言人提问，倾听者更是全神贯注，丝毫不敢懈怠。

表 7-1 简要分析了管理者通常所处的几种倾听环境，主要从以上三个因素来分类，并指出在各类环境中影响倾听效果的主要障碍来自何处。

表 7-1　　　　　　　　　　　　环境类型特征及倾听障碍源

| 环境类型 | 封闭性 | 氛围 | 对应关系[a] | 主要障碍源 |
|---|---|---|---|---|
| 办公室 | 封闭 | 严肃、认真 | 一对一<br>一对多 | 不平等造成的心理负担，紧张，他人或电话打扰 |
| 会议室 | 一般 | 严肃、认真 | 一对多 | 对在场其他人的顾忌，时间限制 |
| 现场 | 开放 | 可松可紧，认真 | 一对多 | 外界干扰，事前准备不足 |
| 谈判 | 封闭 | 紧张、投入 | 多对多 | 对抗心理，说服对方的愿望太强烈 |
| 讨论会[b] | 封闭 | 轻松，友好<br>积极投入 | 多对多<br>一对多 | 缺乏从大量散乱信息中发现闪光点的洞察力 |
| 非正式场合[c] | 开放 | 轻松、舒适<br>散漫 | 一对一<br>一对多 | 外界干扰，易走题，随意性大 |

　　注：a. 对应关系：指管理人员作为倾听者、与发言者的人数对应关系。
　　　　b. 讨论会：指深度会谈、头脑风暴会议或专家小组会谈等讨论会形式。
　　　　c. 非正式场合：指餐厅、咖啡厅、家中等。

按照这种思路还可以分析更多的场合，掌握不同场合的特征和影响谈话的主要障碍源，有助于我们选择适当的场所交谈，并主动地防止可能的障碍影响。

2. 倾听者障碍

倾听者本人在整个交流过程中具有举足轻重的作用，其理解信息的能力和态度都直接影响倾听的效果。所以，在尽量创造适宜沟通的环境条件之后，管理者要以最好的态度和精神状态面对发言者。来自倾听者本身的障碍主要可以归纳为以下几类：

（1）理解能力。倾听者的知识水平、文化素质、职业特征及生活阅历往往与他本身的理解能力和接受能力紧密联系在一起，具有不同理解能力的倾听者必然会有不同的倾听效果。有效的沟通，要求倾听者与演讲者在沟通的内容方面有相通之处。否则，就是"对牛弹琴"了。

（2）内部噪音。内部噪音是指源于倾听者内心的任何影响其积极有效倾听的声音。倾听者本来是在专心听讲，然而由于某种原因注意力出现了转移，虽然身在现场，而且表面上似乎在用心地听讲，但其实倾听者本人另有所思，所以倾听的信息完全或部分未进入倾听者的头脑中，这种倾听的效果肯定不好。

例如，在开会时，你的胃开始疼，使得你无法集中注意力；或者因为前一天和爱人吵架而心神不定，你会想到要不要道歉，你会反思你所说过的话，以至于你漏掉了老总的指示。又比如，有人提到关于非典的信息，你开始竖起耳朵听。当他讲到你的家乡的情况时，你就开始替家里人担心，虽然后来其话题已经转换，但是，由于你仍在想着家里的情形，虽然外表上在认真地听，而实际上你什么都没听见。这一切都是内部噪音所致。

（3）厌倦。人们的思维远比讲话的速度快。研究表明，人们的讲话速度约为125词/分钟，阅读理解的速度在500词/分钟，理解和记忆的速度在350词/分钟。虽然目前还无人知道在倾听过程中大脑是如何运作的，但如果将阅读理解和讲话理解作为衡量思维速度的尺度，显然，大脑对于文字的处理速度是惊人的快捷，也许每分钟可达上千字。

讲话的低速度和思维的高速度之间的差异会给不熟练的倾听者带来麻烦，使其感到厌倦。当讲话者缓慢地叙述时，听讲者的思维往往会"寻找"一些事做，走向不同的方向。例如，开始考虑周六的足球赛、家庭、好友及个人问题等，而不再注意发言的内容。因此，我们必须把注意力集中在某个目标或是某个人的身上。

（4）急于发言。人们都有喜欢自己发言的倾向。发言在商场上尤其被视为主动的行为，而倾听则是被动的。美国前参议员 S. I. Hayakawa 曾说："我们都倾向于把他人的讲话视为打乱我们思维的烦人的东西。"在这种思维习惯下，人们容易在他人还未说完的时候，就迫不及待地打断对方，或者心里早已不耐烦了，往往不能把对方的意思听懂、听全。

（5）心理定式。人类的全部活动，都是由积累的经验和以前作用于我们大脑的环境所决定的，我们从经历中早已建立了牢固的条件联系和基本的联想。由于人都有根深蒂固的心理定式和成见，很难以冷静、客观的态度接收说话者的信息，这也会大大影响倾听的效果。例如，说话者的着装、口音、手势、所持立场可能不为听讲人所接受。听讲人越是想到这一点，他就越觉得不满意甚至厌恶。于是，对说话者的消极看法就妨碍了倾听者有效地听讲。倾听效果势必很差。

（6）消极的身体语言。你有没有习惯在听人说话时东张西望，双手交叉抱在胸前，跷起二郎腿，甚至用手不停地敲打桌面？这些动作都会被视为发出这样的信息："我已经听得不耐烦了。"不管你是否真的不愿听下去，这些消极的身体语言都会大大妨碍你们沟通的质量。

愿意测试一下自己是不是一名合格的倾听者吗？下面是一张简单的问卷，你只要回答"是"或"否"即可。它会帮助你认清妨碍自己成为一名有效的倾听者的主要障碍是什么。

**倾听障碍测试**

懒惰

你是否回避听一些复杂困难的主题？

你是否不愿听一些费时的内容？

　封闭思维

你拒绝维持一种轻松、赞许的谈话气氛吗？

你拒绝与他人观点发生关联或从中受益吗？

　固执己见

你是否在表面上或者内心里与发言者发生争执？

当发言者的观点与你有分歧时，你是否表现得情绪化？

　缺乏诚意

你在听讲时是否避免眼神接触？

你是否更多地关注说话人的内容而不是他的感情？

　厌烦情绪

你是否对说话主题毫无兴趣？

你是否总对说话者不耐烦？

在听讲时你是否做着"白日梦"或者想着别的事情？

　用心不专

你是否关注说话人的腔调或习惯动作，而不是信息本身？

你是否被机器、电话、别人的谈话等噪音分心？

　思维狭窄

你是否专注于某些细节或事实？

你是否拼命想理出个大纲来？

重温一下你回答"是"的项，那就是你倾听的主要障碍。

3. 说话者障碍

倾听效果不佳并不一定都是听讲者的错。说话者的言谈举止对倾听效果也有直接的影响。

（1）语言障碍。语言是沟通的桥梁。词语是沟通与思维的工具。有些词语有多种意思，使得说者与听者之间在理解上存在偏差。有些词语是专业词汇，外行难以理解，甚至一个词在不同的领域有不同的意思，对讲话者来说是一个意思，对倾听者来说却可能是另外一个意思。信息中如果涉及许多难以理解的词语，就有碍于抓住主题。另外，如果说话者使用那些会引起倾听者恐惧或愤怒或充满感情色彩的词，如"乡巴佬"、"神经病"等，也会阻碍有效倾听的正常进行。由于受个人偏见、主观意识等个人因素的影响，倾听者应该更注重整个信息，而不是演讲的措辞。好的倾听者思想开明，他们会等到听完了报告再来做出判断，而不是局限于一两个词汇。比如，时下一些人以"猪头"来做昵称，而在一些人耳里这个词无疑带有侮辱性色彩，因此倾听者也要考虑演讲者平时的说话习惯。

声音和语气运用不当也会成为沟通的潜在障碍。如果你有听广播的习惯，那么你一定很喜欢电台主持人音质柔和、抑扬顿挫的声音。然而，有些人在说话时却很少考虑到对其声音的正确运用，要么说话声音过低，要么一个调子，毫无活力，缺少变化，即使是最热心的听众也会因此而失去倾听的兴趣。

（2）身体语言障碍。身体语言是沟通的重要组成部分，恰当的身体语言有助于倾听者的理解。而运用不当则会带来障碍甚至误解。比如有的人说话不喜欢与人有目光接触。也许说话者过于羞涩，或者习惯如此，但是无论如何，缺乏目光接触将不可避免地减少听话人对说话人的注意力和兴趣——不管他是在谈些什么，使人觉得说话者心中有鬼，在撒谎。正视他人的眼睛则意味着你胸怀坦荡，无所畏惧。

（3）着装不当。着装也能吸引倾听者的注意力。着装不仅是个人品位的问题，也必须与一定场合相符合。如果说话者衣服颜色或饰物搭配不当，或者过于前卫，或者落伍，都会使倾听者转向思考其品位或者个性，以至于对说话者产生怀疑的态度。

（二）如何提高个人倾听效果

我们所谈及的"倾听"，是在相互交谈中的倾听，双方是在交流思想和观点，联系情感，而不是辩论。有效的倾听要求倾听者不但要积极努力地理解谈话内容，还得支持鼓励对方畅所欲言，保障谈话的顺利进行。提高倾听的效果需贯彻在倾听各个阶段，每个阶段有不同的技巧。

1. 创造良好的倾听环境

如上所述，倾听环境对倾听的质量有很大的影响。例如，讲话人在喧闹的环境中讲话要比在安静环境中讲话的声音大得多，以保证沟通的顺利进行。又如，如果谈话内容属于私事或机密信息则最好在安静、封闭的谈话场所。同时环境也影响倾听的连续性。

（1）选择合适的场所。合适的场所可以提供一个安全的环境，让双方都有一定安全感。比如谈判场所，可以选择正式的，比如酒店；也可以选择非正式的，如酒吧或咖啡厅。合适的场所可以使沟通双方心理平静，免受内外噪音的打扰或干扰，因而应该较为封闭，或有隔音设备等。在公众场合下，应避免在噪音比较大的地方交谈，如施工场所、十字路口，尽量寻找安静、舒适、典雅、有格调的咖啡厅、茶室等，同时力求避免电话、手机、呼机和他人的干扰。如果是在家中聚会，有必要将电视音量关小，保证室内空气清新、舒适，假如临近街道，可以将门、窗关紧，同时注意室内家具的摆放、颜色的搭配等细节问题。

（2）选择恰当的时间。选择场所的时候还应考虑时间的适宜性。首先，时间选择必须得到对方的认可，并提前与对方预约，让对方有一个充足的准备，并且在一次谈话过后继续跟进，保持沟通谈话的次数。其次，座位要预定。公众场合都有人流高峰期，像公园、商场、风景区，节假日人比较多，咖啡厅晚上人流量较大，而餐馆则在中午、下午6点以后顾客较多。

（3）保持一定的距离。说话者跟倾听者感情好，私下交谈时则相互挨得紧，恋人更是如此。但如果在正式场合，不论亲疏，都应保持一定距离，过远则不容易听清楚，过近容易使说话者感到不自在，外人看了也不舒服。

2. 专注

既然决定参与谈话，就应积极投入，随时提醒自己交谈到底要解决什么问题，做好客观和心理准备。具体包括：

（1）集中注意力。首先，要注意克服内部噪音。内部噪音几乎影响我们所有人。内部噪音之所以未能引起我们的注意，是因为它似乎是一种无形的东西。或许这就是当我们的思想分散之时，我们往往对其无法控制的原因所在。然而，这并不意味着我们对其无能为力。事实上，如果我们对这一现象稍加观察，就会发现：内部噪音经常因一些外部刺激引起，比如讲话中的某个词或者是词组等，这个刺激触动了听者心中的某样东西。然而如果我们能够建立起某种自我监控系统用以监控刺激，我们就能够把"飞走"的心再收回来。

其次，要关注内容。当我们听别人讲话时，不要受自己对说话者的评价影响而忽略其表达的内容。一个人如果带着心理定势，带着偏见去听，他永远不可能真正欣赏或是理解说话者所讲内容的要点所在。听的目的不是为了反驳，而是为了学习。我们每个人有权以我们所喜欢的方式来考虑问题。然而，当我们在听说话者讲话时，我们应尽可能客观地先听清楚说话内容，再思考问题。

再次，要有耐心。由于我们的思维很快，使得我们在听的时候思维仍然有着很大的漫游空间，这会使你分散注意力，当一个说话者缺乏吸引力的时候集中精力就变得更加困难，也变得更为重要。要倾听，就得克服身心的疲惫状态，耐心地听说话者说完其观点，听清全部内容，然后再做评价。一般来说，人们比较喜欢与那些有耐心的倾听者谈话，因为耐心的听众显得更有涵养，他们在这些人那里感受到一种理解以及尊重。如果缺乏耐心，在演讲人刚开始说话不久，我们就断言（即使是自言自语）该讲话没有价值或是毫不重要，那就显得太主观、太不公平了。同时，也会失去一些信息、甚至一些机会，这尤其表现在商务洽谈中。

（2）采取开放式姿势。倾听时要保持全身心的紧张状态。专心地倾听不仅要求健康的体质，而且要求躯干、四肢和头处于适当的位置。保持身体警觉有助于大脑处于兴奋状态，只有这样才能做到全神贯注，用整个身体去听对方说话。在情绪低落和烦躁不安时，倾听效果是绝不会太好的。

另一方面，倾听要保持坦然直率的姿势，手臂不要交叉，不要僵硬不动；要随着说话人的话做出反应。坐着的时候，要面向说话人，身体略向前倾。一个非口头地表现兴趣的技巧是随着说话人的姿势而不断调整自己的姿势。这种开放式姿态传达出接纳、信任与尊重。交叉双臂、跷起二郎腿也许是很舒服的姿势，但往往让人感觉到这是一种封闭性姿势，容易让人误以为不耐烦、抗拒或高傲。开放式态度还意味着控制自身偏见和情绪，克服心理定势，在开始谈话前培养自己对对方的感受和意见感兴趣。做好准备积极适应对方的思路，去理解对方的话。

（3）保持目光交流。倾听时应保持与谈话者的眼神接触，但对时间长短应适当把握，如果没有语言上的呼应，只是长时间盯着对方，那会使双方都感到局促不安。通常，在谈到让人高兴的话题时，说话人与听众保持目光接触要容易得多。但在谈论令人不愉快的或难以解决的复杂问题时，双方就会避免目光接触，以示礼貌与理解。而且，离说话者距离越近，越要避免目光接触。

（4）积极预言。努力推测说者可能想说的话，有助于更好地理解和体会对方的感情，但"预言"不等于"假设"，它是建立在以往的经验的基础之上的。用大脑的超感能力适当"预言"是有益的，就如同你看侦探小说时常做的那样。

3. 跟随

（1）复述内容。复述是指用自己的话准确简洁地重新表达对方的意见。这样做不仅可以加深记忆，同时可以检验自己是否正确地理解了自己听到的话；并鼓励对方详细解释他的说法。在提问—回答式的讨论过程中，复述还能确保每个人都能详细地听到正在讨论的内容。

（2）记笔记。听话的过程与阅读的过程不同。阅读是固定的文字，可以反复浏览；而听话则不同，听的是稍纵即逝的语音，如果不能做到随辨音、随译码、随加工、随记忆，使这几项程序同步进行，一次完成，那就会出现盲听现象。先进入大脑的信息，如果没有加以特别的注意，或未能及时加工处理，就会被后来的信息冲淡或代替。心理学实验表明，人们对事物的感知停止后，在大脑中留下印记可以保持 0.15~1 秒，如果这时对进入大脑的信息加以特别注意，这种持续会转入 5~10 秒的短时记忆，这种短时记忆，如果不采取措施，也会被遗忘。因此，随听随记可以有助于提高倾听的效果。

记录对方所说的话，能够说明你确实对正在讨论的话题感兴趣，并准备追随说话人的思路。记笔记会产生一种无声的力量，使得说话人充分地表达自己的见解。不过，有些情况下可能不适合记笔记。掂量一下具体情景，看看记笔记是否会显得很呆板，是否使说话人觉得被监督或者你是否会过于专注于书写。

（3）做比较。在倾听的时候你要注意进行比较。哪些是事实、哪些是假设、哪些是夸张、哪些是优点、哪些是缺点、哪些是积极面、哪些是消极面，你都要分清楚。同时，你也要注意意思的连贯性，看看说话人现在说的和刚才说的是否一致。这有助于澄清事实，其中有些暂时不明白的地方，也可能会因此而迎刃而解。

口头语言与书面语言相比，临时应对性强，说话人组织语言时常常来不及推敲，因而容易出现重复、说漏、颠三倒四的情况，如果听话人通过对前后信息做比较，那么就可以从断断续续、不完整的句子中得到完整的意思。

4. 理解

理解对方要表达的意思是倾听的主要目的，同时也是使对话继续下去的条件。要提高理解的效率，可以从以下几方面着手：

（1）捕捉要点。一般情况下，人们说话和谈论的对象是分散的、芜杂的甚至多余的东西。但对处处留心的人来说，往往能在用心倾听别人谈话的过程中，获得某种宝贵知识和信息，从而触发自己的思考，产生灵感的火花。

（2）听出对方的感情色彩。语言本身可能带有不同色彩，只有深刻体会到说者的潜在感情色彩，才能完全领悟其含义。全面倾听包含以下三方面的内容：听取讲话的内容；听取语调和重音；注意语速的变化。将三者结合，才能完整领会说话者的意愿和情绪，听出"言外之意"发掘他真实的动机。

（3）结合视觉辅助手段。如果谈话对方提供了传单、讲义、小册子或提纲之类的辅助材料，最好充分利用。因为视觉、听觉刺激若结合起来，理解和记忆都可以得到加深。必要时也可以要求对方画图表予以说明。

（4）"倾听"对方的非语言暗示。身体语言往往更加诚实可信，学会"倾听"身体语言是探测对方心灵的有力手段。相关内容请参考本书第七章。

5. 反馈

给予说话人适当的回馈是非常必要的，它在一定程度上来说是维持谈话顺利进行的关键。

（1）启发。启发是指以非语言暗示来诱导说话者诉说或进一步说下去的方式。一旦你决定听，可以通过显示你的注意和给人一个你乐于听的印象来传达你的非言语性支持。

①运用诚恳适宜的非语言暗示。比如，在理解、承认对方的观点发出"嗯"、"唔"、"啊"的声音，这些信号在打电话时尤其有效。保持目光交流，用点头、微笑改变面部表情，运用恰当的手势、体态等都可以做出积极的反应，让对方感到你愿意听他说话。尤其对员工、下属而言，积极的鼓励使他们觉得自己有发言权；对顾客而言，你要表现出愿意倾听他们的心声。

②与说话者的体态保持协调。这并不是说要模仿说话者所做的每一个动作，但是有必要使自己（头、肩、腿）处于一个类似的方式。采用与对方相匹配的姿势会使他们觉得舒服。比如，如果对方的姿势是开放式的，你可以迎合他；如果对方有意保持一定距离，你最好不要凑得太近；如果对方动作节奏缓慢，手势少，你也应避免使用夸张的手势和迅捷的动作。刚开始时这种相匹配的体态语会防止对立情绪、厌恶情绪的产生，随着进一步的交往，可以逐渐调整你的体态，使其一步步更加开放。

③措辞委婉。当你想邀请别人发言、表达他自己的观点时，你不能以命令的语气指令他说话，而应委婉地表达。例如，"好吧，让我们来听听你对此有什么意见"，或者"你看起来有自己的想法，想谈谈吗？"

（2）提问。在倾听之后，提出紧随其话的问题，能让说话者知道你很关注他的话。提问有多种目的，可以用提问来暗示观点，可以用提问来引导对方思考，也可以用来获取信息，还可以借以建立感情，表达自己参与的诚意。提问应注意以下要点：

①因人而异。听话者在提问时要针对不同的环境、不同的人，采用不同的方式。根据对方年龄、民族、身份、文化素养、性格的不同，提问也要采取不同的方式。有的人率直热诚，你也应坦诚直言，否则他会不喜欢你的狡猾、不坦率；相反，有的人生性狡黠多疑，你最好旁敲侧击，迂回进攻，否则很可能当即碰钉子。

②引导回答。范围较窄的问题给人回答的余地很小，比如闭口型提问通常采取一般疑问句，从而使说话者几乎可以不假思索地用"是"或"不是"来回答。如果你希望用问题引导对方接受你的决定，最好用窄范围问题。比如，饭店服务小姐问顾客："要加一个鸡蛋，还是加两个鸡蛋？"其效果肯定比问"要加鸡蛋吗？"好得多。

③让对方有话可说。与人交流时提问，往往是将谈话维持下去、加深双方感情的方法，所以应选择对方擅长的话题，并使用开放式问句，给予对方发挥的余地，使他能侃侃而谈。比如"你为什么愿意到本公司工作？"比"你愿意加入本公司吗？"更有助于获取应聘者的信息。

④顺势而变。听话者在提问时要善于转换话题，缓和气氛。在对方说话的时候，提问者要注意察言观色。适当时，提问者可以谈谈自己的经历和看法，也可以采用迂回战术，先聊无关的事情。但切记目的是让说话者继续说下去，最终形成有效沟通，不能让主题偏离。

⑤旁敲侧击。记者和律师都知道这个窍门。虽然你并不指望得到答案，但你仍要提问，借以观察对方的反应和态度。他不回答本身就是最好的回答。

（3）沉默。听者听得越认真，说者就说得越起劲。如果别人说得不完整，你什么都不说，往往会迫使对方把话说完。沉默就像乐谱上的休止符，运用得当，含义无穷，真正达到以无胜有的效果。但一定要运用得体，不可不分场合，故作高深而滥用沉默；而且，沉默一定要与语言相辅相成，不能截然分开。

（三）建立集思广益的日常倾听制度

仅仅培养个人的倾听技能还远远不够，管理者的倾听工作不应是随机的、偶然性的。只有设计出有效的项目，将对顾客、对员工等的"倾听"制度化、日常化，才能做到主动、有序地全面倾听。以下列举的是一些知名企业"日常倾听制度"的成功范例。

为了与客户建立联系和交流，数字设备公司将其自动化客户服务系统取消使用，取代它的是 350 名咨询代理人。现在，客户不再需要从下载的一张菜单中机械地选择（这也曾是顾客抱怨最多的地方），咨询代理人会接听电话并给予指导服务。这种制度尊重个性、体现对人的关怀，看似"复古"，实则体现了服务观念的进步。

Abbott 实验室发现推销员与顾客交谈时太具侵略性、强迫性，伤害了许多顾客的感情。1995 年，他们发起了一个"赢回生气的顾客"的项目，分为如下四个步骤：

（1）理清问题：与顾客会谈，评估关系破损程度。要集中时间和注意力确定形势。尤其重要的是，尽量让高层领导参与倾听、承担责任和掌握全部情况。

（2）制定切实可行的战略：投资于修复顾客关系，重拾旧宠。

（3）全员教育：一旦恢复了与顾客的感情，别忘了对每个员工进行教育。公司内广泛开展全员有组织的学习，而不仅仅是市场部、销售部的事。

（4）激励销售代表：Abbott 提供财务方面的鼓励给讨论顾客问题的销售代表，每季度从六个区的代表中选出"赢回生气的顾客"项目表现最佳的一名，奖励 1 000 美元。这是该公司首次针对顾客服务提供物质奖励。

该项目至 1997 年 10 月，已改善了 200 多户顾客关系，增加销售额 900 万美元。

芬兰诺基亚集团自 1995 年年初决定让 250 名员工参与战略审核以来，在蓬勃发展的电讯业中一直以 70% 的年增长率迅速发展。公司高层管理班子每月按照战略日程碰一次面，战略制定已从过去以年度为周期，变为经理人员日常工作的一部分，而且广泛吸纳了更多基层人员的智慧。

通用电气公司董事长韦尔奇于 1983 年解散了计划部门，将战略决策的责任下放到 12 个部门负责人身上，每年夏天与高层管理班子碰面，诉说各自计划所做的事、感兴趣的新产品和面临的竞争情况。与诺基亚相似，通用电气逐步在推进其战略制定程序的民主化，更多地倾听内部员工的心声。

Kinko's 组合公司邀请外部咨询专家进行"沟通审计"，以期发现公司与员工之间沟通的问题。公司使用广泛的问卷调查员工对沟通状况的想法，同时在全国各区域开展个人面谈和视听会议。

微软将 E-mail 作为与员工交流的主要手段，此外公司还办了一份内部周报，送至全国每位员工的桌前。报纸经常征询读者意见改变内容，在报上开展辩论，鼓励来稿，让读者知道自己的意见被认为是有价值的。

Starbucks 公司开通网上建议节目，为开展当面会谈，每季度都由高层人员发布 3 个小时消息，一段简短的录像，并留有大量时间回答问题。员工踊跃参加，很多人牺牲业余时间也不肯放弃这个机会。

罗森勃路斯旅游公司不定期地寄给员工们一包东西，里面有建筑用纸和一盒颜色笔，让他们画图描述公司在他们心目中的形象。许多员工设计出积极振奋的图，体现出对公司共同远景的理解，有时员工设计出的图还可以反映出深深隐藏在他们心中的不满。

柯达公司在创业初期便设立了"建议箱"制度，公司内任何人都可以对某方面或全局性的问题提出改进意见。公司指派一位副经理专职处理建议箱里的建议，收效甚大。第一个提建议被采纳的是一位普通工人，他建议软片仓库应该常有人做清洁，以切实保证产品质量，公司为此奖励了他 20 美元，公司共为采纳这些建议付出了 400 万美元，但也因此获利 2 000 万美元。

建立企业日常"倾听"制度的模式并不是一成不变的，各企业应根据自己特定的目标、特别的条件创造出有新意的节目，最终的意义只有一个：充分调动一切内部、外部资源，满足顾客、员工的多种需求，使企业通过经营活动为国家、为社会、为顾客，更为每一位企业成员尽可能多地创造福利。

# 第二节　阅　读

## 一、阅读概述

（一）阅读的概念

阅读，是人们充分运用眼睛和大脑，从纷繁复杂的信息源中获取所需信息的一种有效手段。阅读是人类社会生活中不可缺少的一种社会活动，是人类汲取知识的手段和认识周围世界的途径之一，是培养人才的知识结构中不可缺少的重要环节。阅读也是写作的基础，但其主要任务是培养读书和读文章的能力，以获取认识世界、改造世界的本领。

（二）阅读的分类

阅读的分类可概括如图 7-1 所示。

1. 学习性阅读

学习性阅读的目的是学习知识，发展能力。它又可以分为三类：

（1）积累性阅读——根据一定的学习目的，通过熟读、熟记和理解、积累与掌握专业知识和有关科学、文化知识。

（2）理解性阅读——以弄懂、领会与掌握读物中所反映的基本理论、知识、技能为目的的阅读。

（3）发展性阅读——学会阅读，增强阅读能力，培养阅读基本技能。

2. 工作性阅读

工作性阅读则是适应与胜任工作需要，带有显著的职业性和专业性的特点。

3. 研究性阅读

研究性阅读则着重于做出研究成果，它包括检索、评论、考证、专题、创造五种阅读手段，特别要强调的是创造性阅读，它应是读者带着一种创造新见解的目的去从事阅读，从读物中去发现未曾有过的新答案。

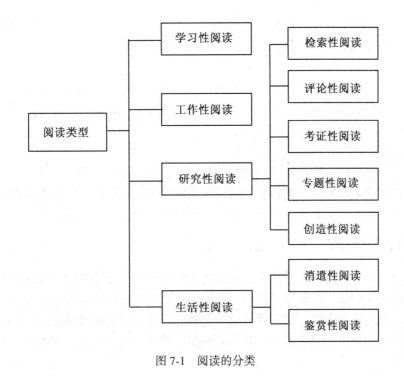

图 7-1　阅读的分类

**4. 生活性阅读**

生活性阅读的目的是追求高尚的精神生活。消遣性阅读是指人们在正式工作或学习之余，利用闲暇时间进行的一种不费气力、轻松自如、以消遣为目的的阅读。鉴赏性阅读则是在阅读文艺作品的过程中，对作品进行鉴别和欣赏的阅读。

**(三) 作用与目的**

**1. 获取知识**

阅读是人类获得知识的主要手段之一，通过阅读弥补自身的不足。这种阅读具有很强的针对性。人才成长的一项重要素质修养就是阅读文献情报资料的能力和方法。据测算，在 19 世纪，人类的知识每 90 年翻一番；到 20 世纪初，每 10 年翻一番；在 20 世纪 70 年代每 5 年翻一番；在 20 世纪 80 年代每 3 年翻一番。最近三十多年的科技成果超过了人类历史两千多年的科技成果的总和。由此看来，阅读对于人们的重要性空前提高了。

**2. 锻炼思维，发展能力，改进工作**

把获取的新知识加以消化，变为自己的东西，可以增强自己的工作能力。由于现代工作生活的快节奏，人们都尽可能地充分利用时间。于是，人们生活中的每一件事都与工作也就是事业有了关联。每天都有许多信息等待你去阅读，每天也有许多问题等待你去解决。为了更好地解决问题，需要阅读许多专业知识，需要了解经济形势和企业状况。比如说，如果你正在为怎样写一份企业计划书而烦恼时，你自然会去阅读关于应用文写作方面的读物；如果你正在为如何策划广告而发愁时，你相应地会去寻找广告方面的专著。这一切都离不开阅读。

### 3. 创造新知识

人们只有在掌握前人创造的知识的前提下，才能有所创新、有所发展，阅读在其中发挥着不可替代的作用。

### 4. 丰富生活

在工作之余，休闲娱乐成为人们的首要目标。有人喜欢游山玩水寻求刺激，然而，当你身心疲惫时，躲在家中拿起一本自己爱好的书消遣也是一个很好的选择，这会让你的生活更加丰富。

### 5. 增进兴趣

在你对某一方面的事物比较感兴趣时，通过涉猎很多相关的作品，你会了解更多的信息，从而增进对这一事物的兴趣，有了欲罢不能的感觉。比如你对广告有兴趣，通过阅读营销杂志以及许多广告学著作，你会发现广告非常有意思，于是有了进一步研究的欲望。

## 二、阅读能力的构成

阅读的效率取决于阅读者的能力。阅读能力的构成是十分复杂的，阅读能力的基本因素是理解、速度和记忆，而核心是理解。理解的深刻性和敏捷性是阅读能力的一个重要标志。但是对一般阅读者来说，这三者是相互矛盾的，读得快了理解得不深，记得不牢，需要理解得深而又读不快，记得牢又可能理解不深。要解决这个问题，就需要研究阅读能力构成的诸因素。

### (一) 理解能力

理解能力是阅读能力强或弱的最主要的标志。它是指运用已有的知识解释词、词组和句子所表达的意义的联系和关系，从而掌握阅读对象的能力。

为了理解读物的内容，在阅读时，必须通过文字，从整体意义上来理解每一个词和词组的含义，然后从句子的各个成分中辨别最主要的部分，联系上下文所提供的语意背景，经过一系列的推理、联想、分析，从而通过各种各样的语句表面形式，捕捉各个段落上的含义，然后从整体上理解作者所表达的本意。这就是说，阅读时，不要把注意力集中在作者的构思上，而是放在理解所接收的信息上。

为了理解读物的内容，还需要在阅读过程中，按读物的组成做一些分解顺序的阅读。任何一篇文章都由词——词组——句子——段落——篇构成。分解顺序的阅读，就是首先在文章中分解出担负基本意义的关键性实词，把关联词语、形容词、副词等非关键性词语排除在外。其次，是分解包含作者构思的基本单位，构成意义序列的句子。这些句子是构成段的基本因素，要从中找出独立思想片断的句子，排除那些过渡性句子和关联、照应的句子。再次，分析构成文章的基本段落。因为段落能表现出一篇文章结构的规律，揭示这些规律，确定段落内容的基本意义，就了解了整篇，这就完成了阅读的基本任务。

### (二) 想像能力

我们在阅读时，看到书本上的描述，有时头脑里就自觉或不自觉地浮现出书本上所描述的情景，就像播电视剧一样，这种思维活动就是想象。想像力是阅读过程中的重要能力。阅读主要是靠语言文字、图形等第二信号系统的间接材料，没有想像力就很难把握。因此在阅读过程中，一定要注意唤起自己的想像力。

许多文学作品本身就充满了作者的想象。因此，通过想象，可以加深你对读物思想内容的理解。想像是建立在充分理解的基础上的。因此，要运用想像能力，就要认真阅读和仔细品味文章的意思，弄清文章的背景，一旦领悟，想像就接踵而来。

（三）思维能力

阅读过程中充满着思维活动，阅读与思考不可分离。同样一份材料，有的人读了不解其意，印象全无；有的人则吸收其精华，发现问题，得出自己的见解，原因何在？就在于动脑思考。在阅读过程中培养和增强思维能力，就要对读物进行分析→比较（对照）→抽象→概括（综合）→具体化。

（四）表达能力

表达能力在阅读中也有着重要意义。它是指在阅读过程中，把观察到的事物，联想到的情景，记忆中的东西，思考的结果，转换成阅读者自己的语言表达出来。

这种表达可分为口头表达和书面表达两种。口头表达是阅读结束之后进行朗读、背诵、解释某些概念、复述读过的内容以及根据读物的内容进行口头评述或作文。这种口头表达不但能加深对读物的理解，而且增强了语言表达能力。书面表达可以是编写提纲、表解、图示、读书笔记或书面进行评论和书面作文。在阅读过程中，这种口头表达能力和书面表达能力虽然不是阅读能力构成的主要因素，却是不可忽视的因素。

（五）记忆能力

记忆能力是知识的仓库。美国著名的心理学家 B. 平菲利德认为，记忆是"复现和辨认学习或经历过的东西的一种能力"。这种记忆能力在阅读中有着十分重要的作用。通过记忆，可以积累各式各样的知识，可以使人的才能不断地形成和发展并用以指导实践。

一个人的记忆能力是非常惊人的。据有关资料记载，正常人脑的记忆储存容量高达 $10^{12} \sim 10^{13}$ 比特（一个信息量的单位叫 1 比特）。美国麻省理工学院科学家的一份报告说："假如你始终好学不倦，那么，你脑子里一生储藏的各种知识，将相当于美国国会图书馆藏书的 50 倍。"据说，该图书馆藏书 1 000 多万册。也就是说，人脑的记忆容量相当于 5 亿本书籍的知识总量。这说明，人脑的记忆容量几乎是无限的，是有很大潜力的。这就为人们汲取知识、指导实践提供了有利的条件。

然而，在阅读中有记忆也有遗忘，两者存在矛盾。针对这种情况，在阅读时为了提高记忆力，可采取如下办法：①理解记忆。即在对读物理解的基础上进行记忆。②系统记忆。即根据读物的内在联系结合为一个系统去记忆。③分类记忆。按照读物的性质、特征分类来记忆，既能掌握它们的共性和个性，又能掌握它们的相似点和相异点。④重点记忆。即抓住重点和关键问题记忆。

（六）快速阅读能力

在阅读能力中，快速阅读能力是高效率阅读能力的主要标志之一。快速阅读是捕捉我们所需信息的主要手段。快速阅读与传统阅读不同。传统的阅读是按字、词、句、段为单位的顺序去读；快速阅读是扩大视野广度，一下子读完那些复杂的长句，读完整段、整节、整篇的文章，了解其主要思想。

快速阅读需要有一个训练过程。阅读心理学表明，一般人的阅读速度远远低于思维速度，这主要是由于大多数人未经严格的科学阅读训练，存在各种各样的不良的阅读习惯，从而妨碍了阅读速度的正常发挥。为了提高阅读的速度，必须做到：①注意力高度集中。②扩大视野广度。速读时视野宽，不是一字一句地看，而是一行一行、一段一段地看。③减少倒读的次数。克服的办法，就是在阅读时保证在意义上完全掌握，并记住所读的新的信息。④养成定时阅读和限时阅读的习惯。最初定时和限时的阅读时间不宜过长，以后逐渐延长，养成习惯，就会加快阅读速度。

### 三、阅读方式

（一）精读

精读，是提高阅读深度的主要方式，是阅读中最根本的环节。它以全面掌握读物的思想和艺术为突出特点。精读要求"循文入义"，做到"字训其义，句贯其意，文寻其脉，篇会其旨"，逐步进入"字会、意会、情会、理会、神会"的境界。精读的一般步骤是：

1. 初读

初读即逐字、逐句、逐段、逐章地通读，求其读懂，了解文章的基本内容。它是理解的前提。它包括以下几个方面的工作：

（1）确定字义。初读的前提和基础是确定字义。因为汉字的博大精深，因而确定字义包括三个方面的内容：①了解字的本义；②注意字的多义性；③熟悉字的用例，也就是说，"必须熟悉它的用例，知道它在某一场合才可以用，用在另一种场合就不对了"（《叶圣陶语文教育论集》）。

（2）掌握词义。词语是组成句子的基本元素，关键的词语对于句意的表达起着非常重要的作用，不注意理解词语，就不能透彻地了解句意。必须注意的是，在这一阶段，如果你遇到不熟悉的字、词，不必去查阅工具书，这并不影响你对读物的基本内容的理解。这类工作应留在细读阶段去做。

（3）理解句子。理解句子比较复杂，它代表着你的认知能力，是分析篇章的基础。作者在写作表达自己的思想时，总是一句一句地写下去。阅读的时候也一样，要了解文章的内容，就得逐个弄懂每个句子的意思。理解句子要注意四个方面的内容：

①分析句子的语法结构。

②分析句子的目的。从目的的角度去分析各种句式，明了其用途。不同的句式表达不同的思想感情。

③注意句子之间的联系。即了解句子与句子的联系有什么特点，是意义上的自然连接，还是使用关联词语来连接。

④注意句式特点。即注意看读物是长句多，还是短句多，或是长短句交错使用，或是句子比较均匀，并分析作者这样造句的用意何在及其优点。

（4）理解段落。读物往往分成许多段落。每一个段落说明一个意思。所以在初读阶段，要注意理解段落。首先，你要善于归纳和分析，通过段落所叙述的表面意思抓住实质。其次，要弄清段落中句与句之间的关系，了解段落表达的层次。最后，你要了解段落在全文中的地位和作用（关于这一点将在细读阶段阐述）。

（5）把握结构。只有把握读物的大致结构，才能表明你大体掌握了读物的内容，初步读懂了。首先，要了解作者是根据什么线索组织材料的，全文可分成几个部分。不同文体的读物组织材料的线索不尽相同，在把握结构时必须加以注意。其次，要了解各部分在整体中的地位、作用，以及相互之间的联系。

2. 细读

细读是精读的关键阶段，精读的效果如何，主要取决于这一阶段的收获。细读一定不要贪多求快，须仔仔细细、认真地读，一个字，一句话，乃至一个标点都不要轻易放过，一定要把其中的准确含义琢磨清楚，然后思索把作者的观点、文章主旨和表达技巧"抓"出来。

（1）推敲字词。初读阶段你可能只是大概掌握字词的含义，而在细读阶段，你必须深入钻研关键字词的含义，并熟悉那些生疏的字词，这样才能读透。①要准确理解字词的意义。既要理解一个字或词语的表面意思，也要琢磨它的深刻含义和感情色彩。②要注意字词表达思想的作用和表达的艺术效果。优秀作家在写作时都非常注意字和词语的使用和推敲。曹雪芹写《红楼梦》时，就下过"为求一字稳，耐得半宵寒"的功夫。杜甫曾说："为人性癖耽佳句，语不惊人死不休。"贾岛的"推敲"更是成为千古佳话。这些经过再三思考的字词具有生动的表情达意的作用，细读时应该仔细体会。

在细读中怎样准确、深刻地理解字词呢？通常可以看书上的注释和查阅工具书。特别是阅读科学书籍时，要弄懂那些专业名词，就非得查阅注释和工具书不可。对于文学作品中的一些典故和成语要知道它的来历和意思也需要多查阅工具书。例如，"胸有成竹"这个成语，查阅成语词典，就知道它说的是宋代画家文与可在画竹之前总要事先揣摩，直到心中想好了要画的竹子才动笔。后人用这件事比喻做事之前已经有了成熟的考虑。如果不查阅工具书，望文生义，把这个成语理解成"胸中长了成年的竹子"，那就大错特错了。同时，要理解词语的表达作用，还必须根据句子和整个文章的意思去思考、研究。

为了加深你对字词的理解和巩固记忆，可以采取在书页圈点画线和加注释的方式。

（2）揣摩句子。优秀的作者，有时为了表达思想的需要，往往在他们的作品中写下一些语意深刻、耐人寻味的句子来。在细读阶段，你就不能停留在理解它的表面意思，还要深入领会它的言外之意，弦外之音。下列几种句子要尽心揣摩：①警句。这种句子大多是用简练的语言来表达深刻的道理，发人深思，给人以教益。②反语。这种句子往往用与本意相反的词语来表达思想。正话反说，带有一种讽刺意味，从而增强句子的战斗力。③委婉句。这种句子一般是把不宜直说或不愿直说的意思用委曲婉转的话表达出来，让对方去揣摩，以达到引人深思的目的。④双关语。这种句子往往利用语音或语义的条件，使某些句子带有双重含义。

（3）分析标点。标点符号是文章中的重要组成部分，在文章中有着多方面的影响作用。它可以影响到文章的内容、主题、意趣甚至文章的体裁。你在推敲字词和揣摩句子后，不能忘了分析作者所用的标点符号。标点符号运用得好，可以胜过许多言词，可以表达丰富、复杂的思想、感情和意趣。比如鲁迅得知国民党反动派枪杀了左联五烈士时，愤慨地写下了《为了忘却的记念》。文中"原来如此！……"一句，感叹号、省略号的运用，胜过了很多语言文字。

（4）分析段落。段落是连接句子和篇章的桥梁。分析研究段落是在了解段落大意的基础上进行的。包括以下步骤：①划分层次。你首先要分清层次，统计段落中所包含的句子数量，按结构成分划分层次。②归纳段意。有的段意体现在中心句上，这有三种情况：一是段首中心；二是段尾中心；三是段中中心。有的段落没有中心句，但有中心意思潜于其中。③阐发段意。一个段落的思想意义有怎样的广度和深度，它在文章中起什么样的作用，这需要从阐发段落的深刻含义来加以回答。④获取重要细节。当你在分析段落时，你是为了寻找段落的主要内容而阅读的，然后你就要寻找对主要内容起着支持、附加或解释作用的各个细节。所谓重要细节，正是解释和描述读物主要内容的具体事实。尽管这些事实可能出现在段落的不同地方，但你必须找到它们。⑤提取段落重点。提取段落重点的目的是摄取其精华和要点。总的要求是：细读深思，抓住关键，"三去三见"，层层深入。细读一段文字时，在一般中抓重点，在重点中抓关键，抓住最紧要、含义深厚的词语、句子，认真地加以揣摩、领会，分析归纳。采取这种由表及里，层层深入的方法，就可找到段落的精华之处。

（5）理清章节。细读应析章分节，理出章节之意。理清章节的根本途径在于理清文章的思路。任何好文章都有一条明晰的思路，抓住了作者写作的思路，章节之意就有了归属。文章思路可分为全文思路和局部思路。章节之意首先要全豹在胸，着眼于全文思路，全文思路清楚了，本章节在全文中占什么位置，起什么作用就明白了。但是，理清章节的主要功夫还在于理清本章节的局部思路，即看各段之间、各节之间的组合关系。

（6）归纳主旨。细读的目的之一是概括、归纳文章的主旨。主旨也叫主题，它是作者在说明问题、发表主张或反映生活现象时，通过文章内容所表达出来的基本观点或中心思想。

3. 复读

复读，也就是反复阅读，它是精读的最后一步，也是细读的重新开始和升华。旧书不厌百回读，熟读深思子自知。无论你是马上接着读还是间隔一段时间去读，复读都能起到强化记忆、深化理解和获取新知的作用。

（1）强化记忆。记忆旨在巩固你的理解，它是在理解的基础上，对读物的语言和形象信息进行储存和提取。没有记忆的复读，是无效的阅读。形象记忆和联想记忆是比较基本的两种记忆的方法。

首先，形象记忆。大家都可能会有这样的经验：记住一幅图画的内容不甚费力，记住一大串数字就比较困难。这是因为直观形象的东西有形状、有颜色、可触摸，能够刺激不同的感官，使之作用于大脑，并且可以感染人的情绪，给人留下深刻的印象。形象记忆是使抽象知识与直观形象挂钩或者使抽象知识形象化以方便记忆。例如，要记住"生物"这个概念，仅仅从"生物"两个字上着眼是不行的，必须在头脑中浮现这种植物、那种动物的具体形象，这样才可能真正理解并牢牢记住。

其次，联想记忆。联想是在人的头脑中从一件事物想到另一件事物的思维活动。它是一种思维形式，也是一种记忆方法。那么，阅读该从哪些方面展开联想呢？可以从以下三个途径展开：接近联想，即利用事物在时间或空间上的接近关系，由一事物联想到另一事物；对比联想，即利用事物内在的对立统一关系产生联想；类似联想，即利用事物在现象或本质方面的类似关系来联想。

（2）深化理解。阅读的目的是理解作者传递的信息。只有在反复阅读中才能深化你对读物的理解，使你的理解升华。深化理解有以下几条途径：①设身处地。精读中必须移情入境，设身处地地去理解。要真正理解，仅凭某些特定经验还远远不够，还须设身处地地"切己致思"，也就是要你去亲身感受其中的韵味。②得意忘言。思想的表现是语言，而语言又不能完全达意，有时候经常是只能意会不能言传，因此在阅读时不能拘泥于语言，而要注意"得意而忘言"，也就是要意会。忘言不是忘掉或丢掉语言，而是不拘泥于语言，以分析语言、体味语言为途径和手段，来领悟与探索语言的底蕴、精神。③顾此及彼。顾此及彼，是指在精读过程中，从内容到结构，都应该顾及到各个局部之间，尤其是那些相对应的语句。在叙述和描写时，作者往往对将要出现的人物或事件给予提示，情节上前后照应。只有顾此及彼，反复阅读像伏笔之类的相互照应的语句，才能深深体会作品思想感情之美和布局谋篇之美。④由虚求实。阅读须知"虚与实"。虚者，实之宾；实者，虚之主。虚写处必有实用，现实描写往往辅以虚化手段。特别是在文学作品中，以虚写实，虚虚实实是很常见的表达手法。只有反复阅读，才能明了其虚写之物中的真实含义。

（3）总结新知。在你反复阅读的最后，还要总结新知。惟有这样经过"从薄到厚→从厚到薄"地螺旋上升的过程，才能学得深透。①由薄到厚。由薄到厚，是学习和接收信息的过程。阅读文章，经过斟字酌句，在不懂的环节加上注解，就会觉得获取了不少东西。由薄到厚，要求你在阅读时多提问、多思考，对一些重点知识反复思考，将所得体会、评论、注解和补充参考材料放在一起，就会明显感到书本变厚了。②由厚到薄。由厚到薄，是消化和提炼的过程。在这个过程中，你要把获取的新知咀嚼消化，组织整理，反复推敲，融会贯通，提炼出关键性的问题，把握来龙去脉，抓住基本要点。越是懂得透彻，就越有薄的感觉。爱因斯坦说过："在所阅读的书本中拢出可以把自己引到深处的东西，并把它的一切统统抛掉，也就是抛掉使头脑负担过重和会把自己诱离到不良之处的一切。"你可以借助各种笔记，如提要笔记、心得笔记，总结新知，以实现由厚到薄的转化。

4. 提问和思考

古人云："询问者智之本，思虑者智之道也。"在整个阅读过程中，提问和思考贯穿始终。提问是思考的发端，是深入理解的契机；思考是解决问题和深化理解的有效途径。

（1）提问。阅读必须善于提出问题。阅读的过程就是你从文章中提取信息和加工信息的主动的认识过程。在阅读中，提出一个有价值的问题，胜过熟读一本书。因为前者是独立思考的产物，而后者只是简单的记忆而已。"学问"就是有学有问。提问不仅使理解更为深透，而且记忆也更加持久。

（2）思考。在阅读时，对阅读内容难免有怀疑的地方。对这些疑点加以思考，是你在精读中必须注意的重要方面。你应该自始至终把提问和思考结合起来。阅读时遇到问题，首先应该把它标出来。然后再对其进行思考。①圈点画线。圈点画线既可以对提出的问题边读边想以加强阅读效果，也能为日后反复阅读提供记忆线索。因为温习时，未必有时间再看全文，但只需瞥一下画线部分就可回忆起大概内容。画线必须结合前文，联系自己提出的问题，从语句中找答案。②边注眉批。思考的另一有效工具是在书页边缘写边注、作眉批。边注眉批切忌抄书，文字也不宜多，其目的是引起思考，可把原来标题的叙述句，改成简略的问句。

对于你提出的问题，也许可以从文中找到答案，有时也需要你与他人一起探讨或寻找参考资料。除了借助外部资料进行思考外，你还可以联系自己头脑中的信息进行联想思考。好的阅读者，在阅读时能充分地展开联想，将阅读内容与已有的知识、生活实践联系起来；将抽象的概念、原理与感性的形象事物联系起来。展开丰富的联想，促进你对读物的思维加工，同时也促使你大大提高阅读效果。所以在阅读时，一定要注意不能只是读页面上的内容，更要充分启动思维，展开多方位的联想，这样才能从阅读中获取更多的信息。

（二）略读

略读是与精读相对的一种阅读技巧。从形式上看，略读时不求深入精心研究，而只求概览大意，但实质上是在能够精读的基础上做"观其大要"的常规阅读。略读速度快，效率高。

1. 掠读正文

（1）快速阅读。当你选择略读方式后，便开始进入对全文的掠读阶段。掠读的速度十分快，一目十行，略观大意。在理解的前提下，速度越快越好，以提高阅读效率。

快速阅读是掌握信息的重要途径。专家指出：创造性工作的效率与获得和加工的信息量成正比。如果你获得的速度快，信息量又多，那么你的效率就很高。据说，拿破仑每分钟能看 2 000 个单词，巴尔扎克半小时可读完一本小说，他们的快速阅读能力令人惊叹不已。研究表明，提高阅读速度不会降低理解率，关键是要按照正确掠读法去阅读。并且，掠读技巧形成后，不但可以长期保持，而且对不同的语言材料也有类似效应。例如，读汉语材料的速度快了，阅读英语材料的速度也会相应提高。

阅读时，人的眼球是时停时动地向下跳动，眼球停的时候认知文字，眼球跳动的时候转向下面的文字。眼停一次的时间大约为 1/3 秒，每次眼球停顿能认知 1~2 个文字符号。我们把眼球停时认知的字数叫做"识别间距"。阅读时，目光向前跳跃，眼球运动，每动一次大约为千分之几秒，人们的阅读只限于目光跳跃的停留期。据统计，阅读者的眼睛在一小时内有 3 分钟在移动，有 57 分钟在停顿，即眼动时间占 5%，眼停时间为 95% 左右。因此，你要想提高阅读速度，就要扩大识别间距，进行整体认知，就是说，眼停认知不能逐字进行，而应一个个词组或一个个短语、短句整体地认知理解。

人们的阅读方法，可归纳为三种：点式阅读、线式阅读和面式阅读。点式阅读的视点很小，一个字一个字地阅读，视点的最大限度不超过五个字。线式阅读，视点是一条线，视力范围是一个句子或几个句子群，用这种方法阅读，经过训练可达到一目一行。面式阅读是速度最快的阅读方法，其视力区最少是两行字，高手可以成段成页地阅读。掠读也是成段成页地阅读，因而它实质上也就是面式阅读。用这种阅读方法，每分钟最低能读 1 000 字，甚至可以达到 1 500 字，十分符合略读的要求。很多人的阅读方式是线式阅读，速度较慢。线式阅读识别间距小，阅读者只习惯于一个词、一个词地读；面式阅读的识别间距大，可把十六个词分成六个语意群来阅读，因而减少了眼停的次数（由 16 次减少为 6 次），又便于理解词与词之间的语意联系，因而直接提高了理解率和阅读效率。要想提高速度，必须加强科学的阅读训练，努力增大识别间距，学会面式阅读。

（2）敏捷思考。掠读阶段，你既要快速阅读，还要敏捷思考，以理解文字所表达的意义和重点。不要阅读神速，却不知所云，快速阅读必须与敏锐思考结合在一起。为保证快速阅读的质量，你应集中精力进行快速思考。

（3）推断和预测。良好的阅读活动，不是被动接收，而是积极感知、记忆和思考的过程。随着阅读内容的扩展，意义的深入，情节的推进，你不仅要逐步对读物有较深刻的了解，而且还须对阅读内容的性质和发展加以推断和预测。对情节发展的准确推断和对上下文关系的正确预测，可使你的阅读变得轻松而流畅，并能加快阅读速度。

2. 细读重点

经过对全文的迅速扫读，你已基本上明确了材料的重点所在，从整体上有了更清晰的把握。这时你可以根据自己的需要或兴趣选择文中的某些部分进行细读。你应把略读和精读过程结合起来。

3. 概括读物

略读虽然不如精读要求严格细致，但并不意味着就可以马马虎虎，草草了事。略读同样要求你把所获知识加以消化吸收，如果掠读一遍后便把书一丢，既不总结，也不反刍，那么你当时的理解很快就会成为过眼烟云。因此一定要用自己的语言对全书的内容加以概括，理清整体的思路和脉络，及时总结阅读心得。

**四、各类管理文体的阅读**

（一）行政公文

行政公文是企业用来处理工作的具有特定格式的书面材料。它是一种以说明为主，兼有叙述议论成分的应用文。

1. 公文的特点

（1）鲜明的政策性。公文带有传达贯彻公司的方针、政策，处理行政公务的职能，其内容与公司的经营管理密切相关。

（2）法定的作者和法定的权威性。公文是法定的企业法人制发的，它在其法定的范围内产生法定的权威，具有强制性和约束力。

（3）特定的目的和一定的时效性。公文是为解决现实工作中的特定问题而制发的，因而时效性强，事务办理完毕，公文的现时效用即随之消失。

（4）特定的体裁和行文的规范性。公文具有特定体裁，每种体裁适用于一定的内容，不能乱用；而且其制作都有一定规范，不能随便乱用。

（5）语言表达的准确性和明确性。公文是用以指导或解决实际工作问题的，其语意表达应明确而不含糊，语言运用应准确而不模棱两可。

2. 公文的种类与功能作用

（1）指挥规范类，主要是公司领导部门用以实行领导、指挥、制定规范、提出要求，包括指示、指令、决定、决议等。

（2）知照类，用于企业之间通知事情、通报情况、联系工作、公布要求等，包括通知、通报、布告、公告、通告等。

（3）报请类，用于下级向上司报告工作、汇报情况、请示问题或上司对下级请示的批文、答复，包括报告、请示、批复等。

（4）记录类，用于记录某些活动及有关情况，包括会议纪要等。

3. 阅读行政公文必须抓住主旨

（1）注意分析标题。公文的标题一般都非常明确，写明了公文的目的。

（2）注意主旨的表现形式。一段式只有主旨中"目的"一项；两段式只有主旨中的"目的"和"主张"，表达行文用意和事实根据或理由等，或者只有"说明"和"主张"，表达补充说明和主张、办法等；三段式，即包括"目的"、"说明"、"主张"三项全部内容。这三种表达形式，在具体行文中，往往又有不同的段落组织形式，阅读时要注意根据实际内容构成来分析。

（3）要注意分析用语。行政公文对语言有严格的限定，因而要仔细分析，理解作者的语意。

（二）问谢类专用书函

问谢类专用书函是企业和个人在处理公共事务或私人事务时，表达询问、答复、慰问、感谢、表扬、祝贺、批评等内容的一种专门应用文。根据这类专用书函的特点，阅读中应该注意以下四个问题。

1. 弄清作者的主要目的

只有了解了作者的目的，弄清其询问、答复、表扬、批评等意图，才能清楚地把握主旨。

2. 弄清作者所针对的事情

一方面，要把基本事实搞清楚，明白所针对的是一件或几件什么事情；另一方面要弄清事情原委，包括事情起因、经过、结果或现状。如不清楚，应引起注意并记录下来，以便日后核实。

3. 弄清作者要求

作者要求主要是公司客户提出的，分为四种：①要求给予答复、解释、了解、证实等；②要求照此办理；③要求给予表扬；④要求批评或处理等。阅读分析这些要求时，要注意对照作者所针对的事情进行分析，尤其是涉及人、事处理意见，更应分析其合理性、恰当性。

4. 注意有关内容的抄录和批点

当遇到如下情况：①有关事情不清楚或有出入；②有关要求不清楚；③所感谢、表扬的人或事不清楚；④需要答复、解决的事情或问题不清楚；⑤需要回信的客户及通信地址不清楚等，都需要摘抄下来，或者在原稿上勾画、批点出来，以便在需要向有关上司汇报、请示时抓住要点，或者有针对性地进行相应处理。

（三）计划

计划是对未来一定时期内全面工作或某项工作提出要求、指标、措施、步骤和完全期限的一种文体。从适用范围来讲，有个人计划、小组计划、车间计划、工厂计划、公司计划；从时间来讲，有年度计划、季度计划、月度计划等；从内容性质来讲，有生产计划、新产品开发计划、工艺改进计划、销售计划等。不同种类的计划，内容的侧重点及写作要求就有不同的特点，这是阅读时首先应该注意的问题。同时，阅读计划应该注意把握计划正文部分的表意重点。计划的正文部分一般包括前言、目标、措施和步骤几个内容。

阅读计划的前言，要注意分析其所叙述的基本情况或指导思想，从作者对过去工作情况及经验教训的分析中，理解计划制定的针对性；从作者所阐述的指导思想，理解制定计划的根据、工作原则和侧重点。

阅读分析计划的目标，常常采用总叙与具体指标相结合的方式来表现。阅读时首先应该抓住作者对目的的总述来分析。

阅读理解计划的措施，要注意从作者所叙述的达到目的的手段、方法以及如何创造条件落实任务等，去分析作者是怎样调动主客观因素的。

阅读计划的步骤，分析作者所叙述的工作程序和时间要求，要注意从中理解任务的阶段性和先后顺序，理解字里行间所表达出来的轻重缓急。

阅读计划的具体方法通常是快速略读与分析精读相结合。因为计划多是采用条款式的分项写法，所以首先用快速略读的方法，可以很快将各部分内容的要点抓住，并且通过略读把分析理解的重点和难点找出来，以便有重点地选择精读内容。分析精读则是细致地从作者叙述的字里行间去理解各部分内容的准确表达，从作者的用语中去把握作者语意表达的分寸。

此外，计划内容中的指导思想、基本情况分析与目标任务之间，目标任务与完成目标任务的措施和步骤之间，都具有一种内在的逻辑关系，阅读时要注意分析。

（四）合同

合同是企业法人之间为了达到某种目的，按照有关法律规定，共同商定的有关分工协作条件、双方权利、义务的一种文书。企业使用最多的是经济合同。

1. 了解合同的写作特点

合同的写作是在双方要约与承诺的基础上形成的。在写作上具有两大特点：（1）完善，合同的每一条款，内容齐全、周密、严谨，每一条款的规定都十分具体；（2）明确，语言表达明白而不模糊，词语选用准确而肯定。根据这些特点阅读合同时，就要注意对合同的语言做具体分析，以达到准确理解的目的。

2. 合同（经济合同）的正文

合同正文的基本内容包括五个具体条款。阅读时应该根据每个条款的要旨来分析理解。

（1）标的。它是合同双方权利和义务共同指向的对象，它不仅包括某种实物或货币名称，有时还包括产品牌号或商标、品种、规格等。

（2）数量和质量。它是确定经济合同的具体条件之一。其中数量是指标的计量，如产品的产量、完成工作量、借款金额、实物数量等。质量是对指标的技术要求的规定，如实物的品种、型号规格、等级、工艺要求或工程项目的标准等。

（3）价款或酬金。它规定合同所针对的产品、完成工程、劳务或智力成果所应有的代价，以货币数量表示。通常情况下，它还写明结算方式、结算银行和账号。

（4）履行的期限、地点和方式。这一部分规定了合同履行的期限、地点，往往还详尽规定产品或商品的包装要求、运输方式及运输费用的支付等问题。

（5）违约责任。它规定合同双方或一方不能履行或不能完全履行合同时，应当承担的违约费、赔偿金等。

（五）会议纪要（备忘录）

会议纪要是根据会议记录，对会议的主要内容以及所决定的事项，或者是对会议的主要观点、结论进行综合、整理、概括、提高后形成的具有指导性的书面文件。

阅读会议纪要，要根据其结构方式去把握内容要点。会议纪要的结构方式，主要有四种：概述式，总分式，问题归纳式，发言记录式。

1. 概述式会议纪要

即把会议讨论的内容、发言情况综合在一起，概括地叙述出来，主要用来反映一般工作会议的内容或讨论问题比较集中、意见比较一致的会议内容。阅读时要抓住正文开头部分的概括性语言和正文末尾的总结性语言，因为这些文字往往集中反映了会议纪要的主要精神，是概括全篇的精髓。然后再将这些概括性语言与文中字句结合分析，也就容易把握全篇了。

2. 总分式会议纪要

这种会议纪要写作时先概括地阐述整个会议的核心内容和精神，然后再分述会议讨论和决定的若干事项。主要用于反映在一个总的精神或中心议题指导下面分议若干事项的会议内容。阅读时需要分两步进行：①先从总述部分抓住会议的主要精神或总体要求；②详细分析分述部分所列的若干项内容，从中把握各项内容中所阐述的讨论或决定意见。

3. 问题归纳式会议纪要

这种会议纪要把会议讨论的若干问题逐项归纳，一一阐述，通常用来表述那些讨论问题较多，而各个问题之间关系不大的会议内容。这种会议纪要的阅读，往往只能逐项分析、逐条把握。

4. 发言记录式会议纪要

它把发言人的意见归纳起来，分人列项加以叙述。座谈会、技术研究会通常要用这种形式。它包括两种形式：①先分问题，在每一个问题的下面将各位发言人的主要意见叙述出来。阅读时可按问题归纳；②只按发言先后顺序将各位发言人的意见叙述出来。阅读时需要读者自己去分析归纳各个主题的主要意见，或者要求读者去归纳会议讨论的主旨。总之，它们都需要进行三步工作：一是总览，把握讨论情况；二是分类，把各类问题、各种意见逐一分类；三是归纳、概括各个问题、各种意见，然后才能把握住全篇的要旨。

（六）调查报告（调研报告）

调查报告一般由标题、报告人署名、引言、正文、结尾等几部分组成。对于经理人员来说，阅读调查报告应采用速读方式，做到"看标题、明情况、重分析、知结果"。"明情况"主要是指明了调查者情况、调查对象情况、调查过程情况。"重分析"指的是从探求途径、总结经验、吸取教训、介绍做法、找出原因五个方面来进行分析，并将它作为重点来了解。"知结果"就是要清楚地知道结论。

（七）总结报告

总结报告与调查报告有一定的相似之处，但主要是针对公司全局的经济活动，总结经验，以利于下一步业务的拓展。阅读总结报告时，就要抓住作者写作的目的，去分析作者所要表达的重点意思。应从以下四个方面把握其内容：

1. 分析标题

总结报告的标题通常有三种写法：标题中写明单位、时间、内容；标题就是核心内容的概括；正、副标题结合，正标题为核心内容概括，副标题则为单位、时间、内容。

2. 分析内容

根据各部分的表达重点分析内容。总结，尤其是全面总结，一般包括四个部分：

（1）基本情况概述。这是总结的开头部分，或概括叙述工作全貌、背景，或阐明总结的指导思想、成果，或总述工作中的主要成绩和问题。阅读时要分析作者采用的是哪一类，并据以抓住内容重点。

（2）主要工作成绩。这一部分是对工作中值得肯定的收获的分析，往往分为若干点或条款来叙述。阅读时要注意从作者列举的数据、事实等文字中去理解归纳其成绩；有时这一部分采用总分式写法或分合式写法，阅读时要注意领会合写或分写的文字，从总写与分述的比较中去把握要点。

（3）缺点、问题的分析。这一部分往往包括指出问题和分析原因两点。阅读时尤其要注意作者对存在问题的原因的分析，这是今后改进工作的依据。

（4）经验体会或改进工作的意见。这一部分的表达重点通常有两个：总结分析经验中带规律性的东西，以指导今后工作；分析阐述今后工作的具体改进意见，它与缺点、问题的分析前后呼应。阅读时要联系起来思考。

3. 把握总结报告的内容组织结构

总结报告的写作，有的采用先总述后分析的写法，有的采用先分述后概括的写法。阅读时要根据作者选用的结构方式，首先把握住作者总述的内容，分析要旨，这样更容易抓住要领。

4. 分析总结报告的种类

从性质上分，总结报告有工作总结报告、学习总结报告；从内容范围上分，有全面总结报告、专题总结报告。阅读时要根据它的表述要旨的不同方法和写作特点，注意抓住要领。

5. 注意事项

在阅读总结报告时有三点需引起注意：①分析其总结的做法、经验是否符合实际；②与公司政策是否相符；③总结报告归纳出的意见与提法是否与它所列举的事实一致。

**五、阅读障碍及其克服**

我们从小开始练习声情并茂地朗读，这是完全正确的练习方法。然而，这也造成了一些人不良的阅读习惯，妨碍了我们的快速阅读。在阅读时，我们要把看到的书面文字通过大脑转变为意思。如果我们不能形成良好的阅读习惯，比如不能默读，就会先把文字转换成语言，再进入大脑，于是，无形中就增加了我们阅读的障碍。在阅读时会有哪些障碍，应该如何排除呢？下面我们将进行深层次的阐述。

（一）发出声音

如果你有默念或唇读的习惯，那么默读时喉咙处就会发出声音（默念）或出现无声的唇动（唇读），就像念出声音来的口形一样。无论哪种情况，都是强迫自己的脑子只以说话的速度吸收读物的内容，这种阅读效率很低。

消除唇动有几种方法，请尝试下列方法，并选用最适合自己的一种：①把一个可衔的东西放在双唇之间，不是放在上下齿之间，使其重量强迫自己在阅读时衔住它；②紧闭双唇，并用舌头顶紧上腭；③使劲活动上下腭和嘴唇，就像嚼口香糖一样。但是不要把这种做法当成永久的习惯；④把嘴唇收拢，做出吹口哨的口型吹气，但不要发出声音。

当然，这些人为的控制法，只是在不能自然地消除阅读障碍时才使用。这一点也适合本节中其他的"治疗法"。

（二）移动手指

有些人在阅读时习惯用手指指着每一个字，或用尺子之类的东西，顺着读物的侧边一行行地往下移。他们不相信自己的眼睛，老是怕看错地方。然而，手指使其注意力集中了，但是却把读速拖住了！因为手指的移动不可能比眼睛敏捷，也不可能有大脑的活动快。

克服指读或以尺导眼的读法，只需用手拿住书报或杂志阅读，就能防止这种不良习惯。这种习惯一旦克服，就不可能再出现。

（三）转动头部

我们知道，在我们平视的时候，眼睛的余光会看到几乎180°的范围，只要转动眼睛，视力的焦点就能在视力范围内移向另一个物品。因此，在我们阅读时，我们只需移动视线焦点，而不应当转动头部。否则，就是在设置一种与指读同样有害的障碍，因为头部的转动跟不上大脑的活动。消除了头部运动，就能同时看几个词。同时看的视域范围越大，读速就越快。

克服转动头部的方法有下列几种，可以选择适合自己使用的一种：①用一个指头按住下巴的一侧；②托住下巴，像在沉思那样；③用一个指头按住鼻尖。重要的是，在进行练习时，检查自己的头部是否在转动。

（四）不当返读

染上这种不良习惯的读者，如果不频繁地重读刚读过的一行句子，就似乎不能一行一行地读下去。当然，我们偶尔也进行返读，那是因为想要重读某个好句子，或是读的时候思想不集中，一时心不在焉。但是在你非意识的情况下，这样做则成了一个严重问题。同一处阅读两遍，就不可能读得快。

返读不是复读。复读是一种有意识地精心重读，返读则只是无意识的行动。返读，在很大程度上是由于缺乏信心而引起的。读者总是担心自己会漏了点什么，从某种意义上讲，他是害怕读下去。比如有的人很少漏读，但是，由于对漏读时常担心，就很可能成为返读病患者。他们重读，只是为了做一次检查。

如果你有这种不良习惯的话，那么你应该促使自己相信自己的阅读理解能力同其他许多人不相上下，不必担心在一个句子或一个段落的前面部分漏掉了什么。不管倒回去返读的念头怎样强烈，也要坚持稳步地读下去。增强信心，就有助于克服这种倾向。

注意，控制返读，应记住一个要点：不必了解段落中每个字词的意思。阅读中，绝不要停下来去单纯研究某个词（除非在精读中），而要一直往下读，上下文的意思常常会使生字的意思明了起来。即使不认识某个字或词，也应该在阅读后再去查工具书。

（五）病态阅读姿势

不少人喜欢趴在桌上或躺在床上看书，以为这样可以劳逸结合。实际上这种习惯易于造成近视眼、驼背等负性生理变化，损害身体健康。俗话说，站有站相，坐有坐相。阅读是一种脑力劳动，也需要有一种正确的阅读姿势。病态的阅读姿势容易使你头脑松弛，注意力不集中，必将引起阅读效率下降。

对于这种不良阅读习惯，你应时时提醒自己注意，保持端正的姿势。例如，坐姿自然，双目与书页间保持1/6米左右的距离。同时记住，每阅读一个小时左右，到室外远眺绿树5分钟，以利于调节眼睛的紧张感。

（六）忽略提示信息

阅读讲究速度，但不是光追求速度。就像短跑比赛一样，你不能光想着努力跑快，却不顾终点的位置以及发令信号。

有时，你太专注于文内的文字，反而忽略了诸如标题、引言、总结说明及图解等提示信息。这些信息是作者提供的重要阅读线索，绝不可忽视。如果你有忽略标题等提示信息的习惯，不妨试着去阅读一些书报杂志，只看标题、斜体字、深色字、特别的说明（如编者按）等，看你能从中领会多少。另外，其他的阅读线索，也要特别注意，如介绍下文内容的起首段，总结全文的收尾段，内容提要等。

（七）不做读书笔记

许多人每天都在阅读，但养成习惯，有始有终地写读书笔记的人却十无一二。对所写读书笔记，经常翻阅，不断调整纲目，使之成为一家之言的人，更是凤毛麟角。

梁启超曾说："写卡片，图表、索引、笔记、心得……这些工作，笨是笨极了，苦是苦极了，但真正有学问的人总离不了这条路。"阅读的过程，就是深入体会的过程，也是思考深化的过程，时常会迸出思想的火花。为了及时捕捉这些稍纵即逝的火花，记下自己在阅读过程的领悟，最有效的方法就是做笔记。

俗话说得好，好记性不如烂笔头。读书笔记既能够有效地帮助你提高阅读效率和改善阅读能力，也可以帮助你加深对材料的理解，使获取的知识更具有系统性、条理性，并锻炼你的文字表达能力，还可以为你积累宝贵资料。

常见的笔记类型有六种：批注笔记、索引笔记、摘录笔记、提要笔记、札记和心得笔记。后五种既可以使用活页笔记本，也可以制作成卡片。

批注笔记，是直接在读物上做的记号和批注。做此类笔记时，你不仅要领会读物的精神实质，还要统一做记号，以便复读时知道它是什么意思。同时，对需要加以评注的句子或文字，在旁边用统一的字母或数字符号标明，以便一目了然。

索引笔记，即你对书刊名称、论文题目以及详细出处等的记录。

摘录笔记，这是你对阅读内容中的原始材料进行记录。此类笔记，可以摘录文献中对问题的论证和结论，以掌握文献的中心思想和重要公式的论证；也可摘录文献中论述的主要问题、中心思想、重要公式图表等，作为日后应用的原始资料。

提要笔记，这是你在读懂读通原文、真正理解的基础上，按照原文顺序对材料要点的记录。这种笔记便于掌握读物的内容和逻辑结构，并便于研究作者的思路和写作技巧。

札记，也叫读书随笔，就是在阅读时，把感想、收获、褒贬、评价、质疑、补充、订正等零散点滴意见随时记录下来，积累成篇。这种笔记既可积累知识，又可积累思想，积累多了，就会产生系统的新思想。恩格斯的《自然辩证法》、邓拓的《燕山夜话》、钱钟书的《管锥编》，都是当年的读书札记。札记的写法比较灵活，内容可整可零，可多可少，篇幅可长可短。但写好札记并不容易，它需要你在阅读时勤于思考，勇于探新。只有把书中内容变成自己的知识，对书中观点真正有感于心，才能写出有分量的札记。

无论做哪种笔记，都必须注意以下几点：第一，做读书笔记一定要有目的性，要有选择地记录典型材料，对所记下的字、词、句、段都要做适当分析，不应该只是摘抄而已，否则既浪费时间，对阅读也起不到应有的作用。第二，读书笔记必须与原文相符，稍有马虎就会导致差错，给阅读造成麻烦。第三，做读书笔记一定要有自己的见解，克服别人怎么写我就怎么记、别人说好我就不说坏的不良做法。否则，久而久之，思维就会被禁锢在他人的思维圈内，这不仅不利于提高阅读能力，而且也无助于培养分析问题、解决问题的能力。因此，在做读书笔记时，应对所记问题进行独立思考，然后再决定褒贬和取舍。第四，做完读书笔记后，不能弃之不理，而应时时温顾，并对其做一定的整理，以便以后运用方便。

## 关 键 概 念

倾听　　　阅读　　　阅读能力　　　精读　　　略读

## 复习思考题

1. 如何更好地提高倾听效果？
2. 如何提高阅读效率？

# 第八章
# 非语言沟通

**本章学习掌握要点：**

● 非语言沟通的定义、特点
● 非语言沟通的形式
● 着装的种类和要求

## 第一节　非语言沟通概述

### 一、非语言沟通的定义

你也许遇到过这种情况：在你和别人交谈时，他时不时地看表，并对你不自然地笑。这时，你就会知趣地告辞了。你从什么地方知道对方不愿意再听你讲下去了呢？——这就是非语言信息。对方时不时地看表，说明他可能另有安排；他对你不自然地笑，说明他不好意思打断你的话，并告诉你他想请你离开了。

所谓非语言沟通就是指不通过口头语言和书面语言，而是通过其他的非语言沟通技巧，如声调、眼神、手势、空间距离等进行沟通。因为非语言沟通大多通过身体语言体现出来，所以通常也叫身体语言沟通。人们有时候有意识地运用非语言沟通技巧，而有时候它又是下意识的行为。据学者统计，高达93%的沟通是非语言的，其中55%是通过面部表情、形体姿态和手势传递的，38%通过音调。另外，在信息传递的全部效果中，有7%是词语，38%是声音，而身体语言沟通所起的效果最明显，达55%，因而我们可以断言，与有声语言相比，身体语言的真实性和可靠性要强得多。特别是在情感的表达、态度的显示、气质的表现等方面，身体语言更能显示出它所独有的特性和作用。我国《三国演义》中脍炙人口的故事"空城计"，正是诸葛亮妙用无声语言克敌制胜的技巧，真可谓"眉来眼去传情意，举手投足皆语言"。巧妙地运用语言和非语言两种信息，不仅可以使人们听到绘声绘色的讲述，还可以通过丰富多彩的表情、姿态、动作，获得形象的感受。同时，准确、优美的身体语言还可以体现管理者高尚的文化修养，增加对沟通对象的吸引力。

### 二、非语言沟通与语言沟通的区别与联系

在沟通过程中，非语言沟通与语言沟通关系密切，而且经常相伴而生：

通过非语言信息，语言信息得到补充与强化。如一位经理敲击桌子或者拍一下同事的肩，或通过语调来强调有关信息的重要性。当谈到某个方向时，伴随着手指的指示，可以加深印象。

在语言和非语言信息出现矛盾的时候，非语言信息往往更能让人信服。当某人在争吵中处于劣势时，嘴里却颤抖地说道："我怕他？笑话！"事实上，从说话者颤抖的嘴唇上不难看出，他的确感到恐惧和害怕。

非语言信息可以代替语言信息，有效地传递许多用语言都不能传递的信息，而且，作为一种特定的形象语言，它可以产生语言沟通所不能达到的交际效果。在日常工作中，我们也都在自觉或不自觉地使用非语言沟通来进行信息的传递和交流，既省去不少口舌，又能达到"只可意会，不可言传"的效果。比如，当经理走进办公室，显出一副伤脑筋的样子，不用说，他与上司的见面很糟糕。

但是，语言沟通和非语言沟通也有很大区别。

沟通环境。在非语言沟通中，我们只要运用到眼睛，因此可以不必与人直接接触。比如，你可以通过一个人的着装、动作判断他的性格与喜好，可以通过他的收藏品判断他的业余爱好，也可以通过他的表情看出他对朋友的关心程度。通过约会的地点也可以看出他对约会的重视程度。非语言沟通可以不为被观察者所知。而语言沟通非得面对面进行。

反馈方式。除了语言之外，对于他人所给予的信息，我们也给予大量的非语言反馈。我们的很多情感反应是通过面部表情和形体位置的变化表达的。通过微笑和点头来表示对别人说的内容感兴趣，通过坐立不安或频频看手表来表示缺乏兴趣。

连续性。语言沟通从词语开始并以词语结束，而非语言沟通是连续的。无论对方在沉默还是在说话，只要他在我们的视线范围，他的所有动作、表情都传递着非语言信息。比如在一家商店里，一个妇女在面包柜台旁徘徊，拿起几样，又放下，还不时地问面包的情况，这表明她拿不定主意。一位顾客在排队，他不停地把口袋里的硬币弄得叮当响，这清楚地表明他很着急。几个小孩试图确定自己的钱能买收款处附近糖果罐中的多少糖果，收款员皱着眉头叹了口气，可以看出她已经不耐烦了。商店中的所有人都向我们传递非语言信息，并且是连续的，直到他们从我们的视线中消失。

渠道。非语言沟通经常不止利用一条渠道。例如，想像在观看一场足球赛时你所发送的信息。任何人都会知道你喜欢哪个球队，因为你穿有该队代表色的衣服，或者举着牌子。当该队得分时，你跳起来大声喊叫。这样，在你的非语言沟通中，你既使用了视觉渠道，又使用了声音渠道。又比如一次会议，地点在五星级饭店，配有最好的食物，高层领导出席，着装正式。这些都表明此次会议非常重要。

可控程度。我们很难控制非语言沟通，其中控制程度最低的领域是情感反应。高兴时你会不由自主地跳起来，愤怒时会咬牙切齿。我们的绝大多数非语言信息是本能的、偶然的。这与语言沟通不同，在语言沟通中，我们可以选择词语。

结构。因为如此多的非语言沟通是在无意识中发生的，所以它的顺序是随机的，并不像语言沟通那样有确定的语法和结构。如果坐着与人交谈，你会计划你要说的话，但不会计划什么时候翘腿、从椅子上站起来或看着对方，这些非语言动作对应着交谈期间所发生的情形。仅有的非语言沟通的规则是一种行为在某种场合是否恰当或容许。例如，在一些正式场合，即使你遇到再高兴的事，也不能跳起来，要喜怒不形于色。

掌握。语言沟通的许多规则，如语法、格式，是在结构化、正式的环境中得以传授的，如学校。而很多非语言沟通没有被正式教授，主要是通过模仿学到的，小孩子模仿父母、兄弟姐妹和同伴，下属模仿上司。

### 三、非语言沟通的特点

多种多样的非语言沟通具有四个共同的特点：

（一）非语言沟通是由文化决定的

很多非语言沟通对我们所隶属的文化或亚文化而言是独有的。一般来说，大多数非语言行为是在孩童时期学到的，由父母和其他相关群体传给的。特定的社会和文化群体，形成特定的特性和风格。当人们第一次相遇时，美国人把目光接触看得很重，身体接触局限在有力的握手上。而波兰男子在第一次遇到一位女子时，他可以吻她的手。太平洋的麦可尼西亚群岛人既不说话也无身体接触，相反，他们通过挑起眉毛或点头问候对方。非语言沟通还带有亚文化特征。同在中国，东北人可能更为豪爽，身体动作幅度相对更大一些。同是一所学校毕业的，相互间可能会有更多的接触。

在绝大多数文化中，男性的非语言行为区别于女性的非语言行为。例如，在美国文化中，男人和女人在摆放自己身体姿态的方式上存在着极大的区别。戴博拉·坦南从不同年龄的男性和女性间沟通的录像带中观察到，不论是女孩还是妇女坐着时都靠得更近，互相直视对方。在另一方面，男孩和男子相互错开而坐，不直接甚至不看对方。她发现男子通常以一种放松的、手脚伸展的方式坐着，不管他们是在男子群体中还是在男女混合群体中。相比之下，当妇女在混合群体中时，她们的坐姿是女性化的，但当她们在都是女性的群体中，她们手脚伸展着放松地坐着。

（二）非语言信息可能与语言信息矛盾

有时候你会发现，一个人的语言和非语言所表达出来的信息是矛盾的。语言信息是经过精心加工形成的，而相反，非语言行为一般是非常根深蒂固和无意识的，是沟通主体内心情感的自然流露，在交际过程中可控性较小，它们很容易在沟通中不知不觉地显现出来的。这就不难解释为什么我们能传递一种语言信息，然后传递与它直接矛盾的非语言信息。

于是，你得到了混杂信息。在混杂信息中，非语言沟通通常比语言信息更可信。一个人很容易学会操纵语言沟通，但他会发现操纵非语言沟通是困难的。正因为身体语言具有这个特点，因而身体语言所传递的信息常常可以印证有声语言所传递的信息真实与否。在现实交际中，常会出现"言行不一"的现象。正确判断一个人的真实思想和心理活动，要通过观察他的身体语言，而不是有声语言。因为有声语言往往会掩饰真实情况，在这种情况下，身体语言就是你的真诚行动的开始。日常工作中，同事之间的一个很小的助人动作，就能验证谁是你的真心朋友。在商务谈判中，可以通过观察对方的言行举止，判断出对方的合作诚意和所关心的目标等。非语言信息比语言信息要多。

（三）非语言信息在很大程度上是无意识的

很多非语言沟通是在下意识中进行的。你感到身体不舒服，你的同事马上就注意到了，并问你："怎么了？"他是从你脸上不自觉地显现出的痛苦神情知道的。愤怒的时候，你会握紧拳头而不自觉。我们通常意识不到自己的非语言行为。比如，和喜欢的人站在一起，你会靠得很近；听到不赞同的观点，你会表现出嗤之以鼻的神情。

（四）非语言沟通表明情感和态度

面部表情、手势、形体动作及使用目光的方式，都向他人传递了我们的情感和情绪，包括愉快、悲哀、惊讶、恐惧、愤怒和兴趣。研究也表明，绝大多数人能通过说话的声音准确地识别所表现出的情绪，比如高兴的时候，声音自然地高亢。

同时，非语言信息也表达了你的工作态度。在工作中，态度比能力更有价值。如果你总是表现出烦躁的情绪，尤其是在工作的早期阶段，老板就会把你归入"群体外的人"。"群体内的人"获准去做最称心的工作并给予最灵活的工作时间安排，"群体外的人"得到辛苦的工作以及最不称心的工作时间安排。

# 第二节　非语言沟通的形式

## 一、辅助语言

辅助语言（Paralanguage）是由伴随着口头语言的有声暗示组成的，是语言的表达方式。每天我们和不同的人谈话——从顾客、客户、供货商到经理、总经理等。我们发现，令我们喜欢的，是他的声音；令我们讨厌的，可能还是他的声音。不同的声音，不同的口气、声调和节奏，对我们的思想和评价产生不同的效果。每个人的声音都非常与众不同，一个研究者发现，当人们戴上蒙眼布去听 20 位演讲者演讲时，听者能区分出演讲者的民族背景、教育水平、性别以及误差不超过 5 岁的年龄。

因此，我们有必要了解辅助语言所起的作用。辅助语言包括速率（说话的速度）、音调（声调的高低）、音量（响度）和质量（悦耳或令人不愉快的声音）这些声音特点，当这些因素中的任何一个或全部被加到词语中时，它们能修正其含义。一位名叫阿尔伯特·默哈拉宾的非语言沟通研究者估计，沟通中 39% 的含义受声音暗示的影响，即不是词语本身，而是对它们的表达方式。在英语以外的语言中，这个百分比甚至更高。

（一）速率

速率指我们说话时的速度。人们说话的速率（速度）能对接收信息的方式产生影响。研究人员研究了人们从每分钟 120~261 个字之间的说话速率。他们发现，当说话者使用较快的速率时，他（或她）被视为更有能力。当然，人们并不总是要急急忙忙地或是很快地说话。实际上，除非确实紧急，否则我们应该尽量以通常速度说话，即每分钟在 100~150 个字之间。当人们做演讲/介绍时，他们尤其应该放慢其说话的速度以便听众有时间来消化所谈论的内容（特别是当介绍一些技术性很强的东西时）。如果说得太快，人们跟不上，说话的清晰度也可能受到影响。不能很好地控制其说话速率的人只会给别人留下缺乏耐心或是缺乏适当的风度的印象。人们趋于信任那些说话速率适中（有时速率甚至还会放慢）、音量中等的人士。

实际上，速率能够成为非常有用的工具，即为说话人增添魅力和分量。例如，当说话人感到听众能很好地理解他时，他可以说得快一点，以便他的话听上去更为活泼、有感召力。但如果发现听众听得有些吃力，他就应把速度慢下来，以取得理想的效果。毫无疑问，听众会很欣赏他的这种做法。有时当说话人谈到一个严肃的问题时，他甚至可以暂停片刻，这将给观众一个机会来思考这一问题。如果我们能这样去说话，那么对于我们来讲，速率已不再是什么问题，而是一个供我们支配的有效的工具。

（二）音调

音调（Pitch）指声音的高低。音调决定一种声音听起来是否悦耳。一般来说，当听到高声说话时，不管其内容是如何重要，人们会感到不舒服。这是因为高声调的说话往往使听话人感到紧张。此外，它听上去更像是训斥，而不像是谈话。当然，声调也不是越低越好。较低的音调难以听到，用低音说话的人似乎是胆气不足，所以可能被认为没把握或害羞。研究发现，如果说话者使用较高和有变化的音调，则被视为更有能力。

音调高低的熟练运用，对听众会产生一种戏剧性的效果。因此，你应该对此经常练习，如有需要，可以在有声音修正方面专门训练的人员的帮助下改变音调。

（三）音量

音量（Volume）是指我们说话时声音的响度。在演讲时，人们大多喜欢洪亮的声音，但我们很少演讲。在我们平时进行沟通时，我们用的是常规声音或者是低声，这使你显得不那么盛气凌人。

音量可以为你的语言增添色彩，同时它也能告诉别人你是什么样的人。例如，当一位生产经理在谈到一个新产品的质量控制时提高了他的声音，这表明他对该产品的关心，同时也说明了该产品的重要性。而柔和的声音在任何时候都能起到稳定人心的作用。当一位顾客抱怨其新买的干衣机有问题而接待他的销售员是用温和的态度说话时，给所有在场人员留下的印象是：这位销售员有着很好的职业精神。

（四）声音补白

声音补白（Vocal Filler）是在搜寻要用的词时，用于填充句子或做掩饰的声音。像"嗯"、"啊"、"呀"以及"你知道"这样的短语，都是表明暂时停顿以及正在搜寻正确词语的非语言方式。我们都使用声音补白，只是在不停地使用或当它们分散听者的注意力时，就会产生问题。

（五）质量

声音的总体质量（Quality）是由所有其他声音特点构成的，即速度、节奏和发音等。声音质量是非常重要的，因为研究人员发现，声音有吸引力的人被视为更有权力、能力和更为诚实。然而，声音不成熟的人可能被视为能力差和权力低，但更诚实和热情。

许多人对自己说话听起来如何没有一个非常明确的概念。大多数人都对录像中自己的声音比外表更不满意。声音能通过艰苦的努力和专业人员的帮助来改变。

**二、身体动作**

身体动作语言包括具有传递信息功能的人们的躯体、四肢动作、姿势以及身体之间、身体和物体之间的触摸等。掌握不同的身体动作语言表达的含义是顺利地沟通的重要保证。如果不对各种身体动作语言做更细致的分析，我们就不能理解或解释身体动作语言这种沟通形式的复杂现象。

（一）手的动作

手势是身体动作中最重要、最明显的部分。演员、政治家和演说家通常会通过训练使自己有意识地利用一些手势来加强语气。在一般的人际沟通过程中，许多手势都是无意识地运用的。比如说，当说话者激动时，手臂不由自主地快速摆动，强调正说着的话。从手势的含义和作用来看，可分为指示手势、摹状手势和抒情手势三种。

指示手势，是用来指示具体对象，指示出视觉可及范围内的事物和方向，便于通过视觉形象感受到具体事物。在商业活动中，由于商品种类繁多，在营业员向顾客介绍商品时，为了准确地说明是哪一种商品和商品的各项功能，营业员要通过指示手势来详细介绍产品的性能、特点，使顾客对产品的功能、操作一目了然。

摹状手势主要是用模拟的方式，给对方一种形象可感的印象。摹状手势具有具体性和象征性。具体性的手势要比划事物的大小、形状、方向。象征性的手势是根据说话内容，做出相应的动作，以启迪听众的思维，触发对方心理上的联想。例如，表示"我们要节约每一个铜板"时，用拇指和食指围成一个圆圈，代表"铜板"。在介绍不在眼前的产品时，可以通过具体性的手势比划出产品的形状和大小加深对方的感性认识。

抒情手势是用来表达说话者喜、怒、哀、乐的强烈情感，使之形象化，典型化。我们常见到在诗歌朗诵会上，朗诵者在朗诵结束时，为了具体表现丰富的感情，加强对听众的感染力，会做出两臂前伸，然后慢慢举过头顶的抒情手势，达到语言所不能达到的效果。

事实上，手势并没有固定的模式。个人的习惯不同，讲话的具体情况不同，沟通双方的情绪不同，手势动作也就不同。采用何种手势，都要因人、因物、因情、因事而异。总的来说，不同的手势有不同的含义。

1. 手指

当我们把拇指和食指做成一个圆形时，它的意思是"好"；而拇指与食指、中指相擒，则是一种"谈钱"的手势；当我们分开食指和中指做成 V 字形、并将手掌朝向他人时，它则意味着"胜利"（这个手势原来是被英国前首相温斯顿·丘吉尔先生所用的，但它很快传遍了全球）。把食指垂直放在嘴边意味着"嘘"（别出声）；食指伸出，其余手指紧握，呈指点状，这种手势表示教训、镇压，带有很大威胁性。双手相握或不断玩弄手指，会使对方感到你缺乏信心或拘谨；十指尖相触，撑起呈塔尖式，表示自信或耐心，若再伴之以身体后仰，则显得高傲；十指交叉表示控制沮丧心情的外露，有时这种手势表示敌对和紧张情绪；双手合十表示诚意。以手捋发表示对某事感到棘手，或以此掩饰内心的不安。握拳表示愤怒或激动。

2. 大拇指显示

大拇指显示是一种积极的动作语言，用来表示当事者的"超人能力"。大拇指朝上，表示对他人的赞赏；若在谈话中将大拇指指向他人，立即成为嘲弄和藐视的信号。双手插在上衣或裤子口袋里，伸出两根大拇指，是显示"高傲"态度的手势；将双臂交叉胸前，两根大拇指翘向上方，这是另一种大拇指显示，既显示防卫和敌对情绪（双臂交叉），又显示十足的优越感（双拇指上翘），这种人极难接近。

3. 手掌

判别一个人是否诚实的有效途径之一就是观察他讲话时手掌的活动。人们一般认为，敞开手掌象征着坦率、真挚和诚恳。小孩子撒谎时，手掌藏在背后；成人撒谎，往往将双手插在兜内，或是双臂交叉，不露手掌。常见的掌语有两种：掌心向上和掌心向下。前者表示诚实、谦逊和屈从，不带任何威胁性；后者则是压制、指示的表示，带有强制性，容易使人们产生抵触情绪。比如，当会议进行得很激烈时，有人为了使大家情绪稳定下来，做出两手掌心向下按的动作，意思是说"镇静下来，不要为这一点小事争执了"。

4. 搓手

冬天搓手掌，是防冷御寒。平时搓手掌，正如成语"摩拳擦掌"所形容的跃跃欲试的心态，是人们表示对某一事情结局的一种急切期待的心情。运动员起跑前搓搓手掌，期待胜利；在商务谈判中这种手势可以告诉对手或对手告诉你在期待着什么。

5. 背手

手握手的背手，代表一种至高无上、自信甚至狂妄的态度；在一个人极度紧张、不安时，常常背手，以缓和这种紧张情绪。学生背书时，双手往后一背，的确能缓和紧张情绪。如果伴以俯视、踱步，则表示沉思。若是一手握另一手的腕、肘、臂的背手，则成为一种表示沮丧不安并竭力自行控制的动作语言，暗示了当事者心绪不宁的被动状态。而且，握的部位越高，沮丧的程度也越高。

6. 双手搂头

将双手交叉，十指合拢，搂在脑后，这是那种有权威、有优越感或对某事抱有信心的人经常使用的一种典型的高傲动作。这也是一种暗示所有权的手势，表明当事者对某地某物的所有权。若是单手或双手抱头并俯视，表示沉思、沮丧或懊恼。如若双手（或单手）支撑着脑袋，或是双手握拳支撑在太阳穴部位，双眼凝视，这是惯有的一种有助于思考的手势。

7. 手臂

双臂交叉于胸前，这种姿态暗示一种戒备、敌意和防御的态度；双臂展开表示热情和友好；双手插裤袋表示冷淡或孤傲自居；招手表示友好。

8. 亮出腕部

男性挽袖亮出腕部，是一种力量的夸张，显示积极的态度。"耍手腕"、"铁腕人物"等词语印证了腕部的力量。女性的腕部肌肤光滑，女性露腕亮掌，具有吸引异性的意图。

（二）头部动作

头部动作也是运用较多的身体语言，而且头部动作所表示的含义也十分细腻，需根据头部动作的程度，结合具体的条件来对头部动作信息进行判断。

1. 点头

点头这一动作可以表示多种含义，有表示赞成、肯定的意思；有表示理解的意思；有表示承认的意思；还有表示事先约定好的特定暗号等。在某些场合，点头还表示礼貌、问候，是一种优雅的社交动作语言。

2. 摇头

摇头一般表示拒绝、否定的意思。在一些特定背景条件下，轻微的摇头还有沉思的含义和不可以、不行的暗示。

3. 歪头

在倾听的时候，歪头表示认真；在听到悲伤的消息时，看着对方，歪着头表示同情别人的遭遇。

（三）肩的动作

耸肩膀这一动作外国人使用较普遍。由于受到惊吓，一个人会紧张得耸肩膀，这是一种生理上的动作。另外，耸肩膀还有"随你便"、"无可奈何"、"放弃"、"不理解"等含义。

（四）脚

脚的动作虽然不易观察，但却更直观地揭示对方的心理。挑衅时双腿挺直，厌烦或忧郁时双腿无力，兴奋时手舞足蹈。抖脚表明轻松、愉快；跺脚表明兴奋，但在愤怒时也会跺脚。脚步轻快表明心情舒畅；脚步沉重说明疲乏，心中有压力等。双脚呈僵硬的姿势表示紧张、焦虑；脚和脚尖点地表示轻松或无拘束。

双腿交叉时，一般情况下是为了舒服。有些情况则不同。例如在谈情说爱的场合，若女的坐在一旁，双臂交叉，双腿相搭，就证明她内心不愉快；还有一些人常用一只手或双手掰住一条腿，形成一种"4"字型的腿夹，这暗示当事人顽固不化的态度；又如一些女性，喜欢将一只脚别在另一只腿的部位，这是一种加固防御性的体态，表示她害羞、忸怩或胆怯。

同一身体动作会向有着不同文化背景的人传递不同的信息。例如，对世界上很多国家来说，把拇指和食指做成圆形意味着"好"，但对巴西人来说，这种手势表示肛门；希腊人则认为这是一种性信号；日本人则把它看做是日元的标志。在阿拉伯文化中，左手是脏的（用于洗下身），因此任何人如果用左手与他人握手将被视为对他人的一种侮辱。又比如，在世界上大多数国家中，人们点头表示赞同，而摇头则传递拒绝或不赞成的信息。然而，在像斯里兰卡、尼泊尔、印度等一些国家中，情况刚好相反。由于这一缘故，对特定文化背景下的一些动作的正确理解是十分必要的，否则误解会因此而生，其后果有时会非常严重。

### 三、身体触摸

身体触摸是指通过沟通双方身体器官互相接触或抚摸某一物体而传递信息的这一类身体语言。身体触摸更具有影响力和感染效果，是身体语言中更直接表示信息的重要形式。

（一）身体与身体接触

握手是一种最典型的身体触摸。握手的力量、姿势和时间长短均能传递不同的信息。

1. 支配性与谦恭性握手

这种方式握手时，手心向下，传递给对方支配性的态度。地位显赫的人，习惯于这种握手方式；掌心向上与人握手，传递一种顺从性的态度，愿意接受对方支配，谦虚恭敬。若两个人都想处于支配地位，握手则是一场象征性的竞争，其结果，双方的手掌都处于垂直状态。同事之间、朋友之间、社会地位相等的人之间往往会出现这种形式的握手。

2. 直臂式握手

这种方式握手时，猛地伸出一条僵硬挺直的胳臂，掌心向下。事实证明，这种形式的握手是最粗鲁、最放肆、最令人讨厌的握手形式之一。所以在日常生活中，应避免这种握手的方式。当然，在特定的场合也许能达到意想不到的效果。比如，老朋友见面。

3. "死鱼"式握手

这种方式握手时，我们常常接到一只软弱无力的手，对方几乎将他的手掌全部交给你，任你摆握，像一条死鱼，这种握手，使人感到无情无意，受到冷落，结果十分消极，还不如不握。

4. 两手扣手式握手

这种方式右手握住对方的右手，再用左手握住对方的手背，双手夹握。西方亦称"政治家的握手"。接受者感到热情真挚，诚实可靠。但，初次见面者慎用，以免起到反效果。

5. 攥指节式握手

用拇指和食指紧紧攥住对方的四指关节处，像老虎钳一样夹住对方的手。不言而喻，这种握手方式必然让人厌恶。

6. 捏指尖式握手

这种方式女性常用。不是亲切地握住对方整个手掌，而是轻轻地捏住对方的几个指尖。给人十分冷淡的感觉，其用意大约是要保持与对方的距离间隔。

7. 拽臂式握手

这种方式将对方的手拉过来与自己相握，因此常被称之为"拽臂式"握手。胆怯的人多用此方式，但同样给人不舒服的感觉。

8. 双握式握手

用这种方式握手的人是想向对方传递真挚友好的情感：右手与对方握手，左手伸出加握对方的腕、肘、上臂、肩等部位。从腕开始，部位越往上，越显得诚挚友好，肩部最为强烈。

身体之间触摸的其他形式还有拍肩膀、拍胸脯等。领导对下属拍肩膀表示关心、鼓励和信任，是关系融洽的一种体现。而熟人、老朋友见面拍拍胸脯则表示一种亲切、热情和关心。另外在承诺某一件事时拍胸脯，则表示自信、有把握。

（二）身体与物体间的接触

身体与物体间的接触，即在摆弄、佩戴、选用某种物体时传递的某种信息，实际上也是通过人的姿势表示信息。下列是常见的一些行为：

手中玩笔，表示漫不经心，对所谈的问题无兴趣或显示出不在乎的态度。

摘下眼镜，轻轻揉眼或擦镜片，反映对方精神疲劳，或对争论不休的问题感到厌倦，或是喘口气准备再战。如果是摘下眼镜，又很快或有意强调地把眼镜抛在桌子上，表示他难以抑制不满情绪。

慢慢打开记录本，表示关注对方讲话，快速打开记录本说明发现了重要问题。

如果轻轻拿起桌上的帽子，表示要结束这轮谈判或暗示要告辞。

不停地吸烟，表明在某个问题上伤脑筋；深吸一口烟之后，可能是准备反击。将烟向上吐，则表示自信、傲慢；向下吐，则表示情绪低沉、犹豫、沮丧等。

交替重复放松和认真的两种态度，比如一会儿放松地背靠座椅，一会儿表情严肃地探出身去，会让人无从理解你的身体语言，从而难以寻找攻击你的焦点。老练的政治家或外交家因某一棘手问题遭到公众、记者围攻时，常利用这一技巧。

### 四、身体姿势

一个人的身体姿势能够表达出是否有信心、是否精力充沛。通常人们想象中精力充沛的姿态是：收腹、肩膀平而挺直、胸肌发达、下巴上提、面带微笑、眼睛里充满着必胜的信心。

走路的姿势最能体现是否有信心。走路时，身体应当保持正直，不要过分摇摆，也不要左顾右盼，两眼平视前方，两腿有节奏地交替向前、步履轻捷不要拖拉、两臂在身体两侧自然摆动。正确的走路姿势要做到轻、灵、巧。男士要稳定、矫健；女士要轻盈、优雅。如果你的工作要求你经常出入别人的办公室，你要养成随手带些材料或者夹个文件夹的习惯，这不仅不让你的手空着，而且你所表现出来的讲求效率的形象，会得到同事和领导的赞许。

站立的姿态体现了个人的道德修养、文化水平以及与他人交往是否有诚意。站立时，身躯要正直，头、颈、腿与地面垂直；眼平视前方，挺胸收腹，整个姿态显得庄重平稳，切忌东倒西歪，耸肩驼背。站立交谈时，双手随说话内容做一些手势，但不要动作过大，以免显得粗鲁。在正式场合，站立时不要将空手插入裤袋里或交叉在胸前，更要避免一些下意识的小动作。如摆弄手中的笔、打火机、玩弄衣带、发辫等，这样不仅显得拘谨，给人一种缺乏自信、缺乏经验的感觉，而且也有失仪表的庄重。良好的站姿应该给人以挺、直、高的感觉，像松树一样舒展、挺拔、俊秀。

在坐姿方面，要做到尽可能舒服地坐着，但不能降低自己的身份，影响正常的交流。如果笔直地坐在一张直靠背椅上，你的坐姿会显得僵硬。最好的方式是将身体的某一部位靠在靠背上，使身体稍微有些倾斜。当你听对面或旁边的人谈话时，你可以摆出一种轻松的而不是紧张的坐姿。你在听别人讲话时，可以通过微笑、点头或者轻轻移动位置，以便清楚地注意到对方的言词方式，来表明你的兴趣与欣赏。当轮到你说话时，你可以先通过手势来吸引对方的注意力，强调你谈话内容的重要性，然后，身体前倾，变化语调，配合适当的手势来强调你想强调的论点。面试时，应试者如果弓着背坐着，两臂僵硬地紧夹着上身，两腿和两只脚紧靠在一起，就等于对面试者说"我很紧张"。同样，如果应试者懒散地、两脚撒开地坐着，表明他过分自信或随便，也会令人不舒服。

一个优秀管理者有信心的身体语言标准是：讲话时姿态要端正，稳重而又自然，让人看着顺眼、舒服；避免紧张、慌乱，要给人以认真而又轻松的感觉。站着讲话时，身体要站正站直，但又不要僵硬，要略向前倾；头抬起，目光平视；坐着讲话时，两腿自然平放，必要时才跷二郎腿，切不可抖腿摆脚，以免给人不稳重的感觉。在大会讲话时，不能只顾自己，不能高傲、目中无人；更不能怕见听众，讲话声音低，语调平直，显得拘谨、胆小。另外，在公共场所，无所顾忌打哈欠、伸懒腰等不文明行为会大大影响管理者的形象，阻碍正常的交流和沟通。

下面是一些具体的身体姿态所表达的含义。

一般性的交叉跷腿的坐姿（俗称"二郎腿"），常伴以消极的手势，表示紧张、缄默和防御态度。

高跷腿坐姿，这是在上述姿态的基础上，将上压腿上移，使小腿下半节放在另一条腿的上膝部，它暗示一种争辩、竞争的态度，如果再用双手扳住上压的这条腿，则表示这个人固执己见。

谈话时，如果对方将头侧向一边，尤其是倾向讲话人的一边，或者身体前倾面向讲话者，眼睛盯住对方，则说明他对所讲的事很感兴趣。

如果对方把头垂下，则是一种消极信号，表示他对所讲的事没有兴趣。

两腿分开，相距肩宽，双手背后，挺胸，抬头，目光平视对方，面带微笑，则说明对交谈内容有兴趣、有信心。

双腿合拢，上身微前俯，头微低，目视对方，则表示谦恭有礼，愿意听取对方的意见。

形态端庄，彬彬有礼，宾主分明，则反映一种修养、稳重和信心。

### 五、面部表情

面部表情语言，就是通过面部器官（包括眼、嘴、舌、鼻、脸等）的动作、姿态所要表示的信息。美国学者巴克经过研究发现，光是人的脸，就能够做出大约 25 万种不同的表情。在交际过程中，交际双方最易被观察的"区域"莫过于面部。人的基本情感及各种复杂的内心世界都能够从面部真实地表现出来。我们在日常生活中时时都在使用面部表情这一身体语言。与人说话，求人办事，请人帮忙，无一不须注意对方的"晴雨表"——脸色。可见面部表情对于有效沟通的重要性。

（一）眼睛

孟子曰："胸中正，则眸子瞭焉；胸中不正，则眸子眊焉。"一个人的眼神可以表现他的喜、怒、哀、乐，反映他的心灵中蕴涵的一切内容。有经验的说话者都很注意恰当而巧妙地运用自己的眼神，借以充分发挥口才的作用。如果一名管理者说话不善于用眼神传情，总是呈现出一双无表情的眼睛，就会给听众一种呆滞麻木的感觉，无法引起听者的注意，有损于语言的表达。

1. 注视

行为科学家断言，只有当你同他人眼对眼时，也就是说，只有在相互注视到对方的眼睛时，彼此的沟通才能建立。在沟通中保持目光接触非常重要，甚至有的民族对目光接触的重视远远超过对语言沟通的信赖。在阿拉伯国家，阿拉伯人告诫其同胞"永远不要和那些不敢和您正视的人做生意"。在美国，如果你应聘时忘记看着主考官的眼睛的话，就别想找到一份好工作。加拿大人、澳大利亚人以及其他很多西方人认为：沟通时目光的直接接触所传递的，是一种诚实、真诚和坦率的信息。一般来讲，管理者说话时，目光要朝向对方，适度地注视对方的脸和眼，不要仰视天上，不要俯视地面，也不要不停地眨眼或者用眼角斜视对方。既不要一动不动地直视，也不要眼球乱转。前者会使人感到滑稽可笑，后者会使人莫名其妙。

（1）注视的时间。注视的方式和时间对双方交流的影响十分重要。有时，我们和有些人谈话感到舒服，有些人则令我们不自在，甚至看起来不值得信任。这主要与对方注视我们的时间长短有关。当然，这也要区分不同性别之间的交流和同性之间进行交流的情况。当一个人不诚实或企图撒谎时，他的目光与你的目光相接往往不足全部谈话时间的三分之一。如果某个人的目光与你的目光相接超过三分之二，那就可以说明两个问题。第一，认为你很吸引他，这时他的瞳孔是扩大的；第二，对你怀有敌意，向你表示无声的挑战，这时他的瞳孔会缩小。事实证明，若甲喜欢乙时，甲会一直看着乙，这时乙意识到甲喜欢他，因此乙也可能会喜欢甲。换言之，若想同别人建立良好的关系，在整个谈话时间里，你和对方的目光相接累计应达到50%~70%的时间，只有这样，才能得到对方的信赖和喜欢。相反，若你在交谈时眼睛不看着对方，那你自然很难得到对方的信赖和喜欢；异性之间进行交流时，不论是男性还是女性都不可长时间地注视对方。即使必要的注视也不能太咄咄逼人或太放肆。眼光必须是诚恳的、善意的。

（2）注视的部位。注视的部位也同样重要。注视因场合的不同而有很大的区别。①公务注视。这是洽谈业务、磋商交易和贸易谈判时所用的注视部位。眼睛应看着对方额头上的三角地区（"△"以双眼为底线，上角顶到前额）。注视这个部位，显得严肃认真、有诚意。在交谈中，如果目光总是落在这个三角部位，你就把握住了谈话的主动权和控制权。这是商人和外交人员经常使用的注视部位。②社交注视。这是人们在社交场所使用的注视部位。这些社交场所包括鸡尾酒会、茶话会、舞会和各种类型的友谊聚会。眼睛要看着对方脸上的倒三角地区（"▽"，以两眼为上线，嘴为下顶角），即在双眼和嘴之间，注视这个部位，会造成一种社交气氛。③亲密注视。这是男女之间，尤其是恋人之间使用的注视部位。眼睛看着对方双眼和胸部之间的部位，恋人这样注视很合适，对陌生人来说，这种注视就过格了。④瞥视。轻轻一瞥用来表达兴趣或敌意。若加上轻轻地扬起眉毛或笑容，就是表示兴趣；若加上皱眉或压低嘴角，就表示着疑虑、敌意或批评的态度。

在面对面的交往中，我们应针对不同对象，选择不同的注视部位。例如，批评下属员工若用社交注视，你再严肃，对方也可能漫不经心，因为社交注视削弱了你批评的严肃性；若你用亲密注视，则会使对方窘迫，产生抵触情绪。所以，只有公务注视最合适。

（3）注视的方式。眨眼是人的一种注视方式。眨眼一般每分钟5~8次，若眨眼时间超过一秒钟就成了闭眼。在一秒钟之内连眨几次眼，是神情活跃，对某物感兴趣的表示（有时也可以理解为由于怯懦羞涩、不敢正眼直视而不停眨眼）；时间超过一秒钟的闭眼则表示厌恶、不感兴趣，或表示自己比对方优越，有蔑视或藐视的意思。这种把别人扫出视野之外的做法很容易使人厌恶，这种人是很难与之沟通的。

2. 盯视

在人们的日常生活交往中，长时间盯视显示出它的特殊功能和意义。

（1）爱憎功能。亲昵的盯视可以打破僵局，使谈话双方的目光长时间相接。若在公共汽车上对异性死死盯视，则可能伤害他（或她），引起对方的不快。

（2）威吓功能。用视线长时间盯视对方还有一种威吓功能。警察对罪犯、父母对违反规矩的孩子，常常怒目而视，形成无声的压力。

（3）补偿功能。两个人面对面交谈，一般的规矩是说者看着对方的次数要少于听者，这样便于说者将更多的注意力集中到要表达的思想内容上。一段时间后，如果说者的视线转向听者，这就是暗示对方可以讲话。

（4）显示地位功能。如果地位高的人与地位低的人谈话，那么，地位高的人投于对方的视线，往往多于对方投来的视线。

3. 扫视与侧视

扫视常用来表示好奇的态度，侧视表示轻蔑的态度。在交际中过多使用扫视，会让对方觉得你心不在焉，对讨论的问题没兴趣；过多使用侧视会给对方造成敌意。

4. 闭眼

长时间的闭眼会给对方以孤傲自居的感觉。如果闭眼的同时，还伴有双臂交叉、仰头等动作，就会给对方以故意拉长脸、目中无人的感觉。

（二）眉毛

眉毛的运动可以传递像问候、惊讶、恐惧等信息。一般来说，西方人比东方人更会运用眉毛来传递信息。据报道，西方人能用眉毛来传递 28 种不同的信息。当然，其中一些眉毛的运动被认为是东西方所共有的，像紧锁眉头表示焦虑、眉毛扬起表示惊讶等。

俗话说，"眉目传情"。眉和目总是相连在一起来传递信息。眉毛的运动可以帮助眼神的传递。如果你眯起双眼，眉毛稍稍向下，那就可能表示你已陷入沉思当中；当你眉毛扬起时，看上去可能是一种怀疑的表情，也可能是心情兴奋。

（三）鼻

虽然鼻子很少表现，而且大多用来表现厌恶、戏谑之情，但用得适当也能使话语生辉。比如愤怒时，鼻孔张大、鼻翼翕动，感情会表达得更为强烈。在管理活动中，当你内心对某事不满时，应理智地处理它，或委婉地说出来，千万不能向对方皱鼻子。

（四）嘴

嘴的表情是通过口型变化来体现的。鄙视时嘴巴一撇；惊愕时张口结舌；忍耐时紧咬下唇；微笑时嘴角上翘；气急时嘴唇发抖等。

（五）脸

如果你认真地对待某事，你会微蹙额头；如果你脸部肌肉放松，表明你遇到令人高兴的事情。

（六）微笑

在非语言沟通中，微笑是一种很常见但却很有效的沟通方式。微笑对他人有着一种心理学上所说的"移情"的效用。正如俗话所说，"笑有传染性"。微笑的作用是巨大的、多方面的。微笑对每一个人来说又是均等的。我们每个人都具有这一颗"灵丹"，把它运用到日常工作中去，就会给我们带来意想不到的成功。正是因为如此，不少企业，特别是在服务业，开始对其员工进行微笑培训，让他们学会微笑。

善于交际的人在人际交往中的第一个行动就是面带微笑。一个友好、真诚的微笑会传递给别人许多信息。微笑能够使沟通在一个轻松的氛围中展开，可以消除由于陌生、紧张带来的障碍。同时，微笑也显示出你的自信心，希望能够通过良好的沟通达到预定的目标。真心和诚实的微笑就像一个"魔力开关"，能立即沟通与他人的友好感情。

作为一名管理者，要非常清楚地知道微笑对你处理客户、上下级关系的重要性。如果你想让微笑成为友好感情的使者，那么必须从内心深处发出这种微笑。为了赢得客户的好感和融洽上下级关系，就要让他们在潜意识里了解你内心的感情，而不是你的简单表情。

真诚的微笑能够在对方心中产生轻松、愉快、可信的感觉。而仅仅停留在表面的微笑，只会给别人以做作的印象，甚至会弄巧成拙。

微笑的培养可以先从面对镜子开始。面对镜子，回忆一些你确实喜欢的、令人愉快的事，然后得体地让这种感受呈现在你的脸上，心里想着今天你会碰到许多快乐的事情，你说服了你所拜访的每一个人，并与你所遇到的每一个人进行了成功的交往。凭这些想像酝酿出良好的感觉，然后把它们表现出来。

镜子中的微笑练习会帮助你形成善意的、真诚的微笑。因为这使你能正确地调整情绪，做出真诚的微笑动作，而不是虚假的微笑。那种假装微笑的人，虽然做出了微笑的动作，但由于不是出于内心的真实感情，给人的印象只能是虚伪的，甚至让人看到了皮笑肉不笑的效果，因此仍然得不到真诚的感情交流。因此，在镜子前面培养微笑，要注重表情，更要注重内心活动的酝酿，直到能够辨认出一种真诚的微笑，才算达到培养微笑的目的。

**六、空间距离**

空间在这里是指两位沟通者之间的空间距离。通过控制双方的空间距离进行沟通，称为空间沟通。而空间距离又包括位置、距离和朝向三个方面。

（一）位置

位置在沟通中所表示的最主要的信息就是身份。你去拜访一位客户，在他的办公室会谈，他让你坐在他的办公桌的前面，表示他是主人，他拥有控制权，你是客人，你要照他的安排去做。在开会时，积极坐在最显眼位置的人，表明他希望向其他人（包括领导）显示自己的存在和重要性。宴请的位置也很讲究主宾之分，东道主坐在正中，面对上菜方向，他的右侧的第一个位置给最重要的客人，他的左侧的第一个位置留给第二重要的客人，其他客人、陪同人员以东道主为中心，按职务、辈分依次落座。由此可见，位置对于沟通双方的心理影响是非常明显的。

（二）距离

爱德华·霍尔是《无声的语言》和《隐蔽的一面》这两本有关非语言沟通的精典著作的作者，为空间和距离的研究创造了"空间关系学"这个术语。通过他的观察和访谈，霍尔发现，北美人在与他人沟通时利用四个层次的距离：亲密距离、人际距离、社会距离和公共距离。

1. 亲密距离

在亲密距离范围内，人们相距不超过 18 英寸，可以有意识地频繁地相互接触。适用对象为父母、夫妻或亲密朋友等。母亲和婴儿在一起时，她或者抱着他、抚摸他、亲吻他，或者把他放在腿上。亲密距离存在于我们感到可以随意触摸对方或交流重要信息的任何时候。

当无权进入亲密距离的人进入这个范围时，我们会感到不安。如果在拥挤的公共汽车、地铁或电梯上，人们挤在一起，他们处在我们的亲密距离内，我们通过忽视对方的存在或不与对方进行目光接触来应付这种情况。用这种方式，我们即使不能在身体上也要能在心理上保护自己的亲密距离。

2. 人际距离

在人际距离范围内，人们相互距离在 1~4 英尺，这是我们在进行非正式的个人交谈时最经常保持的距离。这个距离允许人们与朋友或熟人随意谈话。如果把距离移到 4 英尺之外，就有交谈会被外人无意听到的感觉，进行交谈将会很困难。

3. 社会距离

当对别人不很熟悉时，最有可能保持一种社会距离，即 4~12 英尺的距离。它适用于面试、社交性聚会和访谈等非个人事件，而不适用于分享个人的东西。

每当我们利用社会距离时，相互影响都变得更正规。你曾经注意过重要人物的办公桌的大小吗？它大到足以使来访者保持恰当的社会距离。在一个有许多工作人员的大办公室里，办公桌是按社会距离分开摆放的，这种距离使每个人都有可能把精力集中在自己的工作上，以及可以在使用电话时不干扰同一办公室的同事。有时，人们前移或后移，从社会距离移动到人际距离。例如，两个同事的办公桌可能相距 10 英尺，当他们要私下讨论某件事时，他们移动到人际距离之内。

4. 公共距离

公共距离，即一种超过 12 英尺的距离，通常被用在公共演讲中。在这种情况下，人们说话声音更大，手势更夸张。这种距离上的沟通更正式，同时人们互相影响的机会极少。

研究不同距离的意义在于：距离的不同表达了不同的意思。例如，如果你将"人际距离"改为"亲密距离"，你很可能会使对方感到不自在甚至误解，因为你没有传递任何距离变化的信息。但如果你将"亲密距离"改为"人际距离"，对方会立刻感到你在疏远（或是拒绝）他/她。你可能从未这样想过，但是，你选择何种距离以及您在此之后所做的任何变化都会传递某种信息。

（三）朝向

朝向即交际主体调整自己相对于对方的角度。朝向可以分为四类：

面对面的朝向，即交际双方面部、肩膀相对，这种朝向通常表示着一种不愿让正在进行的交际活动被打断的愿望，同时也显示了双方要么亲密，要么严肃甚至敌对的关系。人们在讨论问题、协商、会谈、谈生意或争吵时往往都自觉不自觉地选择这种朝向。

背对背的朝向，它与面对面的朝向完全相反，所表示的否定的含义是不言而喻的。

肩并肩的朝向即两个肩部成一直线，朝向一致。较亲密的人在随意的场合下喜欢采取这种方式。

V 形朝向，即两人以一定的角度相对。

肩并肩的朝向和 V 形朝向，一方面既可以表示双方维持交际的兴趣，另一方面又显示出这种兴趣比面对面的朝向略为减弱。

（四）影响空间距离的因素

人们谈话时应保持什么样的距离、办公室应该多大以及该如何装修、会议室应安放什么样的会议桌——圆形的、椭圆形的或是其他形状的等，所有这些及其他方面均与空间有关，而空间的构成则完全根据个人的地位及彼此间的关系不同来决定。管理者必须知道，在不同场合中什么样的空间行为是合适的，什么样的空间行为是不合适的，因为这些行为举止在形象管理中是十分重要的。

### 1. 地位的影响

空间的利用通常表现出地位上的差异，我们只要看一看办公室的大小就能发现了。譬如在美国以及一些亚洲国家，办公室越大，显示出主人在企业中所处的地位越高。一些办公室经常安放着大（甚至是非常大的）办公桌。这些大办公桌不仅使办公室看上去更气派，更重要的是：它们形成了"缓冲带"——与来访者保持距离。从某种意义上讲，这些大办公桌是一个"减访桌"——减少来访者与主人间的沟通。而一般员工则是共用办公室。

当两人之间地位差距拉大时，那他们之间的沟通距离也会随之增加。虚的地位差距和实的空间距离往往给员工们在心理上留下印痕，保持与领导的距离。这就是为什么很多员工尽量不和其经理接触的原因所在。

现在许多企业已经意识到距离因素扩大了地位所产生的影响，并尽力去缩小它。管理层开始主动解决这个问题，努力缩小与员工的心理距离。例如，当一位下属来到总经理办公室时，这位总经理可以从其办公桌后面走过来，并且和那位下属坐在同一个沙发上。经理也可以直接到一线工人那里，和他们一起讨论某一问题的解决办法。有时候，还会和其员工共进午餐，或是参加其生日聚会。实践证明，这样的行动不仅有效地改善了管理层和下属的关系，而且还有益于增进员工们的自豪感和士气。这就是为什么越来越多的企业正朝着这一方向努力的原因所在。

### 2. 个性的因素

与性格内向的人相比，性格外向的人在与他人接触时能保持较近的沟通距离；与缺乏自信心的人相比，自信心强的人在与别人接触时，沟通距离也较近。

### 3. 人与人之间的亲密程度

通常，人们总希望与自己熟悉的同伴或好朋友保持较近的距离，而尽量远离陌生人。因此，空间距离也成为亲密程度的一种标志。当与他人初次见面时，我们会保持社交甚至公共距离；只有在比较熟悉后，我们才被允许进入他们的私人空间。当然，即使是成为亲密的朋友，如果在正式场合，也不能再保持亲密距离，而应该保持社交或私人距离。

## 第三节　服饰与仪态

俗话说："人要衣装，佛要金装。"穿着打扮反映一个人的精神面貌、文化素养和审美水平，同时也反映出其地位、归属、遵循的规范等。由于它给他人和公众留下的是至关重要的第一印象，因此，穿着打扮对于社会交往活动能否顺利进行，能否取得成功，有很大关系。

### 一、服装

在现代的沟通中，服装的作用已超越了最基本的遮羞避寒功能，更重要的是向别人传递属于个人风格的信息。

（一）服装的种类

服装分成4类：制服、职业装、休闲服和化装服，每一种的含义略有不同。

1. 制服

制服是最专业化的服装形式，它表明穿着者属于一个特定的组织。在制服上存在着极小的选择自由，穿着者被告知什么时候穿（白天、夏天）及能不能佩戴装饰品（珠宝、奖章、发式）。像有的学校的学生就被要求上学穿校服。最常见的制服是军服。通过展现军衔标志，军服告诉人们穿着者在军队等级制度中处于什么位置以及在这个组织中与他人处于什么样的关系。制服也暗示着它的穿着者要遵循特定的规范，例如，我们认为穿军服的人要永远对国旗表现出尊敬。

2. 职业装

职业装是要求雇员穿着的服装，但它不像制服那样刻板。职业装表明一种特定的工作行为，它的设计是要表现雇主期望的一种特定形象。比如很多公司、金融机构等都为员工制作了职业装。不像制服的穿着者，穿职业装的雇员有一些选择空间。飞机乘务员被要求穿专门的服装，但他们可以按自己的爱好进行搭配。护士可能被要求穿白色的服装，但她们能选择所喜欢的样式。商业从业人员甚至有更多的选择，一个公司可能要求其雇员穿西装，但雇员既可以选择颜色又可以选择样式。

3. 休闲服

在工作结束后私人的时间内大多数人都会选择穿休闲服。因为这种服装的选择权在个人，所以一些人通过穿它来表明自己的个性，如乞丐装、紧身服等。当然，一些人为了赶潮流而不认为休闲服是一种自由的选择。许多青少年因为他们的群体认定某个牌子的牛仔裤，并且每个人都穿它，或者他们的偶像是某个牌子的代言人，他们就只穿这个牌子的牛仔裤。大众传媒对休闲服的选择产生了巨大的影响，以至于很难把传媒的影响从个人爱好中分开。

4. 化装服

化装服是一种高度个性化的衣着方式。模仿牛仔的靴子、大手帕和帽子这种穿着方式就是化装服的一个例子。穿上一种夸张的化装服，就等于宣布："这是我所要成为的人。"化装服可能更具有象征意义。例如，牛仔化装服宣布一种强壮男子的个性。很少有人对在日常生活中穿化装服感兴趣，化装服不仅要求考虑它所传递的形象，而且也与许多规范背道而驰。当一个学生为参加一家超级市场的工作面试而改换自己的鞋时，他精明地注意到"最好不穿牛仔靴，看上去它太令人不舒服了"。

（二）着装要求

1. 符合年龄、职业和身份

不管是青年人还是老年人，都有权利打扮自己，但要注意不同年龄的人有不同的穿着要求。除了在正式工作或宴会、各种仪式等特定场合对服装有特殊要求外，年轻人应穿得随意、鲜艳、活泼一些，这样可以充分体现出青年人朝气蓬勃的青春之美。而中老年人则要注意庄重、雅致，体现出成熟和稳重，透出年轻人所没有的成熟美。

管理者的着装更要表现自己的身份，并且希望自己的外表能给别人留下美好的印象。服装的穿着能表明管理者大概是什么样性格特点的人。在社交场合中，人们对新来者的第一印象就是看他穿着如何，并根据这一印象对新来者做出某种初步的判断。

服装表明身份，不仅限于生活服装上，职业服装更能显示一个人的工作性质以及从属关系。以某一饭店中的管理人员、各种性质的服务员的着装为例。饭店员工的制服首先有一个整体特色，以区别于其他饭店。在饭店内部，又以不同的样式、标志或颜色显示出各自不同的身份、职责范围。当顾客来到某一饭店，一定希望接待自己的是一位穿着美观、整洁、态度和蔼的服务员，而不是衣着不整、无精打采的服务员。职业服装明确表明了人们的身份，促使每一个人自觉维护集体的荣誉、热爱本职工作、增强责任心，同时树立起良好的企业形象，使人们产生信任感。

2. 符合个人的脸型、肤色和身材

人的个子有高有矮，体型有胖有瘦，肤色有深有浅，穿着应考虑到这些差异，扬长避短。一般来说，个子较高的人，上衣应适当加长，配以低圆领或宽大而蓬松的袖子、宽大的裙子、衬衣，这样能给人以"矮"的感觉，衣服颜色最好选择深色、单色或柔和的颜色；个子较矮的人，不宜穿大花图案或宽格条纹的服装，最好选择浅色的套装，上衣应稍短一些，使腿比上身突出，服装款式以简单直线为宜，上下颜色应保持一致；体型较胖的人应选择小花纹、直条纹的衣料，最好是冷色调，以达到显"瘦"的效果。在款式上，胖人要力求简洁，中腰略收，不宜采用关门领，以"V"形领为最佳；体型较瘦的人应选择色彩鲜明、大花图案以及方格、横格的衣料，给人以宽阔、健壮的视觉效果。在款式上瘦人应当选择尺寸宽大、有分割花纹、有变化的、较复杂的、质地不太软的衣服，切忌穿紧身衣裤，也不要穿深色的衣服。另外，肤色较深的人穿浅色服装，会获得健美的色彩效果；肤色较白的人穿深色服装，更能显出皮肤的细洁柔嫩。每个管理者在决定自己的服饰穿戴上，要根据自己的具体情况而定，不必墨守成规，何况还有当时流行的时尚的影响。

3. 符合时代、时令、场合

在考虑时代、时令方面，应努力使服装穿着体现时代的新风貌。随着对外交往的频繁，西装正成为男士在交际中穿着最多的服装，女士则根据不同的场合选择职业套装、各种式样的裙子等。如果穿戴过时的服饰，会给人以僵化、守旧的印象，但一味追求时髦、奇装异服，也会显得轻浮、不实在。

在正式宴请、庆典仪式、会见外宾、听音乐会等正式场合，对着装有严格的要求。西装要穿着合体、优雅、符合规范。打领带时，衣领扣子要系好，领带要推到领扣上面，下端不要超过腰带。如果穿毛衣或背心，领带应放在毛衣里面，如果夹领带夹，应在衬衣第二个扣子和第三个扣子之间。一般来说，西装上的扣子应全部扣好。要注意："扣子只系上面是正规，都不系是潇洒，两个都系是土气，只系下面是流气。"如果是三粒扣子，只扣中间一粒或都不扣。西装左侧翻领上有个扣眼，人称"美人眼"。通常在这个扣眼上插上一朵花，或别上别针、徽章等。

西装左胸口袋是装饰袋，常用手帕卷成各种花型露在袋上，手帕花卷形式很多，常用的呈一山型、二山型和三山型。手帕多用麻纱、丝等质地。

衬衣应放在裤子里，领子、袖口露在西服外一厘米，衬衣袖子不应卷起来。穿西服时，手只能插在裤兜里，不能插在西装上衣口袋里。

女士服装讲究美观大方，讲究时髦又懂行。可以穿旗袍、裙子或西服。不能穿靴子，也不能穿紧身裤。

参加婚礼等喜庆场合时，可打扮得漂亮些，但不可与新郎、新娘争风头。到朋友家做客，参加联谊会等，可穿着美观大方，适当装饰打扮。

参加葬礼、吊唁活动，男士可着黑色或深色西装，女士穿深色服装，内穿白衣或暗色衬衣，不用花手帕，不抹口红、不戴装饰品。

4. 服装颜色的含义

我们生活在一个色彩缤纷的世界，人们对各种色彩有不同的感觉。根据这些感受，色彩被分为不同的色调，如冷色调、暖色调等。不同的色调不但给人的感觉不同，而且有些色调、色彩还包含某些象征意义。

（1）黑色。黑色意味着权力，是一种强有力的颜色。这种颜色直接地在着装者与别人之间造成一种感情上的距离。作为管理者，在一些庄重而且正式的场合，如召开员工大会、董事会、经济谈判、合同签字仪式、会见重要的来访者等，穿黑色西装就符合这些场合对服装的要求。在出席一些重要的宴会，需要做一些商务交际和公关活动，体现公司的形象和实力，也需要以黑色或深色服装作为正式礼服。另外，在一些悲伤场合，如参加吊唁活动等，最好穿黑色服装，内衬白色或暗色衬衣。

（2）灰色。灰色意味着冷漠，是一种冷色。如果你身着灰色服装，要想把自己友善的微笑和同情传达给别人，将十分困难。灰色给一切笼罩上了一种冷冰冰的阴影，而这也有助于使各种事情平息下来。许多业务代理人员在办公中喜欢穿灰色，因为灰色能确切表明他的身份。能够顺利地开展业务。灰色服装的弱点是不能在较短时间内使你与客户的关系融洽起来。因此，如果你选择了灰色的服装，为了在这种冷漠中保持某种平衡，你可以在领带、衬衣的选择上，补充一点别的颜色。

（3）棕色。棕色是一种友好而富有同情心的颜色，也意味着一定的权力与力量。作为企业的管理者，你必须对别人具有控制力，能产生镇定的影响。在参加会谈时，穿棕色西装是一个很好的选择，如果你穿黑色或深蓝色西服，可能会显得过于强有力，因而不适于你处的位置所要解决的问题。

（4）深蓝色。深蓝色既表明了力量和权力，又不像黑色和灰色那样令人感到隔阂和冷漠。确实，有许多人在参加会议时选择深蓝色的西装。打个比方，假如你是一个部门经理，正被别人访问。如果你穿灰色服装，可能给人一种疏远冷淡的印象，从而使别人认为你是一个不了解下属情况的人。黑色服装更不用说。而选择棕色也是不明智的，因为棕色意味着友善与同情，这将使你显得软弱，而缺乏支配下属的能力。值得提出的是，当你为重要的会议和会见选择服装的颜色时，不单要考虑颜色本身的含义，而且还要考虑你所面临的局势，两者是同等重要的。

（5）浅黄色。浅黄色是一种淡而柔和的颜色，是一种软弱的表现。在业务活动中应避免穿浅黄色服装，因为它会使你显得软弱无力，自然而然地把实力地位转让给对方。与浅黄色相类似的"软弱"颜色还有浅紫色、浅绿色等。即使你穿一套深蓝色的服装，你试图配上淡柔色的领带，以使色彩鲜亮些，那也是错误的。服装上任何淡柔色的点缀，都将格外突出醒目，从而削弱了你的态度，不利于你坚持自己的立场。

（6）深绿色。深绿色（包括紫红色、赤黄色等）均为过于吸引人们注意力的颜色。

这些颜色是那么鲜艳夺目，以至于你如果穿上这些颜色的衣服，别人的注意力将完全放在颜色上面而忽视了你个人本身，他们对你的印象将会非常模糊。同样，你也可以很好地利用这些颜色，来避开人们的注意力。

选择适当颜色的服装，对于调整心理状态和改善会见气氛是非常重要的。如果你决定穿深蓝色的西装去参加一个重要会议，可以选择一条颜色稍浅点的领带和白衬衫，因为深蓝色的西装与高档的白衬衫相配，看起来最为有力量。在西装袖口，还要露出衬衫袖口的金边，金边袖口将闪现出友好的火花。

5. 服装色彩的搭配

服装色彩搭配要求和谐、美观，否则，就会给人以不悦之感。

服装色彩搭配有两种有效的方法，即亲色调和法和对比色调和法。亲色调和法是一种常用的配色方法。这种方法要求将色调相近似、深浅浓淡不同的颜色组合在一起。如深绿与浅绿搭配、浅红与深红搭配等。对比色调和方法的特点是在服装色彩搭配上以其中一种颜色衬托另外一种或两种颜色，各种颜色不失各自的特色，相映生辉。三种颜色对比搭配，如红黄蓝、橙绿紫等。在着装颜色搭配上，切忌上下身都采用鲜明的颜色，这样会显得很刺眼，令人不舒服。

服装穿着要根据不同的地区环境和不同的社交场合搭配色彩。认识了色彩的搭配规律，我们在着装上将会更好地运用色彩。

**二、服饰**

服饰穿着是一门艺术，不光适应了人的生理与心理需要，而且反映一定的文化修养水平。佩戴服饰有三点要求：与服装相协调、与人相协调、与环境气氛相协调。

服饰的整洁是头等大事，着装要求清洁、整齐、挺直，显得容光焕发。衣服应熨平整、裤子熨出裤线。衣服袖口应干净，皮鞋要上油擦亮，鞋面上不能留有污垢。穿长袖衬衣要将前后摆塞进裤内，长裤不要卷起。假如有人赞美你的服饰，应大方地说一声："谢谢!"但不要在对方刚赞美你的服饰后，就马上去赞美他的服饰。不要在正式场合询问对方服饰新旧、价格及购自何方，更不能动手去触摸对方的服饰，这样会使对方恼火。

参加各种活动，一旦进入室内，就应当脱去大衣、风衣和帽子，摘下围巾，但西装上衣、夹克是不能随便脱的。男士在任何时候在室内都不得戴帽子、手套。女士的纱手套、帽子、披肩、短外套等，作为服饰的一部分则可在室内穿戴。在他人办公室或居室里，不要乱放自己的衣帽，当主人允许后，才可以按照要求放好。

服饰在人的整体装束中至关重要。一件用得好的服饰好似画龙点睛，使你更加潇洒飘逸。领带和领结被称为西装的灵魂，选择上应下一番功夫。在正式场合穿礼服时，可配以黑色或白色领结。蝴蝶结在运动场上或比较轻松的场合里大受欢迎，打上蝴蝶结参加社交活动给人的感觉就不严肃了。

男士的腰带分工作和休闲两大类。工作中应用黑色和棕色皮革制品为佳。而配休闲服装的腰带，只要漂亮就可以。腰带的颜色和式样不宜太醒目。女士系腰带应考虑同服装相配套，还要注意体型问题。如是柳腰纤细，系上一条宽腰带，会楚楚动人。如腰围太粗，可系一条环扣粗大的腰带，使腰带的环扣成为瞩目的焦点。

纽扣在服装上的作用是很大的。女士服装上的纽扣式样可以多种多样，而男士的纽扣则不应追求新潮。西装上衣为双排扣的，穿着时一定要把纽扣全系上。如果是单排扣的，还有 2 粒纽扣与 3 粒纽扣之分。前者应系上面那一粒纽扣，后者应系中间那一粒纽扣。

眼镜选配得好，可使人显得儒雅端庄。方脸人要选大圆框、粗线条的镜框，圆脸人宜选四方宽阔的镜框，而椭圆形脸最适合选框型宽阔的眼镜。在室内不要戴黑色等有色眼镜，如遇眼疾不得而为时，应向主人说明。

女性手提包应套在手上，不要拎在手里，手包大小应与体型相适应。男士在公务活动中的公文包应以黑色、棕色上等皮革的为好。女士用的钱夹可以随手携带，或放在提包里。男士的皮夹只能放在西装上衣内侧口袋里。

钢笔、手表、打火机被看做是男士的三大配件，并当做身份的象征。男士应携带至少一支钢笔，可放在公文包里，也可放在西装上衣内侧的口袋里。手表的佩戴因人而异，但在正式的场合不要戴潜水表、太空表等。打火机可作装饰品，也可作礼品。

### 三、化妆

女性的化妆品，常见的有眼影、眉笔、假睫毛、胭脂、粉、唇膏、指甲油、香水等。

化妆跟衣服一样，是皮肤的延伸，不同之处是化妆比较与人接近，而效果亦较强烈。化妆的范围应集中在面部，目的是重整面部焦点的特征，例如单眼皮变双眼皮，细小的眼睛变大的眼睛、扁平的鼻子变高耸的鼻子、青白的面色变得红润……将化妆推至极端的，是整容术，尝试改变整个面部轮廓，换上另一副"面孔"。

化妆有悠久的历史，往往可追溯到原始民族。古埃及妇女在三千年前已懂得装饰卷曲头发，并且在眼、脸擦油以防止被太阳炙伤；新几内亚的原始部落亦擅长化妆，把身体涂得红红绿绿，是流行的习惯。

化妆是一种身体语言。一位女士精心打扮，除了令自己更好看、更健美，还"告诉"你三件事：第一，她肯花时间在化妆上，而时间就是金钱，所以她的社会地位并不简单。第二，她的化妆品是昂贵的，这反映了她的财富。第三，她与其他同样精心化妆的人是同一属群，"她们"是特别的一群，与其他人不同。

### 四、仪态

在不同的场合，管理者要具有大方、得体的仪态，才能显示出自己的修养和交际的技巧。

#### （一）办公室

无论你是主人或访客，在公务交际中最重要的是随时保持优雅、警觉以及有条不紊的态度。在接待访客时，如果没有接待人员引导访客到你的办公室，你应该亲自出去迎接，问候来客，并且带他到你的办公室去；当接待人员将访客带到你的办公室时，你应马上站起来，从桌后快步走出，热情握手，寒暄问候，表达出你很高兴见到对方，并且视他为一个重要访客。当由于一些突如其来的紧急事件打乱了你的接待时间时，如果你必须让客人等待超过 10 分钟，则应抽出一两分钟，到办公室外面跟客人问候一声，表明你的歉意，安抚访客的情绪。约定的人到达时，你如果正在打电话，应该马上结束，并告诉通话的对方，等这里的事情处理完了，会回电话给他。这样避免让访客久等。等客人在安排好的座位上落座后，你再坐下，请客人喝茶，然后进入谈话的正题。

当你较忙，工作安排很紧凑，而来访的人逗留时间过久，或者下面另有一位重要客人来了，而你必须给予特别的接待时，你可以看着你的手表说："我很抱歉，我下面还有另一个会议，几分钟前就开始了。"同时，给对方一点时间说最后一两句话，然后起身，热忱地与对方握手，并且说"今天的会面非常有益"或"谢谢你的光临，一旦有消息，我会通知你"，或采取其他适当的应对方式。然后把访客送到门口，有礼貌地道别。

（二）商业拜访

在进行商业拜访时，你要按约定时间准时到达。否则你这次拜访的开始就不太愉快，进而影响整个拜访活动。在等待期间，不要向接待人员提任何要求，避免干扰对方正常工作。如果等待时间较长，可向接待人员询问还需要等多久，但不要不停地问，抱怨你等了这么久。要保持安静、有礼貌，当你离开接待室，记得说声"谢谢"。如果你能叫出接待人员的名字，那么你的道谢会令他印象深刻，也不要忘记向对方的老板提起他的良好接待。当你离开办公室时，无论这次会面是否完成你的任务，都应该谢谢对方的接见，并且在离开时与对方握手道别。

（三）谈判

谈判一般选在比较正规的场合，它是谈判双方风度的一场较量，因此必须注意仪表举止，给人一种良好的修养的印象。交谈时可自我介绍，也可由第三者介绍。自我介绍时要自然大方，不必过分拘泥礼节，一般应姓、名并提，讲清自己的单位、所担任的职务等。介绍他人时，社会地位较低的人总是被介绍给社会地位较高的人。介绍时，被介绍人应起立面带微笑，向大家点头示意。介绍完之后，双方要互致问候和握手，交换名片。

问人姓名时要注意礼貌用语，比如"请问尊姓大名"，"对不起，您怎么称呼"等，对男子一般称"先生"，对女子称"小姐"、"女士"等。

在谈判过程中，讲话语气要平和、友好，不生硬，不咄咄逼人，不强加于对方。在对方发言时，要仔细聆听，不能漫不经心、眼睛四下张望、流露出轻视对方的神情，可以用点头同意或简单的"嗯"、"对"、"我明白"等语言，鼓励对方继续讲下去，并以积极、友好的手势或微笑做出反应。若在谈判过程中出现分歧时，双方应平平静静地坐下来，找出双方观点相左之处，态度诚恳、实事求是，不伤和气地阐明自己的观点，即使谈判未获成功，也不能嫉恨对方，挖苦对方，要保持双方的友谊。

（四）宴请

管理者在餐桌上的仪态最能体现他的风度。在宴请时，如果你是客人，等主人示意你坐下时才能坐下。如果主人径自坐下而没有示意你坐在哪里，你就坐在最靠近他的座位。如果你是主人，则以缓和的手势，示意客人落座。在主人开始用餐后，你才可以开始用餐。这个规矩对于上每一道菜都适用。如果参加自助餐的餐会，最好等到有两三位就餐者入席，才开始享用你的餐点。

用餐时把餐巾放在你的腿上，如果用餐途中你必须离开餐桌，则把它放在你的座椅上，千万不要放在桌上。惟有用餐完毕，大家都已站起来准备离去时，才把餐巾放在桌上。用餐的坐姿应该笔直有精神，一副懒洋洋、没精神的姿态，给人一种没活力、慵懒无力的印象，不利于良好的沟通。

除了在两道菜之间的空当或者用餐完毕后，最好不要把整个手肘搁在桌上，那是对他人不尊重的一种表示。此外，只有当最后一道甜点结束后，才可以把椅子向后推，稍稍远离餐桌，交叉双腿，以一种较舒适的方式坐着。在餐后闲聊时，这样的举动没有问题。但如果在用餐当中，这样的举动便显得极不协调，同时也可能对其他人造成干扰。

（五）舞会

舞会作为一种高雅的娱乐活动，是靠较为严格的礼仪来保持其高雅性的。舞会上的礼仪很多，无论是从衣着打扮，还是从行为举止来说，都必须遵从一定的礼仪规范。进入舞场要彬彬有礼，说话要轻声细语，不宜高声谈笑，走路脚步要轻，坐姿要端正，不要做跷二郎腿或抖腿等不雅动作。

邀舞时，一般是男方邀请女方。当舞曲奏起时，男方可慢步来到被邀请的舞伴前，做出邀请姿势，面带微笑，神情诚恳。邀请时要大方适中，过分了反而不雅。女方在接受邀请时也要有一定的礼貌，如果已答应别人，应主动向对方表示歉意。

舞会中的对话是很重要的。一句得体的话会使人产生好感；反之，会使人产生反感。舞会中对话要彬彬有礼，举止大方，交谈要亲切自然，不可油腔滑调或信口开河，更不要说些不礼貌的语言。

当一曲舞完后，男方应热情大方地向女方表示感谢，送女方回到原来的座位，可进行适当的交谈，也可礼貌地告辞离开。

# 关 键 概 念

非语言沟通　　辅助语言　　身体语言　　距离　　服饰　　仪态

# 复习思考题

1. 谈谈你对非语言沟通的重要性的认识。
2. 在进行非语言沟通时，应注意哪些方面？
3. 假设你被邀请参加一场重要的舞会，你该如何准备？
4. 非语言沟通的形式有哪些？该如何运用？

# 第九章
# 管理过程沟通

**本章学习掌握要点：**

● 计划过程的沟通策略
● 组织过程的沟通策略
● 领导过程的沟通策略
● 控制过程的沟通策略
● 决策过程的沟通策略

## 第一节　计划过程的沟通策略

### 一、计划的过程

计划需要按照一定的步骤和程序去进行，如果没有章法，最终制定出来的计划不仅不能指导组织前进和发展，还可能带来组织经营活动的失败。计划工作的步骤主要包括八个部分：（1）分析组织问题或机会；（2）分析和确定计划目标；（3）分析和预测未来情况；（4）安排和制定计划方案；（5）制定应急计划措施；（6）编制计划所需的预算；（7）实施和控制计划方案；（8）再次进行计划和安排。各部分内容的关系如图9-1所示。

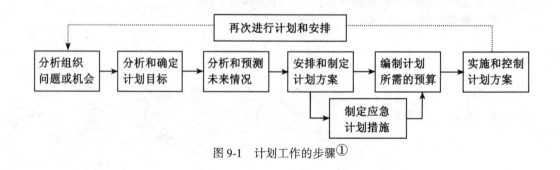

图 9-1　计划工作的步骤①

---

① 戚威邦. 管理学. 北京：电子工业出版社，2006.

　　沟通无时无刻都在发生，管理者在管理过程中实施特定的管理职能时，必须明确与不同职能相对应的沟通类型，从而有针对性地进行沟通，以帮助其完成管理职责。计划过程的沟通类型主要有三个方面，即群体讨论沟通、书面沟通及口头沟通。其中，群体讨论沟通包括收集想法和如何实施；书面沟通包括短期计划和长期计划；口头沟通包括正式的采购要求及与那些受到影响的人交谈。

### 二、计划过程的沟通策略

　　计划是组织活动得以实施的前提，如何确定目标并制定出良好的计划方案，需要管理者与下属以及相关利益群体共同协商。企业的计划包括多个方面，比如总体的战略目标、生产计划、销售计划、运营计划、如何实现目标、如何完成计划指标等。从计划的制定到修改，到最终达成一致，会经历一段较长的时间，在这个过程中如何进行有效沟通，管理者需要注意沟通策略的运用。

　　（一）制定计划过程中的沟通策略

　　1. 善用多种沟通渠道

　　企业的计划涉及多个方面，因此计划的来源也是多种多样，有从上到下的逐级分解，有从下到上的层层上报，等等。要制定一个符合 SMART① 原则的企业计划，管理者要充分运用多种沟通渠道，多方听取意见和建议，了解实际情况，并甄别信息来源的可靠性和真实性，确保最终制定出的计划符合企业的战略要求，具有可实施性。

　　2. 双向互动注意倾听

　　制定计划容易出现的一个问题是，管理者缺乏对基层工作状况的了解，而使计划脱离实际。如果制定的目标过高，则可能导致员工难以达标，计划的意义就不大了；如果制定的目标过低，员工很容易完成，则没有充分发挥员工的潜力，计划对企业活动的监督和指导作用也将被降低。所以，管理者要使上下级能够双向互动，注意倾听，创造良好的沟通氛围，使得上级能很好地了解下级的工作计划，下级也能自由地表达自己的意图，使最终制定出的计划能够达到期待的效果。

　　（二）修改计划过程中的沟通策略

　　计划的制定非一日之功，需要经过一个反复沟通和修改的过程。下属和员工可能会有厌烦等消极情绪，在这个阶段管理者需要注意以下两个方面：

　　1. 适度沟通

　　初步制定计划后，可能存在较多的问题需要进一步修改，此时要注意沟通的频率，次数不能过多，但也不能过少。有的管理者为了确保计划的有效性，过多地与员工进行接触并察看或询问其工作情况和计划，不仅导致资源浪费，消耗时间，还可能引起员工的不满和厌烦情绪，从而得不偿失。有的管理者则相反，总希望能够一步到位，对员工的意愿和实际可能完成的工作情况了解得不够透彻，导致计划的可行性大打折扣。所以，修改计划

---

　　①　所谓 SMART 原则就是：计划目标必须是具体的（Specific）；计划目标必须是可以衡量的（Measurable）；计划目标必须是可以达到的（Attainable）；计划目标是实实在在的，可以证明和观察（Realistic）；计划目标必须具有明确的截止期限（Time-bound）。

的过程中沟通频率要适度。

2. 有针对性

一般而言，企业的管理层在制定出初步计划之前已经进行了相关调查，修改应只是局部修改，为了避免管理资源的浪费，提高效率，沟通要有针对性。具体来说，则需要管理者对计划方案有较全面和准确的把握及了解，看其能在多大程度上符合企业的战略，针对计划方案的不同部分进行沟通修改，最终达成一致。

# 第二节　组织过程的沟通策略

## 一、社会化过程中的沟通策略

### (一) 组织社会化的概念

过去，人们往往终生只在一个组织里工作。这个组织也许是一个家庭企业、一个政府部门或与员工建立长久雇用关系的大型公司。然而，现在社会的流动性越来越大，人们频繁地更换工作，甚至是变换职业。即便是以"终生雇用"和"年功序列制"为特点的日本企业近来在用人的开放性和流动性方面也有很大的变化。由于人们在组织中的"来来往往"，理解组织和个人之间互相适应的过程，就显得颇为重要了。

弗雷达·杰布林 (Fred Jablin) 和他的同事用同化 (Assimilation) 一词来形容"那些个人参与、融入和退出组织的持续行为和认知过程"(Jablin&Krone，1987)。同化这一过程有两个方面。一方面，组织试图通过正式和非正式的社会化 (Socialization) 过程去影响个人的适应性。例如，当个人了解到工作的要求或者认识到着装正式有助于她或他融入组织文化时，社会化的过程就产生了。另一方面，员工也许会尝试对组织的某个方面进行变革以更好地符合自己的需要、能力或愿望。这种变革是在个人化 (Individualization) 的过程中发生的。例如，一名新员工改进了收回过期账款的方法，个人化就可能出现。当个人加入一个组织并成为其中一部分时，这两个过程——社会化和个人化——就会随着时间的推移而显现出来。

从通常意义上说，个人如何适应组织的过程更为重要，组织的社会化过程因此成为管理理论研究的重点。接下来我们介绍组织社会化的三阶段模型。

### (二) 组织社会化的模型

个人适应组织生活的过程是复杂和漫长的，涉及许多组织成员及其活动。因此，很多学者试图构建一些社会化的模型理论，以便更好地了解组织的社会化。在接下来的部分里，我们将从三个方面来探讨社会化。首先要考察的是，社会化是如何随着时间的推移而进行的，接着是研究社会化的内涵和方法。

1. 社会化的过程

当员工加入组织后，并不是自动而立刻完成适应过程的。相反，适应组织生活的过程是渐进式的。研究这一过程的学者一般把社会化分为三个阶段，也就是预期社会化阶段 (Anticipatory Phase)、磨合阶段 (Encounter Phase) 和转变阶段 (Metamorphosis Phase)。

这三个阶段如表9-1所示：

表 9-1 社会化过程的发展阶段

| 阶段 | 描 述 |
|---|---|
| 预期 | 发生在进入组织前，包括融入职业的社会化和融入组织的社会化。 |
| 磨合 | 新员工进入组织后出现的了解阶段，新员工必须撇开旧的角色和准则，以适应新组织的期望。 |
| 转变 | 发生在社会化过程的完成阶段，这时新员工被接受为一名组织内部人员。 |

（1）预期社会化阶段

预期社会化指的是在个人真正进入组织之前的社会化过程（Van Maanen，1975）。杰布林（1985）指出，在预期社会化中，有两个过程非常重要，即融入某一特定职业的社会化和融入某一特定组织的社会化过程。

如果我们问尚未入学的儿童长大后想做什么，很多儿童都能说出答案。一个小女孩也许梦想成为一名兽医，因为她很爱她的小狗。一个男孩也许想要当警官，因为他在电视上看到过警官。无疑，这些孩子的职业梦想非常理想化，而且不准确。但很明显，一个人在人生的早期就开始有关于职业的想法了。随着年龄的增长，儿童对某一领域工作的了解会越来越多。举例来说，想当兽医的小女孩可能会阅读一些有关动物的书，或去参观当地的小动物诊所。在读大学或者兽医学校时，她还会学到更多的有关她所选择的职业的知识。因此，从儿童时期起，她便开始经历着职业角色的社会化过程。

预期社会化的第二项内容是了解某一特定的组织。例如，许多大学生会通过校园里的就业指导中心和未来的雇主面谈。假定一名大四学生和联想电脑公司面谈。通过面谈过程，她对这家公司的结构、目标、财政状况就有所了解了。这位新雇员还可以了解有关这家公司的工作职责、薪水甚至社会文化方面的情况。在进入该公司前，她就能够预测到在这家公司工作的情形如何。

（2）磨合阶段

社会化的第二个阶段出现在新员工刚开始工作、经历"进入"组织"这一时刻"。路易斯（1980）把这种磨合的经验描述成改变、对比和惊奇，并认为新员工必须努力去了解新的组织文化。而新员工会按照原有的立场、过去的经验以及别人的看法，去解读新的组织里的生活（Louis，1980）。这个阶段的社会化过程会对新员工造成很大的压力，特别是当新员工对一个组织"应该"如何的想法与组织的现状不相符而受到"现实冲击"（Hughes，1958）时更是如此。所以，磨合阶段包括了解新的组织和角色以及放弃旧的价值观、期望和行为。在磨合阶段，理解的一个重要方面就是个人通过和别人联系获得有关工作和组织文化信息的过程。

（3）转变阶段

当新员工从一名外部人员转变为一名内部人员时，社会化过程的最后一个阶段就出现了。"在这个阶段，新员工会通过学习新的行为和态度和（或）转变旧的行为和态度，开始成为组织所接受的一名工作人员"（Jablin & Krone，1987）。然而，这并不表明个人与组织之间的关系在这个时候处于停滞状态，因为员工对组织的角色和文化的了解还会有某种程度的变化和不确定性。

迈克尔·克雷默（Michael Kramer，1989，1993a，1993b，1995，1996）在发表的著作中论述了个人适应组织里的工作转换的过程，说明了转变阶段的这种变化。在组织内从一项工作转到另一项工作的个人一般不被视为"新"的雇员，因而不必经历正式的社会化过程。不过，这些人仍然必须适应新的工作要求和新的社会关系，有时还要适应新的地理位置。克雷默着重研究了从一项工作到另一项工作的转换是怎样成为个人持续的同化经历的一部分的，以及个人在新的工作中是怎样通过与主管和同事的交流来减轻转换体验的。

2. 社会化的内涵

除了长期研究社会化过程外，学者也研究了社会化的内涵——为了适应组织文化，什么是应该学习的东西。路易斯（1980）把社会化过程中需要了解的信息分为两大类：与角色相关的信息和与组织文化有关的信息。

与角色相关的信息范畴比较明确，它包括个人为完成工作而必须掌握的信息、技巧、程序和规定，例如，一名新秘书也许要了解：工作单位的文字处理程序、档案制度以及图书管理方式，以适应其在组织中的角色。关于角色相关问题的传播既可能是正式的，也可能是非正式的，并且既可能包括一般化的信息，也可能包括个人化的信息（Falcione & Wilson，1988）。组织里的新成员还必须了解组织文化。正如路易斯（1980）所说："不同的组织（甚至是同一组织内的不同部门），有各自不同的文化。在不同的组织中，成员对他人、角色及组织任务的态度，也许会有本质上的不同。"了解组织文化可能比了解与角色有关的信息更为复杂。与组织文化有关的正式文件很少，现有的成员要向新成员说明这些价值观也许是不容易的；相反，很像人类文化学研究者所探讨的那样，新员工一般会根据对行为和人工产品的观察，来推断其文化价值观和假设。

3. 社会化的方法

除考察一名新成员必须知道什么（如社会化内涵）外，学者也研究了信息是怎样传播给新的组织成员的。显然，有许多策略或方法可用于社会化过程之中。有的组织可能会把新员工们当做一个"班"招进来，为他们开设关于组织规范与政策的正式辅导课。也有的组织可能会采用"师徒制"，即让一位资深的员工指导一位新员工，使之对组织有更深入的了解。还有的组织可能会为每一位新员工提供一本手册和工作介绍等资料，并且认为新员工能够自己理解。

范·曼内恩和沙因（1979）认为社会化的方法可以按照表 9-2 所示的六个方面来区分，这六个方面可用于描述组织内的社会化过程。例如，一个组织也许会制定一套非常具体的辅导计划，以使新员工变成具有与公司其他员工相同的目标和价值观的"团队队员"。这种措施的特点可以是个人的（社会化的发生与其他员工没有联系）、正式的（辅导过程使新员工与别的雇员区分开来）、连续的和稳定的（社会化的内涵是很有计划的并按时间安排的）、系列的（资深的组织成员作为角色典范）以及剥夺的（新员工变得像所有其他的员工一样）。

表9-2　　　　　　　　　　　　　　**组织的社会化方法**

| 类　　别 | 定　　义 |
|---|---|
| 集体的与个人的 | 集体的社会化是指招收一群新员工，把他们置于共同的体验之中。个人的社会化是指让新员工们单独接受培训，互不相干。 |
| 正式的与非正式的 | 正式的社会化是指把新员工和正式的组织成员分开，对他们进行专门的培训。非正式的社会化是指新员工并不和正式的组织成员严格区分开的过程。 |
| 连续的与随机的 | 连续的社会化是指社会化过程中的一种各步骤之间无联系而又可分辨的培训方案。随机的社会化发生在步骤顺序未知、模糊或不断变化的情况下。 |
| 稳定的与变异的 | 稳定的社会化是指过程有一个精确、已知的时间表。变异的社会化是指社会化事件的时间安排未知的过程。 |
| 系列的与脱节的 | 系列的社会化是指有经验的组织成员作为角色典范的过程。脱节的社会化是指新员工没有角色典范的过程。 |
| 保留的与剥夺的 | 保留的社会化是指新员工的个性受到重视的过程。剥夺的社会化是指新员工的个性被剥夺的过程。 |

诚然，社会化过程中所使用的策略，会影响那些正在被社会化的个人的态度和行为（Ashforth & Saks，1996；Jones，1986），这不足为奇。例如，阿什福思和萨克斯（1996）发现，上述策略通常可分为"制度化"策略（集体的、正式的、连续的、稳定的、系列的以及保留的）和"个人化"策略（个人的、非正式的、随意的、变异的、脱节的以及剥夺的）。他们发现这两种社会化的类型对员工有着明显的影响。具体而言，"制度化的社会化似乎增强了工作和组织的凝聚力，从而使员工变得更加忠诚，而个人化的社会化似乎促进了角色的转化，使角色得到更好的表现"（Ashforth & Saks，1996）。

（三）社会化各阶段中的沟通策略

1. 招聘面试

尽管新员工的招聘和挑选可通过各种方式进行，但面试招聘是最普遍的一种方式。在进行招聘面试时，组织的代表与潜在的员工会面，进行问答及谈话。面试进行的地点可能是大学的就业指导中心、某个组织或职业介绍所。面试的结果可能是决定聘用，或提供"二次"面试的机会。无论面试的地点在哪里、结果如何，招聘面试都是预期的社会化过程中的重要阶段。

（1）面试是组织社会化的工具

招聘面试有助于新员工被录用后更好地适应组织环境。Wanous（1980，1992）、Wanous & Colella（1989）在论证实际招聘时阐述了这一观点。如果新员工被告知其未来工作的真实情况，那么，他们在自己过高的期望没有得到满足时，就不太容易感到失望。因此，实际工作预告能够减少新员工随意改变主意的情况。例如，如果一个应聘者在面试过程中就已被"警告"工作单调、负担重以及客户态度不好，就不太可能在上班后几周内就辞职。

布劳夫（Breaugh，1983）总结出四种途径，通过这些途径，实际工作预告促使个人增强对组织的适应能力，减少个人随意改变主意的情况：首先，实际工作预告应该使新员工对工作的期望更接近现实状况。第二，实际工作预告应该提高新员工克服工作中的困难的能力。第三，实际工作预告会使员工在组织中感受到一种"诚实的气氛"，从而增强组织的凝聚力。最后，实际工作预告可使那些对被告知的工作状况不感兴趣的个人，"自动"退出应聘行列。

实际招聘的效果可能取决于面试过程中传播的信息内容和互动的方式。罗尔斯顿和柯克伍德（Ralston & Kirkwood，1995）指出："无论参与者之间传递了什么，都会改变对组织中的传播期望。"鲍波维奇和沃纳斯（Popovich & Wanous，1982）认为，实际招聘应被看做是一种劝告性的传播方式。这一观点强调的是对于信息来源（如工作责任和招聘者）、信息内容和传播媒介（如录像带、书面材料或口头报告）的选择。但这种实际招聘的观点也有风险。赖尼斯（Rynes，1990）认为有些应聘者可能会把不利的工作特征当做挑战，因而不会自动退出不适合自己的工作。

（2）雇主方在面试中的沟通策略

从组织的角度来说，招聘面试最重要的作用在于招聘和挑选潜在的员工。在一次面试中，组织的代表一般只有30分钟的时间来考评应聘者的背景、知识、动机、传播技巧和性格。因此掌握良好的招聘方法和技巧显得尤为重要。要提高面试的效果，招聘者必须做到如下几点：

①紧扣面试目的。这一点十分重要。有的招聘者在面试时往往会岔开主题，有的时候应聘者也会主动地或无意识地把主题引开，这样既浪费时间又达不到目的。招聘者要注意把握主题和面试时间，提高面试效率。

②制造和谐气氛。和谐的气氛是一切面试顺利展开的润滑剂，由于在招聘面试中，应聘者总免不了有些紧张，和谐的气氛就显得尤为重要。在一般情况下，尽可能在面试刚开始时，和应聘者聊聊家常，缓解面试的紧张气氛，使应聘者在从容不迫的情况下，表现出其真实的心理素质和实际能力。同时对应聘者要充分尊重。个人需要加入组织，组织同样需要优秀的员工。有时招聘者在面试中会表现出对应聘者的一种漫不经心的态度，这样会使应聘者感到自己被冷落，就不会积极地做出反应，从而可能使优秀的人才同组织擦肩而过。

③把握客观标准。招聘者在任何情况下，都应一视同仁地对待每一个应聘者，重视每一个应聘者的每一项信息。对应聘者的评价应客观、公正，无私心杂念，不带个人主观色彩，不含个人感情因素，不带个人成见，不使用以偏概全的评价模式。例如，要避免面试时先紧后松或者后紧先松的现象。刚开始时由于招聘者精力较旺盛，思想较集中，提问较仔细，对应聘者的评价比较准确，到了傍晚，由于长时间的工作，招聘者有可能因疲倦所至，而草草了事，这样面试的结果就不够理想。

④注意细节信息。例如，要注意非语言行为。人们的语言往往是通过大脑的深思熟虑才讲出来的，尤其在面试的时候，应聘者往往事先做过充分准备，他讲话的时候往往把最

好的一面反映出来，但是要真正了解应聘者的心理素质，有时应该仔细观察应聘者的表情、动作、语调等非语言行为。

⑤维护企业形象。招聘者是招聘单位的化身，代表企业形象。招聘者自己的语言、行为、态度直接影响着应聘者对公司的评价，也影响着应聘者对公司产品与各种服务的看法。应聘人数与企业实际录用人数的比例由于国家、地区、行业、职业等的区别而不同，但有一点是肯定的，那就是应聘人数肯定比实际录用人数多得多，招聘过程本身的社会影响不可低估。

（3）招聘面试的过程

①制定招聘计划。确定招聘岗位，招聘人数，招聘方式（公开招聘、人员推荐、内部选拔等），招聘程序（资格审查、面试、笔试等）。

②确定招聘标准。确定对应聘者重点考察的内容。分析招聘岗位的性质，根据其工作性质和组织的核心价值观确定应聘者应该具有的素质和能力，应该具有的文化层次和业务背景等。分析哪种提问形式合适，确定提问方式和将向应聘者提的问题。有的企业侧重于考察应聘者现有的专业技能，有的企业侧重于考察应聘者的个性品质，还有的则侧重于考察应聘者的发展潜力。

③编制面试规范。招聘面试事关公司人力资源开发、公司发展前景，应该慎重地对待。对应聘者的评价不能靠印象打分，必须具有科学性和可操作性。在可能的情况下，招聘者都应当比较系统地去收集资料和熟悉应聘者的个人情况。还可以列出详细的面试提纲和评分表格。研究表明，运用高度结构化的标准问题面试要比非结构化的面试更能测试出应聘者将来的工作业绩。一个常用的架构便是逆向漏斗法（Inverted Funnel Approach）。这个方法在面试开始时是封闭式的问答，接着是开放式的问答。

招聘面试提纲，如表9-3所示。

表9-3　　　　　　　　　　　　　　**招聘面试提纲**

| 序列 | 面试项目 | 评价内容 | 提问方式 |
|---|---|---|---|
| 1 | 基本背景 | 父母及本人家庭生活对应聘者的影响；学习经历对应聘工作的知识效用；工作经历与应聘工作的相关性。 | 请简要谈谈您的家庭情况。您认为您以前所学的知识和工作经验对所聘工作有何帮助？ |
| 2 | 个人成绩 | 学习能力；以前的工作态度；工作创造性；专长与应聘工作的相关性。 | 您在大学中各门功课的成绩如何？您在以前的工作中做出过哪些突出成就？您的特长是什么？ |
| 3 | 知识技能 | 专业理论知识水平；专业知识应用能力；知识面。 | 询问专业术语或原理。询问专业理论的应用问题。提出若干常识性问题。 |
| 4 | 个性品质 | 基本价值观；性格与个性。 | 您对目前某种社会现象如何看待？您在情绪低落时如何调整自己？ |

续表

| 序列 | 面试项目 | 评价内容 | 提问方式 |
|------|----------|----------|----------|
| 5 | 求职动机与意愿 | 应聘动机对工作行为的预期影响；意愿要求的合理性和可接受性。 | 您为什么对本公司感兴趣？您对应聘工作有何要求。 |
| 6 | 兴趣爱好 | 兴趣爱好与应聘工作的相关性。 | 您业余时间喜欢干什么？您喜欢做什么样的工作？ |
| 7 | 思维和表达能力 | 思维的逻辑性；分析问题的透彻性；语言表达的条理性，说服力。 | 在回答各种问题中做出判断。 |
| 8 | 举止和仪表 | 面试中行为举止的礼仪性；面试中的精神状态，衣着穿戴的整洁性。 | 在面试中直观评价。 |

招聘面试评分表格可以将面试内容和面试情况按等级计分表示清楚，在一定程度上使面试判断具有客观性和可比性，同时又引入权数，可以调整各个面试项目的重要性。权数分与等级分的乘积，是各项的分数。各项分数相加的和，就是总分。这样评出的分数既全面，又重点突出。根据总分大致可以判断应聘者的素质和能力。招聘面试评分如表9-4所示。

表9-4　　　　　　　　　　　　　面试评分表　　　　　　　　　　　　编号：

| 姓名 | | 年龄 | | 应聘岗位 | |
|------|---|------|---|----------|---|
| 性别 | | 文化程度 | | 总分 | |

| 序号 | 面试项目 | 权　数 | 等　级 | 得　分 |
|------|----------|--------|--------|--------|
| 1 | 基本背景 | | | |
| 2 | 个人成绩 | | | |
| 3 | 知识技能 | | | |
| 4 | 个性品质 | | | |
| 5 | 求职动机与意愿 | | | |
| 6 | 兴趣爱好 | | | |
| 7 | 思维和表达能力 | | | |
| 8 | 举止和仪表 | | | |
| 备注 | | | | |

招聘面试者签名：

年　　月　　日

面试评分表要及时填写。由于面试过程中应聘者较多而且要求回答的问题相同，因此若不及时记录，很可能会发生信息失真的情况。另外，还可以设置专门的面试备忘录，以提醒和控制招聘面试者进行规范化操作。招聘面试备忘录的项目是招聘面试要点、目标、要求、程序、现场记录。现场记录的重要问题，可简略归纳记入评分表的备注栏。

④进行面试。按上述招聘计划，循序渐进，逐项实施招聘方案，考察应聘者。

⑤确定聘用对象。进行比较分析后，按工作岗位的需要和面试考察情况进行筛选，确定招聘对象。

⑥通知招聘结果。对所有求职者都发给通知告知招聘结果。国际上通用的方式是寄发通知函件，或直接明确告知结果，或用优美委婉的言辞叙述本公司意见。国内企业从节约成本等方面考虑，往往采取只通知入选者的方式。

(4) 应聘者在面试中的沟通策略

①应聘者面试准备的方法。应聘者在准备面试的过程中可从以下几个方面着手：

1）准备一份好的简历。从寻找工作的第一步——准备简历开始，应聘者就应为日后成功的面试打下基础。一份好的简历应当资料充分、重点突出，这样才能吸引面试者，获得面试机会。应当指出的是，求职心切的应聘者也不能走极端，在简历中弄虚作假，夸大自己的能力，即使利用欺骗的手段赢得了面试机会，训练有素的面试者也能一眼识破真伪，这样反而弄巧成拙。

2）收集应聘公司的信息。在面试中能展示自己对应聘公司有一定了解的应聘者，会有较高的录用概率，这至少代表了他对公司的关心与应聘意愿。在面试结束前夕，应聘者往往有提问的机会，一个诸如"贵公司经营些什么？"之类的宽泛肤浅的问题显然不如"你们公司什么时间开始生产某某型产品的？"这样的问题给面试者留下的印象深刻。而这需要对公司有一定了解。其实，收集应聘公司的信息并不如人们想象中那样困难。招聘广告与招聘推荐会是最直接的渠道。招聘广告中常常有公司的规模、背景资料与经营范围等内容。浏览公司的网站以及寻求该公司员工的帮助也是不错的办法。

3）事先准备可能被问及的问题。面试中大多数的提问是标准化的，也就是说，面试者提问的意图、需要了解的信息大致相同，只是具体的表述与提出的方式有所差别罢了。因此，应聘者完全可以通过预先的准备来扬长避短，以最佳的方式展示自己的才能。面试中经常被问及的内容包括：

你具备哪些条件和资格使你能胜任这项工作？

为什么对这份工作特别感兴趣？

你有哪些业余爱好与兴趣？

你经常阅读哪些杂志或书籍？

从以往的工作经历中，你最大的收获是什么？

你认为自己能为公司做出哪些特殊贡献？

你现在应聘的工作对你长期的事业目标来说有哪些益处？

4）合适的仪容准备。良好的视觉第一印象在面试中非常重要。一般来说，面试着装要求整洁正式，以给人成熟稳重之感为好。面试的前一天要充分休息，以保证良好的精神状态。

②在面试进行中，应聘者应注意以下的沟通策略：

1）保持自信。在招聘者面前要不卑不亢，落落大方。避免消极的无自信心的回答，如"大概我还没有任何经验，我不知道我是否适合这个工作"之类的话。回答专业问题时要尽可能用专业术语，华丽空泛的形容词反而弄巧成拙。

2）突出长处。要突出表现自己的优势，曾经取得过的成绩，自己的潜力等。要有意识地在回答问题时展现自己的特别之处。

3）实事求是。自我展示应力求具体真实。此外，还应对自己的弱点与缺陷做出正确评价。

4）机智幽默。作为应聘者，回答问题要紧紧围绕主题，重点突出，从容不迫。回答时应避免高亢激昂或低沉单调的声音。高亢激昂会使招聘面试者因感到有威胁而紧张；低沉单调会使招聘面试者因感到沉重而厌烦。讲话要抑扬顿挫，应注意音高、音量和速度的变化。避免反应迟钝，答不上时就应尽快把问题引向自己能答的方面，不要吞吞吐吐地显出无奈的样子。聪明的应试者可以列举一至两件有依据的事情来赞扬招聘单位，从而表现出你对这家公司的兴趣。

2. 磨合期员工的沟通策略

对于新员工的适应性至关重要的另一个传播过程主要出现在社会化的磨合阶段。近年来，理论家们开始突出新组织成员在社会化过程中所扮演的"准主动"（Proactive）的角色（V. D. Miller & F. M. Jablin，1991；Reichers，1987）。这一观点认为，新员工不仅仅是培训课程和组织手册的被动接受者。相反，新员工会主动地寻求那些有助于他们适应新角色以及组织文化中的规范和价值观的信息。

米勒和杰布林（1991）建立了关于新员工寻求信息的最完整的模型。这两位学者提出了新员工寻求信息的七种方式。表9-5列举了这些寻求信息的策略及其定义。

表 9-5　　　　　　　　　　　　　　　新员工寻求信息的策略

| 策　　略 | 定　　义 |
| --- | --- |
| 直接的问题 | 新员工通过直接询问有关信息目标的问题来获得信息。 |
| 间接的问题 | 新员工通过非询问式的问题或通过暗示来获得信息。 |
| 第三者 | 新员工向次级来源（如同事），而非一级来源（如主管）询问来获得信息。 |
| 探测底线 | 新员工通过违背或偏离组织规则并观察组织的反应来获得信息。 |
| 掩饰性的谈话 | 新员工通过掩饰寻求信息的意图、自然交谈的方式来获得信息。 |
| 观察 | 新员工通过观察在明显的情境中产生的行为来获得信息。 |
| 推断 | 新员工通过揣摩过去观察到的各种行为来获得信息。 |

资料来源：Adapted from Miller V. D.，Jablin F. M. Information seeking during organizational entry：Influences，tactics，and a model of the process. *Academy of Management Review*，16，1991：92-120.

如表所示，新员工可以通过非常直接的方式（如通过观察、推断或掩饰性的谈话）寻求信息。譬如，想了解周末工作制度的新员工可能会直接问："我们周末是否需要上班?"或者，这名新员工有可能会在周六开车到公司附近，看看停车场的车（观察法），或者是和同事聊聊这个周末的活动（掩饰性谈话）。

根据米勒和杰布林（1991）的观点，这些寻求信息的方法会因为变化无常的需要被减少的程度和寻求信息所需要的社会成本的高低而出现变化。寻求信息所需要的社会成本可能包括因不了解某事而产生的窘迫，或怕自己不断地打听信息而惹同事厌烦。例如，一名新员工可能会对如何进入公司的电脑系统感兴趣。这个问题的不确定性也许较高，而这位新员工不可能想到了解电脑系统需要付出高的社会成本，因此这位新员工可能会采取一种比较直接的寻求信息的方法，比如直接提问。相反，如果一名新员工想了解称呼上级主管的恰当方式，他可能会采取一种比较隐蔽的方法（如观察、探测底线询问第三者）。有几项研究考察了新组织成员使用信息寻求方法的情况（Comer，1991；E. W. Morrison，1993），并基本上论证了关于不确定性和社会成本影响的观点。

**二、组织变革中的沟通策略**

（一）组织变革概述

组织是一个开放、复杂的系统，这种系统与其多重环境发生着动态的相互影响。多层次、多因素、复杂多变的环境要求组织不断调整和完善自身的功能和结构，提高在变化的环境中求得生存与发展的灵活性、适应性和快速反应的能力，还要根据外在环境的变化，不断对组织进行变革。

1. 影响组织变革成功的因素

任何组织的变革都要依赖绝大多数组织成员的支持、理解、参与和积极配合。组织的领导者必须清醒地认识到影响大多数人对组织变革态度的因素，尽可能地对这些因素加以控制，把变革的阻力降到最低限度。一般来说，组织成员对变革是持支持和欢迎态度的，因为人们都希望通过变革使组织能够更好地适应变革的环境，进一步提高效率，增加利润水平，同时使个人收入水平得到增长。变革意味着打破旧的僵化的管理体制，增强组织的活力；意味着打破平均主义，鼓励多劳多得。但是，由于变革的长期性、艰巨性和复杂性，人们往往习惯于旧有的组织模式，而对变革所带来的旧有规章制度被打破、多年的传统和习惯被废止、原有的行为规范不适用，感到不适应、不习惯，从而在心理和行为上产生抵制，这就形成了变革的阻力。大量的观察和研究表明，对变革的抵制一般来自两大方面，即个人和组织。

（1）抵制变革的个人因素

从个人方面来讲，影响变革的主要因素有：

心理因素。人们对自己所长期从事的工作总是熟悉的、感到稳定的，这在心理上是一种安全感和心理平衡。而一旦遇到变革，这种心理上的平衡与安全感就会丧失，从而产生一种茫然无助的心理恐慌，这种心理恐慌往往导致对变革的抵制。还有一些人担心变革会影响自己在组织中的地位，有的人担心变革会破坏原有的人际关系的协调，为了维持原有的关系，人们从感情上产生一种对变革的抵制情绪。还有一些人担心变革会改变人们熟悉的工作环境、工作方式、职业习惯，会造成心理不适应，因而产生不快和抵触情绪。

经济因素。这是决定人们对变革持何种态度的关键。人们担心变革会影响个人收入，损害自身利益。比如担心技术变革后会使自己不适应新的工作而成为多余的人被解雇，担心变革后工作时间的减少会使自己收入减少，担心职务和工作的改变会使自己的薪水下降，担心生产效率提高后工作变得更紧张辛苦等。这些在经济利益得失问题上的担心成为人们抵制变革的又一主要原因。

领导因素。变革意味着对旧有秩序的破坏，变革的过程与结果存在诸多不确定因素，因而领导者对变革要承担一定的风险，领导者和组织成员担心一旦变革失败，会危及到自身地位和既得利益，因而大多对变革持有一种畏惧心理和求稳怕乱的倾向。

（2）抵制变革的组织因素

从组织方面看，影响变革的主要因素有：

组织结构因素。组织变革会打破原有的各层次权力与责任的界限，调整不同层次的管理机构，因而会触及旧有各层次管理机构的利益和权力，招致这些群体的抵制。

组织规范因素。组织规范一旦制定出来，就有一种惯性，在较长时间内约束和规范人的行为。组织变革会改变旧有的行为规范和原有的组织目标，而旧有的行为规范的影响力在没有消退之前对新的组织规范和组织目标就会形成一种抵制。

经济利益因素。组织变革意味着废除旧有的、过时的东西，建立新的制度和秩序，而所有这些都是需要成本的，需要投入人力、物力和财力，在人们对这种投入的预期效果感到不确定和存在顾虑时，组织变革的动力就会减弱。

人际关系因素。变革意味着打破旧有的人际关系，重新调整组织成员之间的关系。这种新旧关系的交替、新关系的确立需要一个较长的过程。在旧有关系仍在起作用、而新的关系尚未建立时，组织成员之间的关系可能会变得紧张，从而引起一些人对变革不满。

（3）组织应付抗拒变革的方法

威尔顿（Goodwin Walton）提出了组织应付抗拒变革的 12 种方法：

①组织容纳有关人员参与变革计划，使变革成为有关人员自己的事情，可减少抗拒。

②使参与变革者认为变革对他有利而不是增加负担。

③如果变更方案得到高层管理者的全力支持，将减少抗拒。

④使变革计划所根据的价值与理想为参加者所熟悉。

⑤使参与者感觉到变革计划没有威胁到自主权与安全感。

⑥变革计划所提供的新经验使参与者感兴趣。

⑦使参与者共同参加诊断，他们同意变革的基本问题，并感受到其重要性。

⑧变革计划能为变革参与者一致决定采用。

⑨如使变革的赞成者与反对者都能了解赞成和反对的正当理由，设法减轻其不必要的恐惧，将减少抗拒。

⑩认清创新有被误解的可能，应事先做好准备。

⑪使参与者相互信任。

⑫将变革计划公开讨论，从经验上说明可以成功。

归纳国内外研究与实验的结果，克服对变革抵制的方法主要有：

①鼓励积极参与。研究表明，人们对某项活动参与的程度越大，他们承担责任的可能性越大。因此，在组织变革中要吸引和鼓励成员积极参与变革计划的制定和实施过程。

②注意上下沟通。要让大多数成员了解变革的原因、目标和进程安排，相信和尊重大

多数成员，加强信息沟通，协调上下级关系，把变革者的意愿变成全体员工的信念，从而形成变革的强大推动力。

③有计划、分步骤实施。变革是个渐进的过程，人们对新事物的认识和接受也有一个过程，不可能一蹴而就，要分步骤、有计划、有组织地进行。

④利用群体动力。个体的行为要受到群体的影响和制约，群体的目标、感情、态度、规范、价值观念和行为准则深刻影响个体的行为方式，因此，要大力培养组织归属感，提高群体的凝聚力，明确变革目标，统一思想认识，从而得到组织成员的积极支持与配合。

⑤领导重视。领导支持是变革顺利实施的保证，要努力创造"领导气候"，使上层领导支持变革。

⑥力场分析法。这是勒文提出的一种克服变革阻力的方法。所谓力场分析法，就是把对变革的两种态度、两种力量（即支持的和反对的）运用对称图示方法排队，分析比较强弱，然后采取措施。通过增强支持因素和削弱反对因素的方法，推行变革。这种方法已被管理部门成功地运用于管理和组织变革之中。

2. 组织变革的模式与方法

组织变革的模式是指组织变革的要素构成、运行程序、变更方式的总体思维框架。下面我们介绍几种有代表性的组织变革模式：

（1）组织变革的程序模式

该模式从组织变革的过程入手，通过分析组织成员的心理机制变化的三个重要阶段，针对不同的阶段采用不同的方法。

①勒温的变革程序模式。美国学者勒温（Kurt Levin）从探讨组织成员的态度出发，提出组织变革要经历解冻、改变、再冻结三个过程。在组织变革过程中，人的变革是最主要的，要实施变革，首先必须改变组织成员的态度。因此，组织成员的态度发展过程就反映着组织变革的基本过程。

解冻（Unfreezing）：改革前的心理准备和思想发动阶段。改变人们原有的态度、习惯和传统，鼓励人们接受新的观念，刺激人们改革的动机。

变革（Changing）：向组织成员指明变革的方向和方法，使之形成新的态度和接受新的行为方式，实现行为转化，通过认同和内在化，加速变革的进程。

再冻结（Refreezing）：这是变革后的行为强化阶段。通过连续强化（指在被改变的人每次接受新的行为方式时予以强化）和断续强化（指在预定的反应次数间隔时间内给予强化），使已经实现的变革（如态度和行为方法等）趋于稳定化、持久化，形成模式行为。

②凯利的变革程序模式。心理学家凯利（Joe Kelly）认为组织变革应包括诊断、执行、评估三个阶段和九大步骤（见图9-2）。

（2）组织变革的系统模式

组织变革的系统模式是由美国管理学家哈罗德·李维特（Harold Leavitt）提出的。它是从组织系统互相联系、互相影响的要素体系出发探讨组织变革模式的。李维特认为组织是个多变量的系统，它包含有变量相互作用的四个变量：结构、任务、人员和技术。

结构：指组织的权责体系、信息沟通、管理层次和幅度、工作流程等。

图 9-2　凯利的变革程序模式

任务：指组织存在的意义和使命以及工作的性质（简单和复杂、新的和重复的、标准化和独特性）。工作任务的性质能够影响组织内个体和部门之间的关系。

人员：指达到目标的个体、群体、领导人员，包括他们的工作态度、个性和激励等。

技术：指组织解决问题的方法、手段和技术装备。

这四个变量相互依赖，任何一个变量的改变会引起其他一个或更多个变量的改变。组织变革可以引用单一变量或者结合多个变量，但是管理人员必须了解全部四个变量的相互作用，可以通过改变组织的工作任务、组织结构，改变人的态度和价值观念、人的行为和组织成员之间的沟通程序，改变解决问题的机制和方法来进行组织变革。

（3）组织变革的动因模式

组织变革的动因模式指从组织变革的内在原因与动机出发，探讨组织变革的模式。要从组织变革的原因、动机、选择、目标四个环节来探讨组织变革的模式及过程。从原因方面来看，有内部的原因和刺激，也有外部的原因和刺激；从动机方面来看，有个人的成长需求，也有组织的成长需求；从选择的角度来看，有目标选择、途径选择和方式选择；从组织目标来看，有组织的协调发展目标和组织对环境的适应性目标。

（二）组织变革中的沟通策略

1. 组织变革的沟通步骤

第一步：锁定目标并明确地确定对象，描绘出变革的蓝图。

你的具体对象应该是：实现一定的成本节约目标或达到一个更高标准的质量水平等。不管情况如何特殊，要确保你的目标是明确的、具体实在的，并且是可以实现的。

第二步：让高级领导小组集中于确定和调整变化日程的结构。

在宏观水平上，需要哪种队伍、委员会、会议、项目或诸如此类的东西来促成设想实现？为了使设想具有可操作性，要成立一个高级领导小组来构建变革进程的框架。你组织的高级领导小组需要牢牢掌握好描绘出的蓝图，确保变化的构架处于正确状态，促使变化成为现实，实现你的目标。

第三步：让所有层次的经理集中于既定的设想和对象。

在微观水平上，变化是如何得到实施的？在整个组织中用经理们的承诺来约束他们，以监督设想得到贯彻实行。在这一步里，在"战壕"中直接指导日常行动的经理们是关键。高级领导需要将设想和各种目标分化为具体的行动步骤，交付他们实施。你可用强力沟通来达到这一点。

第四步：制定一个学习系统。

企业每一次旨在推动变化的努力都要求学习——假如想获得成功。变革非常需要集中于推动业务各个技术层面的核心能力。要达到此目的，企业需要一个学习系统，培养围绕这些能力要求的诸多学识。同时，还要注意使你的变化日程集中于组织的核心能力上。这样，你就可以保证整个组织正在掌握着关键的、极其重要的信息——而正是这些信息将你在市场中与他人区别开来。

第五步：要保证激情维护者指挥变革的具体、关键部分。

即使有了正确的蓝图、框架、行动步骤和学习系统，假如没有适合的人激情满怀地致力于这个蓝图，变化日程也会错乱不堪，难以成事。为此，要注意列出你事业中的激情维护者。这些人是变化的使者。因为他们确信变化的必要性，他们会使变化在整个组织的上上下下得以发生，哪怕是组织的小（然而关键的）角落也不能除外。

因此，变革的成功实施需要三个群体的共同努力：①构建这一框架的高级领导；②能将变化日程贯彻到工作进程和业务系统中去的高技术经理；③能推动变化的激情拥护者。这三个群体之间很自然地相互作用、相互影响。而且正是通过这种相互作用、相互影响将组织的战略变为现实。

组织的最高领导还应当对这些群体的每一个人都运用强力沟通，以确证这些群体确实在发挥他们的作用。实际上，强力沟通对这些群体来说正是成功的关键因素。高级领导通过强力沟通一致同意支持变化日程。经理们在机构内所有的层次上都通过运用强力沟通执行变革，传导由设计蓝图而来的确定无疑的能量。最后，激情维护者也通过强力沟通得到鼓舞、动力和能量，最有效地在最高的水平上发挥他们的作用。

2. 通过强力沟通确保变革的可实现性、可相信性和可转换性

可实现性、可相信性和可转换性是对一个变化战略如何有效确定、传播和实施的极其精当的描述。

一旦一个变化的蓝图设想出来，执牛耳者会同他的领导小组一起决定如何使它变成现实。这样做就为变化日程提供了可实现性。这里的一个关键是要确定真正的结果——必须是具体的、可实现的，而不是不能量化的模糊目标。要获得具体成果，一条途径便是形成一个组织的设想，然后回过头去确定需要采取的步骤，这样即可促使设想成真。那样的程序对掌握关于变化日程的连贯信息来说是基本的、必要的。

通过整个组织关键人物的支持和承诺，一个领导可以为他的变化日程获得可信性。强力沟通在精于变化的人手里能使他们深信最初的设想是适当的、必需的。实际上，将变化的信息传遍整个组织的最好方式是将它转换成第一线人员的声音。聘请外来咨询人员帮助沟通是帮助内部员工理解变革蓝图的一种行之有效的办法。

最后，组织内做这一工作的人们接受和欢迎这一最初的变化设计也是关键的。进行组织变革需要各个层次高素质人员的支持与配合，因而，要加强教育、培训，转变人们的动机、态度，提高人们的思想道德素质和业务技能，使之更好地完成工作任务，适应组织变革的需要。检验可转换性是否已实现的稳妥办法是与基层现场的人员交谈。如果领导的信息以基层语言的方式得到反响，那说明可转移性已经实现了。例如，如果领导已经说"我们必须在我们的每一个市场保持第一或第二的位置"，你可以听到整个组织都在"意

译"这一信息。这些语言不再属于领导；它们现在已属于正做这一项工作的人们。他们承认变革，并拥为己有。他们将让变化生出奇迹。

# 第三节　领导过程的沟通策略

## 一、领导过程概述

领导过程是领导者对人们施加影响的一种管理过程，在这个过程中，领导者需要使用各种方法和技巧对人们施加影响及改变人们的行为，避免组织成员在行为上偏离组织的目标。但是不管是组织还是领导者个人，其面临的内外部环境都是极其复杂的，组织成员及外部人员的个性和思想也是各不相同，并且随着环境的变化而不断发展。所以，领导过程既要讲究科学，又要讲究艺术。所面对的环境和因素越复杂，不确定性越高，领导过程的艺术性就越强。如何使用一些技巧和策略更好地实施领导过程，是管理者需要思考的问题。

## 二、激励过程中的沟通策略

（一）激励理论模型

1. 波特—劳勒激励过程模式

波特—劳勒激励过程模式是在佛隆的期望理论的基础上提出来的，它综合考察了努力、绩效、能力、环境、认识、奖酬和满意等变量以及它们之间的关系，如图9-3所示。

从图9-3中我们可以归纳出该模式的几个基本点：

（1）影响个体努力程度的因素。人是否努力以及努力的程度不仅取决于奖励的价值，而且还受到个人觉察出来的努力和受到奖励的概率的影响。个人觉察出来的努力是指其认为需要或应当付出的努力，受到奖励的概率是指其对于付出努力之后得到奖励的可能性的期望值。很显然，过去的经验、实际绩效及奖励的价值将对此产生影响。如果个人有较确切的把握完成任务或曾经完成过并获得相当价值的奖励的话，那么，他将乐意付出相当的或更高程度的努力。

（2）影响个体工作绩效的因素。个人实际能达到的绩效不仅取决于其努力的程度，还受到个人能力的大小以及对任务了解和理解程度深浅的影响。特别是对于比较复杂的任务如高精尖技术工作或管理工作，个人能力以及对此项任务的理解较之其实际付出的努力对所能达到绩效的影响更大。

（3）影响报酬价值的因素。得到的奖励应当以其实际达到的工作绩效为价值标准，尽量剔除主观评估因素。要使个人看到：只有当完成了组织的任务或达到目标时，才会受到精神和物质上的奖励。不应先有奖励，后有努力和成果，而应当先有努力的结果，再给予相应奖励。这样，奖励才能成为激励个人努力达到组织目标的有效刺激物。

（4）影响个体满意度的因素。人对于所受到的奖励是否满意以及满意的程度如何，取决于受激励者对所获报酬的公平性的感觉。如果受激励者感到不公平，则会导致不满意。

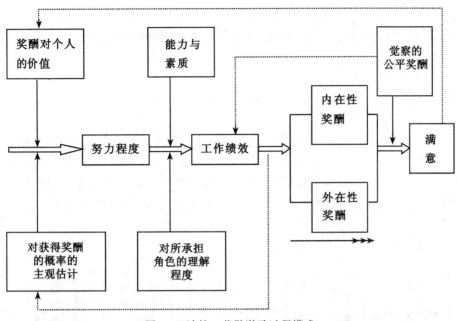

图 9-3　波特—劳勒激励过程模式

　　此外，个人是否满意以及满意的程度将会反馈到其完成下一个任务的努力过程中。满意会导致进一步的努力，而不满意则会导致努力程度的降低甚至离开工作岗位。

　　2. 豪斯—迪尔综合激励模式

　　豪斯—迪尔综合激励模式是由豪斯和迪尔教授于 1981 年在大连国际科技管理培训中心讲课时提出的，具体为：

$$M = V_{it} + E_{ia}\ (V_{ia} + \sum E_{ej} V_{ej})$$

　　这里，$i$（internal）表示内在；$e$（external）表示外在；$t$（task）表示工作任务；$a$（acomplishment）表示完成；$j$ 表示外在奖酬的项目，$j=1, 2, 3, \cdots, n$；M表示对某项工作任务的激励水平；$V_{it}$ 表示该项活动本身所提供的内在奖酬的效价，它所引起的内在激励不计任务完成与否及其后果，故不包括期望因素；$E_{ia}$ 表示对进行该项活动能否达到任务完成的期望值，即主观上对任务完成可能性的估计；$V_{ia}$ 表示工作任务完成的效价，次项则为一系列双变量的乘积的代数总和。其中，$E_{ej}$ 表示任务完成能否导致获取某项外在奖酬的期望值，即个人对获得某项外在奖酬的可能性的主观估计；$V_{ej}$ 则表示该项外在奖酬的效价。

　　将公式中的括号去掉，则该式中各部分的意义就更加明确了。此时公式表现为：

$$M = V_{it} + E_{ia} V_{ia} + E_{ia} \sum E_{ej} V_{ej}$$

　　式中 $V_{it}$ 表示该项活动本身所提供的内在奖酬的效价，反映了工作任务本身所引起的激励强度，这是一种内在激励；$E_{ia} V_{ia}$，它们的综合作用反映了工作任务完成所引起的激励强度，这也是一种内在激励；$E_{ia} \sum E_{ej} V_{ej}$ 则综合反映可能的外在奖酬所引起的激励效果之和。两项期望值，即 $E_{ia}$ 和 $E_{ej}$，前者是对任务完成可能性的主观估计，这是各种外在激励能发挥作用的前提；后者则是对任务的完成能否进一步导致某种外在奖酬的主观估计，因此是各种外在激励能否发挥作用的充分条件。

将此公式精确地数量化是困难的，可是如用于定性分析却有相当大的实用意义。例如，你可以预料，闲得无聊、性格好动的人，其 $V_{ii}$ 值必然较高；生气勃勃、期待着有所作为的人，$V_{ia}$ 值必然较高；渴望得到某奖酬者，该奖酬的 $V_{ej}$ 值必然较高，等等。这一模式对分析激发工作动机的复杂性和提高激励水平具有重要的参考价值。

3. 激励的一般过程模式

行为科学家通过对激励过程的研究认为：需要引起动机，动机支配行为，行为的方式则是寻求目标以满足需要。所以动机是行为的直接原因，它驱动和诱发人们从事某种行为，规定行为的方向，从心理学的观点来看，动机是"引起个体行为，维持该行为，并将该行为导向某一目标的过程"。这样，就可以将上面的基本模式细化为图 9-4：

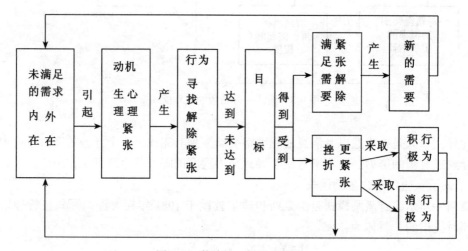

图 9-4  激励的一般过程模式一

这一模式不仅反映了需要、动机、行为、目标的关系，而且又引入了得到满足和受到挫折的概念以及由此产生的积极行为和消极行为，增强了管理人员对有关激励过程的了解。

然而，激励过程虽与目标的达到与否紧密相关，但目标达到后的绩效评价与评价后得到奖惩的感觉如何？它对员工将产生什么影响？这些都未能在模式中表现出来，这也许会使管理人员忽视这些环节而使激励过程功亏一篑。为此，行为科学家从操作角度提出了第二个模式图，如图 9-5 所示。

这一模式将需要、动机、目标及报酬感觉结合起来，这种多阶段的激励模式，通过对绩效的自评来满足自豪感，以他人的评价来给予经济奖励，当重新评价和需要未能得到满足时，激励过程仍需重复进行。

(二) 激励的原则、方法和技巧

1. 激励的原则

激励需要遵循以下几个原则：

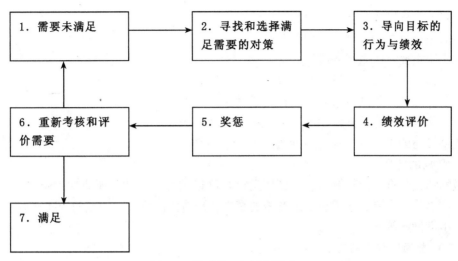

图 9-5  激励的一般过程模式二

（1）公平原则。组织中不公平的现象通常表现为不同的业绩给予相同的奖赏、相同的业绩给予不同的奖赏、下属之间的攀比、部门之间的攀比、公司之间的攀比、今昔对比等。其实，每个单位都有规章制度，单位中的任何人触犯规章制度都要受到惩处。"热炉"法则形象地阐述了惩处原则：

警告性原则：热炉火红，不用手去摸也知道炉子是热的，是会灼伤人的。

一致性原则：任何时候你碰到热炉，肯定会被火灼伤。

即时性原则：当你碰到热炉时，立即就会被灼伤。

公平性原则：不管是谁碰到热炉，都会被灼伤。

实施公平原则需要事先确定游戏规则，及时解释和说明，为下属确立比较的参照物，即引导员工与设定的绩效标准比。除此之外，还需对相同的业绩给予相同的奖赏；不同的业绩给予不同的奖赏，按事先设定的游戏规则兑现承诺。

（2）刚性原则。激励水平只能提高，不能下降，而且激励具有"抗药性"，所以激励效果是有限的，而激励资源有限，要先弱后强、先小后大。常见的误区有：激励的力度不够、滥用激励资源、想一次性解决问题、面对下属增长的需求感到困惑和不解。

（3）及时原则。有时候激励的时机难以判断，且很多企业都有年终情结，经常等到年终才进行奖金激励，而且经理激励的随意性减弱了激励的效果。因此，及时原则非常重要，要注意以下几个要点：表扬一段时间后再表扬；下属渴望某种需要时适时满足；在气氛最佳时表扬；在公众场合表扬；游戏规则所定的奖赏应及时兑现。

（4）清晰原则。激励要有针对性，要弄清楚：激励对象是谁？激励的标准是什么？激励的具体内容是什么？激励的透明度及共识性是什么？激励的一些实施细则是什么？

2. 激励的方法

激励的方法有很多，比如：

别忽视金钱的力量——物质激励法

精神比物质重要——荣誉激励法

计划与目标同等重要——目标激励法

相信是最重要的守则——信任激励法

听比说重要——重视激励法

肯定比否定重要——肯定激励法

发掘优点比挑剔缺点重要——正面激励法

以身作则，肯定达到成功的人——示范激励法

提供参与的机会——参与激励法

3. 激励的技巧

激励的技巧有：主动倾听；让部属觉得自己很重要；帮助部属成功；制定工作高标；肯定奖赏工作杰出者；让部属了解竞争的真义；创造团队成长；清楚的沟通管道；言出必行；从小事做起等。

（三）激励过程中的沟通策略

在本部分，我们通过一些知名企业家的实际经历和亲身体会，来阐述激励过程中的沟通策略。让我们来看一看这些知名企业家都是怎么说的吧。

1. 坦诚布公，风险共担

——罗斯·皮拉里，BP 石油公司副总经理

帮助别人去尝试他们自己认为有风险的事情是困难的。20 世纪 90 年代初，我正掌管 BP 公司的美国零售业务。公司的首席执行官洛德·布朗要求我去管理 BP 研究与工程公司，使它更具商业性。布朗认为我是合适的人选，但我认为这个想法很糟糕。我是个商人，不是科学家。在我看来，我不具备领导一群数学家和地质学家所需的能力。我为什么要接受一份几乎不可能成功的工作，拿自己的职业生涯去冒险呢？

布朗没有试图劝我。他让我开诚布公地谈谈这份工作对我个人和公司有什么风险。他还明确表示，不会让我个人承担所有风险。结果我接受了新的职位，我们成功地将这个研究性机构变成了更具商业头脑的公司。对我个人而言，这或许是我职业生涯最有开拓性的一份工作。这次经历告诉我，你不可能也不希望消除一切风险。但你可以帮助他人进入一个他略感不适的领域，取得非凡的成绩。最好的办法就是公开、坦诚地讨论成功的可能性，明确职责与责任，将风险分散到整个团队和公司，并且不管结果如何，都要充满信心地给予支持。

2. 坚持正确价值观

——L. M. 贝克，美国瓦霍维亚银行公司董事长

大多数人认为激励别人就意味着促使别人去做你希望他们做的事情。我发现，激励他人的秘密其实在于坚持简单的价值观，例如诚实、公正和胸怀宽阔。

我碰到过的最大的难题就是劝自己进入商界。我曾经一直希望自己成为一名诗人，我在大学学的是英语，但后来去越南参战。等到我从海军陆战队退役时，我发现自己只会做两件事：写诗和进行夜间巡逻。因此我决定，为了谋生，我必须读商学院。那是在 35 年前，虽然我和妻子都不喜欢大公司的权力与贪婪。当我作为管理方面的实习生开始第一份工作时，我和妻子同意试着先做一下，但如果工作需要我放弃价值观，我就离开。于是我进了一家商业银行。这么多年过去了，我可以高兴地说我从来没有

被迫放弃过自己的准则和价值观。我就是这样保持着工作积极性的，我也努力以同样的方式激励他人。

3. 持续不懈地进行沟通

——罗伯特·埃克特，美国美泰公司董事长兼首席执行官

如果员工们不知道公司有什么新情况、你对他们有何期望、未来会怎样，那他们不会很努力。一个季度跟他们谈一次并不够——你必须以各种方式每天重复指示、激励和安慰。

我刚到美泰的时候，公司正处于转型期。除了花很多时间与所有高级管理人员面谈外，我还不断地向所有雇员和其他相关人员介绍公司变革的目标和措施。当然，我经常出去跟人会面，但我还通过电子邮件进行双向沟通，亲自给雇员回信。如今，公司已经走上正轨，但我还在不断与人沟通——在电梯上、自助餐厅里、街头、电话里、飞机上，还有电子邮件中。基本的信息是相同的：我们对公司有何设想与展望。

我发现，这种坚持不懈的沟通——尽管有时听起来像没完没了的破唱片——是我能够为雇员、投资者、客户、媒体和高级管理人员所做的最具鼓励性的事情。当雇员们首先从我这里得知公司发生的事情时，他们感到自己是公司大家庭的一员，最重要的是感觉受到了尊重，这促使他们每天都努力工作。

4. 调动积极性不忘脚踏实地

——马里奥·马佐拉，美国思科系统公司首席开发官

在调动他人的积极性方面，最难的一点就是既要激发聪明人的干劲和兴趣，又要对他们有所制约。如果他们有了不切实际的举动，你需要帮助他们脚踏实地，同时又不能使他们灰心丧气。

在工作中，我面临另一种局面。我管理着一群积极性很高、充满智慧的工程师，他们常常提出最有效、最有创意的方法来开发新技术。问题在于我们的客户采用的是现有的技术，需要将两者结合起来，这就复杂多了。为了使工程师们不会因为需要寻找更复杂的解决办法而感到灰心，我首先真心地承认他们的聪明才干，接着我让他们与客户见面，使他们真正理解和体会客户的处境。这促使他们继续努力开发出既有创造性又能满足客户需要的技术。

### 三、群体沟通策略

(一) 群体沟通概述

群体沟通指的是组织中两个或两个以上相互作用、相互依赖的个体，为了达到基于其各自目的的群体特定目标而组成的集合体，并在此集合体中进行交流的过程。

群体沟通的优点是：

1. 可提供更多可利用的信息；
2. 可以产生更多更好的决策；
3. 可以提高成员之间的理解；
4. 能够产生更高的生产率——发挥"社会效应"；
5. 可以产生更大胆的方案——实现"风险转移"。

群体沟通的缺点是：

1. 浪费时间，缺乏效率；

2. 产生群体压力；

3. 产生专家或领导压力；

4. 责任不明，导致部分人说而不做。

（二）影响群体沟通的因素

影响群体沟通的因素有很多，主要分为可控变量和不可控变量。其中，可控变量又分为群体变量、环境变量和任务变量，具体如表9-6所示：

表 9-6 影响群体沟通的因素

| 可控变量 | 领导风格 | |
|---|---|---|
| | 群体对任务的激励 | |
| | 成员间的友好关系 | |
| | 成员参与的方式与程度 | |
| 不可控变量 | 群体变量 | 群体规模 |
| | | 成员的个人及心理特点 |
| | | 成员的和谐共存 |
| | | 成员原来的地位 |
| | | 预先建立的交流渠道 |
| | 环境变量 | 群体的自然位置 |
| | | 群体在组织等级制度中的位置 |
| | | 群体在组织/社会的相互关系 |
| | 任务变量 | 任务的性质 |
| | | 困难程度 |
| | | 任务要求 |

群体沟通的最终效果从群体沟通效率和成员间关系满意度两个方面来衡量。

（三）影响群体凝聚力和士气的因素

影响群体凝聚力的因素有：

1. 领导的要求与压力；

2. 成员的共同性；

3. 群体的规模；

4. 信息沟通的程度；

5. 群体与外部的关系；

6. 成员对群体的依赖性；

7. 目标的实现。

影响群体士气的因素有：

1. 对组织目标的认同；

2. 合理的经济报酬；

3. 对工作的满足感；

4. 有优秀的管理者；

5. 同事间的和睦关系；

6. 良好的意见沟通；

7. 奖励方式得当；

8. 良好的工作心理环境。

### 四、冲突管理中的沟通策略

（一）冲突概述

管理过程中经常由于缺乏了解和有效沟通而产生冲突。关于冲突的定义有很多，一般来说，冲突可以被描述为个体或组织在达到目标或所关心的事物中察觉或经历挫折的过程。

传统的观念对冲突的认识集中在以下几点：（1）冲突是可以避免的；（2）冲突的产生是因为管理者的无能；（3）冲突足以妨碍组织的正常运作，致使最佳绩效无从获得；（4）最佳绩效的获得，必须以消除冲突为前提条件；（5）管理者的任务之一，即是在于消除冲突。

现代的观念则认为：（1）在任何组织形态下，冲突都是无法避免的；（2）尽管管理者的无能显然不利于冲突的预防或化解，但它并非冲突的根本原因；（3）冲突可能导致绩效的降低，亦可能导致绩效的提升；（4）最佳绩效的获得，有赖于适度冲突的存在；（5）管理者的任务之一，即是将冲突维持在适当水平。

（二）冲突的作用

冲突的作用既有消极的，也有积极的。

消极方面的作用是：影响员工的心理健康；造成组织内部的不满与不信任；使组织内相互支持、相互信任的关系变得紧张；导致员工和整个组织变得封闭、缺乏合作；阻碍组织目标的实现。

积极方面的作用是：促进问题的公开讨论；促进问题的尽快解决；提高员工在组织事务中的参与程度；增进员工间的沟通与了解；化解积怨。

关于冲突的几点规律：

1. 人员知识差异越大，发生冲突的可能性越大；

2. 经理奖惩的权力越小，发生冲突的可能性越大；

3. 成员对组织目标了解越少，冲突越易发生；

4. 成员交流含糊不清，冲突容易发生；

5. 组织目标越不一致，冲突发生可能性越大。

### (三) 冲突的类型和策略

冲突形成的原因主要有：个性差异、个人与组织文化不一致、信息沟通不畅、组织分工导致冲突、利益冲突等。根据管理冲突的不同性质，冲突的类型可分为建设性冲突和破坏性冲突。建设性冲突往往会激发人们的积极性、主动性和创造性，提高人们的主人翁责任感与参与意识，这种良性竞争的结果会给组织带来活力；而破坏性冲突由于会产生愤怒、憎恨等不良情绪，会导致企业内部混乱，造成严重的损失。

1. 建设性冲突

建设性冲突的特征为：双方对实现共同目标有共同的关心；乐于了解对方的观点或意见；双方以争论问题为中心；双方交换情况日益增加。其作用表现在：可以促进问题的公开讨论和尽快解决，同时提高员工在组织事务处理过程中的参与程度，增进员工间的共同了解，并有利于化解积怨。

适于激发建设性冲突的情况是：你是否被"点头称是的"人包围；你的下属害怕认错；决策方案多属折中方案或意见一致；员工对变革有抵触情绪；缺乏创新思想；员工的辞职率异常低。策略是：建立奖励制度（对持不同意见且具建设性者进行奖励）与竞争机制；建立民主的领导方式，授权，注重团队沟通；引进外人；任命一名批评家。

2. 破坏性冲突

破坏性冲突的特征为：不愿意听取对方的观点或意见；双方由意见或观点的争论变为人身攻击；双方对赢得观点的胜利最为关心；互相交换情况减少，以致完全停止。其消极影响表现在：会影响员工的心理健康，干扰员工参与某些重要问题的研究和处理能力，导致组织内部成员间的不满和不信任，员工和组织之间会变得封闭、孤立、缺乏合作，进而阻碍组织目标的实现。

冲突解决的三种策略通常是：

（1）侵略。不惜违反或忽略他人利益，但求争取自己的权益。

（2）退缩。不敢争取自己的权利，而无法唤起别人的重视。

（3）积极。在不侵犯他人的情况下，勇于维护自己的权益。

### (四) 面对冲突时的五种反应模式

Careth Morgan 在他所著的《组织印象》中，说明了一个组织中的管理者在面临冲突时，面对五种方式的选择，即竞争、合作、妥协、回避、和迎合。[①]冲突管理五模式如图9-6 所示。

1. 竞争（Competition）

指武断不合作的行为，代表着一种不赢即输（Win-Lose）的人际冲突解决方式。个体使用该方式努力实现自己的目标而丝毫不理会别人的利益。适合采用竞争方式的情景有：情况紧急，必须马上行动；需要采取非常普通的方法（如开除员工）证实自己是完全正确的；反对他人利用自己。

2. 合作（Collaborating）

指武断而且合作的行为，代表着一种双赢（Win-Win）的人际冲突解决方式。个体使

---

① 孙健敏，徐世勇. 管理沟通. 北京，清华大学出版社，2006.

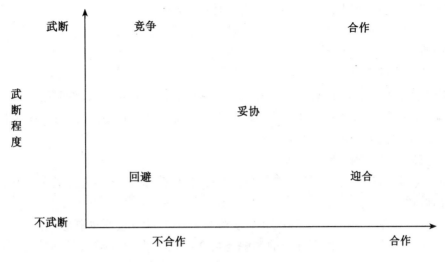

图 9-6　冲突管理五模式

用该方式试图同时实现双方的最大利益。使用合作方式的个体倾向于把合作看作是有益的，对他人真诚而信任。适合采用合作的情景有：双方具有共同的利益；想通过一致获得对方的承诺；欲建立持久、良好的关系；融合不同的看法。

3. 妥协（Compromising）

指中等程度的武断与合作行为，代表着一种相互让步的人际冲突解决方式。个体使用这种方式只能达到中等水平的满意。适合采用妥协方式的情景有：目标重要，但是无法完全实现；无法达到双赢的结果；对方的力量也很强大，使其让步不太可能。

4. 回避（Avoiding）

指不武断、不合作的行为，代表着一种远离冲突、忽视不一致的人际冲突解决方式。个体使用该方式反映出对挫折和精神紧张的逃避与厌恶。适合采用回避方式的情景有：问题不太严重，不值得花费时间和精力去解决；没有足够的能力和信息去解决；其他人能够有效解决冲突；没有机会满足自己的利益；双方先冷静一段时间。

5. 迎合（Accommodating）

迎合是指合作但不武断的行为，代表着一种不自私、屈从他人的愿望、追求长远利益的人际冲突解决方式。使用迎合方式的个体经常被别人认为是软弱可欺的。适合采用迎合方式的情景有：错在自己；问题对别人来说更重要；为了今后的工作；双方一致非常重要。

（五）解决冲突的正确方法与步骤

1. 面对冲突时的错误心态和行为

（1）征服。不是你死，就是我亡。只顾坚持自己的立场，力图求胜而没有考虑到对方。

（2）回避。鸵鸟心态，当做没有这回事，不采取任何行动。

（3）交易。不正视问题，想借着谈条件而把事情搓掉。

（4）遮盖。转移焦点，模糊议题。就事论事，治标不治本。

（5）演戏。玩政治游戏、两面手法，用政治手段来解决管理问题，毫无任何建设性的有益行动。

2. 解决冲突的策略

正确方法与步骤：（1）对事不对人；（2）从对方的立场出发考虑问题；（3）权衡双方的利益，找出共同的目标；（4）商谈时双方注意维持充分自由的环境；（5）重新考虑优先顺序；（6）做出协议；（7）追踪协议。

3. 冲突解决的原则和要点

原则：（1）双赢策略；（2）同理心；（3）适度的坚持；（4）妥善处理负面情绪；（5）拿出诚意。

要点：（1）建立规范以防不必要的冲突发生；（2）确立公平处理的原则；（3）工作职权划分清楚；（4）成立处理冲突的调解委员会；（5）加强主管人员的冲突处理技巧；（6）提供员工人际关系技巧训练；（7）委托顾问处理与仲裁。

# 第四节　控制过程的沟通策略

## 一、控制过程

控制是管理几大职能中最后一个职能，用以监督组织的各项经营活动，以保证活动按计划进行并纠正重大偏差。控制的过程一般包含三个步骤，即衡量经营活动的实际绩效，将实际绩效与计划标准进行比较，运用各种有效的方法纠正偏差。

（一）衡量过程

管理者首先要弄清楚的一个问题就是衡量什么？管理者衡量什么，组织成员就会在哪方面努力。如何对一项工作和一个人的绩效进行衡量和考察，是管理者需要思考的问题。对于那些有明确标准和数量规定的活动，比如营业额、利润率、出勤率等是很容易衡量的。对于那些没有明确标准或数量规定的活动，比如能力、态度等，则需要管理者进行思考和分析。一般来说，可采取的方式有：（1）分解目标。目标产生于计划，可以将工作或者活动分解成能够用目标去衡量的工作或活动。（2）主观衡量。虽然无论什么形式的主观衡量方法，都有一定的局限性，但总比没有控制标准要好。

要对工作或活动绩效进行衡量，还应该确定实际工作的绩效。管理者通常会通过四种渠道来获取各种所需的信息：（1）个人观察、走动管理；（2）统计报表、图表；（3）口头汇报、会议、谈话、电话；（4）书面汇报。四种渠道各有优缺点，管理者在控制过程中需加以综合运用。

（二）比较过程

将实际绩效与计划标准相比较，则可以了解实际工作或活动的完成情况。需要记住，由于实际工作中会遇到各种各样的状况，在某些活动中，偏差是难免的。因此，在计划制定的初期，就应该设定允许的偏差范围。

（三）纠正过程

将实际绩效与计划标准进行比较后，就需要运用各种有效的方法纠正偏差。

1. 改进实际绩效。如果偏差的产生是由于绩效的不达标，则应该弄清楚偏差是如何产生的，再有针对性地在下一阶段的工作中改进绩效。

2. 重新修订标准。计划中的控制标准不一定都是合理的，有的管理者可能在计划初期把目标定得过高，导致组织成员无法达到，也会出现实际绩效达不到计划标准的情况，这个时候就应该重新修订标准。需要注意的是，不要轻易降低标准。

**二、控制过程的沟通策略**

控制的内容有很多，包括人力资源控制、财务控制、信息控制等，控制的类型则可分为前期控制、同期控制和后期控制。

我们知道，实施任何一项计划，都应该"防患于未然"，这就是前期控制，即在问题出现之前就采取一些措施来防止问题的发生。这就需要管理者能够获得及时、准确的信息，并对未来进行合理的估计。

在前期控制中，管理者需要采取的沟通策略有：

1. 事先明确沟通目标、内容。在进行沟通之前要明确沟通的目标、需要了解哪些内容、获取哪些信息。还要确定沟通的方式，不打无准备之战。

2. 加强信息的获取和处理能力。前期控制的前提就是要掌握足够的有效信息，然后对这些信息进行处理，除了直接获取信息，还应看到信息背后蕴含的其他内核。

在同期控制中，管理者需要采取的沟通策略有：

1. 持续沟通。在计划实施阶段，管理者需要对计划的完成情况进行持续沟通，及时了解计划的完成进度，以及实施过程中可能遇到的困难和问题。

2. 反馈与指导相结合。组织一项计划的实施通常是一个较长的阶段，计划实施者需要定期进行反馈，管理者则需要及时给出指导和纠正，以免计划偏离目标。

在后期控制中，管理者需要采取的沟通策略有：

1. 采取客观、公正的态度。在后期控制时，绩效已经产生，控制人员应该以客观、公正的态度去看待最终的绩效结果，包括其产生的偏差、产生偏差的原因等。

2. 消除执行者的疑虑。不同的组织成员可能会对后期控制措施有不同的反应，因而需要消除执行者的疑虑，争取更多的理解和支持。

# 第五节　决策过程的沟通策略

决策是组织中最重要和最具有挑战性的活动，可能涉及其战略方向（如关于可能的合并或收购的决策），也可能仅仅涉及员工的日常活动（如关于中层管理人员岗位轮换的决定）。决策可能在经过几个月甚至几年的信息收集和深思熟虑之后做出，也可能在稍加考虑或未经考虑的情况下仓促做出。决策可能由一个人单独做出，也可能通过与有关的组织成员商议后做出，或在参与式的团体中做出。在这一节里，我们将探讨沟通在组织决策过程中的作用。首先，我们要讨论决策过程的一般模型，考察从理性模型到以直觉以及其他较弱的"逻辑"前提为基础的满意模型的转变；接下来我们再探讨组织中群体决策的沟通策略；最后重点探讨主管在决策中与下级沟通的处理方法。

## 一、决策过程模型

发现和确定问题是一种广义的信息情报活动；接着是设计消除或缩小差距的各种方案；然后要进行评价和选择，以便实施较好的方案；实施中要再审查方案，并且收集反馈。随着已决定的方案的实施，现实状态会发生变化，这个变化是环境条件同实施方案相结合的产物。这种变化再通过某种信息系统成为下一轮决策的信息。而且，随着环境条件的变化，目标也会有所变化。对于决策过程上述四个阶段的要求和方法可进一步分析如下：

### (一) 发现和确定问题

决策者根据组织的战略目标，发现和确定问题，这是决策过程的起点。所谓问题，就是现状同目标的差距。发现和确定问题（即问题的界定），要求对问题的表现（其时间、空间和程度）、问题的性质（其迫切性、扩展性和严重性）、问题的原因有清楚的了解。只有洞悉问题，才可能构想未来并且发掘一切可能的机会展开决策活动。

为了发现和确定问题，必须进行调查研究，必须对组织的外部环境和内部条件有清醒的认识。分析现状可以排除可能的偶然性和主观因素的影响，提高调查的科学价值；分析现状也有助于预测未来，决策是未来的行动方案，预测可以提供决策的根据，预测不仅要求定性的判断，也要求定量的分析，还要求定时的讨论和概率的估计。

发现和确定问题就像是医生看病，总是先要"诊断"，诊断是治疗的前奏，它要弄清有没有问题、问题在哪里、问题有多大、为什么会有问题，这以后才能考虑用什么方法治病，哪一种方案最好以及采用哪些保证疗效的措施。诊断和分析错了，全盘就错了，其结果或者是病急乱投医，或者是头痛医头、脚痛医脚。必须指出，在当今不进则退的激烈竞争条件下，企业的决策者应当具备未雨绸缪的忧患意识，不仅要善于发现企业运行中存在的显性问题，还要敏锐洞察企业运行中存在的隐性问题。

### (二) 寻找可能的方案

一般情况下，应尽可能多地寻找可能的方案，以使最后的决策可以有更多的选择余地。管理界有这样一句名言——"只有一个方案的方案是最差的方案"，说的就是这个意思。

方案的目标本身应当是明确的、一致的和可测的，不能含糊其辞、自相矛盾或泛泛而谈，而且要尽可能使用简洁的方式表述。

方案的目标应该同科学的预测相联系，对将来的有关环境、自身效果的幅度（其上限和下限、必须达到的水平）要有科学的认识，区别临时性的对策（原因未明之前的一种权宜之计）、适应性的对策（原因大体清楚而一时无法消除的一种调整处置）、纠正性的对策（针对问题的原因消除之）、预防性的对策（在问题形成以前，设法消除其产生原因）和紧急性的对策（出现意外时，缩小其不良影响的应急措施）。

方案的目标应该有自己的层次关系、优先次序和主次缓急取舍原则。

目标可以选择，达到目标的途径就更多了，拟定或设计方案的技术可以是个人研究和会议协商的各种结合。近年来常用的"头脑风暴法"着眼于在无拘束无偏见的倾听中寻找新观念和新建议；"对演法"让不同方案的制定者充分辩论，充分暴露矛盾和各方案的缺陷，使考虑更加周到，方案逐渐完善。除了这些方法之外，开发创造性思维的各种智囊技术还有很多演化和发展。

所有的方案，包括其目标和手段都应当是合法的、合理的，不能同国家法律相抵触，也不能违背社会道德，还不能超越相应的权限范围。

（三）评价和选择方案

在关于组织行为的古典理论中，决策是一个纯粹理性和逻辑性的过程。组织成员先是注意到需要为之做出决策的问题，在仔细界定问题之后，决策者再寻求所有涉及该问题的相关信息，并制定出所有可供选择的决策方案，然后根据有关评价标准对这些方案加以评估，选择最佳方案并付诸实施。人们称之为最优化模型。

在实际活动中，严格最优实际上是很难寻觅和界定的。著名的管理学者马奇和西蒙（March & Simon）认为，把组织决策看做是一个寻求足以解决问题的方案而不是惟一最佳方案的满意过程，是更为现实的。所以管理者为了"满意"可以不求所有可能的方案，而凭相对简单的经验做出决策。用商业术语来说，他们并不追求"最大利润"和"最高价格"，而只追求"适当的利润"和"合理价格"。这样就使问题简单化。马奇和西蒙（1958）建议组织决策者采用满意策略，是因为不可能制定理想的理性方案。相反，组织决策者具有有限理性（Bounded Rationality）的特征。也就是说，决策者试图做出合乎逻辑的决策，但他们受到认知上的限制（比如，人并不总是完全合乎逻辑的）和组织生活中实际条件的限制（如时间和资源上的限制）。

决策方案首先要符合组织的总体目标，这是决策的根本。其次是方案的可行性。方案的可行性取决于实现该方案必须具备的条件。决策的分析人员必须知道他的方案需要哪些条件，其中哪些已经具备，哪些经过努力以后可以具备，这种努力有多大把握成功。如果除了可控因素以外，还有不可控的因素（例如自然条件变化、国际条件变化等），还应估计其风险有多大，有没有办法（例如增加试验，提供信息等）减少风险。

各种可供选择的方案在权衡利弊以后，可能选其一，可能组合几种方案，也可能另行设计一个方案。由专家和决策者反复对话后，决策者做出选择的决定，它是在决策者的价值准则下最适当的方案，充分吸收了他人的智慧，但仍不一定是最优的。

（四）实施和监督方案

方案选定以后的实施本身，并不是决策活动，但是现代决策科学认为其中含有决策过程的因素，它们同以前的几个阶段一起构成了完整的决策过程，否则以前的决策活动仍是有缺陷的或不完整的。

试验实证。被选定的方案在全面实施之前，先在局部试行，以便验证在典型条件下是否真正可行，观察其效果表现和发展的阶段性。如果发现本质上的问题，还有再审查的余地，即使没有发现重大问题，也取得了全面实施的某些经验。

反馈。被选定的方案可能存在某种疏忽和缺陷，实施（包括试验实证）的效果作为执行原指令的后验信息被输送回决策机构和决策者，作为进一步指令的一部分原因，这是一个重要的优越的机制。在这样的观念下的实施，是一个不断的反馈的过程，也就是一种对原方案的再审查和再改进的过程，因而它构成决策过程的一个阶段，西蒙把这个阶段作为决策过程的四个阶段之一，是很有见地的。

追踪决策。这是指原有决策的实施情况出乎意料，或遭遇难以预测的重大变化，需要对方案重新审查或推倒重来（前述一般的调整已不能解决问题），实际上这是重新进行一次决策，是决策的改变。这自然是一种很重要的情况，虽然决策者总是力图避免这种情况的发生，因为科学决策本身要求一定的预测和可行性分析，但是主、客观的变化往往造成这种情况的发生，因此，它不见得是罕见的。

**二、群体决策与沟通**

组织决策又可以分为个人决策和群体决策。相对于群体决策而言，个人决策往往要简单得多。许多个体决策可以归为管理者的直觉过程（Intuitive Processes），决策者常常由于没有机会寻求信息和辩论而被迫迅速做出决策。在这种情况下，管理者在决策时往往意识不到这些决策是如何做出的。西蒙指出，虽然以直觉为基础的决策不是"合乎逻辑的"，但也并非是"不合逻辑的"。更确切地说，这种决策是以过去类似背景下的经验为基础的。可以说这种决策不是合乎逻辑的，而是类推的，也就是说，面临决策的管理者会参照过去在类似情况下的有效的经验。经过类推找到的类似方案应该还会有效，正如西蒙所言，"有经验的管理者……在头脑中有大量来自于培训和经验的知识，并且这些知识是通过分门别类和互相联系的方式组织起来的"。

很多决策都是由包括两人以上的群体做出的。由于激励成员的需要，也由于集思广益，还由于决策要靠集体去实施，所以群体决策有许多好处。但是，由于群体成员的价值和目标多元化，影响力和信息也有差异，因而群体决策有许多个人决策所没有的特殊问题，现代决策正着力研究和解决这些问题。

**（一）影响群体决策的基本因素**

群体的背景。每个群体都有自己的历史，有群体的经验和成员个人的经验，这些经验会转化为群体的决策能力。了解群体的背景可以大致掌握它会做出怎样的决策。

群体内的关系。群体内成员的相互关系能说明成员的权力、特殊才能和影响，有时派别也能起到好的作用。

群体内的信息交流。由发送者、接收者、信息者本身和反馈构成的信息交流的效率是群体决策的重要过程，如果成员之间相互尊重、交流畅通，效率就会提高。

群体对其成员的吸引力。内聚使各成员能为共同利益协作，使他们乐于支持群体的决策，而把个人的不同意见放在次要位置。

群体的气氛。做决策时，群体成员如果能够畅所欲言，又能注意他人的意见，群体就能集中精力解决面临的问题，而不至于陷入内部矛盾中去。

群体的通用规则。适当的内部纪律、习惯、保密规范有助于形成好的决策，避免低效率和不必要的忙乱。

群体的计划。群体要用计划来保证一定决策任务的完成，这个计划包括目标、议程、安排和主持人，事先应使每个成员了解该计划；计划要有一定灵活性，以便适应具体情况和满足成员方便。

群体的领导人。领导人不应只是严格控制成员，也不应随大流，而应该把握解决问题的适当路径，把其他职权授予成员共同分担决策负担。

（二）群体决策中的沟通策略

群体一般对其成员行为有若干规定，期望每个成员都按标准规范行动，这种期望就会成为使成员行为协调的群体压力。现代的研究和经验表明，协调的倾向是个人内在认识过程的结果，当个人发现自己对情况的认识同别人或整群不同（这时的精神状态称为认识上不协调），就会产生不愉快心理，它会成为努力减少不协调或实现协调的一种刺，并出现下列不同的做法，包括：自我批评；批评群体；探讨使不一致认识成为一致的根据；认为个人认识有差异理所当然；脱离群体，保持独立；认为并不存在真正的分歧。

群体成员间越和睦团结，个人与众不同的思想改变他人的可能性就越大，一般应该允许甚至启发多种价值观和见解的存在，实现不太拘束的决策，办法是：领导者鼓励成员提出自己的评价；领导者及主要成员在讨论的最初不应表态；请其他群体研究同样的问题，利用其成果；聘请外部专家对群体的不同意见发表看法；鼓励每个成员对别人的方案挑毛病，也鼓励有意站在竞争者立场上考虑问题；扩大参加讨论的人数；取得某种一致意见后，在时间允许的情况下应继续跟踪观察和评论。总之，中心问题是在群体的压力和成员的自律之间取得较好的平衡。

### 三、主管在决策中与下级的沟通

在实际的操作中，有的主管虽然自己有了完整且完善的方案，但放在自己的心里不说，而问计于下属，当认真听取下属陈述完解决问题的方案后，会根据下属方案与自己方案的差异程度采取不同的处理方法。

（一）当下属方案和自己方案完全一致时

当下属拿出的方案和自己的方案一致时，主管会以欣赏的心态和语气说："好！这主意好！就照你的意见办。"如此一来，主管就在表扬下属的过程中"轻松"完成了自己的决策。而下属在得到主管的欣赏和肯定后，则会全力以赴地、创造性地执行决策方案。因为下属的心中充满着成就感、自豪感：自己不仅是直接的操作者，而且也是设计者。当自己在干自己愿意干的事情时，思维肯定是积极的，思维的方向会全部指向成功，集中于成功。下属在此种状态下执行任务，其结果肯定是出色的。

（二）当下属方案和自己方案大体一致时

当下属的方案和自己的方案大体一致，也就是说下属的意见和主管的意见虽不完全一致，但重叠的部分很多。其方案虽有一些不妥之处，但主管会鼓励地说："你的意见很好，照此做就行了，但有一点需要注意……"于是主管就把自己的意见以商讨的口气提出来，下属就会很容易理解，并按修改后的方案执行。这样做的效果会很好，因为主管首先肯定了下属的意见，即使修改也是在肯定的基础上修改的，于是修改的过程也是下属领会上级意图的过程。这样做，下属同样会怀着自豪感和成就感来完成任务，同样会在执行任务过程中积极地把思维打开，一切朝着成功的方向去努力。

（三）当下属方案和自己方案出入很大时

当下属的方案和自己的方案重叠性很小，而且下属的方案有明显的不可行性的时候。

尽管主管认为下属的方案中正确的程度只是很少一部分，哪怕只有百分之一，但也会说："好！你的方案中有一点很好，就是应该这样做。"然后针对方案中的不足之处与下属平等地展开研讨，最后双方在相互的研讨中取得一致意见。这不仅是下属和主管意见沟通的过程，也是上级听取下属意见的过程，是上级不断完善方案的过程。这样的方案的出台是在肯定下属方案某一部分的基础上而来的，下属在执行此方案的过程中，会认为该方案中有自己的智慧，自己就是这个方案的最初设计者，同时自己还是方案的操作者。而且在讨论过程中，主管也听取或采纳了自己的意见，满足了自尊感。这样，下属在执行方案的过程中，同样会尽心尽力、尽职尽责，出色地完成任务，奔向成功。

（四）当下属方案和自己方案完全相左时

如果下属的方案和自己的方案完全不一致，即使下属提出的方案毫无值得肯定之处，有的主管也不会立即否定，而会以商量的口气说："你看这样行不行……"双方在平等友好的协商过程中，新的可行方案也就产生了。下属首先是理解了这个方案，另外也参与了方案的制定过程，认为方案中有自己的智慧，同时自己也感觉受到了主管的尊重，有一种自尊的满足感。因此，下属在执行方案的过程中自然会积极地打开思维，朝着成功的方向前进。

（五）当自己举棋不定、没有主意时

当主管没有方案时，会主动礼贤下士，广泛收集意见，走民主集中的道路，从而做出正确决策。无论如何贤能的主管，也不可能事事时时都是智多星，主管也有没主意的时候。好的主管此时会通过各种方式认真征求下属意见，下属看到主管如此下问和民主，也会竭尽全力来为主管出谋划策，从而使主管产生一个民主的、完整的优质方案。下属在执行此方案时，会认为主管采纳了自己的意见，感到自豪和光荣，从而积极、创造性地完成任务。

# 关 键 概 念

组织社会化　　面试　　决策　　群体决策　　激励　　组织变革　　冲突

# 复习思考题

1. 组织社会化过程中的沟通策略有哪些？
2. 如何通过沟通更好地进行激励？
3. 组织变革过程中应该采取哪些沟通策略？
4. 管理者应该如何解决冲突？
5. 假设你是一班之长负责一次班级春游，应如何与班上同学进行沟通以确保活动成功举行？

# 第十章
# 沟通技术

**本章学习掌握要点：**

● 　信息技术对沟通的影响

● 　管理沟通中新出现的技术手段

　　人类已经进入 21 世纪，社会的发展步入快车道。20 世纪 90 年代以来迅猛发展的以计算机、通信和网络技术为代表的信息技术的日新月异，给社会发展插上了腾飞的翅膀。人们谈论最多的莫过于计算机、数字化、网络和通信。没有哪个人或哪个企业可以独立于信息技术之外生活、学习和工作。因此，我们关于组织沟通的讨论也无法无视信息技术的发展而孤立的进行。

　　信息技术给社会带来的最大的影响，不在于其作为一种技术手段，使生产力获得了飞跃式发展，提高了日常工作效率；而在于其作为一种媒介，重新划分了社会的资源配置，改变了个体生存、企业经营的外部环境，从而引发企业、个体对其发展进行再思考，并作出适应性调整。因此，面对信息技术的冲击波，组织要做的远不是简单地购置一套硬件，实施一套软件系统，而是借助日臻完善的技术手段，重新审视企业的战略发展，重新设计企业的业务流程，从组织结构和管理模式的角度推敲工业时代的理论和观点，并基于创新的管理模式和改革组织结构，谋求新型的沟通方式和介质。

## 第一节　技术在提高沟通效率中的作用

　　企业离不开现代信息技术的支持。信息技术的运用也会对管理沟通产生深刻影响。正如威廉·布里奇斯所认为的："科学技术的发展，要求人们学会各种全新的做事和与人沟通的方式。"对于企业来说，新的信息技术手段的应用，也导致新的管理沟通形式和战略。

### 一、信息技术对管理沟通环境的冲击

　　20 世纪 80 年代，信息技术革命席卷全球。打字机被文字处理机替代，庞然大物的文件柜已完成其历史使命，让位于数据存储器。跨地区的商业会议由于可视电话的产生随时随地即可召开。

不同于以往的工具革命、交通革命、光学革命、听觉革命，沟通媒质革命伸展和拓宽了人脑的思维空间。计算机，作为沟通媒质革命的核心技术，从多个方面增强了人的智能。

首先，软盘、硬盘、光盘、大型数据存储器通过计算机的驱动成为人脑的强大延伸——"外脑"，使记忆力呈指数增强；其次，计算机所展现的计算能力使人脑叹为观止；再次，计算机也能对存储的文件进行质量检测，只要预先输入程序，计算机便可以进行文字检查，而且既快又准。IT（信息技术）正在把世界经济由工业经济时代推进到知识经济时代，成为知识经济的核心技术。网络的诞生引发更多的观念，为了不被历史无情地抛弃，企业必须更新观念。网络使企业组织分子化成为可能，组织内部的员工，更应该被称为知识工作者，成为企业的最小单位，可根据工作的需要作机动组合，通过网络合作，以知识与创意为产品创造价值。互联网的出现，也改变了企业竞争环境与方式，小企业可以通过网络整合资源，结成同盟，建立网络化的组织，从而与大企业竞争。大不一定强，小不一定弱，竞争的胜负不一定取决于资本和规模。

**（一）竞争法则的变化之一：不破不立，不进则退**

网络时代的竞争特点是，竞争规模更大，竞争时机稍纵即逝，竞争策略"差之毫厘，失之千里"。一夜之间，行业的领头雁可能就会处于竞争劣势，原因就是对新生事物的认识稍迟于竞争对手。这种实例比比皆是。20世纪80年代，蓝色巨人国际商用机器公司IBM在对386芯片的认识上略显迟钝，在英特尔向它们推销386时，它们却认为286芯片的表现已经够好了，数年之内它们不再需要新的。于是大好的以微处理器为心脏的PC（个人电脑）的市场拱手让与康柏、宏基等在当时名不见经传的小公司。

计算机和通信技术的发展遵循着摩尔定律。由英特尔公司创始人之一的戈登·摩尔提出的这一定律指出，芯片所能容纳的晶体管数量，以每一年半至两年为一个周期，逐期倍增。这意味着每经过6.6年，芯片功能提高10倍，隔13年提高100倍，经过20年，将增至1 000倍。这预示着高科技业界的竞争者必须以摩尔定律的指标速度推陈出新，随时以新的产品淘汰现有的产品。这预示着竞争是无情且毋庸置疑的，不破不立。只有通过不断淘汰自我，才能获得持续发展。英特尔公司最近十多年的发展正是对这一道理的最好诠释：286，386，486，奔腾，奔腾II，奔腾III……，一路过来，犹如"逆水行舟，不进则退"。

**（二）竞争法则变化之二：生命不息，学习不止**

摩尔定律所揭示的高科技领域快速变动发展的特性，在驱使企业不断创新和变革的同时，也在向企业昭示着组织与个体必须持续学习。一方面，知识老化的速度日益加快，另一方面，新的知识不断扑面而来，没有哪个企业和个体可以高枕无忧地认为其在某一阶段的知识储备可以永远满足需求。惟有不停地学习新技术、新理念，组织和个体才能永远站在时代发展的浪尖。

因此，学习成为网络时代、数字化时代企业制胜的法宝。学习能力也渐渐凸现为企业的核心能力。

然而，组织学习的秘诀又在于以团队为学习单位。因为团队里各成员间的自由辩论和互相切磋，无疑对每个参与者都大有裨益。"头脑风暴法"的每次使用，在解决问题的同时，对每个成员来讲又何尝不是一次学习的机会？

（三）竞争法则变化之三：团队协作，互动共荣

面对网络时代的快速竞争，缺乏协作的个体独立工作方式显得捉襟见肘。为了获得更大的产出，企业组织结构出现团队化的态势。随着团队化作业的发展，"团队精神"在高效准确处理日益复杂的任务中发挥了无可比拟的作用。这种由信息技术和网络技术推动的团队化趋势和团队精神在曾经是孤胆英雄主义大行其道的美国更是得到了飞速发展。

信息技术和网络技术衍生的团队协作和团队化，并不同于在日本由来已久的植根于日本本土文化的团队文化。网络时代的团队文化强调参与，而日本企业曾经风靡一时的团队文化强调服从；网络时代的团队文化建立在对个体、知识的尊重的基础上，而日本的团队文化则以亲情为纽带。

（四）沟通主体之一：管理者角色的转变

信息技术日新月异的发展和更新，信息技术在商业企业快捷的应用和推广，不仅提高了管理和运营的效率，也改变了企业运作和管理模式。信息技术及其在商业领域的应用，向工业时代形成并得到尊重的种种传统策略提出挑战，摆脱传统组织分工理论的束缚，以任务和作业为中心，面向顾客和员工，强调自治管理和授权的新型的管理技术和手段如雨后春笋般凸显出来，传统的基于"命令与控制"的管理策略正在被注重"集合与合作"的公司内部和公司之间多团队的管理方式所取代。

随着信息时代的到来，管理者比以往任何时候都需要在公司内外更好地进行信息交流与管理沟通。新技术与交流工具使管理者和公司成员能够通过电子网络分析信息和观点，使公司能够以比以往更经济更有效的方式与其在全球的合作伙伴、供应商和顾客保持联系。然而，"信息爆炸"也产生了许多负面效应，并已成为影响管理效率的障碍，各种电子、印刷、多媒体信息耗费了人们大量的可以创造利润的工作时间。

信息时代向管理者提出了新的挑战，管理者要保证其组织的管理沟通与信息交流得到全面的管理，以最小的投入获得最大的产出；同时，管理者还必须保持各种管理决策能够在向下传递过程中不"走调"，并对员工、顾客、合作伙伴、投资者和支持者产生预期影响；而且，来自于员工、顾客、合作伙伴、投资者和支持者的各种建议、要求等信息，要及时反馈到管理者的"接收器"，以确保管理决策的准确性和前瞻性。

传统上，管理侧重于公司内部的关系，每个员工和每个管理人员的位置都可以被明确的界定，负责汇报关系也被清晰界定。在知识经济时代，企业生存的外部环境发生了重大变化，企业与它的商业伙伴、供应商、顾客以及顾客与顾客之间的关系是一种平等的关系。这种关系不同于严格的等级之中的上下级关系。相反，外部的关系基于信任和共有的利益。不同的部门、相关的部门之间必须仔细倾听、尊重和诚实。随着不同的公司用电子数据交换、技术数据交换和因特网彼此联系，它们开始共享长期计划和购买意向。

同时，纵向分层次、横向分部门的传统的金字塔结构被打破，企业组织结构出现扁平化，像一块"比萨饼"。横向职能部门间不可逾越的分界线被拆除，以作业和任务流程为中心进行再划分，各职能部门的活动出现并行化趋势，而非按传统的顺序化进行。

这一外部关系的转变，迫使企业对传统的命令和控制理论进行重新评价。

（五）沟通主体之二：雇员——员工——知识拥有者

信息技术革命的主体无疑是人，而非计算机。在这一场革命中，人的体能和智能得到极大程度的拓展和延伸。同时，人的心智模式、观念、态度也获得了前所未有的转变和发展。人在组织中扮演的角色也发生了本质的变化。从最初的狭隘利益驱动的经济人，发展为有尊重需求的社会人，到现在崇尚自我实现的知识人。

如今，视人为谋求生存的雇员的观念显得愚蠢而无知，而视他们为寻求归属感的员工的观念也变得落伍和不合时宜。因为在这种观念下的员工，依然走不出组织和科学管理原理所预定的程序和框架，其探索精神和创造力仍然得不到充分释放。只有将他们看成是拥有知识的人，是技术的使用者和发挥者，这样我们才能做到对人力资源的重要性认识不仅停留在意识的层面，而且提升至挖掘人力资源的行动的层面。正是信息技术引发的这场革命，使得追求个人价值的实现与组织的价值的实现得以有机结合。当我们把员工描绘成网络中的节点或决策点时，我们才会感觉到要充分授权。获得授权和认可的知识拥有者才能通过发挥自身的创造力实现企业的目标。

## 二、信息技术与管理沟通

由于信息沟通在组织中无所不在，因此信息化技术的应用，对于管理沟通本身有十分重要的改善作用。沟通是目的，信息技术为沟通服务。

第一，信息技术的应用加快了沟通速度。信息技术的应用，对企业的内部沟通来说，其首要的意义就是网络和计算机技术，通过信息的数字化，加快了信息沟通的速度，使企业的信息沟通成为一种快速的沟通。

第二，信息技术改变了沟通流程。信息化技术的应用或者说企业信息化，使沟通的流程发生变化，并使沟通的方式、手段与类型也有了新的形态。信息技术使网际的虚拟沟通成为可能。

第三，信息技术影响沟通效果。信息技术对沟通的信息量、速度都有积极意义，可以改善沟通的效果。但信息技术对于沟通效果也是一柄"双刃剑"，信息技术应用带来的信息过剩问题，也会导致沟通结果的混杂和无序。

第四，信息技术创造了全新的沟通工具。信息技术使企业沟通工具越来越丰富，继传统的人际与书面媒介的沟通工具之后，出现了计算机、网络等电子沟通媒介。

但是，信息技术在沟通中的应用，也带来一系列的新问题，如网络沟通中的信任、信息的过剩等，都给沟通带来新的挑战。

## 三、信息技术与知识、组织

信息技术与知识的共享、创新和融合有互动关系。知识型企业的第一资源是知识，而知识的分配则主要靠沟通和学习来完成。因此可以把信息沟通技术称为组织支持技术，同时也可以把信息技术称为信息沟通技术。

同时，信息沟通技术手段又与组织形态互动，组织类型决定信息技术手段，技术手段创新促进组织结构演变。广泛的知识包括正式的、非正式的交流和多种学习及知识的共享。这种共享可通过互联网、书本、杂志、邮件、协会、合作者、会议等方式获得。

信息沟通技术包括一些传统的方式，如书籍、会议、手册、内部简报、报表等，更重要的是以电脑和其他信息技术为基础的接收和存储系统，特别是计算机硬件和软件、因特网和企业内部网、电子邮件、数据库和电子图书馆等。

组织是指企业的组织架构、流程和管理框架。实行企业网络化、扁平化、虚拟化的新型组织架构，这里主要是指知识型企业网络化、扁平化、虚拟化的新型组织架构。

虽然广泛的知识与组织是知识型企业的内涵，但没有信息沟通技术的支撑，企业就难以运转和形成。

（一）信息沟通技术对形成新型组织的作用

信息沟通技术是促使组织结构变革的催化剂，而组织变革又是充分发挥信息技术结构作用的前提。每一种企业的组织形态，从根本上讲，与企业可以运用的内部管理手段和技术是互动的关系。知识型企业必须有计算机网络等信息沟通技术的支撑，没有企业内部的技术联网即局域网，知识型企业就难以形成柔性的、动态的网络组织架构。正如彼得·德鲁克认为的，面对信息技术的挑战，中间管理层的大规模存在的必要性已经丧失。"中层经理的职位在相当大的程度上会被信息基础设施所取代。"因为在传统的科层组织中，中层经理在很大程度上起着承上启下的信息存储、加工和传递的作用，信息技术取代部分的中层管理人员后，就实现了组织结构的创新。

（二）信息沟通技术对形成广泛知识的作用

知识的广泛性必然来自于沟通。没有沟通的情况下，知识是隐性和非流动的，企业内部难以形成知识的共享，知识的积累就不可能做到广泛和丰富化。信息沟通技术最显著的优点就是能实现信息的低成本存储、方便的修改、高速流动和有效使用，从而为企业信息流动和内外部的沟通创造了条件。

信息技术对于形成知识的重要意义首先表现在数量上。因为没有传输知识的工具，就不会有广泛知识的积累。其次表现在速度上。只有现代的信息沟通技术，组织才能抓住稍纵即逝的信息和知识。最后表现在传递知识的质量上。现代的信息沟通技术可以准确快速地传递知识，并能进行知识的分类和筛选。

（三）信息沟通技术与组织员工分布和职能变化

由于利用现代信息沟通技术，如用计算机进行相关的业务分析，如财务数据、市场和消费者数据的整理等，可以将企业员工特别是知识型员工转移到更高层次的关于产品、服务和营利以及关于企业重要发展战略等重大事务中去，从而使企业的人员分布更为合理，更多地发挥知识人才的作用。

按照西蒙的观点，信息沟通的方式，很大程度上决定着决策制定功能在整个组织当中的分布方式，以及这一职能在组织中应当是什么样的分布方式。同时，组织中的信息沟通是一个双向过程：它既包含向决策中心传递命令、建议和情报，也包含把决策从决策中心传递到组织的其他部门。在组织的多个层次上，都存在着与决策有关的信息和知识。

**四、信息技术与企业沟通**

近年来，企业通过信息化以提高沟通效率的技术发展是令人目眩的，并且还在不断更新。为了更好地理解这些技术，可以用表 10-1 予以表示。

表 10-1 企业沟通新技术示例

| 技术手段 | 描　述 |
|---|---|
| 电子邮件 | 使用者在计算机终端创建书面文档并通过计算机将其发送给其他使用者。信息可以回复、存档或者删除 |
| 语言邮件 | 通过电话可以留言或是恢复语音或者是语音合成信息。可以对信息进行编辑、存储或发送 |
| 传真 | 通过计算机和电话将文本的图像传送到另一方 |
| 视频会议 | 允许与会者在不同地点参加集体会议。可以传输声音、图像和图表资料 |
| 计算机和网络会议 | 允许同步或不同步参加特定议题。参与者可以向个人或全体与会者发送信息。一般包括对与会者进行投票统计和保留议程记录的功能 |
| 管理信息系统（MIS） | 通过电脑系统将整个组织的信息存储、合并，以供制定决策时恢复和使用 |
| 决策辅助系统（GDSS） | 配置计算机和通信技术来维护数据源、增大信息容量，为个人和团体提供决策架构 |
| 局域网或广域网（LAN，WAN） | 通过特定团体或其他组织间的个人电脑联网，共享计算机资源 |
| 互联网与万维网（WWW） | 互联网作为世界范围内主要计算机电信设备连接的复杂系统，万维网可在因特网基础上以多种途径提供图表、信息资源，并登录信息网站 |

从表 10-1 可以看出，企业的信息化是应用信息技术的过程，是逐步进行的过程；企业信息化使企业的信息处理能力大大提高，并对企业的各个方面，特别是内部信息的流动带来广泛而深刻的变化。新兴信息沟通技术对知识型企业的沟通有广泛影响，与传统的不应用信息技术的企业相比，知识型企业的沟通内容、方式、结果乃至结构流程都发生了一系列新变化。下面我们可以从四个方面逐一进行比较。

（一）信息技术与沟通内容

从沟通内容的影响来看，首先是对沟通信息容量上的影响。众所周知，每一种沟通技术的出现都会极大地扩充信息的沟通容量。如电话的出现，使在千里之外的远距离传递信息可以达到与面对面沟通一样的效果。信息沟通技术的出现可以大大扩充信息容量，如企业通过上网，可以十分便利地获取大量的行业、市场、消费者和竞争对手的信息。

但我们在注意大沟通容量这一无需讨论的问题的同时，我们更关注容量背后的东西。根据传播学的技术"溢出效应"理论，在人际沟通即面对面沟通中，各自会得到或"溢出"各式各样的提示信息。而通过电子邮件或其他网上方式的沟通时，互动中就不可能滤出语言信息和非语言信息。这种信息的"溢出效应"，由于通过网络或其他电子媒介如 E-mail 等不能传递或获得，会导致抑制社会和情感内容的沟通。比如，许多人通常用表情或语调来表达愤怒或情感，而不是通过语言。基于许多电子媒介无法传递这些非语言提示信息，一个看似合理的结论会使社会情感的沟通内容受到限制。因此，有人认为虽然信息技术对知识的沟通起到十分积极的作用，可以大大丰富知识和信息的沟通容量，但由于电子媒介沟通的非人际性和不能面对面（Face to Face）地进行，因此反而导致人际间情感的隔阂和疏远，不利于激发人的一种团队精神和共享知识的激情，制约了沟通的效果和内容的增加。

但一些学者的研究似乎并不支持这种观点。如斯布鲁和凯斯勒的研究认为，由于许多电子媒介具有距离性和匿名性，使用它们沟通社会情感性信息反而更加不会受到限制。他们发现以计算机为媒介的沟通中有许多宣泄激愤的内容。

另外，对沟通内容有更大影响的是知识量和信息量的问题。由于以信息技术为基础的沟通内容大大增加，因而也带来信息量及知识量过剩的问题，如果通过信息技术传输的大量知识和信息不能及时得到处理，那么它们就像垃圾一样，反而使信息沟通产生拥堵问题。如申克在其研究中谈到的信息浓雾，就是指被电子邮件、移动电话、网络、传真机以及各种大众媒介资源所提供的纷繁信息包围的状况。在企业中，需要信息技术的参与以提高信息量，但大量而繁杂的信息的出现，如果与处理能力不相适应，反而会影响整个组织的效率。

（二）信息技术与沟通方式

信息沟通技术在知识型企业中的应用，使其沟通方式与传统企业相比有了很大变化。对于沟通方式及其变化，可以简要概述为四个方面：

1. 增加组织网络化沟通

在没有应用信息沟通技术的传统企业中，其组织架构得不到相关的技术支持，往往呈现典型的金字塔形或科层现象，企业管理层掌握稀缺的资源，并由上而下进行组织控制。而在知识型企业中，由于其组织架构呈现由科层向网络化演进的特征，特别是通过信息技术或联网，员工的网络化沟通方式，也就是相互沟通会有明显增加。这方面1984年就有学者进行了较为系统的研究。

2. 互动式沟通方式的出现

在信息沟通技术条件下，一方面沟通更为方便和迅捷，另一方面企业内部也可以建立局域网、广域网，其沟通的反馈速度大大加快。这样，组织内部可以建立一种立体式互动沟通方式。所谓立体式互动沟通方式，是指很多人参加的、有序的、相互反馈的沟通方式。在传统沟通中，如一个大型的会议，虽然人很多，但很难进行有序的、互动式沟通，因为无序和噪声会很快把沟通的场所淹没，因而沟通难以进行。而通过企业内部网络和信息技术，企业员工可以进行整体有序的讨论和沟通，并有助于进行决策。如在决策方面，大家可以通过鼠标的点击迅速做出；而在信息和观点方面也可以迅速归类。

3. 传统沟通手段的新演变

由于E-mail、语音邮件、视频会议、网上交流工具等的出现，使沟通方式出现升级现象，并会形成新的格局。传统的会议、培训、面试、看板管理等方式会逐渐被新的沟通方式替代，或者是这些沟通方式会逐渐地演变和整合。培训的方式可能演变为网上培训以及员工的自主式培训，而传统的聚会式会议逐渐会被网络会议所取代。

#### 4. 沟通技术对组织权力的影响

信息沟通技术的引入同时会提高掌握相关技术的组织人员的突出地位。哈丁曾认为，由于沟通技术的引进，导致组织内部权力的变动和转移，从而使一些掌握独特信息技术资源的人在组织中的地位不断提高。他认为，如果为提高决策的科学性，一家公司准备引进一套电子专家系统，在以往工作中使用过类似系统的员工就很可能会成为该组织沟通网络中不可或缺的一员，会提高其在组织体系中的作用。虽然沟通技术的引进，使熟悉和尽快掌握计算机技术或知识沟通技术的人的地位，变得越来越重要，但有研究也表明，计算机技术的应用有助于提高团体互动中的平等性。桑德斯等认为："当没有标志地位差异的形象和其他非文本信息时，个体将比在面对面互动方式下更加平等地参与工作。"出现这样的变化，显然对追求人际平等和人本文化的知识型企业的运作，是十分有利的。

#### （三）信息技术与企业沟通效果

由于信息技术的应用，沟通的效果更明显，沟通速度、容量等方面都有提高。但信息技术也是一柄双刃剑。信息技术的应用不当，也会对其沟通效果带来不利影响。以下主要是从几个方面来探讨信息技术在微观层面对沟通效果的影响。

#### 1. 联盟的出现，使集体决策科学性更强

一些研究表明，由于电子信息技术的应用，使企业的视频和音频的会议或网上会议与面对面的会议方式相比，更容易结成联盟。所谓联盟，就是在网上的会议沟通中，一些利益或兴趣相近的群体更容易达成一致的意见，并共同迅速行动去支持或反对一种意见。这主要是因为在网上或视频会议中，由于没有"溢出效应"，群体会议中的情感和非理性的行为明显减少，参与者考虑问题更趋于进行理性的推测，而不是在社会压力（Social Pressure）下屈从。由于容易结成联盟，则对决策产生一定程度的影响，如决策可能更趋向采取投票的方式来做出，并且团体中的领导者作用被弱化，因而决策更富科学性，这就增加了决策的正效应。

#### 2. 团体决策受相关系统影响，出现新的形态

近年来有研究表明，在信息技术广泛应用和管理信息系统较为完备和发达的企业中，特别是在知识型企业中，团体决策的质量会受到它们使用的集体决策辅助系统（GDSS）的影响，并受到另外一些决策支持系统和专家系统的影响。英国学者普尔、沃森以及德桑克蒂斯等发现，借助于集体决策辅助系统的组织虽然在决策中效率更高，但对可选择解决途径的全面性、批评性的讨论会少于往常。这主要是因为决策者将部分原本应该用于评估各种解决方法的时间都花在了解和使用新的信息技术上了。由于这些软件的应用，虽然一些讨论会减少了，但由于合理的程序和更为充分的模拟以及数据的支持，企业决策的科学性会增加。但这还要取决于应用者是否能输入更多的环境信息和决策影响因素，形成更近似的模拟环境。

#### 3. 参与决策员工的增加，使决策的范畴和效果受到影响

组织成员的参与对组织决策产生直接的影响，这主要体现在两个基本方面：一是它能够比较充分地满足组织成员的高层次的需求，从而增加他们对工作的满意度，有利于提高工作和决策的效率。二是参与决策可以发挥员工的聪明才智，使决策的正确程度相应提高。信息沟通技术的运用，使员工参与决策的沟通渠道大为畅通，因此员工参与决策的机

会更多，企业的决策将不再是管理者的决策，而是真正的集体决策，决策的结果必然会形成企业的共同前景。员工可以通过企业的局域网发表意见，也可以通过 E-mail 直接与领导者或负责人沟通，而且领导者也可以更迅速地了解员工的心态和意见，从而增强彼此之间的互动性。

（四）信息技术与沟通空间

沟通空间（Communication Space）在信息技术对沟通的内容、方式、效果等产生影响并使之有所改变以后，其格局也发生了一些变化。

1. 沟通减少时空的制约

技术对企业的直接影响表现在可以改变当前安排和规划组织的方式。因为技术使远距离和非同步的沟通成为可能，所以很多企业可以成为虚拟的和模块化的组织，共同工作的人通常不必在同一场所办公。如当前出现了分布式工作（Distributed Work）、远程办公（Telecommuting）、弹性工作制（Nextime）、虚拟办公（Virtual Office）。以上方式，都可以使员工通过多种信息渠道，在不同的时间和不同的地点协同办公。由于组织结构的变化和组织空间的拓展，也相应构成了一个虚拟的、扩大化的沟通空间。这个沟通空间的出现，又赋予了沟通新的内容。

2. 网上沟通形成的网上空间

信息技术的应用，使企业 LAN 和 WAN 的应用十分广泛。在应用 LAN 和 WAN 进行沟通时，网上沟通成为主流，企业又出现了一个网上的虚拟沟通空间。这个网上虚拟沟通空间，一方面为知识和信息的沟通及共享创造了条件，但另一方面，网上沟通空间也有一个边界（Border）问题，即这个边界如何处理知识与知识、信息与信息之间的关系，有些知识和信息应控制在什么范围，并保证一些知识和信息不应超出相应的范围，以减少因"溢出"而造成的副作用。如果对网上的信息量与知识量进行一定的把关和控制，则又会出现一个电子信息沟通渠道的把关人（Gate Keeper），这个"把关人"的眼光、标准及如何判断取舍的价值观又对整个沟通的过程有直接的影响。从总体上来说，网上虚拟沟通空间将成为知识型企业与实体或称之为物理沟通空间相并行的沟通渠道。

3. 信息沟通技术与组织设计的互动关系

信息化沟通技术的出现与应用，是否会自动革新企业沟通以及必然提高企业的沟通效果，这是一个有较大分歧的问题。有的研究者认为，通过信息技术的应用可以自动改善企业的沟通现状；而有的学者则提出反对意见，认为信息化技术的沟通手段，依然要根据其特点，进行组织流程、人员以及沟通内容的再设计，并进行规划后才能实施。

企业信息化技术条件下的沟通，不能过于依赖计算机等新技术，而是要根据组织的特点，对信息化技术本身进行规划和调整，加速沟通手段和方案的创新。正如一些学者在评价电子商务时认为的：电子商务会影响组织的结构。因为组织结构必须能够赋予企业面对市场要求做出响应的能力。公司必须自问要如何才能设计出并且实施这些新的组织结构、如何才能将移动式计算机（Mobile Computing）及软件经纪人这些新的科技观念加入企业流程设计中来。实际上，信息化的沟通技术也需要进行相关的组织设计与调整。

# 第二节　管理沟通中新的技术手段

在进入本节的论述前，我们先来看一位普通的商务人士半天的工作情况：亨利每天早上8：30准时来到办公室。他做的第一件事，就是看看昨晚有没有传真过来，因为在他离开办公室时，他总是把传真机开着。

他要做的第二件事，就是看看语音信箱里有没有留言。他一边听着语音信箱里的留言，一边启动电脑，看看有没有电子邮件。他习惯于每天检查三次他的电子邮箱——第一次是在早上，当他来到办公室的时候；第二次是在下午早些时候，当他回到办公室的时候；第三次是在他离开办公室前几分钟，当他准备回家的时候。

亨利的语音信箱里有好几条消息。此外，他还收到了一些电子邮件以及几份传真。他拿起电话和一些语音信箱的留言者谈了起来。在此之后，他回复了几份电子邮件，目的是使那些给他寄发电子邮件的人感到满意。最后，他花了大约20分钟的时间，给有关人士发了传真。他刚把这一切处理完毕，就被叫去参加总经理召开的晨会。

他午饭刚吃完，手机就响了，是香港分公司经理打来的电话，要他对与香港某不动产集团一份新合同的签订拿出最后的意见。由于公司的副总经理正在渥太华，亨利告诉分公司经理：一旦他和副总经理联系上后，他会立刻回电。与分公司经理的电话刚打完，亨利就拨打副总经理的手机，询问他对那份合同的看法。副总经理让他把意向合同传真过来，在他做出最后决定之前，他需要把那些条款看一下……

人们完全依赖有线电话、依赖彼此写信或是在紧急情况下靠发电报来传递信息的时代一去不复返了。人们——尤其是现代商务人士在享受高科技所带来的便利及其所产生的效率。尽管人们今天还在彼此写信及使用有线电话，但他们越来越多地使用其他方式来更有效地进行沟通。事实上，今天的商务沟通因技术手段的改进而获益匪浅。

使商务人士最为担心的，莫过于沟通时的效率。要在今天的全球市场上具有或是保持自己的竞争力，首先必须要做到与其他商务人士的沟通高效无误。有时候，片刻的耽搁会导致一个大好商机的错失，更不用说耽搁的时间超过24小时或是更长。解决效率问题的出路，即在于掌握沟通技术。事实上，当我们在谈论"信息高速公路"时，美国人所关心的是"信息超高速公路"，这是他们国家信息基础设施计划的一部分。借助"信息超高速公路"，人们不仅能够被动地接收种类繁多的信息，而且能够交互式地索取他们所需要的信息。

本节我们主要介绍电子商务、电子邮件、公司数据库、电子会议等新的技术手段在管理沟通中的运用。

## 一、电子商务

### （一）什么是电子商务

Internet为人类社会创造了一个全新的信息空间。在这一空间里，人们用数字信号在网上交换邮件、讨论问题、阅读、写作甚至游戏。商业活动，作为最基本、最广泛的人类活动，自然会渗透到这个空间中，于是人们想到了用数字信号在网上开展商务活动。因此可以说，电子商务是人类经济、科技、文化发展的必然产物。它是信息化社会的商务模式，是商务的未来。

电子商务并不神秘，也绝非高不可攀。通俗地说，所谓电子商务，就是在网上开展商务活动。当企业通过企业内部网（Intranet）、外部网（Extranet）以及 Internet 与企业职员、客户、供销商以及合作伙伴直接相连时，其中发生的各种活动就是电子商务。

电子商务是计算机网络所带来的又一次革命，旨在通过电子手段建立一种新的经济秩序。它不仅涉及电子技术和商业活动本身，而且涉及诸如金融、税务、商贸企业、金融机构、政府机构等各种具有商业活动能力的实体利用网络和先进的数字化传媒技术进行的各项商业贸易活动。这里强调两点，一是活动要有商业背景，二是网络化和数字化。电子商务是基于 Internet/Intranet 或局域网、广域网，包括从销售、市场到商业信息管理的全过程。在这一过程中，任何能加速商务处理过程，降低商业成本，增加商业价值，创造商业机会的活动都应该归入电子商务的范畴。它将公司内部员工、顾客、供货商和合作者通过网络联系起来，不仅解决交易问题，还解决协作、服务问题。

（二）电子商务的一般框架

电子商务影响的不仅是交易各方的交易过程，它还在一定程度上改变了市场的组成结构。传统市场交易链是在商品、服务和货币的交换过程中形成的，现在，电子商务在其中强化了一个因素——信息。为了更好地理解电子商务环境下的市场结构，下面简单介绍电子商务基础设施的各个部件。

1. 网络基础设施

信息高速公路实际上是网络基础设施的一个较为形象的说法。多媒体是实现电子商务的最底层的基础设施。正像公路系统由国道、城市干道、辅道共同组成一样，信息高速公路也是由骨干网、城域网、局域网层层搭建才使得人和计算机能够随时同整个世界联为一体。

2. 媒体内容和网络宣传

有了信息高速公路只是使得通过网络传递信息成为可能，究竟坐怎样的车要看用户的具体做法。目前网上最流行的发布信息的方式是以 HTML（超文本链接语言）的形式将信息发布在 WWW 上。网络上传播的内容包括文本、图片、声音、图像等，并将这些多媒体内容组织得易于检索和富于表现力。但网络本身并不知道传递的是声音还是文字，它把它们一视同仁地看作 0、1 串。对于这些串的解释、格式编码及还原是由一些用于消息传播的硬件和软件共同实现的，它们位于网络基础建设的上一层。

3. 传播信息的基础服务

信息传播工具提供了两种交流方式：一种是非格式化的数据交流，比如用 FAX 和 E-mail 传递的信息，它主要是面向人的；另一种是格式化的数据交流，EDI 是典型的代表，它的传递和处理过程可以是自动化的，无需人的干涉，也就是面向机器的。订单、发票、装运单都比较适合格式化的数据交流。HTTP 是 Internet 上通用的信息传播工具，它以统一的显示方式，在多种环境下显示非格式化的多媒体信息。目前，大量网民在各种终端操作系统下通过 HTTP 用 URL 找到需要的信息，而这些用超文本链接语言展示的信息还能够很容易地链接到其他所需要的信息上去。

### 4. 贸易的基础服务

它是为了方便贸易而提供的通用业务服务，是所有的企业、个人做贸易时都会用到的服务，所以我们将它们也称为基础服务。它主要包括：安全和认证、电子支付、商品目录和价目表服务等。

### （三）电子商务的优势

电子商务可以从广义或是从狭义上来理解：前者是指所有通过沟通及商务技术而开展的商务活动（如买和卖以及其他交易活动）。根据这一广义的定义，一笔交易可以是通过电话、传真、信用卡、电视购物以及互联网来进行的。电子商务的狭义定义则不同，它仅仅指以互联网为基础而开展的商务活动。我们这里所讨论的是后者，即是那些借助互联网而开展的商务活动。

从经济学的角度上来看，电子商务凭借电脑连接各地，以很低的成本来开展那些原先企业要花费很多时间和金钱来从事的活动。诸如产品促销、商品托运、库存控制、与供货商和客户的沟通等活动，都可以通过互联网来完成。有了互联网的帮助，你在 2 000 公里外与你的老板或是客户沟通，就如同你和他们在同一座城市沟通一样方便有效。

市场过去给小企业所留下的空间十分有限。然而就电子商务来说，情况却大不相同。在电子商务活动中，企业无论大小，只要能够"爬上"电子高速公路，就可以尽力去开拓业务，让电子商务的消费者来决定他们喜欢什么样的公司以及想买什么样的产品。在某种意义上来说，电子商务给企业带来了一种全方位的"革命"。遗憾的是，为数不少的公司至今尚未意识到电子商务的意义，更谈不上采取实际的步骤来迎接挑战。

电子商务为所有企业开辟了一个巨大的市场，越来越多的公司开始通过互联网来做生意。以加拿大为例：1999 年度，每 10 个公司中就有一个在互联网上出售商品和服务；网上所接到的顾客订单总值为 4.4 亿加元（网上付款或是网下付款）；在私营企业中，有22% 的企业建立了自己的网站；公共部门中则有 69% 的机构有了自己的网站。

尽管并非所有来访问你的网上商店的人都会在你的店里买点什么，但你应该运用你的营销策略来争取顾客。实际上，你在网上为你的产品/服务所做的促销，是对你传统促销方式的补充而不是替换。通过精心的设计，顾客们会越来越多地光顾你的产品或服务。

对电子商务来讲，设想出一些特别的计划是十分必要的。如同传统的营销方式中建立顾客忠诚的做法一样，网上的公司可以实行会员奖，如"常客"、"积分"或"免费上网"等计划，很多消费者很感兴趣。

网上企业对企业的交易有着各种各样的方式。从 20 世纪 60 年代末起，一些大公司就开始使用 EDI，他们按标准的电子表格来做生意。传统的一对一的交易模式正逐渐地为随之而来的互联网模式所取代——卖方直接从其网址上销售；几乎所有与电脑有关的公司都有其网上商店；一些精明的网上虚拟市场还试图把卖方和买方都集中到一起。由此我们不难看出，互联网使得商场上的交易更具生命力。

### （四）电子商务注意事项

许多公司都注意到对电子消费者持有恰当态度的重要性。由于这一原因，许多公司现在都在尽其所能地做到对消费者态度友善。

作为网上消费者，他们首先想要知道的，是他们在和谁打交道。因此，一个网上公司应该做的是向电子消费者提供足够的信息，这样顾客就可以知道他们是否由此而产生了购物的欲望。作为网上信息的一部分，应该提供公司的地址、电话号码以及电子邮件地址等。就消费者而言，他们很不情愿将他们的个人信息告诉你。事实上，他们想对网上公司就这些信息所可能采取的行动实施一些控制。

尽管如此，公司所要做的是尽可能清楚明了地向消费者提供相关的信息（如产品的担保条款、产品购买后的交付时间、一些特殊产品的附加值特征等）。这样就有可能逐步得到消费者的信任，了解网上消费者最关心的是什么。

对世界上大多数消费者来讲，网上购物已不再稀奇。然而，许多人对网上交易的可接触性及安全性却持怀疑态度。据统计数字显示，在那些互联网的冲浪者中，53%的人运用网络来做出购物的决定，却只有15%的人最后在网上实际购物——购物者不是不愿意提供他们的信用卡号码，就是不愿意在网上提供他们的个人信息。

网上购物时，消费者主要关心以下几个方面问题：安全性，私密性，可信度，可接触性。

1. 安全性

安全性是所有网络消费者所关心的第一要素。在现实世界里，当消费者为购物付款时——无论是现金付款还是支票付款——都对支付有着十分的把握。但网络支付则完全不同——当被"要求"键入您的信用卡号码时，消费者谁也没有看见。很多购买者之所以在此却步，是因为他们无法确切知道这种网络支付系统是否安全、所付款项是否会被第三方截走等。这是一种合理的怀疑。除非网络支付是百分之百地安全可靠，否则很多消费者在支付时将会抽身而去。

然而幸运的是，在密码体系的发展上取得了显著的进展。借助于新的密码技术，有关数据能安全地传送到我们想要传送的接收者手中。许多公司斥巨资改进密码技术，以确保消费者在进行网络交易时能做到安全保密。

2. 私密性

私密性是仅次于安全性之后消费者所关心的因素。私密性在这里是指对消费者的个人信息——名字、电子邮箱、邮政编码、电话号码——使用时是否隐密，这是仅次于安全性之后消费者顾虑最多的问题。消费者希望确切得到这样的信息，即当他们在网上购物时，他们的私密性信息是否能够得到保障。今天，很多公司都在其各自的网站上列出了其安全保障条款。因此，在网上购物之前，我们很有必要打开其所列出的安全条款，检查其中与私密性信息相关的规定。

3. 可信度

很多消费者所关心的另一个因素，是卖方的可信度问题。当消费者在网上购物时，对与之打交道的公司是否是合法公司一无所知。它有没有传统做法上的"售后服务"？假如在网上订购的商品送来时有问题或已损坏，该怎么办——有什么地方可以投诉或要求赔偿？假如因某些原因或是无原因而决定退货，是否能够拿到退款？

当消费者所购买的产品跨越国界时，上述问题显得尤为突出。因为不同的公司在不同的国家中依据不同的法律制度而有着不同的操作方式。因此，如同传统购物那样，消费者网上购物时的利益应受到保护。

### 4. 可接触性

坦率地说，很多想在网上购物的消费者对电子商务应如何运作一无所知，他们当中有不少人无法上网。

能否上网是一个非常现实的问题。假如我们无意去逼消费者到网上购物，我们应尽我们所能，为他们提供最为简单的上网方式。有人认为，提供网络服务要花费很多钱，但事实并非如此。以加拿大为例：加拿大被认为是世界上网络联系做得最好的国家之一，然而其上网的费用却是联合国经济与发展组织（OECD）成员国里成本最低的。

我们讨论了消费者在网上购物时最为关心的问题，然而，我们不应该忽略问题的另一面，即企业对网上交易有哪些特别关心之处。实际上，那些有关私密性、安全性、可接触性的问题，同样适用于企业在网上的交易。例如，当企业在网上交易时，如何能够保证那些黑客不去攻击企业的电脑系统？企业又如何知道与之打交道的消费者是合法操作——既没有可检验的信用卡，又没有可确认的签名？等等。

有人认为，只要建起了防火墙就万事大吉了。然而事情却没有想像的那样简单。这是因为，防火墙本身带来了两方面的问题。第一，在入口处对来访者身份的确认，给黑客提供了一个监视入口程序及混入网络系统的机会——在连接时，使用者的地址是可以看见的。第二，双方的终端软件需修改安装，这只有当申请改装的双方都是出自同一个生产商时才是可行的。与此同时，服务器仍然无法分辨使用者或是确认他们的身份。因此，防火墙不能看做是保险箱。

另一个使企业颇感担心的事情是，网络交易不像传统方式那样有合同可签。当手里没有合同时，卖方怎样才能相信交易对买方（消费者）有制约力？当消费者方面出现欺诈行为时该怎么办？

还有其他一些因素需加以考虑，例如费用。费用包括以下项目：软硬件的购买、员工的操作培训、网络的维护等。实际上，企业之间在费用上的差异很大，这取决于企业想做什么、要有怎样的服务以及操作的范围等。

## 二、电子邮件

### （一）电子邮件概论

#### 1. 电子邮件的优势

今天，当人们还在为电子邮件该不该收费而争论不休的时候，谁也不曾感觉到电子邮件已经历了其风风雨雨的 30 年历程。目前，"而立之年"的电子邮件已经当之无愧地成为 Internet 的第一应用，到 2000 年，全球电子邮箱注册数已达 5.14 亿个，全球平均每日发送的电子邮件已高达 100 亿封。

电子邮件于 1971 年 10 月问世，由于当时网络技术条件的限制，它的发展较为缓慢，在 10 年之后才迎来它的第一个应用"高峰"期。电子邮件的第二个应用"高峰"期是在 20 世纪 90 年代中期，当时网络浏览器的出现为家用电脑上网提供了巨大的便利，电子邮件也如鱼得水，得到了迅猛的发展。随着互联网时代的来临，电子邮件在人们的通信生活中扮演着越来越重要的角色，在情感交流和信息传递中发挥着重要的作用。

第一，电子邮件为互联网和计算机的普及立下汗马功劳。美国人口普查局进行的调查显示，2000 年美国家庭上网率达到 42%，较 1997 年的 18% 有了大幅上升。分析人士指出，收发电子邮件的需求是导致越来越多的家庭购买电脑上网的一个重要原因。

第二，在企业迈向信息化的脚步越来越快的今天，电子邮件可以帮助企业进行商业营销及客户关系管理。与电话推销、邮寄推销信等传统的营销方式相比，电子邮件具备互动、快捷、成本低等特点，企业可以通过收集用户需求信息，然后"投其所好"，向用户发送定制化邮件，向他们介绍企业的产品与服务。另外，电子邮件还是雇主与职员沟通的渠道。美国的一份调查报告显示，有相当多的职员曾经使用电子邮件系统与雇主交流，提出对企业经营的疑问和改进企业效率的建议。甚至有的雇主还通过电子邮件来解雇职员以避免面对面的尴尬。

第三，电子邮件因其迅速、出其不意的特征还可以解救陷入困境的人们。近来有消息说，河南、湖北等地一些被拐少女就是通过在网上发出求救电子邮件，从而获救的。

此外，电子邮件还能以最快的速度帮助人们互致问候、表情达意。

2. 电子邮件的劣势

电子邮件有许多可圈可点的地方，但最近却有评论指出，是到了向电子邮件说"不"的时候了。或许正如哲学中所说，任何事物都有两面性，在呈现光辉的同时，一些挥之不去的弊端也随之而来。

其一，Win32、Review、Judge 等许多电脑病毒是通过电子邮件传播的。据报道，电子邮件已跃升为计算机病毒最主要的传播媒介，这是由国际计算机安全协会公布的"2000 年病毒传播趋势报告"显示的结果。英国反病毒公司 Message Labs 发出警告，如果不采取有效措施，到 2013 年，这一比例将高达 50%，届时人们将被迫停止使用电子邮件。

其二，有的电子邮件被用来发送恶作剧等非法信息。现在网民一不小心就会收到大量的垃圾邮件，以致超出邮箱的最大容量，导致邮箱瘫痪。更为糟糕的是，电子邮件被用于散布淫秽、不光彩言论以达到诈骗等阴暗目的。如我国前段时间收到大量来自一些尼日利亚不法人员发送的电子邮件，宣称他们急需将手中的大笔资金转移到国外，协助他们将资金转出的公司或个人可按比例收取佣金。

其三，人们的通信自由和隐私权在电子邮件领域遭受威胁。目前把一种装置安装在互联网服务提供商的电脑系统里，就能够截获所有过往的电子邮件，这对网上犯罪活动能产生威慑作用，但同时危及人们的通信隐私权。近日美国联邦调查局官员承认，一年多以来，联邦调查局一直通过一种代号为"食肉者"的计算机系统，来浏览所谓可疑分子的电子邮件。

其四，E-mail 综合征正在蔓延。它使人焦虑、担忧，在不必要的时候，不断打开自己的电子信箱，或频繁地通过手机查询是否有新邮件。电子邮件甚至使人忘记了亲朋好友真实的笑容、大自然的湖光山色和夕阳美景，因为人们已懒于出门。

3. 电子邮件的未来

虽然电子邮件市场仍在飞速扩大，但它正面临被超越、取代的危险。一种新的多媒体短信息服务已应运而生，并正对电子邮件产生巨大的威胁。前者具有不限信息内容的长度，以及允许任意添加各种声音和图像的优势。美国阿伯丁集团曾预计，电子邮件市场的发展速度将随着时间的推移而逐渐放慢，2001 年其增长幅度预计将达到 74.3%，2002 年为 57.9%，2003 年将降至 33.7%，其发展速度逐渐放慢的部分原因就是由于它将遭受到其他服务的挑战。并且其收费的尝试还招来许多非议。

尽管如此，电子邮件仍然是网民最主要的网上活动。而且它在技术上也已取得了一定的突破，目前，可视、可听的电子邮件系统已经问世。美国花旗银行甚至还推出通过电子邮件寄钱的服务，美国"通信在线"电子通信研究公司在对全世界 700 个电子通信平台进行统计后认为，电子邮件是继电视之后最成功的传播技术，它在几年内有望超过电视，成为传播新宠。可以预见，历尽沧桑的电子邮件仍有着蓬勃的生命力，将在网络时代中趋其利、避其弊，得到更好的应用和发展。

（二）规范电子邮件沟通

在商业沟通中，每天传送着成千上万的电子邮件，电子邮件发挥着重要作用。由于在公司和个人用户之间存在着某些障碍，电子邮件也成为商业沟通中一种有争议的形式。其中包括：在用户之间缺乏一般的标准和规范，需要软件全方位地支持，安全性问题（内部、外部和加密），对电子邮件的文件循环周期的考虑。

1. 用户之间缺乏普通的标准和规范

电子邮件没有被广泛接受的标准，商业信函也没有被广泛接受的标准。电子邮件是一种变革，但还存在着建立通用标准的问题。在发送电子邮件时，要确保它能够吸引读者的注意力并达到预期的目的。

2. 主题线

遗漏主题线或没有什么信息内容的主题线能够给电子邮件收发者带来麻烦。像备忘录一样，电子邮件中的主题线用于吸引电子邮件收发者的注意力。发件人检查主题线以证实是否达到电子邮件的目的；收件人则决定是否或何时阅读此电子邮件。因此我们建议：使用简洁的、能够包含信息的主题线，或能够强调文件的目标的主题线，或能够强调需要采取行动的主题线。

3. 松散的结构和组织

早期的用户只是匆匆完成电子邮件，随后便忘记了自己写的邮件，这对以后的电子邮件的用户产生了坏的影响。当电子邮件变成了传递信息首要选择的方式时，这种坏习惯被扩大了。一些公司，比如微软，就广泛地把电子邮件当做内部的通信方式。不幸的是，虽然很多人能够把时间和精力花在备忘录的复印件和商业信件上，但他们不把时间和精力花在电子邮件上。这样就产生了低效的信息以及随之而来的澄清信息的要求和答复。因此，要像写备忘录和商业信件一样，花费一定的时间书写和编辑电子邮件。

4. 太多的信息

电子邮件最让人头痛的一个问题是如何发送大量的信息。当你有很长的信息，比如很多页纸或图表，可以用附件来发送，以减少电子邮件的尺寸。这样，电子邮件就显得不那么可怕，且有利于读者使用。但在一些公司之间或跨平台的文件交换中，发件人很难知道收件人能否打开附件。如果你使用图表或表格来总结一页文件，收件人的电子邮件或其他软件是否能够打开这个电子邮件？因此，在发送附件之前，应该证实收件人确实能够打开和使用附件。尽量不要使用特殊的软件文档格式（如微软的文档），应该使用能够被多种软件接受的格式。

5. 凌乱

当越来越多的人使用电子邮件时，凌乱的电子邮件不断呈上升趋势。以下是电子邮件中一些常见的错误：不知道电子邮件的目的，把电子邮件当做对话工具而不是简洁的备忘录来对待，在观点之间未进行逻辑性的过渡，不使用拼写检查，糟糕的打字习惯。电子邮件的字体全部大写或全部小写使得读者阅读时难以辨别。某些用户缺乏基本的键盘操作技能或打字技巧，还有些用户试图隐瞒自己语法知识不足的缺陷（这往往不成功）。因此，在发送之前再次阅读电子邮件，避免草率行事。凌乱的电子邮件能够引发很严重的后果。有时，未经发件人仔细修改，一份令人尴尬的电子邮件就已经被发送出去了。发件人可以使用编辑程序和写作后的工作程序来减少电子邮件的错误。如果未经编辑和校对就发送电子邮件，可能会出现尴尬的局面。

6. 视觉提示

大量的视觉提示使得电子邮件易于阅读。但是发件人经常不知道收件人的软件能否显示视觉提示。很多时候，视觉提示（如粗体、页边变化、斜体和颜色）在收件人的邮件中成为一堆乱码。这是因为很多的电子邮件程序仅仅支持基本的 ASCII 编码设置，而不支持扩展的设置程序或特殊字体设置。在《初学者高效使用电子邮件指南》一书中，凯特林·杜克·舍伍德提供了能够影响文字材料有效格式化的信息资料。如果你经常给一个特定的用户发送电子邮件，你可以先发送一个文本信息去证实收件人的软件是否能够显示插入的格式。如果你的电子邮件是一次性的文件，你应该直接安全而简单地使用文字材料或 ASCII 字体，不要让它显得过于别致。实际上，你应该把注意力集中在书面材料上和正确的组织结构上，直接表达观点，过渡自然，使用数字、黑点和线条作为视觉提示。

7. 过于别致

对于很多电子邮件的用户来说，根本的目的是快速而简洁的交流。花费很多时间去创造一个别致的文件纯粹是浪费精力。特别是当电子邮件的内容仅仅是通知同事你将要参加一个 30 分钟的会议时，根本不需要显得太过别致。因此，要把精力花在信息的重要性上，可以使用视觉提示，但首先得明确需要表达的是什么，清楚地表达出来，然后再结束。

8. 情感符号

你肯定在电子邮件中见过情感符号，它们的确可爱，但肯定不适合商业信件。除非送信人和收信人使用情感符号网址（http：//www. mindweaver. com/emoticon. htm 或 www. newbies. net）去理解这些含义，一般情况下，不要使用情感符号。这些小小的提示有多重含义。例如，一位新顾客要求你能够保守秘密时，你可能尝试使用"：-X"来同意。但遗憾的是，"：-X"既表示能够守口如瓶，也表示给对方一个大热吻。除非给一个非常熟悉的同事或朋友发送一份随意的电子邮件，否则应该尽量避免使用情感符号。在商业信件中，情感符号不但无法增加电子邮件的价值，反而还会起副作用。

9. 在全世界发送和转发电子邮件

注意两个主要警告：不要在全世界范围内发送和转发电子邮件。使用发送清单，发信人可以非常容易地把一封小小的电子邮件发送给很多人，而不是把目标正确地定位于某个收信人。因此，相反的情况也是很正常的：收信人也很容易有意识或无意识地把电子邮件转发给许许多多的其他人。这封电子邮件有可能会发送给发信人特意想要避开的某个人。因此，在发信或点击鼠标之前，首先完成写作后的工作步骤。你应该决定是通过谈天式的电子邮件方式发送信息适合，还是在电话中讨论更适合。你还应该确定谁将收到这封电子邮件，并建立一个电子邮件的文件循环周期（比如阅读、删除、不发布等）。

10. 缺乏标准的格式

个人用户和公司用户同样面临的一个问题是：缺乏普遍接受的格式。软件的格式可以假定为能够强调文本重要性的技巧，如页边、粗体、斜体、下画线、颜色、插入的数字、图表、附件等。当一个人把电子邮件发送到另一个公司或公司的另一个部门时，电子邮件的格式就成为一个问题。由于使用不同的软件，发件人不知道收件人能否阅读这封电子邮件。电子邮件可能会变成一堆乱码，或根本就没有反应。因此，在公司内，要选择被普遍使用的、广泛支持的、允许文件格式化的电子信箱。在个人使用电子邮件时，需要证实主要的收件人的电子邮件是否能与自己的电子邮件兼容。

（三）电子邮件安全性问题

电子邮件已经成为企业商业及人际交往最重要的交流工具之一了，所以很多黑客也盯上了电子邮件。针对电子邮件的攻击分为两种，一种是直接对电子邮件的攻击，如窃取电子邮件密码，截取发送邮件内容，发送邮件炸弹；另一种是间接对电子邮件的攻击，如通过邮件传输病毒木马。

产生电子邮件安全隐患主要来自三个方面：一是电子邮件传送协议自身的先天安全隐患，众所周知，电子邮件传输采用的是 SMTP（Simple Mail Transfer Protocol）协议，即简单邮件传输协议，它传输的数据没有经过任何加密，只要攻击者在其传输途中把它截获即可知道内容；二是由于邮件接收客户端软件的设计缺陷导致的，如微软的 OutLook 曾存在安全隐患可以使攻击者编制一定代码让木马或者病毒自动运行；三是用户个人的原因导致的安全隐患，如在网吧、学校等公共场所上网把电子邮件的密码保存在上面，或者随意打开一些来历不明的文件。

1. 电子邮件易被截获

电子邮件作为一种网络应用服务，采用的是简单邮件传输协议 SMTP（Simple Mail Transfer Protocol）。传统的电子邮件基于文本格式，对于非文本格式的二进制数据，比如可执行程序，首先需要通过一些编码程序，像 UNIX 系统命令 uuencode，将这些二进制数据转换为文本格式，然后夹带在电子邮件的正文部分。随着网络应用的不断发展，大量多媒体数据，如图形、音频、视频数据可能需要通过电子邮件传输。Internet 采用"类型/编码"格式的多目的互联网络邮件扩展 MIME（Multipurpose Internet Mail Extensions）标准来标识和编码这些多媒体数据。

这些传输的数据如果在传送途中被截获，把这些数据包按顺序可以重新还原成为发送的原始文件。由于电子邮件的发送要通过不同的路由器进行转发，直到到达电子邮件的最终接收主机，攻击者可以在电子邮件数据包经过这些路由器的时候把它们截取下来，这些都是我们无法发现的。我们发送完电子邮件后，就不知道它会通过哪些路由器最终到达接收主机，我们也无法确定，在经过这些路由器的时候，是否有人把它截获下来，就像我们去邮局寄信一样，我们无法知道寄出去的信会经过哪些邮局转发，哪些人会接触到这封信。我们使用电子邮件就像我们在邮局发送一封没有粘封的信一样不安全。

从技术上来看，没有任何方法能够阻止攻击者截取电子邮件数据包。因为不可能确定邮件将会经过哪些路由器，也不能确定经过这些路由器时会发生什么，也无从知道电子邮件发送出去后在传输过程中会发生什么。也就是说，没有任何办法可以阻止攻击者截获需要在网络上传输的数据包。

那么，惟一的办法就是让攻击者截获了数据包但无法阅读它，这就像以前的军事无线电报一样，在发送无线电波传输电报时，人们不知道它们是否会被敌方截获，于是人们对电报的内容先进行加密处理，这样即使敌方截取到了电报，得到的也只是一大串毫无意义、无序排列的字符，而只有用正确密码对发送电报内容进行解密处理，才能阅读到原本的内容。

和发送电报一样，在发送电子邮件前对其进行数字加密处理，在接收方接到电子邮件后对其进行数字解密处理，这样，即使攻击者截获了电子邮件，在他没有密码对截获的信息进行解密的情况下，只是一堆没有任何意义的乱码数据。

2. 对电子邮件安全加密

加密，是一种限制对网络上传输数据的访问权的技术。原始数据（也称为明文，Plaintext）被加密设备（硬件或软件）和密钥加密而产生的经过编码的数据称为密文（Ciphertext）。将密文还原为原始明文的过程称为解密，它是加密的反向处理，但解密者必须利用相同类型的加密设备和密钥对密文进行解密。

加密的基本功能包括：①防止不速之客查看机密的数据文件；②防止机密数据泄露或被篡改；③防止特权用户（如系统管理员）查看私人数据文件；④使入侵者不能轻易地查找一个系统的文件。

至于加密原理我们不在这里详述，总的来说，对电子邮件加密就是为了阻止别人在截获了电子邮件之后不能正确读出其中的内容。对电子邮件加密可以有两种方式：一是通过专门的机构发放的数字证书对邮件进行加密，数字证书可以实现加密、认证身份、保证邮件不被修改等功能，目前国内有南方电子商务认证中心提供数字认证服务；二是通过专门的加密邮件发送软件对发送邮件进行加密，即 PRG 技术。

3. 防御电子邮件炸弹

现在互联网上有很多发送电子邮件炸弹的软件，事实上，自己编制这类软件也不难，它的主要原理是重复发送邮件到某一邮箱，可以伪造邮件发送地址，伪造邮件发送 IP 地址，伪造发送人和发送邮件服务器。

当有人得知你的电子邮件地址后就可以发送大量无用的垃圾邮件给你，他只要输入一串数字和你的电子邮件地址，按发送按钮就可以让你第二天早上起来时发现自己的电子邮箱里存在数千甚至数万封信，你正常的邮件就根本无法从如此众多的邮件里面过滤出来，甚至你的邮箱可能被如此众多的电子邮件给挤爆了，这样，别人发给你的正常信件就再也发送不进来了。

电子邮件采用的协议确实不妥，从目前来看，在技术上也是没有任何办法防止攻击者给你发送大量的电子邮件炸弹，只要你的邮箱允许别人给你发邮件，攻击者即可做简单重复的循环发送邮件程序直到把你的邮箱塞满。当然，你会说，我如果设置邮箱过滤就不会出现这种情况，但是要知道，攻击者是可以伪造邮件发送地址的，你总不可能把所有二十六个字母和十个数字的组合都过滤掉。

由于不能直接阻止电子邮件炸弹，所以我们在受到电子邮件炸弹的攻击后，只能做一件事，就是在不影响邮箱内正常邮件的前提下，把这些大量的垃圾电子邮件方便快捷地清除掉。

**4. 电子邮件病毒**

电子邮件是传播病毒最常用的途径之一，很多著名的病毒都是通过电子邮件来传输的，如造成全球经济损失十几亿美元的爱虫病毒。

电子邮件传播病毒通常是把自己作为附件发送给被攻击者，如果接收到该邮件的用户不小心打开了附件，病毒就会感染用户的计算机，并且现在大多数电子邮件病毒在感染用户的计算机之后，会自动打开 Outlook 的地址簿，然后把自己发送到地址簿上的每一个电子邮箱中，这正是电子邮件病毒能够很快地大面积传播的原因所在。另外，由于电子邮件客户端程序的一些 Bug 也可能被攻击者利用来传播电子邮件病毒，微软的 Outlook 曾经就因为两个漏洞以致被攻击者编制特制的代码，使接收到邮件的用户不需要打开附件即可自动运行病毒文件。

防御电子邮件病毒的方法和防御木马一样，不要随便打开那些不明的可执行文件，即使是熟人寄来的，也要问清楚之后才打开，因为一些电子邮件病毒会自动伪装成你朋友的电子邮件发送给你。另外及时注意电子邮件客户端程序的漏洞更新，由于 Outlook 一直以来都是黑客们关注的重点，并且 Outlook 也经常出现较大的安全漏洞，我们建议不要使用 Outlook 作为电子邮件客户端程序。

**5. 公共场所的电子邮件安全**

人们很多时候需要在诸如网吧、学校公共机房、单位等公共场所接收、发送电子邮件，由于其他人都有机会接触你接收、发送电子邮件的计算机，这样电子邮件很容易被别人偷看，可能这些邮件里面有很重要的一些信息。

所以我们特别提出公共场所电子邮件的安全注意事项，我们在公共场所接收、发送电子邮件时应该注意：

（1）如果使用电子邮件客户端程序发送、接收电子邮件，如 Outlook、Foxmail，请务必对邮箱进行加密，否则别人可以直接查看你接收和发送出去的电子邮件，可能这些邮件涉及你个人隐私，即使是不涉及个人隐私，有人查看你的邮件，总归是一件不高兴的事情。或者你在查阅邮件后直接把邮件彻底删除，注意，是彻底删除，即还要从垃圾箱里面清除掉被删除邮件，这样别人才查阅不到你的邮件。

（2）你的电子邮件服务提供商提供 Web 方式接收、发送电子邮件，我们强烈推荐你采用这种方式在公共机房处理电子邮件，因为公共机房往往是在一个局域网环境，使用客户端程序接收、发送电子邮件很容易被别人截获数据包而获得你的密码。而 Web 则不同，它的数据包不是纯文本的。

（3）Web 方式下接收、发送电子邮件后，在你关闭计算机离开前，请务必把浏览器缓存文件 Cache 删除掉，否则，别人可以通过调用浏览器的缓存来查看你用 Web 浏览器浏览的邮件内容。

（四）电子邮件营销

最后，介绍一下电子邮件在商务上的一个具体运用，即电子邮件营销。在开展网上营销业务的过程中，你是否（也许是不得已）使用过未经许可的电子邮件发送信息？也许有过。结果可能是遭到那些被你激怒的人们的强烈抗议，甚至会收到电子邮件炸弹。我们建议你不要再做这种自讨没趣的事情了。但是，如果你正确使用电子邮件而不是使用令人讨厌的方法，你不仅能赚钱而且十分安全。

下面我们将介绍正确使用电子邮件营销的方法。电子邮件营销"正确"的方法仅有一个：发邮件给那些首先与你联系的潜在客户。他们不会抱怨收到有价值的信息。

下列内容将会受到欢迎：

——"最后一分钟"的提示；

——特别的优惠；

——产品的最新信息；

——他所在行业最前沿的新闻。

下面是必须牢记的七点建议：

1. 获取电子邮件地址

只有知道顾客的邮件地址，你才能给他们发电子邮件，所以电子邮件营销的第一步是收集潜在顾客的邮件地址。无论在网上还是在网下，在你所使用的顾客信息登记表上都要为电子邮件地址安排一个显著的位置。

2. 使用 ASCII 码纯文本格式文章

邮件尽量使用纯文本格式，使用标题和副标题，不要滥用多种字体，尽量使电子邮件简单明了，易于浏览和阅读。

3. 文档留有足够的边距

把每行限制在 64 个字符或更少些。

4. 首先传递最重要的信息

主要的信息和你的诉求重点应安排在第一屏可以看到的范围内。

5. 把文件标题作为邮件主题

主题是收件人首先可以看到的，如果主题富有吸引力，而且新颖、可以激发兴趣，才能促使收件人打开你的电子邮件。这一点非常重要，应倍加关注。

6. 邮件越短越好

在使用传统营销手段时，有的推销文章越长越有说服力，电子邮件则不同。这是因为电子邮件信息的处理方法不同于印刷资料，尤其是当你有一大堆邮件需要整理时。必须了解这一新兴媒体的特点，尽量节省收件人的上网时间。

7. 检查邮件

在发送之前要检查邮件，首先从主题开始，检查标题、正文、布局、直到签名之后又附加的信息。一封成功的电子邮件总是要经过检查的，这是必须的步骤。

现在，最大的在线公司包括 Apple、Excite、Intuit、Microsoft、Symantec、Yahoo! 等都在使用经过许可的商业电子邮件营销手段。他们可以这么干，你也可以！赶快开始你的邮件列表计划吧，邮件列表是成功进行电子邮件营销的最重要内容。

### 三、公司数据库

(一) 数据库简介

计算机技术能迅速普及,数据库和计算机网络技术起了非常重要的作用。数据库技术是研究如何科学地组织和存储数据,如何高效地检索数据和进行数据处理的一门学科,它是当代信息系统的基础。数据库系统所管理、存储的数据是各个部门宝贵的信息资源。在信息化时代来临、Internet 高速发展的今天,信息资源的经济价值和社会价值越来越明显。建设以数据库为核心的信息系统和应用系统,对于提高企业的效益、改变部门的管理、改善人们的生活均有实际的意义。正因为如此,这门学科获得了巨大的原动力和深厚的应用基础。

数据库系统已从第一代网状、层次数据库系统发展到第二代关系数据库系统和第三代以面向对象为主要特征的数据库系统。数据库技术与网络通信技术、面向对象技术、并行计算技术、多媒体技术、人工智能技术互相渗透、互相结合成为当前数据库技术的主要特征。它使数据库领域中新的技术层出不穷,新的学科分支不断涌现,形成了新一代数据库系统的大家族,得到了深入的研究和日益广泛的应用。

1. 数据库技术的产生和发展

从 20 世纪 50 年代中期开始,计算机应用范围逐渐扩大。计算机不仅应用于科学计算,而且开始大量应用于管理,数据处理很快成为计算机应用的重要方面。到 20 世纪 60 年代,计算机用于管理的规模更为庞大,数据量急剧增长,此时磁盘技术也有进展。在这种背景下,人们着手开发和研制更为有效的数据管理方式,提出了数据库的概念。1964 年,美国通用电气公司的 Bachman 等人成功地开发了第一个网状数据库管理系统 IDS (Integrated Data Store),奠定了网状数据库的基础。IBM 公司于 20 世纪 60 年代末也推出了第一个商品化的层次数据库管理系统 IMS (Information Management System),标志着数据管理技术进入了数据库系统阶段。层次和网状数据库是 20 世纪 60 年代技术条件下的合理产物。它们为数据库技术奠定了基础,打开了应用局面。但是数据库最有意义的成就是关系数据库的发展。1970 年,E. F. Codd 发表了题为 "大型共享系统的关系数据库的关系模型" 的论文,首次提出了关系数据模型,开创了数据库关系方法和关系数据理论的研究,为关系数据库技术奠定了理论基础。关系数据模型一提出,就立即受到数据库界的重视,但是也有很多人认为关系数据模型只是理想化的模型,担心关系数据库的性能难以被用户接受。1974 年,数据库界开展了一场分别以 Codd 和 Bachman 为首的支持和反对关系数据库的大辩论,极大地促进了关系数据库理论研究和原型开发。IBM San Jose 研究室研制的 System R 和加州大学 Berkerly 分校开发的 INGRES 是其中的佼佼者。它们研究了关系数据语言,攻克了系统实现中查询优化、并发控制、故障恢复等一系列关键技术,奠定了关系模型的理论基础,使关系数据库最终从实验室走向社会。

20 世纪 80 年代以来,几乎所有新开发的系统都是关系数据库。这些商用数据库技术的运行,特别是微机关系数据库管理系统 (RDBMS) 的使用,使数据库技术日益广泛地应用到企业管理、情报检索、辅助决策等各个方面,成为实现和优化信息系统的基本技术。数据库技术在商业领域的巨大成功刺激了其他领域对数据库技术需求的迅速增长。这些新的领域为数据库应用开辟了新的天地，同时，人们开始发现关系数据库的许多限制和不足，这又推动了数据库技术新一轮的研究：一方面从改造和扩充关系数据库着手以适应新的应用要求；另一方面是改用新的数据模型。例如面向对象数据模型、基于逻辑的数据模型等，研制新型的数据库。目前，这两方面都取得了可喜的成果，出现了一些新的数据库技术。

2. 数据库发展的新领域、新要求

随着计算机技术的发展，新的应用领域不断涌现，它们对数据库技术提出了许多新的要求，具有代表性的新应用领域有以下几个方面：

（1）计算机辅助实现系统。本系统包括计算机辅助设计（CAD）、辅助工程（CAE）、辅助制造系统（CAM）和计算机辅助软件工程（CASE）等。它们实现如产品需求、分析、设计、制造、管理、检验、成品装配等综合自动化过程和辅助软件开发过程。涉及大量的可能是分布式的单功能主机之间的信息共享传递、动态修改、快速检索以及一致性维护等。要求新的数据库技术能定义和管理复杂的嵌套实体，要求更加丰富的数据类型，允许用户自定义新的数据类型，修改和重新定义已有的数据结构。

（2）多媒体系统。它实现各个办公环节如公文起草、传递、电传电话记录管理自动化以及各环节之间的接口和集成，实现整个办公环境一体化。它要求新的数据库系统在传统的数据库技术上能处理图形、报表、图像、文本、声音等多种信息，并且有管理纸张、录音、录像、磁盘、光盘等多介质存储的功能。

（3）基于知识的专家系统。它能处理城市交通信息，协调市政计划和区域经济计划，协助交通控制及铁路管理，协同实现公安指挥作战等。这些应用都要求新数据库系统能以数据形式表示图形、图像等对象，即能处理长的非结构数据。

（4）实时系统。实时系统如程序设计语言系统及知识库系统和人工智能系统等。该系统对数据库系统的支持也提出新的要求，要求它能支持复杂对象及其联系的表示，保障复杂对象间语意的完整性和一致性；保障事务的安全性和可恢复性；支持大量驻留内存的数据的高度密集型计算。

（二）Oracle 数据库的建模与设计

要开发一个基于数据库的应用系统，其中最关键的一步就是整个系统所依据的数据库的建模设计，从逻辑的到物理的，一个环节疏于设计，整个的应用系统便似建立在危房之上，随着开发过程的不断深入，它要随时面临各种难以预料的风险，开发者要为修改或重新设计没有设计好的数据库系统而付出难以估计的代价。所以，一个良好的数据库设计是高效率的系统所必需的。

1. 逻辑建模

数据库设计的方法因具体数据库而异，但是建模阶段是相同的，所以可以用一些通用的工具来进行建模，如 Rational Rose，Power Designer 等，这一阶段主要是依据系统的需求，获取与分析要实现的应用系统信息，进行数据内部以及外在关系的分析，从而有效地建立整个系统的数据结构（在关系数据库中通常称为表结构），在此基础上对数据库的数据量、数据流量及响应速度进行估算分析，这样数据模型就产生了。具体的操作准则是数据库的几个范式、用户的具体需求和分析者的经验，从数据库的性能、安全、方便管理、易于开发等方面出发，具体方法因分析员的喜好和习惯而异，可以不用工具，但最好使用工具，能让分析过程简便，最主要是能生成一些图，如 E-R 图，让分析过程一目了然。

2. 物理设计

此步设计与系统将具体使用的数据库有关，也与数据库所运行的硬、软件平台有关，目的是尽量合理地给数据库分配物理空间，这一步在数据库设计中很重要，关系到数据库数据的安全和数据库的性能，具体来说，这一步包括相应表空间的数据文件在磁盘上的分配，还要根据数据量的大小确定 redolog 文件、rollback 段的大小，然后进行分配，这些文件的分配要遵循利于备份、利于性能优化的原则。

3. 关于数据库参数的设计

每个数据库在建立时，都有缺省的参数设置，但是对于具体的应用要求，参数设置可能不同，缺省的参数设置往往需要根据应用系统的特点而改动，如每个数据库的操作系统平台、instance 数目、各种内存大小的设置、采取的线程方式、备份方式等不同，具体的参数就一定要进行最为恰当的修改，这个步骤对数据库性能很重要，也是保证应用系统所要求的数据库功能得以实现的重要一步。

4. 与开发软件的接口问题

数据库设计最后要考虑的是与要选择的开发软件之间的接口问题，要准备好接口程序，有些是第三方软件已经准备好的，有些是数据库本身要具备的，如 jdbc、bde、ado 等与数据库的接口，主要是考虑接口的可用性、效率问题。这一步主要从经验出发，因为这种产品不断出台，而且都是经过各商家的吹捧的，因此，要在实践中决定哪个最适合。

以上是数据库建模设计的几个重要步骤的大致分析，整个设计过程是不断改进的，是数据库管理员、设计人员、开发人员共同完成的，只是各自的侧重点不同，数据库管理员侧重于第 2、3 步的设计，设计人员侧重于第 1 步的设计，而开发人员侧重于第 4 步的设计，由于有些应用系统的编程环境和实际应用环境不同，所以要做两套设计，并注意两套设计的兼容性和可移植性。

(三) 建立和完善一个有效的消费者数据库

下面我们以如何建立一个消费者数据库为例，来说明公司数据库建立的过程。

1. 多方位的收集

首先，收集消费者是关键，通过什么渠道收集以及收集的消费者是否是目标消费者或潜在消费者，有一种有效的方式非常重要，那将大大节约成本，缩短周期，减少人力资源的浪费等，不同的产品对消费者收集的方式与渠道的要求不一样，有三种方式是最常见的。

媒体的广告发布收集：靠媒体的广告发布消息是一种比较快捷的收集方法，由于广告的时间有限，不适合长期使用，但可以阶段性地使用，媒体在这当中主要起带头作用，但费用高，不一定能坚持下去，也就是许多企业"虎头蛇尾"的原因。

户外活动收集：户外活动既是广告效能比较好的一种，也是通过活动加强与目标消费者建立感情的坚实基础，户外活动收集的消费者比较直接，也非常有针对性，平时由于不注意在活动现场收集，活动过后就只起到一时的效果，为活动而活动，所以，在活动场所收集消费者会事半功倍。

终端点的收集：终端点是企业形象的代表，是能够体现服务营销与数据库服务的前沿阵地。终端点的收集难度较大，由于常常无人管理，消费者的档案资料也不全，导致终端点的收集往往没有结果，因此，要加强对终端点的监管与互动，通过激励的办法，与产品挂钩，并与商家的营业员做好互动。

2. 悉心的筛选

有效信息和无效信息的筛选是非常重要的环节，也就是要通过对收集回来的消费者进行有效的鉴别，确定哪些是有用的，哪些是无用的。筛选的范围、筛选的具体对象都要有具体的实施纲要，一般来讲，筛选分为以下几个阶段：一是初步筛选，去掉那些根本没有用的消费者；二是入围筛选，筛选出目标消费者；三是精选，选出我们的服务对象。悉心的筛选工作与合理的对象区别，是有效收集消费者信息来源的保证。

3. 科学的分类

对消费者进行科学的分类，是数据库服务营销的关键，什么样的消费者有什么样的服务，因此，科学的消费者分类十分重要，分类的方法有很多，具体还是要看服务的层次与要求，有按消费金额多少分类，有按使用时间长短分类，有按新旧消费分类等。按产品的使用与功能分类都将是消费者分类的有效方法。

4. 针对性的咨询服务

开展针对性的咨询服务是巩固与发展消费者的重要因素，在建立消费者数据库的程序上，要有详细的设定计划，咨询时可以与消费者沟通，从而产生积极影响。只有消费者在心目中认为你的服务是他所需要的，消费者才会欢迎。在这个过程中，能够发现消费者的价值不在一次咨询上，而是在行动上。

咨询的针对性主要表现在：①咨询产品的使用效果；②咨询售后服务做得好不好；③咨询企业应改进的地方；④咨询终端点是否方便；⑤咨询有没有要求其他服务；⑥咨询是否开设专线电话。

5. VIP 逐级激励政策

开设激励政策是完善数据库的有效方法，不同企业的激励政策与所执行的产品有直接关系，但无论采取何种形式，制定一套有效的激励方法是比较切实可行的。

VIP 的形式被广泛使用，是因为该方法所采用的是一个系统的工程，核心也是服务营销的一部分，与数据库的建立息息相关。

VIP 在建立时要充分吸取其大规模的会员方式，通过会员制的落实，建立一整套数据库，通常消费者在领取 VIP 卡的时候，看中的是服务与利益，因此，更愿意提供其真实信息，在建立激励政策的同时，数据库的衍生就水到渠成。

建立和完善一个有效的消费者数据库，要有长期坚持不懈的努力，只有通过细致的数据库的建立，做好数据库的服务营销，才能起到应有的效果。

# 关 键 概 念

信息技术　　电子商务　　电子邮件　　公司数据库

## 复习思考题

1. 信息技术的发展在哪些方面影响着组织的沟通？
2. 当今社会沟通有哪些新方式？该注意哪些问题？
3. 如何看待电子商务的发展？
4. 新的沟通方式的出现给企业带来什么机遇和挑战？

## 第十一章
## 跨文化沟通

**本章学习掌握要点：**

● 理解文化和跨文化沟通

● 了解跨文化沟通的障碍

● 掌握跨文化沟通的策略和技巧

● 了解东西方文化的差异

# 第一节　文化与跨文化沟通

密切的跨文化沟通是当今世界的一个重要特征。随着经济全球化进程的加速，跨国、跨文化的交往活动日益频繁，不同文化背景的人员的跨国往来与日俱增，大量跨国公司的出现使得劳动力的文化背景多元化趋势日益明显。跨文化交流的能力对友好的人际关系来说变得日益重要，对专业人员、经理或技术人员来说尤其如此。

近年来，"跨文化沟通学"作为一门新兴的学科在语言学和语言教学界受到越来越多的关注。根据 Porter 的定义，跨文化沟通学研究的是"对社会事物和事件看法方面的文化差异。只有了解和理解了这些文化因素的差异，并且具有成功地与其他文化成员交流的真诚愿望，才能最大限度地克服这种看法差异造成的交流障碍"。成功的沟通不仅需要良好的外语语言能力，而且也要求人们了解不同文化之间的差异。了解文化差异、文化差异对沟通造成的障碍及其克服正是我们在这一章里所要讨论的主要内容。

## 一、文化与亚文化

目前世界上有文字记载的文化超过 450 种，对于"文化"，也存在着多种不同的理解。不同领域的学者根据自身的研究目的，从不同的角度对文化给出了不同的解释。据学者们统计，到 20 世纪初，仅用英语下的文化定义就达 160 多种。

文化概念有广义和狭义之分。广义的文化是指人类创造的一切物质产品和精神产品的总和；狭义的文化专指包括语言、文学、艺术及一切意识形态在内的精神产品。社会学和人类学通常使用广义的文化概念。从有利于理解跨文化沟通的角度考虑，我们认为文化就是一个国家民族特定的观念和价值体系，这些观念影响着人们生活、工作中的行为方式，是"进一步行动的制约因素"。

文化具有相对性。在一个大的文化群体里，各种社会因素和自然因素，如阶级、阶层、宗教、民族以及居住环境的不同会造成各地区和不同小群体文化的某些特殊性。这种存在于总体文化中的次属文化，被称为亚文化。例如，在中华民族的文化中，56个民族既有共同的文化特征，又有自己的文化特征，各民族文化是中华民族文化中的亚文化；美国的历史短暂，是由多种移民形成的国家，美国文化也是由许多亚文化组成的文化。

（一）文化要素

文化由物质文化和精神文化两大部分构成，其要素包括：

1. 认知体系

认知体系是指认识论和"知识"体系，由感知、思维方式、世界观、价值观、信仰、宗教、艺术、伦理道德、审美观念以及其他具体科学构成，其中世界观和价值观最为重要，是认知体系的核心。它们是一个文化群体的成员评价行为和事物的标准。这个标准存在于人的内心中，并通过态度和行为表现出来。它们决定了人们赞赏什么，追求什么，选择什么样的生活目标和生活方式。世界观和价值观还体现在人类创造的一切物质的和非物质的产品之中，产品的种类、用途和式样都受到了人们的世界观和价值观的影响。认知体系是文化要素中最有活力的部分，它为文化成员提供观察世界、了解现实的手段，评判是非、辨别好坏的标准，并且体现在人们生活的各个方面，是跨文化沟通学特别关注的文化要素。

2. 规范体系

规范是指社会规范，即人们行为的准则，包括正规准则和非正规准则。

正规准则，如法律条文和群体组织的规章制度等。其特征是有一套无人争辩的原则，人们用"你不能干那件事，你要干这件事"之类的特殊方式教别人这套原则。当人做错事，行为未被批准或得到纠正时，就学到了正规原则。正规系统变化很慢。这种一致性和对变化的抗拒性使社会生活比较稳定。社会成员无需过多考虑就能够相信正在做的一些事。不承认这些正规系统就会导致误解，并常常导致真正愚蠢的观念，宗教规定即属此层次。

非正规准则，如风俗习惯。它包括那些没有专门定义的，但可通过观察别人，学习范例而获得的态度、习惯等。当一个人观察别人在干什么、什么可以接受时，就知道了他应该做什么、如何做。适当的礼节规则、对待空间和距离的不同态度即属此层次。例如，违反了当地的礼节会造成极大的不快，但所涉及的个人可能并不明白造成不快的确切原因，只知道有些事情做错了。

各种规范之间互相联系、互相渗透、互为补充，共同调整着人们的各种社会关系。规范规定了一种文化群体成员的活动方向、方法和式样，是一个文化群体为了满足需要而设立或自然形成的，是价值观念的具体化。在一种文化群体的日常社会生活中，充满着各式各样的社会规范。这些规范构成了一个国家或一个更小的社区文化的特点。规范体系有外显性，在跨文化沟通中，了解一个群体的文化，常常从认识规范开始。

3. 社会关系和社会组织

社会关系是人们在共同生活中彼此结成的关系，是上述各文化要素产生的基础。生产关系是各种社会关系的基础。这些社会关系既是文化的一部分，也是创造文化的基础。社会关系的确定，需要有组织保障。社会组织是实际社会关系的实体。一个文化群体要建立诸多社会组织来保证各种社会关系的实体，社会组织有自己的目标、规章、一定数量的成员和相应的物质设备等，它既包括物质因素，又包括精神因素。社会关系和社会组织紧密相连，成为文化的一个重要组成部分。

**4. 物质产品**

物质产品是指经过人类改造的自然环境和创造出来的一切物品。它是文化的具体有形部分，具有物质的特征。例如，从古代到现代的火箭，从马车到喷气式超音速飞机，从笔墨纸砚到电子计算机的桌面印刷系统，这些都是物质文化。在它们上面凝结着人们的观念、智慧、需求和能力。一种物质产品，既有一定的文化价值，又有它实在的用途。

**5. 语言和非语言符号系统**

在人们的交往活动中，语言和非语言符号起着交流信息的作用。人们只有借助语言符号和非语言符号才能沟通；只有沟通和相互活动才能创造文化。而上述的文化要素也只有通过语言才能反映和传授。一种文化群体的语言还是文化积淀和储存的手段。一个文化群体常有自己的语言和非语言符号系统，这往往成为跨文化沟通中最明显的障碍。

**（二）文化模式**

文化模式是文化要素的内在结构及其活动规律的表象形态。

文化模式理论最初是美国文化人类学家克罗伯和克拉克·洪提出的。对文化模式理论贡献突出的是罗丝·本尼迪克特。她在《文化模式》一书中正式提出了"文化模式"这一概念。本尼迪克特认为文化的发展是一个整合的过程，在历史的发展过程中，一些文化物质被选择、吸收，渐渐规范化、制度化、合理化，并被强化为人的心理特征和行为特征；另一些文化物质被抑制、排除、抛弃，失去了整体意义和价值。文化的这种内聚和整合就渐渐形成一种风格，一种理想，一种心理的和行为的模式。不同民族和社会有不同的文化模式，每一种文化模式都有自己的特色和价值取向即潜在的价值意识。

文化模式对人的价值观念具有"价值定向"的作用和排他性质。文化的各种要素包括经验、知识、风俗、信仰、传统等。一个民族、一个社会赖以生存和发展的文化要素规范化、制度化、法律化、神圣化，就变成了人们尊崇的文化模式。这种文化模式被社会全体成员共同认可和接受之后，就具有了超越个体价值观念的性质，形成了社会群体共同的价值观念和价值模式。人们只有按照文化模式所确定的价值标准进行选择，才是合法的、规范的，才为社会多数成员所接受和承认；否则，个人选择本身便被社会视为无价值的，甚至遭到打击和排斥。

文化模式的排他性质还表现在对其他文化的吸收与排斥，也以自身的价值尺度而定。按照自己的文化模式所提供的框架去理解和评价他人的文化是文化甄别中的一个不可避免的过程，人们往往用自己的文化作为解释他文化的工具。人们经常错误地理解和解释来自另一个文化环境中的人们，倾向于吸收与自己文化相类似的文化。

**（三）文化差异的维度**

文化模式所包含的内容极其广泛，不同的文化模式之间千差万别，为了更有效地进行文化比较和分析，跨文化研究专家们从文化中提取了一些比较重要的维度来反映文化差异。

霍夫施泰德提出了四文化维度，包括：不确定性回避；阳刚性与阴柔性；个体倾向与集体倾向；权力距离。其中：

不确定性回避指人们对不确定和未知情境感到威胁的程度。强不确定性回避表现为：

认为不确定性是一种持续的威胁，避免冲突与竞争，追求稳定安全的生活和对规章制度的遵从等。强回避不确定性文化对法律、规章的需要是以情感为基础的，这将导致一些规章或由规章约束的行为发生变异，有些是过于刻板的、彼此矛盾的或是病态的。强回避不确定性文化对规章的情感需要可以培养人们精细、守时的特质，尤其当该文化同属于权力差距小的时候，更是这样。弱不确定性回避表现为：对事物的变化发展持积极态度，强烈的创新意识，容忍标新立异的观念和行为，认为规章是人制定的，在不适应时也是可以改变的等。

阳刚性所代表的文化维度是指社会中两性的社会性别角色差别明显，男人应表现得自信、坚强，注重物质成就；女人应表现得谦逊、温柔、关注生活质量。女性或女性气质所代表的文化维度是指社会中两性的社会性别角色互相重叠，男人与女人都表现得谦逊、恭顺、关注生活质量。不同的国家中，男女两性之间的差距是不同的，越是女性气质的国家，这种差距越小，反之亦然。但即使在女性气质最强的国家，例如瑞典、挪威，男性与女性的价值观也不会在所有方面都一致，只不过在恃强性—恭顺性方面并无差异罢了。任何国家在两性文化间都会存在差异，这种差异只是统计意义上的而非绝对的。

个人主义社会是指人与人之间的关系较为淡薄的社会，人们只顾及他自己及其直系亲属。而集体主义社会则相反，人们一出生就结合在强大而紧密的内部集团之中。这种集团为他们提供终生的保护，而他们反过来也毫无疑问地忠诚于自己的集团。

权力差距的大小反映出不同国家在对待人与人不平等这一基本问题上的不同态度。权力差距指数反映了一个国家中的人际依赖关系。权力差距小的国家里，下属对上司的依赖是有限的，并且偏好商量，即下属和上司是相互依赖的。他们之间的感情差距也相对较小，下属很容易接近并敢于反驳他们的上司。权力差距大的国家里，下属对上司的依赖很大。他们要么偏好这种依赖性，要么完全反对，心理上称为反依赖，这也是一种依赖，却是一种消极的方式。因此，权力差距大的国家显示出依赖与反依赖的两极分化。

除了霍夫施泰德的四文化维度，比较著名的还有莱恩和迪斯特芬诺的六文化维度（见表 11-1）以及斯特罗姆·佩纳斯的五文化维度（见表 11-2），有兴趣的读者请参看关培兰老师主编的《组织行为学》第三章中的相关内容。

表 11-1 　　　　　　　　　　　莱恩和迪斯特芬诺的六文化维度

| 文化维度 | 典型价值观的表现形态 | | |
|---|---|---|---|
| 自然观 | 臣服于自然 | 与自然和谐共处 | 主宰自然 |
| 时间导向 | 面向过去 | 面向现在 | 面向未来 |
| 人性观 | 性善 | 中性或混合性 | 性恶 |
| | 不可改变的 | | 可以改变的 |
| 活动导向 | 自在 | 自制或自控 | 自为 |
| 人际关系 | 等级型 | 群体型 | 个人型 |
| 空间导向 | 私有型 | 混合型 | 公有型 |

表 11-2　　　　　　　　　　　　　　　斯特罗姆·佩纳斯的五文化维度

| 文化维度 | 极端情形 | 极端情形 |
|---|---|---|
| 通用/特定主义 | 事情有章可循、规律是普适的 | 事物是独特的，须就事论事 |
| 个人/集体导向 | 自己为独立个体，自我为中心 | 自己为集体一员，以集体为中心 |
| 中立/感情性 | 谨言慎行，不动声色 | 性情率真，喜怒形于色 |
| 具体/扩散性 | 公私分明，工作生活不可混淆 | 工作生活互为表里，盘根错节 |
| 成就/因袭导向 | 地位和关照以成就为依据 | 地位以长幼、性别、学历等为条件 |

　　资料来源：关培兰. 组织行为学. 武汉：武汉大学出版社，2002.

　　以上对文化的介绍，不仅不同文化体系内，文化的内涵差别迥异；同一文化体系内，文化的维度也会有差别。从总体上增加对文化的了解，理解文化的概念和特点，会对我们了解特定文化背景对人们思维倾向和行为的影响奠定基础。处于不同文化维度，人们对事物的价值观会有所不同，对同一事物的看法也会有差别，因此，人们对待同一件事表现出来的行为也会有差别。这些都决定了在进行跨文化沟通中，我们需要特别注意由于文化差异而对沟通造成的障碍，善于进行规避，才能进行有效沟通。因此，我们接下来将重点了解跨文化沟通的定义、障碍以及如何克服这些障碍和在障碍克服后形成的效果。

### 二、跨文化沟通

（一）跨文化沟通的含义

　　所谓跨文化沟通是指发生在不同文化背景的人们之间的沟通。文化在很大程度上影响和决定了人们如何将信息编码、如何赋予信息以意义，以及是否可以发出、接收、解释各种信息。在跨文化沟通中，由于信息的发送者和信息的接收者为不同文化的成员，在一种文化中的编码，要在另一种文化中解码，因此，整个沟通过程都受到文化的深刻影响。

　　萨姆瓦等人曾提出了一个较权威的跨文化沟通的模型，如图 11-1 所示。

　　按照萨姆瓦等人的解释，这个模型说明了这样几个问题：

　　在模型中，三种文化由三种不同的几何图形来表示。文化 A 和文化 B 是比较相近的文化；而文化 C 与文化 A 和 B 有较大的差异，由文化 C 的圆形及其与文化 A 和 B 的较大距离来表示。

　　每一种文化图形的内部，各有一个与文化图形相似的另一个图形，它表示受到该文化影响的个人。代表个人的图形与影响他的文化的图形稍有不同，这说明：（1）在文化之外，还有一些其他的因素影响个体的形成；（2）尽管文化对每一个人来说都是具有主导性影响的力量，但对个人的影响程度不同。

　　跨文化的编码和解码由连接几个图形的箭头来说明。箭头表示文化之间的信息传递。当一个信息离开它被编码的那个文化时，这个信息包含着编码者所要表达的意图。这在图表中由箭头内的图案与代表编码者个人的图案的一致性来表示。当一个信息到达它将被解码的文化时，有一个变化的过程，解码文化的影响变成信息含义的一部分。原始信息的内含意义就被修改了。由于文化的差异，编码者和解码者所拥有的沟通行为及其意义在概念

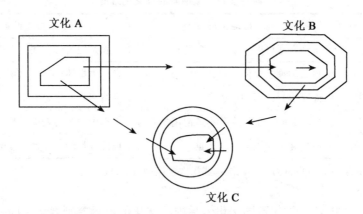

图 11-1　跨文化沟通模型

　　资　料　来　源：Samovor　L. A.，Porter　R. E.　and　Jain　N. C.，Understanding　Intercultural Communication. Belmont，CA：Wadsworth，1981，p. 29，Reprined by permission.

和内容上也是有差异的。

　　文化对跨文化沟通环节的影响程度是由文化间差异的程度决定的。在图 11-1 中用箭头里面的图案变化程度来表示。文化 A 与文化 B 之间发生的变化远比 A 与 C、B 与 C 之间有着较多的相似性，所以，两者之间在沟通行为及其意义方面更相似，解码的结果与原始信息编码时的内含意义就更接近。在文化 C 方面，由于它与文化 A、B 之间有相当大的差异，解码结果也就与原始信息有较大的差异。

　　从图 11-1 可以看出，在跨文化沟通中，文化间的差异是广泛多变的。这在很大程度上是由于环境和沟通方式造成的。跨文化沟通可以在许多不同的情境下发生，可以在文化差异极大的人之间，也可以在同一主流文化中的不同亚文化群体的成员之间发生。可以有跨人种的沟通，也可以有跨民族和国际间的沟通。

　　（二）跨文化沟通的障碍

　　相对于同一文化内的沟通，跨文化沟通不改变沟通的普遍性质，但是，文化因素的介入却增加了沟通的复杂性和困难程度。文化因素不但作用于沟通的整个过程，也影响沟通的每一个基本方面，从而给跨文化沟通造成困难与障碍。

　　跨文化沟通研究的核心是文化与沟通的关系。D. Hymes（1974）把沟通解析为十几个构成项目后，又归纳为八个大项，并用"SPEAKING"一词的八个字母来分别代表它们，提出对沟通事件（Communicative Event）的分析框架。下面我们沿用该框架分析文化差异对沟通的影响：

　　S："Setting"和"Scene"，即背景和场合。前者指时间、地点等沟通活动发生的具体物质环境，后者则指抽象的、心理的环境，也可以说是社会和文化赋予背景的特定含义。场合有正式和非正式、公开和私下、严肃和轻松等区别。同样的背景，在不同的文化中，就有可能被视为不同的场合。什么场合适于进行什么样的沟通活动，不同文化可能有不尽相同的规矩。例如，在有的文化（如中国文化）中，和别人一起进餐（特别是宴请）的过程往往被看做是谈生意的理想场合之一；但是，在另外的文化中，吃饭的时候很可能就不允许（至少是不适合）谈生意上的事情。

P："Participant"，即参与者。参与者的许多特征和因素，如年龄、性别、种族、职业、社会地位、出身背景等，都有可能影响沟通。在具体的沟通活动中，哪些特征和因素会对沟通产生影响，影响会有多大，在一定程度上决定于文化的取向。在有些国家（如朝鲜和韩国），年龄常常被人们看得比较重要，沟通也就因参与者年龄差异的大小而有不同的方式，这样的情况在不看重年龄因素的文化中是没有的。

E："Ends"，即目的，包括按惯例（即社会文化约定）所期待的结果（Outcome）和各参与者的个人目的（Goals）。文化不仅决定着按沟通惯例所期待的结果，也或多或少地影响着参与者个人的沟通目的。在极为注重人际关系的文化环境中，许多沟通活动的目的或目的之一常常是为了建立、维持和发展参与者之间的相互关系；而在那些强调个体存在的文化中，人们更多地用沟通来塑造自我、表现个性。这种差异甚至会存在于同一文化之中。

A："Act Sequence"，即沟通行为顺序，包括信息的内容（话题）与内容的表述方式和形式。不同的沟通活动自然会有不同的行为顺序。即使是同一种沟通活动，由于文化上存在的差异，行为顺序（尤其是在方式和形式上）也会各不相同。比如，北美一些地方的印第安人在交往中对别人提出的问题经常不马上回答，而是一声不吭或先说些不相干的话，有时甚至要等上十来分钟才会对问题做出回答。另外，有调查显示，说汉语的人在谈话中习惯于先说原因、理由，后讲结论或观点，而说英语的人却正好相反。书面沟通活动中也有类似的情形。做同类题目的文章，美国人的论述一般是从抽象到具体、从一般到个别，而韩国人则倾向于相反的顺序。

K："Keys"，指基调，包括说话的语气、表情、姿态等。基调有各种各样的，可以是认真的、嬉戏的、夸张的或嘲讽的，也可以是不动声色的或带有某些感情色彩的。一种沟通活动应当以什么样的基调去进行，能否在其进程中穿插或变换为别的基调，对此，文化因素时常起着几乎是决定性的制约作用。在正式场合做讲演或报告，其基调一般都是认真严肃的；但是，相比之下，美国人的基调变化（如插入夸张、幽默等）就明显比东亚国家的人要多。这一差异在课堂教学的师生沟通过程中也同样可以发现。

I："Instrumentalities"，即媒介和渠道，主要是指信息传递使用的是哪种语言或语言变体（如方言、语域等），是口说还是书写。在具体的沟通活动中，媒介和渠道的选择与运用都有可能随着场合、参与者、沟通目的、沟通内容等方面的不同而有所不同。应当说这些与文化的关系是十分密切的。因为，我们知道，语言与语言变体常常是从文化上将某一人群区别于其他人群的主要依据之一。事实上，几乎不可能存在语言及其运用上毫无差异的两个属于不同文化的群体。文化不同，使用的语言或语言变体通常都不一样，这无疑给不同文化群体之间的交往带来了许多困难。而且，不同文化在沟通中对语言媒介的依赖程度也有较大差异。在低语境文化（Low Context Cultures）中，如德国文化，沟通信息的传递主要依靠语言媒介；相反，在高语境文化（High Context Cultures）中，如中国文化，传递信息不仅用语言，还更多地依赖于沟通环境等。

N："Norms"，主要指人们沟通时语言行为所必须遵循的各种规约。具体地说，就是沟通参与者"什么时候该说话，什么时候不说，说的时候说什么，对谁说，什么时候、什么场合、以什么方式说"等。毫无疑问，沟通的规约基本上是文化的规约。在沟通中，人们一般只能在文化所认可和接受的范围内选择说什么、什么时候说、以什么方式说等。文化不同，规约自然也不相同。以说什么为例，英语国家的人可以比较自由地谈论天气、工作、个人爱好等，却不大可能和人随便谈论自己的年龄、收入、政治态度、宗教信仰、婚姻状况等。这和中国的情况就不大一样。什么时候说合适，文化上同样有差异。中国人请客或会见别人，通常只提前一两天邀请或约定，而英美人则是习惯于提前一两个星期或更长的时间。

G："Genres"，即体裁，指沟通活动中话语的类型，如诗歌、寓言、神话、祈祷、笑话、谜语、诅咒、演讲、书信、评论、公告等。不同的体裁适用于不同场合，使用范围是有限制的。婚礼上可以说笑话，葬礼时就不适宜；在球场上诅咒关系不大，进了教堂则不允许。尽管大多数体裁是不同文化所共有的，但是，文化不一样，同类体裁的运用范围与沟通功能就不完全一样。以诗歌为例，它在中国文化中长期有着十分广泛的运用，不仅是重要的文学类型，还常常用于人际交往（如文人有以诗会友的传统），有时甚至被当做政治斗争的一种手段。这样的情况在其他一些文化中就很难见到。

文化因素对沟通的介入主要表现在它们基本决定了沟通构成中各个项目的具体状况。这些项目组合在一起，就为参与者双方进行特定的沟通活动提供了一个具有重要规范与参照作用的框架性结构，即沟通的参与结构（Participation Structure）。同一文化内部不同类型的沟通活动有不同的参与结构，如商务会谈和日常闲聊在结构上就不一样。不同文化间，同样类型的沟通活动，其参与结构往往也会有所不同。来自不同文化的人们相互交往时，沟通双方所依据和参照的很可能是各自不同的参与结构，而且往往还会期待对方按己方文化所提供的参与结构来一起进行沟通活动。在这种情况下，沟通出现障碍，沟通双方产生误解，可以说是在所难免。

# 第二节　文化冲击与文化适应

由于跨文化沟通的复杂性，再细致的准备也不可能事先穷尽沟通过程中可能出现的所有问题，因此文化差异的解决不可能一蹴而就，必须借助于差异→调整→新差异→再调整这样一个不断协调的过程。从另外一个角度来讲，每一次差异→调整的协调过程也是一次"文化冲击"—"文化适应"的过程。了解文化冲击这一现象及对文化冲击的应对方法，对于我们深入了解跨文化交流中的心理反应，掌握跨文化交流中的互动技巧具有重要意义。

## 一、文化冲击

### （一）文化冲击的定义

最早使"文化冲击"（Cultural Shock）一词大众化的是人类学家卡尔维罗·奥伯格（Kalvero Oberg），奥伯格把"文化冲击"描述为一个人从所熟悉的文化环境进入到新文化环境后所产生的焦虑。他指出："文化冲击是突然陷入一种因失去我们所熟悉的社会交往符号和象征而产生的焦虑状态。这些指导我们日常生活的无数符号和象征包括：何时和怎样同别人握手寒暄，何时和怎样付小费，怎样向仆人发出指令，怎样采购，何时接受和拒绝邀请，何时语气严肃，何时语气和缓。这些符号和象征可以是词语、手势、面部表情、习俗、我们每个人的成长模式以及作为我们文化一部分的语言和宗教。我们所有人都因我们要保持心态平和与提高效率而依赖于这些符号与象征。最重要的是我们总是下意识地去使用这些符号和象征的。"

文化冲击引起的后果包括从浅层次的温和不适到深层次的心理恐慌或心理危机。当人们置身于一种陌生的文化环境时，他们既想去找出在这个新文化环境里有意义的东西，又意识到自己所熟悉的文化模式与此毫无关联；既必须去适应新的、不熟悉的行为方式，又担心自己会无意地犯行为不检点的错误。文化冲击通常会使人感到无助或不适，同时伴随着对被欺骗、伤害、侮辱和不受重视的恐惧。尽管每一个人，在一定范围内，都会受到因文化冲击所引致的焦虑的困扰，但一个在海外生活的人最终是成功还是失败，在很大程度上要看他是否能尽快做到心理适应和摆脱令人左右为难的焦虑。

自 20 世纪 60 年代以来，有许多社会学家力图对奥伯格的初始文化冲击模式进行精确化。例如"角色冲击"（Byrnes，1966）、"文化疲惫"（Guthrie，1975）、"弥漫的模糊"（Ball Rokeach，1973）这些词汇及理论的出现。尽管对奥伯格的初始模式有各种不同的意见，但对于文化冲击所包括的下列维度，基本上是意见一致的：

1. 超出预期角色行为的混乱感觉；
2. 意识到全新文化的某些特征后所产生的惊奇感觉；
3. 失去原来熟悉的环境（如朋友、财产等）和文化形式的感觉；
4. 被新文化中的成员拒绝（或至少是不被接受）的感觉；
5. 因在新文化中不能充分尽职从而不能较圆满地实现职业目标所带来的失去自信的感觉；
6. 因对环境很少或根本不能控制所产生的无能感觉；
7. 对原有价值观何时才能再发挥作用怀有疑问的强烈感觉。

（二）文化冲击的阶段

根据奥伯格的研究，文化冲击通常要经历以下四个阶段：

蜜月阶段：当大多数人带着明确的态度开始到国外赴任时，这个阶段就开始了。这一阶段的主要特征是欣喜。就像度蜜月一样，所有的一切都是新奇的和令人兴奋的。对东道国的态度是不现实的对成功的自信。这一阶段会持续几天到几周。

冲击阶段：蜜月期并不会永远持续，在几周或几个月内问题就会出现。在国内认为必定会如此的事情却没有出现，大量的小问题却成为不可逾越的障碍。当你突然意识到这是文化差异问题时，失望、烦躁、恐惧会逐渐增大。这是一个充满危机的阶段。正是在这一阶段，上面提到的各种症状会逐渐显现。对付这一危机阶段的一个通常模式是同其他侨民一起指责或贬抑当地人，"他们怎么会这样懒惰？""这样肮脏？""这样愚蠢？""这样缓慢？"度过这一危机的速度会直接影响到在国外任职的成功与否。遗憾的是，一些人从来都没能经受住这一阶段的考验，他们或者退回国内，或者硬挺下来，但是是以对他们自己、他们的家庭、他们的公司来说高昂的成本为代价的。

适应阶段：这是一个经历过危机并逐渐恢复的阶段。随着对新文化的逐渐理解，一些文化事件开始变得有意义。行为方式逐渐变得适应并可预期，语言也不再难以理解，在第二阶段难以应付的生活琐事也能够解决。简言之，一切都变得自然和有条不紊。同时，如果一个人能时不时地对自己的处境进行自嘲，这就是充分恢复和适应的标志。

稳定阶段：这一阶段意味着一个人完全或接近完全地恢复了在两种不同文化中有效工作和生活的能力。几个月前还难以理解的当地习俗现在不但能够理解而且能够欣赏，这并不是简单地说所有文化间的疑难问题全部解决了，而是在异文化中因工作和生活引起的高度焦虑消失了。当然，很多人从来也没有达到这一阶段。对于处于稳定阶段中的人来说，才真正是确定的、成功的经历。

成功地完成了文化适应过程的移民返回居住国，在调整回原有的文化环境中将会体验一种"相反的文化冲击"。又回到家里的移民有时会发现他们不适应了，又去移居了，这次是一去再也不复返了。成功地迁移到外国环境中的移居者曾报告说，文化冲击的过程又完全重新开始了。显然，文化冲击是一种环境特性，对于每一种新的文化环境都会有一种新的文化冲击。

## 二、文化适应

完全避免文化冲击的一个有效办法是选择呆在家里而不是进入到国际商业环境中去。但是当全球化在经济、文化、人员流动等各个方面迅速扩展时，逃避也变得不可能。发展跨文化技巧，积极地为应对文化冲击做好准备是惟一可行的选择。这些准备包括大量的信息，同时也包括一些技巧和全新的态度。

跨文化沟通中，根据人们对文化冲击的不同的应对情况，跨文化沟通可能出现的最终结果也呈现出复杂性。加拿大皇家学会院士董林雪英（Rosallie L. Tung）博士在北京大学的一场学术报告会上提出了跨文化沟通的四种可能结果：文化融合/多文化共存、文化同化、文化分隔、文化边缘化。

文化融合。在文化融合或多文化共存时，人们觉得有必要保存他们自己的文化，同时他们也被主流文化的准则所吸引。把两种文化的精髓相结合应该说是跨文化沟通最为理想的一种形式。

文化同化。少数文化的成员单方面去迎合主流文化。在董博士最近对外派与调回人员所做的研究中，许多外派职员都把这视为一种与当地人互动的有效方式。然而，外派职员如果过分被所在国的文化同化的话，他们就可能被指责为"本土化"，而总部的人也就会以怀疑的眼光看待他们。在处理国内差异时，来自少数文化的成员很可能失去自己丰富的文化传统。

文化分隔。少数文化的成员与主流文化保持距离。例如，在国际环境中，许多来自少数文化的外派职员选择住在规定为外国人居住的区域，很少与当地人接触。在处理国内差异时，来自某一少数民族的成员倾向于与来自相似文化背景的人多接触。这种办法虽然简单易行，但它既不能产生有效的协作关系，也有悖于大部分公司所提倡的包容政策。

文化边缘化。最无效的文化适应方式是文化边缘化。来自少数文化的成员既不被鼓励保留他们自己的文化准则，也不被接纳加入主流文化。

# 第三节 东西方文化差异

由于文化的多样性，对文化差异我们不可能一一做详尽介绍，本节中我们仅介绍东方文化和西方文化的差异，并主要着眼于沟通方面。东方文化和西方文化是人类社会中差异最大的两种文化传统，东方文化包括印度、中国、日本和朝鲜等国家的文化。总体而言，东方文化中，中国文化所占比重最大。日本、韩国以及东南亚的文化在很大程度上受中国儒家文化的影响。儒家文化所倡导的仁、义、礼、智、信是东方文化的根基。西方文化见诸美国、英国、意大利、德国和法国等国家，发源于古希腊、罗马。因为概括和笼统，这种介绍通常显得比较表面和武断，在可能的情况下，我们会提供关于这些差异的深层解释。同时这也说明持发展的观点和具体分析的观点是必要的，因为社会存在变化，文化也会变化。

我们主要以美国作为西方文化的典型代表。美国文化以欧洲文化为基础，糅合了世界各民族文化，建立在个人主义基础之上。作为移民社会的美国，其很多公民来自欧洲大陆，他们中的大多数受到过文艺复兴和启蒙运动的影响，有不少是思想激进的持各种创新见地的人，这些人人格独立、思想解放、富于创新精神。这对美国文化产生了巨大的影响。

来到新大陆的移民，失去了往日的荣耀与资本，人人站在同一起跑线上，一切都必须靠个人奋斗才可取得。血缘关系的淡漠，崇尚个人奋斗，注重事物的结果，构成了美国文化模式的特点。美国的人际关系更多的是一种平等的契约关系。在评价个人行为时，相对于道德品质、个人修养等，他们更看重事业是否成功。他们认为触犯法律自会得到处置，不必他人过多干涉。在这种环境下，道德自律便让位于法制。这就使得美国人在创新求变时追求的是个人效用最大化，较少考虑别人的影响，受到的束缚较小。

在介绍东方文化时，将较多地提到中国和日本，并在可能的地方指出两者的差异之处。历史上，日本曾以先进的中国文明为师，汲取其中的精华。1860年"明治维新"后，通过对外开放和向西方学习，整个社会进行大规模的文化转型，倡导"和魂洋才"、"脱亚入欧"。

日本与中国同处于东亚儒家文化圈，受中国儒家思想影响很深，与中国的文化模式有相似之处。但是日本的社会关系是一种有别于我国的非亲族协力型的社会关系。支撑这种社会关系的社会伦理道德所强调的主要不是"孝"，而是"忠"。因而其价值观与伦理思想体系与中国有所区别。如果说，中国文化以"仁"作为伦理的中心，以"礼"作为维持整个社会运转的准则和判断标准。日本的伦理中心是"诚"，而维持整个社会运转的准则是"忠"。

日本的文化模式与中国的文化模式的另一个显著区别在于，中国属于大陆型文化，而日本则因其地理环境具有一种很强的"岛国意识"，狭小的国土和频繁的火山、地震、飓风等自然灾害，使得集团内彼此的协调与配合非常重要，并形成了注重集团力量的民族特点；在与频繁出现的自然灾害的斗争中，也树立了坚定乐观的生活信念，对灾难有较强的心理承受能力。日本民族的行为方式的特征是自我牺牲的集团的行为方式。

### 一、东西方文化差异

**（一）个人主义价值观和集体主义价值观**

个人主义价值观是西方文化的内核。西方人的价值观认为，个人是人类社会的基础和出发点，人必须为自己个人的利益而奋斗，为自己才能维持社会正义，爱自己才能爱他人和社会，为自己奋斗也是为他人和社会奋斗。有个人才有社会整体，个人高于社会整体。每个人应该表现出自己的个性，一个人越是表现出自我个性，越能体现人生的价值。

这种价值观来源于西方的重商社会。由于地理环境和气候条件的影响，单靠小面积的农业种植，远远不能维持人们的生存需要。所以，古希腊人一开始就航海经商，为了能换取更多的生活必需品，兴办了手工业。在重商主义社会里，更是要求自由贸易、自由竞争。因此，个人主义往往是与这种商业自由主义紧密联系在一起。为了获得较多自由，个人则要求尽可能不受集体的限制和约束。为了取得商业成功，战胜风险，就必须抓住一切短暂时机，去战胜竞争者。

与西方的个人高于一切的价值观相对立，儒家伦理价值观则以孔孟的仁义为核心，它强调社会第一，个人第二，个人利益应当服从社会整体利益。儒家伦理价值观认为，只有整个社会得到发展，保持稳定，个人才能得到最大利益。当二者发生冲突时，应把社会利益放在第一位。与此同时，儒家伦理价值观重视家庭和社会上的人际关系与道德标准，强调亲属之间、朋友之间，应为一体，天下一家，提倡群体意识。

这种群体意识与古代东亚地区的农耕文化有直接关系。后者是形成东亚传统集体观的根源。在从事农业的社会中，一方面，由于农业与自然有着密不可分的联系，在战胜自然的过程中，单个的个人力量显得十分弱小，只有群体的合力才能发挥人力的作用。在此基础上形成的文化，就比较注重群体。另一方面人们在长期共同地域生活中处于相对稳定状态，彼此互相交往、互相帮助，很容易形成命运共同体。在该共同体内，所有成员休戚相关、荣辱与共，比较容易形成浓厚的群体观念。

**（二）伦理型人际关系与契约型人际关系**

东方文化中人们的社会地位及其行为规范，普遍具有宗法血缘关系的烙印，社会组织结构都从属于伦理关系之下。人与人之间主要靠道德维持，而不是靠法律约束，重义轻利，重情轻法。

中国社会跨入阶级社会，其统治阶级奴隶主贵族是由氏族首领直接转化来的。之后又由家族奴隶制发展成为宗族奴隶制，并建立起"家邦"式的国家，以血缘纽带维系奴隶制度。于是血缘关系成为社会的基本关系。在这种家国一体的社会结构中，国家首先是君主之天下，按照以嫡长子继位为中心的宗法关系实行分封，形成大大小小的诸侯国。诸侯又按同样的方式建立自己的政治体系。在这种社会关系中，个体在社会中的定位，首先是在家族血缘关系中确立自身。个体的基本社会角色是家族成员，而不是社会公民。不仅如此，血缘还是人际关系的基础，是一切关系的基础。中国的人际关系是人伦关系，其基本范式是所谓的"君臣、父子、兄弟、朋友、夫妻五伦"。这无疑同中国古代的自然经济社会有关。东亚的儒家伦理道德观主要是农村自然经济的反映。

西方却截然不同，建立在个体主义与利害关系之上的西方文化，人际关系突出一个

"争"字。为了避免互相争夺和互相侵害，需要用契约来规范人与人之间的利害关系，人际关系主要是靠法律来维系的，在法律面前人人平等，表现为一种契约型的人际关系。他们的传统社会主要是以地缘关系构成的。

西方民族是以工商航海为主要生产方式的海洋性民族，这种生产方式不可能长期保持聚族而居的生活方式。由原始社会向奴隶社会的过渡是通过一系列的变革打破了旧的氏族统治的体系，用地域性的国家代替了血缘性的氏族，用个人本位的社会代替了家族本位的社会，从而用政治性的国家统治代替了家族式的血缘统治。古希腊、古罗马进入文明社会的方式是以国代家，由家庭奴隶制转化为劳动奴隶制，建立起"城邦"式的国家。这种方式的特点是打破了氏族血缘关系的限制，以地区划分社会单元。因而地域成为主要的概念。个体的基本社会角色是公民而不是家庭成员。人与人之间不是以血缘为基础的人伦关系，而主要是国家政治制度规定的法的关系。这种法的关系是一切关系的基础。西方契约型人际关系反映的是城市社会经济。

（三）纵向身份意识和横向身份意识

必要的秩序是社会健康存在与发展的前提。每个人都生活在庞大的社会金字塔之中。但是，就不同国家的人们的心态而言，人们对内在价值和外在价值的重要性有不同看法。"内在价值"包括知识素养、智力水平、个人才干等；"外在价值"指职位职称、荣誉头衔等。

东方文化纵向身份意识通常比较强烈，而西方文化平等意识较强。商品是天然的平等派，一般来说商品经济愈发达的社会，横向关系愈强，纵向关系愈弱。世界新技术革命促进了组织机构的扁平化和相互关系的网络化，直接淡化人们的纵向身份意识，使人们更加注重个人内在价值的提升。从历史的进程来看，随着改革的进一步深入，身份制在中国也会逐渐淡化，但要有一个过程。

**二、东西方在沟通方式上的差异**

东西方在人际沟通上的差异主要在于东方文化注重维护群体和谐的人际沟通环境，西方文化注重创造一个强调坚持个性的人际沟通环境。这主要体现在：

（一）东方重礼仪、多委婉，西方重独立、多坦率

东方文化中，纵向身份意识和等级观念比较强烈。人们在交流时也受到各自地位和角色的制约。两个素不相识的人相遇时，在谈及主题之前，通常要交换有关的背景资料。例如，工作单位、毕业的学校、家庭情况、年龄、籍贯等，以此确定双方的地位和相互关系，并进而依据彼此的关系来确定交谈的方式和内容。如果一方为长辈或上级，那么多由这一方主导谈话的进行，同时在出入的先后以及起坐方面都有一定的礼仪。如果交谈的双方在地位或身份上是平等的，那么，交谈就会放松得多。日本人根据说话人、听话人以及话题、提及人之间的尊卑、长幼、亲疏等差别，有一套包括尊敬语、自谦语和郑重语在内的复杂的敬语体系。正确地使用敬语被视为一个日本人必备的教养，同时也是社会沟通中不可缺少的重要手段。

在西方文化，特别是美国文化中，等级和身份观念比较淡薄。人际交流中，在称呼和交谈的态度上较少受到等级和身份的限制，不像东方文化那样拘礼。

在表达方式上，东方文化喜欢婉转的表达方式，模糊暧昧。这可能与农耕文化长期共居，生活空间比较狭隘、闭塞有关，一方面，对周围的人和事都很了解，没有必要将事情说得一清二楚、明明白白。从尊重对方的角度出发，用所谓的"留有余韵"，"模糊暧昧"让对方自己去心领神会加以判断。另一方面，人与人之间就处于相互监视的状态，集团对个人就具有了极大的约束力。模糊不定、暧昧含混的说法，也为发生问题时逃避责任提供了机会。

西方人，特别是美国人，则非常看重真诚坦率。有学者认为历史上的西进运动可能对这种性格特征有重要影响。"拓荒者并不太需要任何与其所从事的急迫任务无关的观念，其精神问题均出自同物质世界种种力量的斗争。荒野是一种现实存在，它必须被征服。由此产生的那种性格便是强壮的、粗犷的，常常是鲜明的，且有时是英雄化的。个性在那时是一种现实，因为它与环境相对应。"个人主义和实用主义得到了发展，也使得边境居民性格粗犷，而讲究实际。西部人的语言和举止极少拐弯抹角、旁敲侧击，思维偏于具象，爽直率真。

在美国人看来，婉转与真诚大相径庭，与装假却有相似之处。1968 年，美国人安德森在一项研究中，向一些大学生显示 555 个形容词，让他们说出对这些品质喜欢的程度。结果表明在 20 世纪 60 年代的美国大学生中，受到评价最高的个人品质是"真诚"，评价最低的是"说谎"和"装假"，比"不友好"、"敌意"、"贪婪"、"恶毒"、"冷酷"、"邪恶"都恶劣。近代以来随着西方文化的影响和社会的发展，东方重礼仪多委婉的特点已经发生不少变化，但是，比起西方文化特别是美国文化来，仍有明显的差异。

（二）东方重意会，西方重言传

东西方人对交流本身有不同看法。在中国、朝鲜、韩国、日本等国的观念中，能说会道并不被人们提倡。在中国传统文化中，儒家、道家和佛教的禅宗都是如此。"君子欲讷于言而敏于行"；"巧言、令色、足恭，左丘明耻之，丘亦耻之"（孔子）。"知者不言，言者不知"（老子）。"狗不以善吠为良，人以不善言为贤"（庄子）。中国化的佛教禅宗主张"自悟"说，认为心性本净，佛性本有，觉悟不假外求，不读经，不礼佛，不立文字，佛性只能通过冥思苦想，而不是通过语言交流来获得。

日本是一个喜欢沉默的民族。四面环海的岛国和不大的地域面积，促使他们以和为贵，抑制自我主张，以确保社会秩序的稳定性。而在"和"的理念上发展而形成的群体意识和连带意识，同时也培养了整个民族的洞察能力。人们十分注重观察身边的环境、状况以及周遭他人的意向动态，随时调整自己的行为，做出适当的反应。这样，也使语言的表达退居次要地位。

与东方文化形成了鲜明的对照，西方人很强调和鼓励口语的表达技巧。古希腊、古罗马开创了西方在学校中开设"修辞学"的传统，这种修辞学的侧重点放在语言创作以及放在如何教导那些想跟别人发生语言沟通的人们这些方面。在西方文化中，人与人的关系和友谊要靠言谈来建立和维持。他们缺乏中国文化中的那种"心领神会"，因而，两个以上的人呆在一起时，一定要想办法使谈话不断地进行下去。如果出现了沉默的情形，在场的人都会感到不安和尴尬，并有一种必须要谈话的压力。西方人的观念是，真正有才能的人不但要能思考，并且必须善于把自己的意思有效地表达出来。美国人有"边想边说"

的说法，就是说把思考过程言语化，至于这些想法本身是否有水平、有深度，是否正确，则是另一类问题。

（三）东方重和谐，西方重说服

东方文化中注重集体主义，强调组织的团结与和谐，因而在沟通的目的上，注意摆平信息发送者和信息接收者的关系，强调和谐胜于说服。"和为贵"、"忍为高"、"君子科而不争"这些思想至今仍对人们的沟通有很大的影响。

以日本为例，喜欢沉默的日本人，在交谈时，却都习惯相互随声附和，点头称是。一般地日本人在随声附和的同时，还伴随着点头哈腰等非语言行为。非语言行为的频繁使用也是日本人人际交流的一个特点。甚至日本人在打电话时也不由得点头哈腰。这种场面确实令外国人感到很不可思议。

日本人在会话时，如果听话人保持沉默，不随声附和，说话人就会以为对方没有认真听自己讲话或者没有听懂自己所说的话。为此就会感到深深的不安。因此听话人要及时地恰到好处地随声附和几句，以表明自己在洗耳恭听，同时也表达了自己积极参与了会话，使说话人的谈话得以继续下去。这种共同参与和积极配合的语言心理及行为是日本人追求和睦的人际关系，增添和谐气氛所特有的心理和行为方式。也就是说，是"和"的思想理念所造成的一种自发性的合作意识。

西方人际沟通观受到古希腊哲学的影响，在交流的目的上，强调的是信息发送者用自己的信息影响和说服对方，是有意识地对信息接收者施加影响。这一观点在西方古今研究传播学的著作中都可以看到。例如，亚里士多德在《修辞学》中就指出，所有沟通的基本目的是"施加影响"。当今的传播学者杰拉尔德·米勒认为，"在大部分情况下，传播者向接收者传递信息旨在改变后者的行为"。美国实践心理学家 C. 霍夫兰等人认为，沟通是"某个人（传播者）传递刺激（通常是语言的）以影响另一些人（接收者）行为的过程"。

（四）开场白和结束语形式不同

在人际沟通中，中国人开场白或结束语多谦虚一番。开场白常说：自己水平有限，本来不想讲，又盛情难却，只好冒昧谈谈不成熟的意见，说得不对的地方，请多指教。或者把这一套话放在结束语中讲，常说的是：请批评指正，多多包涵。而西方人，特别是美国人，在开场白和结束语中，没有这一套谦词。而且这类谦词使美国人产生反感："你没有准备好就不要讲了，不要浪费别人的时间。"中国人在和不熟悉的人交谈时，其开场白常问及对方在哪里工作、毕业的学校、家庭情况、年龄、籍贯等，即从"拉家常"开始。对中国人来说，这样开始交谈十分自然。而这样做会使英美人十分恼火，因为这种开场白干涉了他们的隐私，交谈一开始就使他们不快，很难使他们敞开心扉，进行有效交流。英国人交谈开头的话题是今天天气如何如何，美国人则是从本周的橄榄球赛或棒球赛开始谈话。

中国人在人际沟通中进入正题之前，"预热"时间比美国人长。而英美人一般喜欢单刀直入，预热的阶段很短，闲谈多了会被认为啰嗦，有意不愿谈正题。

另外，美国社会是一个流动性很强的社会，据美国官方统计，一个美国人在一生中平均要搬 21 次家。经常调动工作和搬家，使他们对陌生人友好。然而，这种流动性又限制人们建立深厚持久的友谊。这种友谊观上的差异也会带来误解。中国人遇到美国人，常被他的友好和热情所感动，但是一般不要下结论，认为他们之间已经建立起了牢不可破的友谊。这是美国人对待每个陌生人的方式。

## 第四节 跨文化沟通的原则、策略和技巧

### 一、跨文化沟通的原则

#### （一）因地制宜原则

入乡随俗是避免跨文化沟通障碍及文化冲突的最有效方法。同时，尽可能多地了解当地的民俗风俗及历史文化，积极适应当地的这种风俗和文化，有选择性地在饮食、着装、礼仪等方面考虑迎合属地文化。毫无疑问，具有亲切感的友谊与合作关系将会最大地减少因两地文化差异造成的误解及摩擦，从根源上防止小小的摩擦上升为文化冲突。

#### （二）平等互惠原则

平等互惠原则就是在跨文化沟通的过程中，对话双方克服文化优越感或自卑感。坚持平等互惠的原则，是中外文化交流顺利进行的重要条件。汤若望在促进中外文化交流上做出了成绩，正是其在一定程度上实行了平等互惠原则的结果。明初郑和下西洋，明末清初耶稣会士来华，是中外文化交流史上的大事，但由于违背了这一原则，对后世均未产生深刻而持久的影响。文化没有优劣之分，不要因对方来自不发达地区就产生文化优越感，也不要因对方来自发达地区就产生文化自卑感。

#### （三）相互尊重原则

尊重是保证跨文化沟通有效进行的基础。不同文化背景的人有着各自的宗教信仰、风俗习惯与思维方式，如果要与不同文化背景的人进行有效沟通，就必须尊重对方的人格和自尊，表现出尊重对方文化的意识，避免把自己的文化看作是唯一正确合理的东西。

#### （四）相互信任原则

没有信任，就没有交流，缺乏信任的面谈会使双方都感到紧张、烦躁，不敢放开说话，充满冷漠、敌意。在沟通过程中，沟通要想顺利进行，要想达到理解和达成共识，就必须有一种彼此互相信任的氛围。沟通双方应多倾听对方的想法与观点，尊重对方；清楚沟通原则和事实，多站在对方的角度，设身处地为对方着想，勇于当面承认自己的过失，赢得对方的理解和信任。

#### （五）相互了解原则

在国际商务交往中，仅仅懂得外语是不够的，还要了解不同文化之间的差异，接受与自己不同的价值观和行为规范。成功的国际化人才应该做到在任何文化环境中能够游刃有余。例如，为了提高跨文化管理能力，许多公司将经理人派到海外工作或者学习，让他们亲身体验不同文化的冲击，或者把他们留在自己的国家，与来自不同文化背景的人相处，外加一些跨文化知识和理论的培训。韩国三星公司（Samsung）每年都会派出有潜力的年轻经理到其他国家学习，学习计划由学员自己安排。但是，公司提出一些要求，例如学员不能坐飞机，不能住高级宾馆，除了提高语言能力外，还要深入了解所在国家的文化和风

土人情等。通过这样的方法，三星公司培养了大批谙熟其他国家市场和文化的国际人才。

### 二、跨文化沟通的策略

#### (一) 正视差异 求同存异

在跨文化沟通过程中，由于不同文化背景的沟通主体，各自按照自己的文化习惯处事，跨文化冲突的存在是不可避免的，而冲突背后需要付出的代价是巨大的，因此，我们必须培养如何在跨文化冲突的背景下以积极心态来寻求发展。冲突往往带给人不适的心理感觉，人们往往不愿正视冲突，甚至逃避冲突。其结果不但冲突得不到解决，而且个人目标也难以实现。所以，应对跨文化沟通，我们要正视文化冲突的客观存在，做到相互尊重，心平气和地进行协商调解，以"求同存异"的理念去解决冲突问题，在需要的时候做出适当让步，尽快平息文化冲突。随着国际经营环境的变化以及劳动力多样化的发展，要在跨文化沟通过程中做到求同存异，首先要能准确地判断文化冲突产生的原因，洞悉文化的差异。其次，在明确冲突源、个人偏好和环境的前提下，选择合适的跨文化沟通的方法和途径，最终找到沟通谈判的方案。

#### (二) 取长补短 兼收并蓄

由于沟通对象的文化背景不同，有别的价值观念和思维方式就会给跨文化沟通带来障碍，但是，也能提供给大家自由交流、相互学习、取长补短、共同进步的机会。任何策略都离不开具有较高跨文化沟通素质的人，他们需要具备以下特征：既懂得宣传自身的文化优点，能够较好地掌握外语，又懂得怎样去赞美其他文化的优点，碰到文化差异就了解当地的风土人情，又具有较高的跨文化沟通技巧。最关键的还在于能敏锐地意识到文化差异，在积极面对挑战时能有效应对，这也是对沟通者的要求。

#### (三) 兼顾多元 差别管理

在进行跨文化沟通的活动中，由于文化的多元化，会导致方法和途径的多样化，而文化的差异性也是跨文化沟通的难度，识别文化差异是有效沟通的前提。随着经济全球化的加快，文化多元化现象也越来越明显。在同一企业内部，可能有来自世界各地的员工，在国际商务活动中，一个企业可能会同时与不同国家的外商打交道。在这样的背景下，差别化管理将是跨文化沟通中一个有效的途径，理解文化差异的关键也需要培训学习平台。差别化管理首先要求管理者为所有不同文化背景的沟通双方提供平等的机会和公平的意愿，而不考虑他们在性别、种族、年龄和其他特征方面的差异；其次要根据所处的社会主流和非主流文化的特点，考虑双方的文化偏好，选择相应的沟通方式和方法；最后注意遵守法律和制度，按照既定的、为大家所公认的规则行事，避免因疏忽法律规定而出现投诉行为。对于短期内无法适应"文化差异"带来的巨大冲击，也可以考虑接触比较中性的、与自己的文化达成一定共识的第三方作为中间方进行协调与沟通。

### 三、跨文化沟通的技巧

由于跨文化沟通中往往存在着参与结构上的差异，因此协调各自对沟通具体参与结构的认识与理解，就是改进跨文化沟通的一个重要条件。但是，人们一般只能在沟通中协调，而不是协调好了再沟通。同时，由于参与结构是文化对沟通的不成文的规定，不但沟通双方不一定都了解对方文化的参与结构，就是对自己文化中参与结构的具体状况有时也说不清楚，因此，即使有协调的愿望，在协调的方面、方向及程度上也可能会难以把握。这就需要沟通双方对沟通中的不确定性有更强的心理承受能力，对"异常"情况持更为宽容、开放、灵活的态度，同时要善于运用各种沟通技巧来应付和解决问题。

因此，一个有效的心智模式的确立将极大地增强我们沟通技巧运用的有效性，并且提高我们对文化知识的敏感性。具体说来在跨文化沟通中应注意以下几点：

（一）了解自己

在跨文化沟通中，认识他人非常重要，可以说不能正确认识他人，就不可能实现有效沟通。在不知道别人将如何解码的时候，我们就不可能知道如何将自己的意图编码才能为对方所理解。但是，正确认识自己也依然重要。认识自己是认识他人的基础。在不知道自己通常是怎样看问题时，我们就不可能意识到别人看问题的角度与自己有何不同。如果对怎样表现自己，对个人的和文化的沟通风格都有着相当明确的了解，无疑将有助于我们更好地理解他人的反应，在沟通情景变化时对沟通方式做出必要的调整。从某种程度上讲，我们所讨论的跨文化沟通中应该了解的对方的文化内容，也是我们对于自身应该弄清楚的内容。应该把平常处于无意识层面的东西转化到有意识状态。

（二）预设差异

即在没有证实彼此的相似性前，先假设存在着差异，注意随时根据文化因素调整自己进行观察解释的角度，以减少误解的可能性。人们的行为是以他们对现实的知觉而不是以现实本身为基础的。解码的过程是一个推测的过程。传播的参与者不能直接看到或感知到对方的真实心理与想法，参与双方只能依据符号推测对方心中的所思所想，以求最大限度地理解对方所传达的符号的意义。同时，解码的过程也是一个归因的过程。沟通中的人们不但要知道对方说了些什么，更重要的是知道对方为什么要这么说，以便作出决策，采取相应的行为。

然而，在推测和归因的过程中，是人们往往受到"投射效用"的影响，把他们自己的想法和感觉投射到其他人身上，常常错误地假定其他人与他们具有相同的感觉和动机。通过预设本文化和他文化的差异，及期望文化和现实文化的差异，能够提高我们的文化敏感性，为解决文化迁移和文化定势创造条件。

预设差异从本质上来说就是要保持思想的开放性和动态性，避免有意无意地以某种现有的模式、现有的视角去框定千变万化的现实。事实上，一定的先有观念，是我们认识事物的基础，离开了它们，我们几乎不可能对事物产生什么认识。问题在于，我们必须同时意识到这些先有观念的可错性和不适用性，它们首先应被当作一种假设，而不是真理，必须仔细评价接收者提供的反馈，看看它们能否及时证实你的假设，随时根据实际情况对它们加以修正。

（三）树立共同价值观

树立共同价值观，形成跨文化沟通的认同感。首先，清楚地将自己的价值观传达给沟通对象；其次，不断反省价值观，保证它们与沟通预定的目标一致；第三，以自己的行为体现自身价值观与对方价值观的融合；第四，鼓励他人将价值观运用到自己的决策和行动当中去；最后，敢于面对并解决下属对价值观的无知和抵制。

（四）遵守组织内部跨文化管理政策

在组织内部推行跨文化管理政策时，组织推行竞争性人事管理体制，形成跨文化沟通的压力感；严格规章制度，形成跨文化沟通的强制力；重视员工培训，形成跨文化沟通的引导力；辅以娱乐交谊活动，形成跨文化沟通的亲和力。为了提升自身跨文化沟通能力，可以通过学习相关文件，积极参与跨文化交流活动，了解跨文化知识，为今后沟通奠定基础。

（五）仔细观察、灵活处事

在跨文化的环境中，许多事情的规则、程序和意义并不是很容易弄清楚的，迅速、有效地作出决定所需的材料也不一定全面，因此设法推迟马上作出判断和决定直到大部分事实清楚以后也许是重要的。即使是做了充分准备的人，在新文化环境中有时也会不知所措。本来计划好了的事情会发生意想不到的变化；政府官员的想法难以预测；人们有时不遵守他们许下的诺言。当事情发生意想不到的变化时最重要的是要快速反应和有效适应。因此，要具有充分的灵活性。

# 关 键 概 念

跨文化沟通　　文化　　文化要素　　文化模式　　文化冲击

# 复习思考题

1. 你认为跨文化沟通中最大的障碍是什么？
2. 有人说未来的管理将主要是对沟通的管理，你怎么看？
3. 跨文化沟通有哪些阶段？

# 管理沟通案例

## 阿维安卡 51 航班的悲剧

1990 年 1 月 15 日晚 7：40，阿维安卡（Avianca）51 航班飞行在美国南新泽西海岸上空 3.7 万英尺的高空。机上的油量可以维持近两个小时的航程，在正常情况下飞机降落至纽约肯尼迪机场仅需不到半小时的时间，这一缓冲保护措施可以说是十分安全的。然而，此后发生了一系列耽搁。首先，晚上 8：00，肯尼迪机场航空交通管理员通知阿维安卡 51 航班的飞行员，由于严重的交通问题，他们必须在机场上空盘旋待命。8：45，阿维安卡 51 航班的副驾驶员向肯尼迪机场报告他们的"燃料快用完了"。管理员收到了这一信息，但在 9：14 之前，飞机仍没有被批准降落。在此之前，阿维安卡 51 航班的机组成员再没有向肯尼迪机场传送任何有关情况十分危急的信息，但飞机座舱中的机组成员却相互紧张地通知他们的燃料供给出现了危机。

9：14，阿维安卡 51 航班第一次试降失败。由于飞行高度太低及能见度太差，因而无法保证安全着陆。当肯尼迪机场指示阿维安卡 51 航班进行第二次试降时，机组乘员再次提到他们的燃料将要用尽，但飞行员却告诉管理员新分配的飞行跑道"可行"。9：31，飞机的两个引擎失灵，1 分钟后，另外两个也停止了工作，耗尽了燃料的飞机于 9：34 坠毁于长岛，机上 73 名人员全部遇难。

当调查人员考察了飞机座舱中的磁带并与当事的机场管理员讨论之后，发现导致这场悲剧的原因是沟通的障碍。为什么一个简单的信息既未被清楚地传递，又未被充分地接收呢？下面我们对这一事件进行进一步的分析。

首先，飞行员一直说他们"油量不足"，机场交通管理员告诉调查员说，这是飞行员们经常使用的一句话。当被延误时，管理员认为每架飞机都存在燃料问题。但是，如果飞行员发现"燃料危机"的呼声，那么管理员有义务优先为其导航，并尽可能迅速地允许其着陆。一位机场管理员指出："如果飞行员表明情况十分危急，那么所有的规则程序都可以不顾，我们会尽可能以最快的速度引导其降落的。"遗憾的是，阿维安卡 51 航班的飞行员从未说过"情况危急"，所以肯尼迪机场的管理员一直未理解到飞行员所面对的真正困难。

其次，阿维安卡 51 航班飞行员的语调也并未向管理员传递有关燃料紧急的严重信息。许多管理员接受过专门训练，可以在这种情境下捕捉到飞行员声音中极细微的语调变化。

尽管阿维安卡 51 航班的机组成员表现出对燃料问题的极大忧虑，但他们向肯尼迪机场传达信息的语调却是冷静而职业化的。

最后，飞行员的文化和传统以及机场的职权也使得阿维安卡 51 航班的飞行员不愿意声明情况危急。当对紧急情况正式报告之后，飞行员需要写出大量的书面报告。另外，如果最终发现飞行员在计算飞行中需要多少油量方面存在疏忽的话，那么联邦飞行管理局就会吊销其驾驶执照。这些消极的强化因素极大地阻碍了飞行员发出紧急呼救。在这种情况下，飞行员的专业技能和荣誉感则变成了赌注。

**问题：**

（1）分析阿维安卡 51 航班飞行员与肯尼迪机场交通管理员之间的沟通。

（2）试述如何运用积极倾听技巧以阻止这场空难。

（3）目前在主要的国际机场中，大量航班是国外航班，因而飞行员与国际机场交通管理员所使用的母语通常不同，而且文化背景也不同，那么，管理员如何才能做到有效地沟通，避免出现阿维安卡 51 航班这样的悲剧？

（资料来源：甘华鸣，李湘华. 沟通. 北京：中国国际广播出版社，2001.）

# 向服务 25 年的员工致敬

女士们、先生们：

晚上好，欢迎你们！（稍停）今天晚上，我想讲一讲我的表。（稍停）（从手腕上取下表，用手拿着让大家看）过一会儿我再解释这只表与今天的庆贺会有什么关系。现在，请大家注意我的表。

这只表有三个突出的优点：

它可靠。

它品质上乘。

它有价值。

怎么说这只表是可靠的呢？

它很可靠，我可以信赖它。它不会坏——无需耗费宝贵的时间去修理。它经久耐用。它总是坚持不懈，做应该做的事情。

为什么说它的品质上乘呢？表壳是金的，宝石轴承机件是瑞士产的。它走时精确——我的时间总是正确的。至今，我这只表已用了 15 年，依然金光闪闪，像新的一样。

为什么说它有价值呢？首先，它很漂亮，很多人都夸这只表好。它使我节省时间，因为我总是确切知道每项工作要花多长时间去安排。它使我办事井井有条。它使我不浪费时间。

然而，这只表与庆贺你们为本公司工作 25 年有什么关系呢？这只表在很多方面都像你们。正如它具有可靠、优质和有价值的特点一样，今天晚上在此出席这个庆贺会的诸位都显示了自己的可靠、优质和有价值的特点。

为什么说你们一直是可靠的呢？

25 年来，我们一直依靠你们，依靠你们的工作。我们不仅指望你们每天出勤，而且指望你们充分发挥自己的技艺和才干，坚持不懈地做出贡献。出席今天晚上庆贺会的很多人 25 年来一直勤勤恳恳——

（高声点名，点到者起立接受大家鼓掌祝贺）

你们是奉献和忠诚的突出例证。今天晚上在座的诸位都很少缺勤。这就是可靠！顾客高度的满意和信任已一再表明了这一点。

我说过这只表品质上乘。为什么说你们的品质也是上乘的呢？

首先，我要说，你们（稍停）就是（稍停）优质！25 年来你们表现出的职业道德水平无与伦比。有些外国团体常常攻击美国工人，说他们懒散无知。你们的行动证明那全是谎言。为什么呢？因为你们双手生产出来的产品实际上已被送进现代艺术馆。你们已经，并仍在源源不断创造出来的改进型产品是你们奉献精神的集中体现。你们在我们公司的各个岗位上已经创造出勤奋和团结的优良风气，无数公司在竭力仿效你们。女士们、先生们，无论怎么说——这就是优质！

我说过这只表有价值。为什么说你们对价值做出了贡献呢？首先，我们的公司已誉满全球。在最近的《财富》杂志的信誉调查中，我们居同行业前列，我们并不是偶露峥嵘，而是连续五年荣居前三名了。

其次，我们使我们公司的价值——股票增值。25 年里，我们的股票从每股 7 美元增加到每股 87 美元。但愿在座的诸位比我精明，在公司股价低的那个时候购买了股票。

再次，你们的勤劳使我们这里所有的人的工作得到了保障。我们从来不裁员，也不打算裁员。为什么呢？因为你们双手创造出来的产品品质和声誉从来没有低过。你们是能使我们公司渡过各种难关的最大保障。

你们来到我们的地区生活，是你们做出的又一个有价值的贡献。你们积极参与城镇事务，使本镇大为受益。

最后，你们贡献的最大价值可能在于你们所树立的榜样。你们是未来年轻工人的楷模。你们以实实在在的方式告诉他们什么是正确的态度和精湛的技艺。你们为顾客提供了神奇的服务，并永远不断地改进工作，提高服务品质。我无论对这些贡献的价值怎么颂扬都难以尽意，你们树立的榜样最能说明问题。对此我们不胜感激。

在今晚这个讲话即将结束之际，我愿意送你们每个人一只精美的莫瓦多表；这小小的纪念品带着我们对你们的感激，将永远象征你们为公司所做的贡献。

我想让你们知道：

如果我们的同仁都以你们为榜样，我们在同行内就不会是第三名，而是第一名。

如果我们的同仁都以你们为榜样，我们在世界市场上就会占有显著的地位。

如果我们的同仁都以你们为榜样，我们公司的梦想很快就会实现。

女士们、先生们，今晚我想让你们感到欣慰；我想让你们感到光荣；我还想让你们知道本公司深深感谢你们。

最后我还想说一句话：每当你们看到自己的莫瓦多表时，（稍停）别忘了我们对你们的敬意。

**问题：**

（1）分析这篇演讲稿的特色。

（2）你能找出更好的展示物为这次演讲增添光彩吗？

（3）试着自己演说一遍，深深体会其中的蕴味。

（资料来源：甘华鸣，李湘华．沟通．北京：中国国际广播出版社，2001.）

## 公共关系：沟通创造价值
### ——从中海油并购优尼科失败引发的思考

在一个信息流通迅速的开放式时代中，企业面对复杂的社会环境及诸多关系群体，要以什么样的方式传达信息、传达什么样的信息显得非常重要。良好的沟通能力可以使企业的运营更加顺利——从中海油并购失败看企业沟通能力的重要性。

2005年8月3日，中国海洋石油有限公司正式宣布撤回对美国优尼科石油公司的收购要约，从而正式退出了与雪佛龙公司持续整整40天的收购竞争。在此次并购优尼科的过程中，中海油遇到了超乎想象的政治干扰，来自美国国会及媒体的强烈政治质疑使此次纯商业并购变得错综复杂。尽管中海油做了种种努力，甚至拟聘请权威人士在美国进行游说，但最终考虑到巨大的政治风险，还是决定退出此次并购。

一次纯商业性的并购为什么会受到如此大的阻力？当我们回顾事件的整个过程时会发现，非商业性因素压倒商业性的因素：来自美国国会及媒体的反对性意见令中海油并购之路阻力重重。对于中海油而言，国际化并购之路最大困难不在于资金、技术或资源整合能力，而在于如何面对复杂的国际市场环境以及与众多的利益关系团体进行良好的沟通。

在当今这个信息流通迅速的开放式时代中，能否与外部团体进行良好的沟通是任何一家企业都不能忽视的。

如果说生产成本等有形成本是工业时代企业运作产生的必然成本，那么沟通成本则是信息时代所产生的特定成本：企业面对复杂社会环境及诸多关系群体，要以什么样的方式传达信息、传达什么样的信息、如何才能让目标群体最有效地接收到信息，这是许多企业所头疼的问题，而为此所花费的金钱、时间与精力就是沟通的成本。

公共关系正是为解决企业与关系群体之间沟通的问题而诞生的。

美国著名管理学者柯林斯在《基业长青》一书中指出，每一家能成就百年基业的卓越企业，无一不是沟通上的高手。在一个敞开式的商业社会，任何一家企业的成长不可能沿着单一直线型的轨道发展，也就是说每一家企业所面对的商业环境不再只是由客户、供应商、销售商等单一产业链上的合作伙伴组成的，还必须与产业链之外的政府、媒体、竞争对手、银行等相关团体打交道，将企业良性信息传达给他们，也接收他们反馈的意见，只有这样，企业才能在良好的市场环境中得到支持与发展。只要任何一方的关系处理失当，就有可能招致严重的后果：微软公司刚进入中国时，由于与中国政府的关系处理不当，对普通民众又摆出盛气凌人的架势，招致全国媒体与舆论的一片口诛笔伐，不仅令微软的产品在中国推广屡屡受阻，也给微软的企业形象造成了严重的负面影响。

在企业发展历程中，企业领导者对公共关系的重视与利用，让企业自始至终保持着与利益群体的良好沟通。这种沟通如果畅通无阻，将令企业获得坚定的支持与良好的发展环境。反而言之，那些倒闭的企业除了管理不善之外，很重要的原因就是沟通不善：企业的良性信息无法有效传达给目标客户，而企业的负面信息却无法自我把控引导。雀巢危机、光明危机的愈演愈烈，都是企业与外界沟通不善的教材。

企业如何在沟通中创造价值呢？

无论是中国移动的"沟通从心开始"还是摩托罗拉的"沟通无限"，从许多企业的商业运作中，我们可以看到，越来越多的企业意识到沟通对于一个企业的重要意义。沟通是无时无刻的，沟通也是一种全方位的价值创造过程。

在公共关系的协助下，企业与利益群体之间的良好沟通能创造如下价值（见下图）：

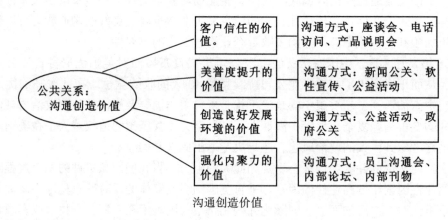

沟通创造价值

资料来源：林景新. 中国管理传播网

（1）客户信任的价值。一个以客户需求为导向、与公众有良好沟通的企业，必然能获得公众的高度信任，对企业的信任会直接转化为对产品的信任，而对产品的信任则是维持客户继续购买企业产品的保证。

宝洁产品畅销百年，其核心秘密所在并非质量，而是客户对宝洁品牌的信任——宝洁出色的公关沟通技巧功不可没。

在产品投放前，宝洁都经过了严格的产品测试与消费者调查，同时通过消费者座谈会、随机访问、电话追踪等方式，多角度多方位地了解消费者对产品的使用感受，虚心听取消费者反馈的意见，以认真负责的态度赢得客户的信任。

（2）美誉度提升的价值。在企业诚信不高的当今时代，企业美誉度的提升能够强化客户的信心。企业的无形资产不是企业"有什么"，而是企业在公众或舆论心目中"是什么"———提起服务，消费者都知道海尔的"真诚到永远"以及其良好的服务。事实上，海尔式的服务并非其他家电企业无法做到，而是其他家电企业的良好服务，无法做到像海尔一样家喻户晓、深入人心，而海尔服务的美誉度得益于其出色的公关沟通技巧。

在其他家电企业只是将服务当成一种销售的配套时，海尔却通过公共关系的多种手段，如新闻公关、专题报道、宣传资料、消费者座谈会等形式，将其服务上升到具有形而上意义的企业行为，从而大大拔高服务的意义——这种高明的沟通方式，令海尔依靠着优质服务这个 USP（独特销售主张）建立成稳固的企业美誉度与优质品牌形象。

（3）创造良好发展环境的价值。处于转型时期的中国市场存在许多不确定性，企业的发展面临着诸多有形无形的障碍，所以要获得稳步发展，除了企业自身的努力之外，政府的支持、社会的肯定、客户的认可都能够令企业获得快速发展的巨大动力。企业沟通的目标就是要创造这种良好的发展环境。从某种角度上来说，顾雏军的被捕和格林柯尔系的落败，与顾雏军本人一向的狂妄自大以及与外部团体恶劣的关系有一定因果关系。

可口可乐、联合利华等跨国巨头在进入中国之时，都十分重视公共关系的运用，它们通过捐助希望小学、绿化环境等一系列的公共关系活动，取得中国政府、媒体、公众的好感。这种做法既将企业的良性信息传达给中国社会，同时也为企业本身创造了良好的发展氛围。

（4）强化内聚力的价值。一个企业的内聚力的强弱，关键在于企业文化，而企业文化的最终形成是企业管理层与普通员工共同协调、融合、沟通的结果。

在人才流动率很高的 IT 业，蓝色巨人 IBM 却始终将其流动率保持在一个较低的水平，IBM 能够留住人才的法宝并非丰厚的薪酬——在 IT 业中，IBM 的薪酬至多只能算是中等水平，但其企业的凝聚力却胜过许多同类的企业。IBM 的历届领导者都是公关的高手，他们不仅知道对外如何宣扬企业的优势，更懂得对内如何拢聚人心：在公共关系的协助下，领导者通过横向与纵向的沟通方式，以内部培训、开展员工交流会、出版内部刊物、设立总裁信箱等方式，强化领导层与员工、员工与员工之间的沟通，以提升员工对企业的认知与认同，最终令企业形成强大的内聚力。

生产创造有形价值，沟通创造无形价值，而企业的总价值提升就依赖此两者的增量——这就是公共关系主导未来商业策略的核心所在。

# 西门子的沟通机制

西门子为其国际性的文化氛围而自豪。作为一家不断进取的跨国公司，西门子努力改善管理方式及行为，加强开放式的沟通，建立良好的工作环境与氛围。为此，西门子建立有众多的员工沟通渠道。

西门子的沟通渠道包括：

**内部媒体**

西门子内部办有许多媒体，是传达各种信息、进行员工之间沟通的重要渠道之一。

这些内部媒体包括：

《西门子之声》（《Siemens News Letter》）

《西门子世界》（《Siemens World》）

……

以及各业务集团主办的各种内部沟通杂志。

《西门子世界》是西门子面向全球员工的内部沟通刊物，肩负着沟通西门子全球员工的重任。《西门子世界》一般包括以下栏目：封面故事、业务、团队、合作伙伴、趋势、家庭等。

《西门子之声》是专门面对西门子中国员工的内部刊物，由西门子中国公司公关部编辑出版。《西门子之声》一般包括：视点聚焦（Spotlight）、新闻回顾（Newsbits）、人物写真（People）、领导才能（Leadership）、创新前沿（Innovation）、万花筒（Spectrum）等栏目。《西门子之声》起到沟通西门子中国员工的重要作用。

## 内部网站

西门子内部网站是一个庞大而高效的沟通平台。比如，2003 年"非典（SARS）"期间，关于 SARS 的最新消息每时每刻都会在西门子的网站上更新，关于事态的最新报道、公司的政策、领导层写给员工的信等，都会及时发布，让每一名西门子员工在第一时间获取最新信息。

还比如，西门子人事部建立有专门的网页，新员工可以登录该网页，了解如何融入公司。该网页还分别为外国员工、合资工厂、各地区开辟专门的链接。其他方面，关于人事上的招聘、培训、出差、发展、投诉等内容一应俱全，一览无余，并随时更新。

强大的 E-mail 系统——西门子内部网络建立有强大的员工电子邮件系统，为员工之间的沟通提供了最便捷的渠道。

由于知情的员工的积极性更高，为了让每名西门子员工了解公司的最新信息，西门子为世界各地的西门子员工建立了"今日西门子（Siemens Today）"在线平台。"今日西门子"不仅包含西门子主题新闻故事和广泛的报道，而且开辟了交互式聊天室、论坛和调查。

## 员工对话机制

在西门子，每名员工每年至少要与上司有一次非常系统的对话（即 CPD 员工对话），特别是表现突出的重点、核心员工。通过员工对话，公司可以了解员工的想法，并针对其提出的问题制定解决方案。事实上，员工与上司的对话随时都在进行。

## 员工沟通信息会

公司每年至少进行一次"员工沟通信息会"（Information Session to Employee），在公司政策、员工福利、职业发展等众多问题上听取员工的意见，与员工进行双向的沟通。

## 直接与高层沟通

员工在工作上若有不同的意见，也可以越过自己的直接上级向公司高层反映，与他们直接进行沟通。

## 新员工导入研讨会

西门子公司为新员工开设了"新员工导入研讨会"，公司的 CEO 等高层管理人员会参加每一期"新员工导入研讨会"，为新员工介绍企业文化、公司背景等信息。CEO 等高层管理人员直接面对面地与新员工进行交流。

## 员工培训

无论是新员工培训，还是经理人培训，都为员工之间进行沟通提供了机会。在所有的集体培训上，公司的 CEO 等高层领导都会亲自参加，与员工进行面对面的交流。

## 员工建议制度

这是让西门子引以为豪的做法。西门子鼓励员工向公司提出合理建议与意见，为改善公司业务与管理而出谋划策。被采纳的建议将迅速在公司中实施与推广，而提出合理建议被公司采纳的员工，将得到公司从小礼物到 10 余万元现金不等的奖励。

好建议的标准很简单，包括三个方面：节省费用、节省时间、提高质量。比如，员工 A 提出某个建议可以缩短外国员工签证时间，员工 B 提出某个建议可以为西门子每年节省 5% 的差旅费用，员工 C 提出某项方案可以提高西门子手机的产品质量与服务质量……诸如此类的宝贵建议只要被员工提出来，将很快被公司采纳。

通过员工建议，西门子营造了非常活跃的气氛，鼓励大家发挥自己的聪明才智，为公司业务的发展与组织的健全出谋划策。更重要的是，不论员工的建议是否被公司接受，这种沟通为每一位员工提供了"说话、参与"的机会，大大增强了员工的主人翁意识，真正使每一名员工能够成为西门子"企业内部的企业家"。

## 西门子员工满意度调查

西门子全球各地每年都会进行员工满意度调查，来了解全球员工的想法。通常，由一个 12 人组成的小组负责员工满意度调查的进行，从启动，到操作与实施，全由小组负责。小组的成员每年都要更新，每年有 6 个人从小组出来，再补进 6 个人。

通过各种有效的沟通渠道，信息与思想在西门子的机构里迅速地流动，就像肌肉的筋脉为西门子的庞大机体带来活力，使西门子这个产业巨头变得灵活而敏锐。

(资料来源：新浪网)

# 参 考 文 献

1. 孙健敏，徐世勇．管理沟通．北京：清华大学出版社，2006.

2. 戚安邦．管理学．北京：电子工业出版社，2008.

3. 谭力文，徐珊，李燕萍．管理学．武汉：武汉大学出版社，2004.

4. 张玉利．管理学．天津：南开大学出版社，2004.

5. 吴声功，许冠亭．人的自我调节．南京：江苏科学技术出版社，1989.

6. 魏江．管理沟通：成功管理的基石．北京：机械工业出版社，2011.

7. 安妮·多娜伦．无障碍团队沟通．北京：机械工业出版社，2004.

8. 龚剑．如何进行团队建设．北京：北京大学出版社，2004.

9. 杜慕群．管理沟通．北京：清华大学出版社，2009.

10. 胡介埙．商务沟通原理与技巧．大连：东北财经大学出版社，2011.

11. 阿兰·拉金．如何掌控自己的时间和生活．刘祥亚，译．北京：金城出版社，2007.

12. 苏勇，罗殿军．管理沟通．上海：复旦大学出版社，1999.

13. 魏江．管理沟通：理念与技能．北京：科学出版社，2001.

14. 罗锐韧，曾繁正．管理沟通．北京：红旗出版社，1997.

15. 肖洪钧，汪克夷．管理学．大连：大连理工大学出版社，1998.

16. 郭庆光．传播学教程．北京：中国人民大学出版社，1999.

17. 胡正荣．传播学总论．北京：北京广播学院出版社，1997.

18. 王磊著．管理沟通．北京：石油工业出版社，2001.

19. 黄竹英，黄劼著．商务沟通．重庆：重庆出版社，2001.

20. 康青．管理沟通．北京：中国人民大学出版社，2010.

21. 李东．知识型企业的沟通管理．上海：上海人民出版社，2002.

22. 甘华鸣，李湘华．沟通．北京：中国国际广播出版社，2001.

23. 徐宪光．商务沟通．北京：外语教学与研究出版社，2001.

24. 关培兰．组织行为学．武汉：武汉大学出版社，2002.

25. 朱筱笙．跨文化管理：碰撞中的协同．广州：广东经济出版社，2000.

26. 刘双，于文秀．跨文化传播——拆解文化的围墙．哈尔滨：黑龙江人民出版社，2000.

27. 刘强，彭洪峰．公关经理强化教程．北京：中国经济出版社，2002.

28. 基蒂·O. 洛克．商务与管理沟通．康青，等，译．北京：机械工业出版社，2005.

29. 约翰·M. 彭罗斯，等．高级商务沟通．张红慧，译．北京：机械工业出版社，2003.

30. 迈克尔·E. 哈特斯利，等．管理沟通原理与实践．李布，等，译．北京：机械工业出版社，2000.

31. 玛丽·爱伦·伽菲．商务沟通过程与结果．柳治国，等，译．大连：东北财经大学出版社，2001.

32. 菲尔·哈尔金斯．强力沟通术．韦荣华，译．海口：海南出版社，2001.

33. 凯瑟琳·米勒．组织传播．袁军，等，译．北京：华夏出版社，2001.

34. 桑德拉·黑贝尔斯，理查德·威沃尔．有效沟通．李业昆，译．北京：华夏出版社，2002.

35. 拉尔夫·G. 尼科尔斯，等，著．有效沟通．李维安，等，译．北京：中国人民大学出版社，2001.

36. 菲利普·R. 哈里斯，罗伯特·T. 莫兰．跨文化管理教程．关世杰，译．北京：新华出版社，2002.

37. 罗纳德·斯考伦，苏珊·王·斯考伦．跨文化交际：话语分析法．施家炜，译．北京：社会科学文献出版社，2001.

38. 严文华. 20 世纪 80 年代以来国外组织沟通研究评价．外国经济与管理，2001（2）.

39. 王桂琴．企业沟通：管理面临的新课题．光明日报，2001（1）.

40. 徐地龙．感觉的哲学分析．南京航空航天大学学报，2000（4）.

41. 陈金清．论感觉的间接性．武钢职工大学学报，1999（9）.

42. 张军．国外内隐社会认知研究简述．青海师专学报，1996（4）.

43. 高新民．现代西方心灵哲学的知觉研究述评．华中师范大学学报，1995（4）.

44. 陈勤舫．论事实认识与价值认识的辩证关系．高等函授学报，2000（2）.

45. 罗仕国．浅谈隐含推理的逻辑特征．河池师专学报，1997（3）.

46. 杨耕，陈志良．对象意识与自我意识及其客观性：一个再思考．学习与探索，2002（1）.

47. 慕天．论思维方式的涵义和结构．北方论丛，1994（5）.

48. 维之．论人的自我意识在社会发展中的作用．南京社会科学，1996（10）.

49. 韩蔓莉．元认知的自我意识和自我调节．内蒙古师范大学学报，2000（4）.

50. 杨捷．苏格拉底法探析．洛阳师专学报，1999（8）.

51. 骆洪．文化差异对跨文化商务活动的影响．经济问题探索，2000（5）.

52. 周惠杰．文化相对主义与文化进化主义对立互动的深层审视．哈尔滨学院学报，2001（2）.

53. 王革非．从东西方文化差异看外派经理的文化冲突．商业研究，2002（9）.

54. 窦琴，赵焕茹，杨凌．跨文化交际中的文化迁移问题．延安教育学院学报，

2002（3）.

55. 王陆，贾琰. 从汉语称赞应对的发展看文化定势之悖论. 河南教育学院学报（哲学社会科学版），2001（1）.

56. 张年逢. 认知冲突策略在高中生物教学中的应用研究. 苏州大学，2009.

57. 岑颖. 重庆地区企业内人际冲突处理方式研究. 暨南大学，2004.

58. 侯立志. 某国有企业内部人际冲突与管理研究. 北京邮电大学，2008.

59. Hackman，J. R. The design of work teams. In J. W. Lorsch（Ed.），*Handbook of Organizational Behavior*. Englowood Cliffs，NJ：Prentice Hall，1987：315-342.